德国古典哲学研究译丛
主编　李秋零

守望者
The Catcher

康德的遗产与哥白尼式革命：费希特、柯恩、海德格尔

L'héritage kantien et la révolution copernicienne. Fichte - Cohen - Heidegger

[法]朱尔·维耶曼（Jules Vuillemin）著
安靖 译

中国人民大学出版社
·北京·

关于作者

朱尔·维耶曼（Jules Vuillemin，1920—2001），20 世纪法国极为重要的科学哲学家和哲学史家，法兰西学院“知识哲学”讲席教授，也是将分析哲学引入法国的先驱。主要著作有：《康德的遗产与哥白尼式革命：费希特、柯恩、海德格尔》《康德的物理学与形而上学》《笛卡儿的数学与形而上学》《代数哲学》《从逻辑学到神学：关于亚里士多德的五个研究》《感性世界的逻辑——关于当代抽象理论的研究》《哲学体系是什么?》等。

关于译者

安靖，法国图卢兹第二大学（让·饶勒斯大学）哲学博士，现任教于南开大学哲学院，主要研究领域为形而上学史和当代德法自然哲学。

总　序

德国古典哲学，上承古希腊精神为源，下启西方现代哲学为流，巍巍然而成大观，堪称人类思想史上的一座丰碑。其享誉“古典”，绝非浪得虚名，可谓实至名归。作为理解和把握西方哲学发展的一个重要枢纽，德国古典哲学一直是哲学研究课题的重中之重。清末以降，随着西学东渐的历史潮流，德国古典哲学也开始受到中国学界的普遍关注。在20世纪下半叶，作为马克思主义理论来源之一的德国古典哲学更是得到了特别的眷顾。尤其值得一提的是，在德国古典哲学的影响下，中国思想界产生出的新哲学形态，独领一代风骚，贺麟、冯友兰、牟宗三等人的新儒学中，无不闪现着德国古典哲学的思想光芒。德国古典哲学遂成为中西哲学交流的一个重要关节点。

三十余年来，我国学界的德国古典哲学研究取得了长足的进步，呈现出新的景象。简言之，其一是逐渐摆脱了旧的“两军对垒”的“贴标签式”哲学史观，德国古典哲学不再简单地是马克思主义“哲学革命”的注释和作为资产阶级哲学而受到批判，而是作为人类思维的优秀成果得到了客观的研究，其杰出的贡献得到了充分的肯定。其二是翻译工作得到了加强，大量的德文原著被翻译成中文，一些旧的译本也得到重译，并且出现了不同形式的全集或选集，为深入扩展的研究奠定了扎实的基础。其三是研究的领域和主题也得到扩展，传统的主题得到进一步的加强，新的主题、新的角度不断涌现，在各种统计中，以德国古典哲学为研究对象的著作、论文所占的比例长盛不衰。乐观地估计，这种良好的势头仍将继续。

然而，我们仍不免有一些“缺憾”。其一是我们对德国古典哲学的把握依然是有短缺的。我国学界常说的德国古典哲学其实是四大家，即康德、费希特、谢林、黑格尔，其中尤以康德和黑格尔为重中之重。对费希特和谢林的研究尚且有亏，对哈曼、赫尔德、雅各比、舒尔茨、莱因霍尔德，以及与之紧密相关者如浪漫主义者荷尔德林和施莱尔马赫等人的研究就更无从谈起了，这使得我们的德国古典哲学研究虽不致有“盲人摸象”之毁誉，却总难免有“遗珠之憾”。其二是随着研究条件的改善和研究资料的丰富，我们的一些研究者却做起了桃花源里的田舍翁，不知有汉，无论魏晋。数十年来，国外的德国古典哲学研究依然在蓬勃发展，出现了许多著名的学者和著作，提出了不少新的问题，我们的一些研究者虽然孜孜以读康德、黑格尔的著作，却对国外的这些新成果、新动向视而不见，使得自己的研究无法与国际学界接轨、对话，成为一种实实在在的自说自唱。

有感于此，在几位热心的青年学者的策动下，我们组织了这套“德国古典哲学研究译丛”，其宗旨自然是向国内学界介绍国外的新学者、新成果和新动向。“译丛”的选题偏重于欧美但不限于欧美，基本上都是已经为学界所公认的著作，既有对特定哲学家的深入研究，亦有对德国古典哲学的全景式探讨。在组织“译丛”的过程中，我们聚集了一批有志于此的青年学者。他们大多具有海外留学的背景，甚至是直接师从于选题的作者。由他们来担任译者，无论是选题的确定，还是翻译过程中思想内容的领悟、语言的转换，“译丛”的质量都是有把握的。其中，四川大学哲学系的余玥君、梁中和君为确定选题、联系译者等等做了大量的事务性工作，为“译丛”最终得以面世做出了重要的贡献。蒙这些青年学者的抬爱和信任，推举我为这套“译丛”的主编，我殷切地希望，这套“译丛”能够得到学界、读书界的认可和喜爱，同时也希望有更多的有志之士参与和支持我们的工作，为我国的德国古典哲学研究做出应有的贡献，共同促进我们的哲学事业繁荣昌盛。

李秋零

2017 年 11 月 9 日

于中国人民大学人文楼书斋

目　录

引　论

第一部分　有限自我一般
（费希特：知识学的第一个环节）

第二部分　内强量原则（柯恩）

第三部分　生存（海德格尔）

结论 先验哲学的圆圈和哲学历史学的方法

引　　论

第一章　概念错位与哥白尼式革命

§1. 哥白尼式革命与黑格尔对“错位”的批判

黑格尔眼中哥白尼式革命的二元性 1

在《精神现象学》中，黑格尔针对“道德世界观”对康德式唯心论进行了系统的批判。他分析了后者在哲学上的雄心壮志；他表明康德最终取得的成果与这种雄心壮志并不相称；在哥白尼式革命表面上的统一性背后，他发现了一种真实存在的二元性；他揭示了这种二元性借以藏身的手段；最后，他揭示了被这些遁词遮蔽的两种立场：这两者无论在哲学层面上还是在实存层面上（existentiellement）都相互矛盾。这样一来，康德主义之所以具有表面上的融贯性无非是因为它从第一种立场迅速转移到了第二种立场上（以及从第二种立场迅速转移到了第一种立场上）。而且，这一结果由于如下事实而变得更加出人意料：批判哲学之发现（découverte critique）许诺要避免旧形而上学的错误，在“先验辩证论”中，它甚至尝试描述这些一直困扰着前康德哲学的双重对立表象（représentations doubles et contraires）的发生（genèse）。这便是著名的哥白尼式革命的方案，它不是让主体围绕客体*旋转，而是让客体围绕主体

---

* 法语中的“objet”既被用来翻译德语中的“Gegenstand”（对象），又被用来翻译德语中的“Objekt”（客体）。对于这个术语，译者所遵循的翻译规则是：当它与“sujet”（主体）成对出现时，将其译为“客体”；当它与“自我”（moi）或“意识”（conscience）成对出现时，将其译为“对象”。当然，读者在阅读本书时不难发现，这种译法上的变化并不意味着“objet”的内涵发生了变化。——译者注

旋转。它发现了从确定性走向真理、从**自我**（Moi）* 走向**世界**（Monde）的途径，它因此似乎完成了自笛卡儿以来思想为了造福主体性而积累的种种努力。如果心灵在事物那里先天地认识的只是它默默引入事物之中的东西，那么先验分析论在其演绎中想要达到的目的不恰恰就是在我们面前重新创造出主体与客体、自我与事物、自身确定性与真理意识的原初统一（unité primitive）吗？与此相对，对于真理和存在的独断论研究（其单纯
2 以事物为出发点）事实上只能通过诉诸自我、主体和确定性来说明这一无可置疑的所与之物。“在这里，知识看起来最终与它的真理性完全达成一致，因为它的真理就是这个知识本身，而且双方之间的一切对立都消失了。确切地说，不是自在地看来或对我们而言消失了，而是对意识本身而言一切对立都已经消失了。”①

如果作为范畴统一性基础的**我思**（Je pense）的活动内含于一切对象设定（position de l'objet）的起源之中，那么这种统一性就已经出现在了康德哲学的全部理论发展当中。尽管如此，只有在道德意识——自我、自由在道德意识中单纯由义务意识、法则所界定——当中，这种统一性才会产生出它的全部结果，也就是主体和客体的绝对一致，而最初并未被包含在主体中的客体没有做出任何贡献。批判哲学的方案似乎在“**我应**”（Je dois）的自律中得到了充分实现。二元性得到了克服。“这种意欲自身的纯粹意志即存在一般或一切存在。康德对古典存在论所做的批判注定为一种新的存在论做好了准备。在这种新的存在论中，存在就是自我设定的主体，它不是惰性的基质，而是行动。*存在即自由*。”② 这种存在与思维的绝对相符通过如下事实得到了确证：它自身包含着直接性和间接性的矛盾统一。义务实际上绝非不同于道德意识的东西，它就是至高意义上的道德

---

* 原文中首字母大写的术语在译文中以黑体标出。——译者注

① Hegel, *Phénoménologie de l'Esprit*, trad. Hyppolite, II, p. 142. ［中译本参见黑格尔：《精神现象学》，先刚译，北京：人民出版社，2013，369 页。在作者引用的著作已有中译本的情况下，译者将直接采用中译本的译文（在个别情况下，译者会结合本书原文对现有译文略作修改）。——译者注］

② Jean Hyppolite, *Genèse et structure de la Phénoménologie de l'esprit*, p. 454. ［原文中以斜体出现的表述在译文中以楷体标出。——译者注］

意识本身。伦理学的主人公（héro de l’éthique）问道：“我是谁？”他的意识对他的回答只能是：“你是你应是之人。”但由于这个事实，道德直接性摆脱了自然、摆脱了事物之直接性由以被界定的定在（être-là）。它既不身处任何地方，也不在时间之中，它没有保留任何能够限制它的规定。批判哲学通过摆脱外在性而与经验论区分开来并与经验论相对立。这种摆脱隐含着一种我们用间接性来界定的存在样式，亦即反思的存在。这便是自由和存在之同一以及通过这种同一实现的主体和客体之同一的意义，它支配着整个**哥白尼式革命**：“因此对自我意识（conscience de soi）而言，它的知识是实体本身。在自我意识看来，实体既是直接的，也是绝对间接的，是这两方面的不可分割的统一体。”① 因此，一旦哥白尼式方案以及这种真理与确定性、直接与间接的同一得到了如此清晰的界定，那么黑格尔 3
是如何在此发现了一种二元性，描述了它各式各样的遁词，并最终通过重述它们的历史而使它们从自身的错位中醒悟过来？对《精神现象学》中专论道德世界观的段落所做的研究会告诉我们上述问题的答案。②

*　*　*

道德意识之所以是哥白尼式体系的拱顶石，就在于它完美表现了自我意识和对象意识的同一。批判哲学之发现表明：自律即义务意识。就此而言，法则和自我是浑然不分的。或者说，只有就法则是自我的认识理由[拉：ratio cognoscendi]、自我是法则的存在理由[拉：ratio essendi]而言，它们两者才区分开来。而且，完全没有必要将一种据说能够使自由“超越”法则的神秘超越性赋予自由。法则的直接性确认了自由的间接性，而且它还从根本上消除了任何乞灵于这样一些虚妄直觉的企图：这种直觉在单纯的义务意识之外寻找道德自我。然而，主体和客体、间接性和直接性在道德意识中的同一似乎首先隐含着作为其必然结果的自然和自由的彻底分离。这样一来，康德哲学中善的意愿的激情自然会重新发现斯

① Hegel, *Phénoménologie de l’Esprit*, II, p. 143. [中译本参见黑格尔：《精神现象学》，369 页。——译者注]

② 我们所有的分析都以 Hyppolite, *op. cit.*, VIe partie, chap. 1, p. 453, p. 474 为根据。

多亚派的不动心理论（la théorie stoïcienne des indifférents）。这大体上就是《道德形而上学的奠基》的开头所表达的观点：绝对善的东西被留给了善良意志（volonté），与此相对，虽然自然无疑可以根据人们的不同关切而得到各种各样的评价，但它绝不可能以绝对价值或道德性为根据得到评估。我们还被反复告知：某一行动在经验上的成功没有在道德上给它的意愿增添任何东西。行动的意愿是纯粹的，行动就是完满的。

但是，哥白尼式革命事实上不能局限于斯多亚主义和自然的不动心。因为如果善良意志是真诚的——如果它果真是善的，它怎么会是不真诚的？——它就应当意愿（vouloir）被实现。它不能意愿不意愿。这样的
4 话，自然就不应当再停留在法则之外，而是应当服从法则。因此，一个不但没有被确定性和真理、间接性和直接性的哥白尼式同一包含，而且还被这种同一拒斥的项（terme）便悄悄溜进了它的原则中。如果意志意愿着它所意愿的东西，那么自然就被认定为必然之物。但是，一方面，由于自然所界定的恰恰是存在而非义务，是外在于法则而非内在于法则的东西，所以它仍然停留在道德直接性以外；另一方面，由于自然表现的是处于时空当中并因此属于彻底的直接性的定在，而远不属于反思，所以它处于道德间接性之外。由于这两条标准（其同一性刻画着道德意识的特征）全都是自然所欠缺的，所以自然打破了确定性和真理的同一性，而且，它甚至界定了它们的彻底外在性。所以，义务的现实性（effectivité）和它的纯粹性是背道而驰的。道德意志是被共享的。事实上，道德世界观包含着两种相反的看法。“这个关联又有两方面的基础：一方面，自然界与道德目的及道德行为之间彼此完全漠不相关，各自独立；另一方面，义务的独一无二的本质性，还有自然界的完全的非独立性和非本质性，成为意识的对象。”① 因此，对康德体系的分析在实践理性的分析论中发现了自然和自由的独立性（道德的纯粹性），在辩证论和公设理论中发现了自然对于这同一种自由的依赖性（道德的现实性）。我们已经预感到了黑格尔式批判的普遍性。在道德体系下所涉及的是整个批判哲学的大厦。道德体系只是

---

① Hegel, *Phénoménologie de l'Esprit*, II, p. 145. [中译本参见黑格尔：《精神现象学》，370 页。——译者注]

更为清楚地表现了批判哲学的大厦，以及后者在界定现象时所遭遇的困难（这种界定活动不能隐蔽地诉诸现象［其乃主体和客体在先验意识之内在性中的同一］绝对拒斥的东西，亦即物自身、绝对的他异性）。

三条公设的综合

在实践的层面上，康德尝试解开这一矛盾的方式（即综合）表现在了实践理性的公设当中。“虽然自然和道德性之间彼此完全漠不相关，但自然是应当依赖于道德性的；因此，人们应当公设一种综合，这种综合使这些对立的项达成了和解；这种综合自在地呈现在第一条公设（幸福和 5
道德性的和谐）当中，自为地呈现在第二条公设（‘借助所获得的自然和道德性的和谐’的道德自我意识的无限进程）当中，自在、自为地呈现在第三条公设（两个项在其中达到充分同一的世界的神圣立法者的公设）当中。但是，这种道德世界观根基处的矛盾将在这些公设的展开中将自身展现出来；另外，它还被包含在‘针对**存在**的公设’这个概念当中。”① 而且，三条实践公设自然只是延续了**纯粹理性的辩证论**中的“自然”、“灵魂”和“神”这三个理念，它们实际上设定了一个它们并不满足于将其接受的存在；它们享有一种专属于它们的优先性，也就是使存在成为一个先天综合判断中的谓词。这个先天综合判断无疑没有提供给我们任何关于其对象的认识，因为它所表达的不是知识而是信仰。但是，由于这个判断在无须感觉中的在先刺激的情况下肯定了存在，所以它向我们表明了本体（noumène）的生产性在实践层面上的运作，而且还将道德意向的主体性转变为信仰中那颤抖的创世活动。

一方面，在道德上善的意志，其自身显现为直接性和间接性、自身确定性和真理的统一：它在那界定了义务意识的内在决断中穷尽了自身。另一方面，这一决断本身暗含着外部自然对于道德性的从属；在此，反思应当成为自然的直接性，而道德的直接性应当成为道德的间接性，后者绝对外在于意图的自身确定性。如何才能解开这一矛盾呢？自然应当深入道德反思当中，而且它通过幸福做到了这一点。因此，幸福可以说是充当了主

① Hyppolite, *op. cit.*, p. 459-460.

体和客体、义务和义务的现实性之间的综合的图型（schème）；当然，这一图型并不属于想象力，并且它是在未被认识的情况下被设定的。《实践理性批判》的写作已经使人们注意到了这一点，这是就该书（不同于《道德形而上学的奠基》）将形式的自然（作为立法的自然［la nature comme législation］）单纯视为道德性的一个类型，而不是视为真正意义上的图型而言的。因此，只有当人们在下面这种特殊的意义上理解“图型”
6 一词时，幸福才可以被称为道德性的图型：作为一种“信仰的图型”，作为一切自然直接性的认识在道德反思中的实践的、空洞的建构（la construction pratique et vide de toute connaissance de l'immédiateté naturelle dans la réflexion morale）。这样一来，康德在《纯粹理性批判》第二版序言中的宣告就可以理解了。如果说批判哲学用信仰取代了知识，这是因为——正如黑格尔所认为的那样——康德学说的核心就在于**实践理性**的公设；这是因为，真正的哥白尼式行动不是在理论理性的光照下，而是在实践理性的要求中进行的；最后，这是因为，幸福是名副其实的先天综合判断，亦即单纯实践的、相对于所有未来的认识而言都具有优先性的判断——它最终奠定了所有未来的认识的可能性，因为只有它能够使从主体到客体、从意图到自然、从法则到现实性的过渡成为可能。

另外，只有道德自我意识本身的行动，只有第二条公设、自为才能使在幸福那里得到表达的自然与道德性的同一成为可能。首先，哥白尼式行动是在异化的自然形式下向自己显现出来的。它是幸福，是自然灵魂，是道德人类学的对象。然而，作为道德性之公设，幸福所表现的无非就是一种反思活动，而自我正是通过这种活动使世界产生出来。为了使这样一种活动成为可能，自我应当产生出自身，也就是说，自我应当使我们相信“作为直接性和间接性的同一、作为理性意志和法则意识（conscience de la loi；德：Wille）的它”和“作为直接性和间接性的分离、作为变化不定的任意（libre-arbitre；德：Willkür）之能力的现实的它”的道德综合（synthèse morale）。这样一种综合如何可能？经验自我如何才能既与道德自我达成同一，又不将认识的秩序和活动的秩序混为一谈，如何才能不与斯多亚主义一道陷入傲慢、陷入将道德性转化为圣洁性的纯洁主义错误（péché d'angélisme）？唯有通过使灵魂不朽成为实践判断的图型：义务在实践判断的图型中变为能动性，但仅仅是以信仰对象的名义。“唯有这种统一才是一种现实的道德性，因为正是通过道德性内部的对立，自我才成为意识，不但是自身，而且是普遍者。换言之，这里表达出来的是一种中介活动，而正如我们看到的，它对道德性而言是根本重要的。”① 自然灵魂的真理是意识。除非要求自身的不朽性，否则道德施动者只能唠唠叨叨， 7
且徒有好愿望，也得下地狱。但是，支撑现实道德意志、支撑其哥白尼式中心的仍然是信仰。自我生产出了其自身的本性，后者是前者得以生产出世界的条件；从主体向客体的过渡内化在了主体自身当中。幸福的条件乃不朽。因此，康德的第二条公设使自我的生产性在信仰的反思中向自我本身显现了出来。

尽管如此——而且错位正是在这里充分地暴露了出来——当自为识破了自在的异化时，当我们在灵魂不朽那里意识到了幸福的真理时，一种新的异化为了赋予自我在道德反思中的自我生产性以内容而成为必然。究竟什么才是自为所施行的普遍与特殊的综合呢？它在普遍中消抹了特殊；正是借助于不朽性的实践图型，我们特殊的感性本性应当为了让位于法则的普遍性而消失。但是，现实的活动恰恰隐含着对特殊之物本身的认识，对于这样一个**自我**的认识：其不再意味着个体的东西在普遍的东西中的自我毁灭（l'auto-destruction），而是意味着个体通过这个普遍的东西并在这个普遍的东西之中的自我构成（l'auto-construction）。因此，灵魂不朽之所以有意义，就是因为通过它，在信仰中成为可能的是“将自身在任何时刻都完整、具体地规定为道德的存在”，而不是“于普遍之中丧失自身”。因此，从第二条公设到第三条公设、从自为到自在且自为的过渡事实上表现了从形式主义到具体伦理、从道德性到宗教的过渡。“由于义务对于这另一个意识而言是作为特定的义务发挥着效准，所以内容和形式在它看来是同样根本重要的东西，尽管内容是借助于形式才成其为义务。”② 到此

---

① Hegel, *Phénoménologie de l'esprit*, II, p. 148. ［中译本参见黑格尔：《精神现象学》，373 页。——译者注］

② Hegel, *Phénoménologie de l'Esprit*, II, p. 151. ［中译本参见黑格尔：《精神现象学》，375 页。——译者注］

为止，我们所追问的是普遍何以能够成为现实的活动原则。现在，我们要让公设给出对特殊本身的辩护。在头一个环节中，内容和形式仍然是漠不相关的；但这同样也意味着意愿还没有获得它的概念和真理。这便是斯多亚主义的环节，应然存在（devoir'-être）在这里并没有对存在（être）做出规定，而只是直接和存在达成了同一；圣贤是幸福的、永恒的、神圣的。然而，这种对直接性形式下的存在的拥有事实上不过是表现了一种对
8 存在的拒斥、一种对于实在的道德自我意识的现实性和独特性的放弃。而这从根本上说无非是饶舌、唠叨而已。与此相反，只有当应然存在以肯定性的、特殊性的方式规定了存在时，只有当自在且自为的决定性综合（synthèse définitive）最终施加于直接性与间接性、真理和确定性的绝对同一性与他异性之上时，应然存在才能够如其所是地显现出来。

鉴于法则的种种要求，自然的偶然性应当转化为必然性。除非道德意识在自身中设定了内容的偶然性之后使自身一分为二，从而在其另一个自我（alter ego）当中设定了这同一个内容的必然性，否则这样一种转化是不可能的。这便是实践理性的第三条公设的定义，它要使我们相信神的存在。一方面，作为善良意图的纯粹道德意识，它将现实性和纯粹性分割开来；另一方面，由于理性构成了活动的原则，它在自身当中重新统一了它的两个环节。所以，神表现为既在意识之中，又超越于意识之外的存在。这里实现的是从“精神现象学”到《哲学全书》后来所说的心理学（psychologie）的过渡，或者说是从意识开始，通过“自我意识和意识的一分为二”的中介，最终达到理性的过渡。自我以及“经由自我的自然”之具体特征（le caractère concret du moi et, par lui, de la nature）只有借助为它提供了保障的另一个意识才可以成型。“我们行动着，并且我们在行动中——从行动确实发生，而不单纯是对行动的思维的那一刻起——是作为这另一个意识而有所作为的，我们意愿着特殊，因为不然的话我们就没有在严肃地意愿；我们把现实性当成目标，因为我们想要完成某件事情。因此，作为纯粹义务的义务落入了另一个意识当中，落入了纯粹义务的立法者的意识当中。而且，只有通过这另一个意识的中介，义务对于我们来说才具有神圣性。在我们要做出的两个假设当中，我们走向了对自己的意识的一分为二，而且要在另一个意识当中设定我们无法在自身当中设定的

东西；它每一次都是我们所不是的东西，它同时又是我们在另一次时所是的东西（*elle est à chaque fois ce que nous ne sommes pas, et par ailleurs ce que nous sommes l'autre fois*）。因此，这另一个意识有时是在使特殊本身圣化，有时是在使纯粹义务、抽象的普遍圣化。正是由于从一个假设跑到了另一个假设，我们才对这种道德世界观所内含的矛盾视而不见——后者建立在自然与义务、内容与形式彻底分离的基础上。黑格尔在这里所提出的批评并不单纯是一种对道德世界观的批判，它同样还将矛头对准了道德世界观 9
的有限知性和无限知性的二元论。"①

事实上，通过批判康德哲学中的错位，先验方法（méthode transcendantale）和辩证方法（méthode dialectique）这两种哲学方法的对立因而得见天日。当辩证方法将哥白尼主义的结论一直前推，直至将否定性和死亡引入绝对中时，先验方法在处理绝对和有限的关系时仍然举棋不定。当先验方法通过将现实性移出意图之外、移入另一个意识——这另一个意识被设定为实在的，且行动的内容就来自这个意识——之中来肯定一个道德自我意识的存在时，它究竟要表达什么呢？神之存在的公设因而必然把**哥白尼式革命**的自律和宗教的他律联系在一起。甚至就在道德法则使我意识到了自己的自由时，它都不可避免地以一个神圣命令的形式出现。与此相反，当道德世界观否定了道德自我意识的存在时，它将实在性放置在了自身当中，而另一个意识则要担负起形式和普遍性。但这样一来，谁又看不出来这另一个意识的含义已经发生了变化呢？谁又看不出来这另一个意识事实上被还原成了一个简单的表象呢？谁又看不出来哥白尼式革命在道德意图本身的自律活动中拾起了这样一种关于其自身的完满性的理念：它必然地、不借助一切外物地进行创生活动？这里，神无非就是人的圣化。那里，道德性就是一种神圣化。这样一来，人们似乎可以通过做出如下断言来反驳黑格尔对错位的批判：黑格尔悄悄地回到了一种前批判的提问方式，他忽视了康德对理论和实践的区分，因此，他之所以认为神之存在的公设包含着矛盾，无非是因为他向实践理性要求那些被保留给了理论理性的教导。事实上，在康德那里，信仰本身仍然是暧昧不明

① Hyppolite, *op. cit.*, p. 465-466.

的，因此我们也不知道它到底是在歌颂人类还是在神那里消除了人类。我们不知道这种实践理性到底意味着人道主义还是意味着神秘主义，到底意味着自由还是意味着不自由的意志（serf-arbitre），到底意味着罗马还是拜占庭。人们只能这样回应黑格尔的批判：幸福、灵魂不朽、神之存在，正是由于它们是信仰的公设，也就是这样的存在，即其不是在感觉中被动地接受，而是被应然存在和法则先天地、综合地包含，所以它们并不包含
10 什么矛盾，它们设定了一种自成一类的实在性（réalité *sui generis*），亦即道德宗教的实在性。由于黑格尔是用理论的图式来解释这种道德宗教的实在性，所以他歪曲了后者的意义。实际上，对第三条公设的分析表明：这一作为公设的存在概念是暧昧不明的，而表现在这种暧昧不明性当中的哥白尼式革命的根本矛盾就在于，它仍然被有限和无限、现代哲学和古典哲学、人的自由［拉：libertas humana］和基督徒的自由［拉：libertas christiana］撕扯着。“在这种情况下，第一个命题，亦即‘存在着一个道德的自我意识’，就建立起来了，而与之联系在一起的是第二个命题，亦即‘不存在一个道德的自我意识’。后面这个命题的意思是，尽管存在着一个道德的自我意识，但却是仅仅存在于表象中。换言之，尽管不存在一个道德的自我意识，但另一个意识仍然认为有一个道德的自我意识发挥着效准。”①

错位的形而上学意义

因此，与流于表面的批评所认为的那样不同，实践理性公设的理论是不能脱离道德性的分析论的，它们两者合二为一了；但与此同时，它们又相互冲突。不过，同样的事情在《纯粹理性批判》中不也发生了吗？物自身的意义难道不是隐含着同样的困难吗？一方面，**哥白尼式革命**试图在先验行动中描述从主体到客体的内在过渡，对作为范畴演绎之原则的经验可能性的肯定已经表明了这一点；对象化活动（在此，其表现在了严格意义上的先天综合判断［以先天认识的名义］当中）因而是在哥白尼式主体性内部发生的。在这种视角下，物自身单纯意味着由认识的自发运动

① Hegel, *Phénoménologie de l'Esprit*, II, p. 156.［中译本参见黑格尔：《精神现象学》，378 页。——译者注］

构成的规定的理想整体（totalité idéale des déterminations）：它是范导性的理念。“在这里，意识看起来已经得到了安宁和满足，而要做到这一点，前提是意识不再需要去超越它的对象，因为对象也不再超出意识之外。”但与此同时，将感觉界定为物自身的刺激又将具体的认识论规定关系引向了一个以截然不同的方式被理解的物自身——也就是作为实在性的来源，其尽管真实但却无法被认识。对象的偶然性（contingence）在这里通过一种可理解的偶然（hasard）而得到说明，后者暗含着物自身的超验的实在 11
性。* “与此同时，这个自在且自为存在着的东西也被设定为一个不是独立于自我意识，相反却是为着自我意识并且通过自我意识才存在着的东西。”① 正如人们不知道“实践的道德主义到底是走向了一种自律的学说，还是走向了一种他律的学说”，人们同样也不知道先验唯心论到底是什么意思：当它否定理论自我意识的存在时，它就是经验实在论；当它肯定理论自我意识的存在时，它就成为先验实在论。

种种错位的深层意义由此便清楚地呈现了出来：康德的新形而上学是无限的形而上学还是有限性的形而上学？哥白尼式革命是本真的人类解放行动还是一通模棱两可的胡言乱语？**我思**［拉：Cogito］能不能界定一种真实的有限性形式？现代哲学因而能不能在以**我思**［拉：Cogito］为出发点的同时，不必然错位到一个地位不定且矛盾的神那里？这样一来，我们就理解了物自身为什么始终困扰着康德哲学的继承者们。事实上，一旦哲学已经做出了和神学脱钩的努力，那么透过物自身得到表现的正是神和人的新关系。**哥白尼式革命**最后是否又回到了一种无限的形而上学？哲学是否因为这一事实而成了神学的婢女？沉思的自律是否隐含着圣贤的自律？这种新的有限性的形而上学试图凭靠哥白尼式革命而最终走上确定的科学之路。但是，从它的视角看来，信仰的意义却是不确定的。是路德式的宿命论还是伊拉斯谟式的人文主义？而且，如果**哥白尼式革命**事实上仍然在两种相互矛盾的生存立场之间徘徊不定，那么哲学家（在康德看来，

---

* 关于“偶然”和“偶然性”，亦参见本书 97－98 页。——译者注

① Hegel, *Phénoménologie de l'Esprit*, II, p. 156. ［中译本参见黑格尔：《精神现象学》，379 页。——译者注］

他的第一美德应当是“与自己保持一致”）难道不应该为了忠诚于这场表面上的**革命**（Révolution apparente）的精神和创造而推进和完成它吗？

《精神现象学》的一些段落所展现的就是这样一个问题：先验哲学是不是实现了哥白尼式革命的规划？它是不是达到了一个由此获得了自由的、与“彼岸世界”分离的真理的最终源泉——构成性的有限性（*finitude constituante*）？

§2. 对康德主义的不同阐释与对一贯性的追求

12 黑格尔已经提出了有关哥白尼式革命的意义的问题：康德哲学——正如他所表明的——不是一种哲学，而是两种哲学。尽管如此，对于这样一个不容置疑的反驳，人们还是可以给出一个可能的回应。人们可以说：也许不是先验态度本身，而仅仅是康德哲学大厦的复合结构从起源上说就缺乏一贯性。由此就产生了这样一种希望：在不放弃先验方法的前提下，消除它遭到辩证方法指责的错位。对康德哲学的种种阐释就诞生自这样一种雄心壮志：比康德本人更好地理解康德，使哥白尼式革命摆脱各种冗余部分（在康德给予哥白尼式革命的历史表达中，哲学传统使它充满了这些冗余部分），就哥白尼式革命的纯粹性和永恒性对其进行表达，从而拒斥康德哲学“历史”条件之中的错位——一言以蔽之，拒斥起初由种种外部元素（其使一切哲学创造都与自身不相一致）导致的错位。这样一来，各种阐释的自然机制就可以理解了：每一种阐释都竭力重新发现康德哲学的内核——康德本应从这种先验创造出发来对现代思想做出改革，但他没能忠实于这种创造，特别是他没能避免用借自一个过时的传统的外皮来遮蔽这个内核。因此，这些阐释的兴趣点绝不只是历史的：关键并不在于动用康德哲学的所有要素（甚至还有它的所有矛盾）来重构康德的思想。重要的是剥离外皮和内核、外部和内部，并且相信后者是健康的，而一切疾病和腐败都只能来自前者。因此，人们试图从康德体系的一个具有优先性的要素出发来对康德哲学进行体系化。这个要素被相关的阐释假定为具有根本性的意义，而其他所有与它不相一致、与它产生冲突的可能性，并且会导致错位的要素都会被丢在一边。

但是，如果康德的建筑术是复合的，如果历史性的批判甚至能够从中发现这样一些主题：它们可以通过分析的方法得到揭示，而且，相比于一种不断发展变化着的思想，它们更容易被逐渐聚合起来，那么，为了发现表皮包裹下的内核，处在永恒视角下的各种不同阐释只需要遵循康德哲学的天然连接（l'articulation naturelle）。与《纯粹理性批判》的三个核心部分对应的是三种前后相继的解读，是三种以赋予《纯粹理性批判》一致 13
性为目标的阐释，它们有意从某一“要素”出发，然后使其他要素从属于这一要素。因此，我们的研究所采纳的历史和认识的方案在康德本人那里已经有了预兆。第一种阐释以**辩证论**为基础，第二种阐释以**分析论**为基础，最后一种阐释以**感性论**为基础。此外，一切永恒的阐释——亦即试图解决康德哲学的困难，哪怕是以牺牲它的字面和历史意义为代价的阐释——都必然处于这三种主干之下。因此，为了同时穷尽先验哲学的各种可能性，我们只要分别研究这三种倾向的最重要的代表人物就足够了。

后康德主义（post-kantisme）第一个试图在先验的视域中确立康德哲学的一致性。它的出发点是辩证论和理念理论。在它看来，只要将物自身的刺激还原为内含于自我意识之可能性的原则当中的**我思**的行动，我们就可以避免从有限到无限的错位。**有限自我一般**（Moi fini en général）之中的绝对唯心主义便是这种先验唯心主义构想所内含的观点。它尤其体现在费希特（J. G. Fichte）的前期哲学或知识学的第一个环节①当中。

新康德主义（néo-kantisme）在分析论那里寻找康德哲学的内核。因此，它的出发点不再是理念而是原则，但它和有限性的绝对唯心主义一样压低了感性论和感性直观所发挥的作用。假如人们可以完全正当地把第一种阐释命名为先验唯心主义，那么第二种阐释尤其配得上**先验逻辑**这个名号，因为它试图实现的与其说是一种存在论，不如说是一种认识论。新康德主义通过内强量原则（principe des grandeurs intensives）达到的是一种先验实证主义，它在内强量原则当中觉察到了概念之错位的解决和一切有限认识一般的发生场所。柯恩（Hermann Cohen）第一阶段的哲学正代表

① 这第一个环节包括了 1794 年（《全部知识学的基础》[*Grundlage der gesammlen-Wissenschaftslehre*]）到 1799 年（《无神论争论》[*Atheismusstreit*]）的著作。

了这种阐释的第二个环节①。

14 最后，在生存论（existentialisme）看来，包括辩证论和分析论在内的整个**先验逻辑**都不过是康德哲学的可疑外皮。但是，如果人们非要把这两个部件和直观理论联系在一起，那么**感性论**这个果实也就可望而不可即了。先验哲学在这里延伸到了基础存在论当中。无限对有限的替代在生存（existence）和以时间性（temporalité）为基础的有限性的形而上学中消失不见了：从先验时间中涌现出了存在。对先验哲学这最后一个环节做出表述的任务就落在了海德格尔（Martin Heidegger）肩上。

只有在我们的分析过程当中，各种阐释的历史之所以从**辩证论**“下降”到**分析论**，又从**分析论**“下降”到**感性论**的原因才会显现出来。不过，这个原因已经可以被预感到了。每一种新阐释都要起来反抗它之前的阐释，因为前者谴责后者事实上又回到了一种“无限的形而上学”，也就是回到了一种与哥白尼式革命的要求不相符合并由此纵容了概念的错位的哲学处境。因此，各种阐释的历史以及朝向直观的下降全都可以被自然而然地理解成有限性概念的逐步深化（approfondissement progressif du concept de la finitude）。

---

① 这第一个阶段包括了有关康德哲学的著作：它强调的是作为方法的主体观念（以《纯粹认识的逻辑》[*Logik der reinen Erkenntnis*] 为代表的第二个阶段把这种方法解释为一种创造。以《出自犹太教根源的理性宗教》[*Die Religion der Vernunft aus der Quellen des Judentums*] 为代表的第三个阶段将方法的意识转移到了约翰式逻各斯当中）。

第一部分
有限自我一般
（费希特：知识学的第一个环节）

第二章　费希特式阐释的哲学处境

《知识学》接续了康德哲学的重大主题，从表面上看，它无疑革新了 16
这些主题的表达方式，甚至到了与它们的内容发生矛盾的地步。但是，当它这么做的时候，它留意让这些在它看来始终是外在的改变仅仅把目标锁定在一点，也就是明确《纯粹理性批判》给哲学带来的思想革命的意义。因此，费希特哲学的第一个环节就是一种澄清，亦即反思对批判哲学诸主题的语境所做的澄清：要么是康德本人在这一学说的真实结论前犹豫不决，要么是康德的直接后继者们以其资源的暧昧不明性为借口歪曲了他的思想。如果在怀疑论、宿命论和独断论这三重形式之下隐藏的是旧式哲学（ancienne philosophie）的共同偏见——康德应当将其从人类心灵中根除，那么康德哲学的对手甚至还有他的门徒又复活了这三种错误难道不是一件引人注目的事情吗？

首先，舒尔策（Schulze）的《埃奈西德穆》（*Énésidème*）质疑了与经验所与（donné de l'expérience）相关的哲学方法的独立性；不过，在特定意义上，对于身处与独断论的关系中的批判哲学而言，这种先天与后天关系中的暧昧不明性是内在于它的。因此，“费希特到发生的方法（méthode génétique）中去找寻先验方法的真理”的必然性既出自康德哲学诸概念的非一贯性所要求的澄清，又出自舒尔策对康德提出的批评。

其次，围绕着**斯宾诺莎主义**的意义而不断兴起的争论总是把实践哲学的要求和关于宇宙的理论认识的必要性混为一谈。不过，当莱茵霍尔德（Reinhold）的《基础哲学》（*Philosophie des Éléments*）试图将康德哲学诸 17
概念系统化时，它犯了同样的错误：一种自命的批判哲学因而无法凭借一己之力避免宿命论，进行新的澄清势在必行。而且矛头这一次对准了康德的门徒：发生的方法应当与**实践理性**的优先地位挂钩。

最后，作为怀疑论和宿命论的共同来源，独断论时时刻刻都可能从康德哲学内部产生出来。这既是因为物自身概念在不同种类的先验哲学中具有不同的含义，又是因为不同种类的先验哲学在哥白尼式革命这一主题上的不确定性。迈蒙（Maïmon）的**差异哲学**（Philosophie de la Différence）的例子既表明了“即便驳斥了物自身的存在，独断论仍然可能得到恢复”，又表明了“为了根除产生这种错误的可能性，费希特应当把对自为亦即哥白尼式主体性的分析的结论推向极端”。

§3. 怀疑论与发生的方法

从历史的角度看，费希特与舒尔策的关系重演了康德与休谟的关系。舒尔策试图表明：先验方法并没有真正超越经验主义怀疑论，而且康德对经验论的反驳先行假定了因果性原则具有先验的价值（但后者已经遭到了休谟式批判的质疑）①。舒尔策的怀疑主义批评则针对莱茵霍尔德的体系化活动，它倾向于在理论的层面上质疑“**意识命题**”（Proposition de la conscience）的本性，而《基础哲学》恰恰相信可以在意识命题中聚合客
18 观性的先验根据。根据意识命题，表象对于主体而言是清楚的，它既不同于主体也不同于客体，但它在意识中又同时与它们发生关系。因此，意识

---

① Martial Guéroult, *L'Evolution et la structure de la Doctrine de la Science chez Fichte*, p. 138：“在《纯粹理性批判》中，就它提供了作为我们认识当中的必然综合判断的实在原则（principe réel；德：Real-Grund）或源泉的人类心灵的源始规定而言，就人们从‘我们只能把表象能力思为这些判断的根据’那里得出‘心灵同样应当是它们在实在性中的根据’这个结论而言，人们已经假定如下两个方面不容置疑地是确定的和确证了的：一方面，对于所有存在于我们认识当中的东西来说，有一条真正的原则被客观地、同等地给定了，充足理由原则一般而言不但对表象和表象的主观联系同等有效，而且还对物自身和物自身的客观一贯性有效；另一方面，我们有理由从一个我们表象中的事物的性质判定它在我们之外的客观性质。所以，理性批判对于休谟怀疑论的反驳无非是预设了那些恰恰已经在休谟的全部怀疑论质疑（doutes sceptiques）那里遭到了反对的命题是确定的和确证了的”（*Aenesidemus*，S. 100－101）。

命题似乎指明了规定了认识的领域，亦即先天综合判断领域的必然性和普遍性的源泉。但实际上，这个命题看上去无法抵抗《埃奈西德穆》的批评，因为“加在**主体**—意识上的谓词不是包含在它的概念之中，而是由经验所提供”①。所以，客观性的先验根据就在先天与后天、主体与客体、思维与实在之间撕扯着，而它最初的目标恰恰是要向我们表明它们的原初统一性，甚至是先于一切经验所与的出现的原初统一性（unité première）。因此，《基础哲学》内部存在着一个循环，其使经验内含于经验的可能性原则当中；舒尔策不断在莱茵霍尔德的哲学中指出的正是这个从思维到存在的循环：“整个《基础哲学》都是建立在一种存在论推理的基础上：表象应当被思为不同于主体和客体，但又与主体和客体联系在一起的东西，因此，它就是如此这般，而且实在地暗含着这两个行动。质料和形式应当被思为表象的构成性部分；表象因而实在地是这两个因素的结果。质料应当被思为所与的东西，它因而是实在地所与的东西。有人要是承认有一个表象，他就也要承认有一个表象能力，因为没有这种表象能力，表象是无法被构想的，因此这样一种能力实存着。所以，思维的必然性暗含着存在本身。这正是被《纯粹理性批判》所摧毁的存在论证明的独断假设。表象能力应当具有一种真正的、客观的实存，这种实存引发了表象。但是，我们既不能对这种实存的先验认识提供辩护，
也不能为因果性概念的这种超验应用提供辩护”②。不过，《基础哲学》 19
的循环无非就是对内在于《纯粹理性批判》中的循环的说明，而且它预示了（1）黑格尔在《精神现象学》中令康德体系内部的概念错位遭受的

① Guéroult, *op. cit.*, p. 135. “意识命题既不是一个普遍有效的命题，也没有表现一个事实，其不与任何确定的经验相关，反而伴随着一切可能经验和一切我们会意识到的思维”（*Aenesidemus*, S. 53）。

② Guéroult, *op. cit.*, p. 136. “这种从思维的必然性（nécessité de pensée；德：Gedachtwerdenmüssen）到实存的、实在的存在的推理不但完全错误，而且毫无说服力；但它同样也是独断论长久以来在先验之物这个主题上所酝酿的所有空洞的、矛盾的诡辩的基础。而且，这样一来，就批判哲学试图从原则上摧毁这些诡辩而言，它所使用的是一种本身就构成了空洞的诡辩的推理方式。而且，人们可以用这种推理方式来支撑所有独断论的幻想”（*Aenesidemus*, S. 307）。

批判，以及（2）这种哲学始终假定的从批判哲学到独断论、从**我思**到物自身的未明言的过渡。舒尔策驳斥了哥白尼式断言，因为后者无法清楚地确定对象的地位，无法知道使对象成为可能的演绎——普遍性和必然性的表象——是通过以对象围绕其旋转的心灵为出发点成为可以被构想的东西，还是反而隐含着人们必然要以对象的自在实存作为出发点①。所以，自命的先验主体性仅仅是不自知的心理主体性②。康德曾经尝试在内感官（其被经验事件充满）和范畴性**我思**（其乃客观性的源泉）之间做出细致的区分。舒尔策则在哥白尼主义的旗号下拒绝了这一区分，因为
20 后者的真实性取决于一种客观实在论的介入，但客观实在论是与康德哲学的原初目标不可调和的。要走出主体性之外，要按照莱茵霍尔德的意识原则在意识中区分主体和客体、区分对一座房子的领会中的主观的前

① “为了能够有理有据地断言人类拥有这种意义上的认识（亦即先天的认识），对以下两点做出证明是理所当然的事情：a）我们表象的某些规定和标准依赖于心灵的行动方式；b）这些表象中的其他标准依赖于外在于我们的物自身；而且，只要这两种依赖中有一种还是可疑的、不确定的，那么人类可以通过它们真正获得认识就是可疑的、不确定的；理性批判想知道在超感性的某物中被设定的表象之质料的实在原则；但它却通过它所特有的对先天综合原则之本性的规定否定了一些条件的可能性——只有这些条件要求并且允许超感性的东西和客观实存的东西对我们的心灵施加实在的影响”（*Aenesidemus*，S. 287－289）。正是在这种自在与自为的矛盾中，黑格尔置入了“一窝矛盾”（《精神现象学》描述了这“一窝矛盾”的道德世界观）。一方面，对先天综合判断之可能性的批判把真理和对象封闭在了自为的界限当中：“在这里，意识看起来已经得到了安宁和满足，而要做到这一点，前提是意识不再需要去超越它的对象，因为对象也不再超出意识之外。”另一方面，自为的现实性（从观念原则［德：Ideal-Grund］到实在原则［德：Real-Grund］的过渡）——如果人们想要避免使先天综合判断退化为纯粹的主观游戏，并且打算使主体具有先验的意义，那么这种现实性就是必要的——设定了它那内在于自在和超感性之物的关系（rapport immanent à l'En-soi et au suprasensible）：“但是，这个自在且自为存在着的东西也被设定为一个不是独立于自我意识，相反却是为着自我意识并且通过自我意识才存在着的东西”（Hegel，*Phénoménologie de l'esprit*，II，p. 156［中译本参见黑格尔：《精神现象学》，379 页。——译者注］；Hyppolite，*Genèse et structure de la Phénoménologie de l'esprit de Hegel*，p. 468）。

② “每个意识只包含一个事实（德：Faktum），这个事实只在我们自身中发展”（*Aenesidemus*，S. 293）。

后相继和河流的客观的前后相继，这必然同样要诉诸物自身和表象间的前定和谐。因此，康德的**我思**、莱茵霍尔德的意识原则并没有遵守诺言，它们没能避免理论怀疑论，而且还由此表现出对一种信仰的需要，即对独断论所假设的事物的神圣存在（l'être divin des choses）的非理性信仰。

更为严重的后果是实践理性本身的崩溃。事实上，《实践理性批判》完成的那种从要求（exigence）到实存（existence）的恒常过渡得不到任何辩护。这一要求的本性并未得到澄清，而且，没有什么能够阻止人们从中看出一种主观幻相或自然之机械力的必然结果①。为了反驳舒尔策，费希特必须同时超越康德和莱茵霍尔德。在不牵涉这些经验要素（正如舒尔策指出的那样，这些要素的力量摧毁了**我思**［拉：Cogito］的不确定性和内在性）的情况下，《基础哲学》事实上是在什么条件下包含着一种先天纯粹综合呢？这一意识命题应当以纯粹先天的方式、在我思借以把捉其自身对象化功能的先验活动的明见性中给出它在主体和客体之间确立的差异和相互关系的秘密②。我们来举个例子："如果您相信在这个判断中仅仅表达了关于一种对您这次由时间与状况制约的偶然做法的知觉判断， 21
或者关于一种对这个做法的限制的判断，您可能完全不过在说：我，卡尤斯或辛普尼乌斯，绝对只有通过一条唯一可能的边才能把这个角，比如具有这两条确定的边的60度角封闭起来。但是，您的近邻或左右（如果此后只能有左右或近邻的话）也许想通过若干条线能将这个具有同样的边

① "但这种道德必然性只是主观的，也就是说，它是需要（besoin）；它不是客观的，也就是说，它本身不是义务（devoir）"（*Aenesidemus*，S. 323）。这里涉及的是公设。对怀疑论的辩护和对理论哲学的辩护是通过相同的方式做出的。"如果从人们接受了某一事物的主观的思维的必然性（德：Gedachtwerdenmüssen）这一点完全没有必要得出客观的存在，那么无论是在道德神学中还是就实践理性的倾向而言，这种必要性同样也不存在。所以，就推进有关神和我们的不朽性的认识而言，道德神学并不会比在批判哲学中得到定性的理论理性做得更好"（*ibid.*，S. 333）。

② 只有通过这种手段才能对舒尔策的怀疑论问题（"如果我们思维的主体对我们来说是全然未知的，那么我们从何能够知道和看到它真正构成了我们认识中某些元素的来源？"）做出非怀疑论的回答，而不是通过先天地承认理智直观中自为的绝对透明性而否定假设具有任何意义。

的同一个角封闭起来，对此您应当满足。另外，您自己是否不能通过更多的线将前两个角或具有其他两条边的同一个角封闭起来，在您对每个角做出专门试验以前，您对此是不得而知的（如果在这种条件下，通过若干角来检验您的假定是可能的话）。因此，您显然不是陈述关于单个知觉的判断，而是概括并绝对地设定无限性和一切可能知觉的整体性。这种无限性不是由有限东西组合起来的，相反地，有限东西是从无限性中产生出来的，无限性的那种单纯的、绝不可能加以完成的分析就是有限的存在物。这种做法，这种设定，我该怎么称呼呢？或者像您喜欢的那样，我把绝对整体性的这种显现称为理智直观；正因为我没有任何办法超越理智，我就把理智直观视为内在于理智的，因而我把理智直观称为**自我性**（Moïté），既不称为主体性，也不称为客体性，而是称为两者绝对的同一性；这种**自我性**绝对不会是个体性。如您所称谓的那样，它包含着一种无限的可重复性。所以，对我来说，有限东西的科学是由对绝对无时间的无限东西的一种直接直观——这种直观具有主体性和客体性的绝对同一性——组成的，是由主体性和客体性的分离与对无限性的无限连续的分析组成的。在这种分析中存在着时间性的生命，主体与客体——两者仍可通过理智直观结合起来——的分离是这种时间性生命的出发点”①。

22 对舒尔策怀疑论做出反驳的唯一可能途径就是我们在意识命题、在所有先天综合判断的至上原则之外同时把握住无限的、绝对的活动（主

① Fichte, Antwortschreiben an Herrn Professor Reinhold, 1801, éd. Fichte, *S. W.*, II, S. 506–507.［中译本参见费希特：《答莱茵霍尔德教授先生》，李文堂、梁志学译，见梁志学主编：《费希特著作选集》卷四，北京：商务印书馆，2000，243–244页。——译者注］通过且仅通过这种方式，同一律才不再处于自为之外，才不再为舒尔策的怀疑论保留提供辩护：“意识命题是由矛盾律规定的；不过，如果矛盾律已经通过精确的方式得到了表达，那么它反而只能由自身以及存在于自身当中的标准所规定。而且它只应由它自己规定，这是因为，如果在它那里得到表现的可思维性（德：Gedenkbarkeit）要从另一条原则那里获得对自己的规定，那么它就没有办法再充当一切思维的至上原则”（*Aenesidemus*, S. 48–49, note）。表象的可能性要求着思维的可能性：康德和莱茵霍尔德隐含着费希特（甚至是费希特在1801年《知识学阐述》［*Darstellung der Wissenschaftslehre*］中的分析）。

体与客体在其中达成统一）和从这种活动到表象的谓述活动（其似乎在《纯粹理性批判》和《基础哲学》的原则当中区分出了主体与客体）的过渡。实际上，只有当哲学允许我们看清它试图将其当作最终主题（thème dernier）来依靠的这个表象的发生时，下述情况才会停止：（1）它通过概念的错位从主体过渡到客体；（2）其各种演绎因而既借自我思的主观样式又借自物自身的客观样式；（3）所以，它会遭到怀疑论的批评且必然乞灵于前定和谐。实际上，只有当人们不是在意识命题中觉察到本原行动（action originaire）的存在，而只是看到一个事实（fait）这种情况继续发生时，意识命题才会把经验的东西和先天的东西混为一谈①。由于莱茵霍尔德仍然止步于事实、止步于知觉判断，由于 23

① 因此，不同于舒尔策仅仅赋予莱茵霍尔德的意识命题以经验的价值，莱茵霍尔德坚持主张它的先天意义是不无道理的。但是，费希特补充道，其条件是"它还一定是以某种不同于单纯事实（德：Tatsache）的东西为基础。评论者至少认为他自己已经确信，它是一个以另一原则为基础的命题，依据这个原则，而不依赖一切经验，它就可以得到先天的严格证明。莱茵霍尔德的阐述把它制定成为一切哲学的原则的第一个错误前提，就在于认为人们一定是从事实出发的。虽然我们一定拥有一个现实的、并非单纯形式的原则，但是，如果允许冒昧地做出一个在这里既不能加以解释也不能加以证明的论断，这样一个原则恰好一定不是表述事实（德：Tatsache），而是也能表述一种本原行动（德：Tathandlung）"（Recenzion des Aenesidemus，*S. W.*，I，S. 8［中译本参见费希特：《评〈埃奈西德穆〉》，梁志学译，见梁志学主编：《费希特著作选集》卷一，北京：商务印书馆，1990，426页。——译者注］）。这一评论非常重要！（1）莱茵霍尔德有理由反对舒尔策，但他却不明白原因何在。事实上，如果意识命题的基础是某一事实，那么人们就无法摆脱怀疑论，并且还会提出这样的问题：真理是什么？尽管如此，由于注意到同一律仍然处于意识命题之外，舒尔策不由自主地为在莱茵霍尔德那里仍然悬而未决的问题提供了元素。事实上，透过同一律的抽象的、纯然逻辑的表述是主体和客体间的绝对同一的活生生的存在（la présence vivante）——理智直观，后者充当了意识命题的真正原则，而且意识命题可以在毫不涉及经验的情况下从它那里推演出来。（2）诉诸理智直观使莱茵霍尔德免于陷入舒尔策所谴责的作为"形式主义"的怀疑论（*Aenesidemus*，S. 296）。事实上，除非自为在自身中同时包含着实在原则和观念原则并且完全不乞灵于物自身的假言规定，否则"构成认识的形式和心灵的自发行动"的列表（liste）始终归属于自为的纯粹主观的清点（recensement）。从事实到活动的过渡和理智直观的介入恰恰是以实现莱茵霍尔德的方案为目标：找到我思［拉：Cogito］的具体规定，同时说明意识和表象。

他没有过渡到权利〈原则〉、过渡到经验判断，所以他没有办法在意识命题中把握必然性和普遍性（尽管这个命题必然隐含着必然性和普遍性，但它却没有办法说明它们），所以他必然要让我们乞灵于一条他根本没有指明的新原则，亦即理智直观的活动。舒尔策通过把诸如数学判断的必然性与我们无法认识的物自身（后者与我们的判断的和谐只有通过信仰活动才会成为可能）联系在一起而对康德哲学做出了批评。但是，如果这种批评在埃奈西德穆那里使独断论的荒谬性明白地呈现了出来，那么这种荒谬性在莱茵霍尔德和康德他们那里至少含混地存在着。实际上，先验唯心主义通过承认作为反思的终极事实（德：Tatsache）的主体与客体的相互关系和相互区分而明确中止了**我思**由以确立世界的客观性和有效性视域的那个过程。重新发现这一根据便是停止在知觉判断中进行考察（画出这样一条线、这样一个角、这样一个三角形的经验的甚或观念的事实），目的是把握经验判断的行动的必然性（nécessité opératoire），是在一切经验、事实、存在之外重新发现先天，也就是行动（德：Tathandlung）、思维。同时失效的是道德怀疑论的反对意见；如果人们明白了实践要求的本性，明白了它如何绝对不能被还原为一种理论观察、如何超越了主体—客体、意识原则—表象要求的二元性，人们就不会说实践要求或许只是一种幻相了①。对舒尔策的反驳向我们揭
24 示了怀疑论的深刻发生（《纯粹理性批判》第二版序言已经意识到了这一发生）：只要自在仍然外在于自为，只要意识没有真的产生存在，在这两个项之间就必然会被引入一种晦暗的、可疑的关系。因此，舒尔策

① “我在本身仅仅具有主观确定性，无论我们对神的自我意识能有多少设想，神对神也是主观的。好了，这完全是不朽性的一种客观存在（这是埃奈西德穆特有的词汇）！如果某一个能在时间中直观自己的存在的存在者会在自己存在的瞬刻说‘现在我是永恒的’，这个存在者就不可能是永恒的。因此，说实践理性必须承认理论理性的首要地位是不属实的，倒不如说，理论理性的全部存在都是基于规定自身者在我们之内与理论认识者的抗争，如果这种抗争消除了，理论理性的全部存在本身就会得到扬弃”（*Recenzion des Aenesidemus*，S. 23－24［中译本参见费希特：《评〈埃奈西德穆〉》，442 页。——译者注］）。关于我在——主观确定性——在我应之绝对确定性中的根据，参见后文§4。

重新发现了休谟的怀疑论灵感，这不是因为他比康德本人更好地推进了康德的尝试，而是因为他没能得出哥白尼式革命的结论。这样一来，人们就错失了清除康德哲学的所有实在论元素，从而使之真正成为一种自为理论的条件；“思维的逻辑根据必然是其实存的根据。这一断言隐含着若干其他断言：

a）思维对于其自身而言是绝对清楚的，而且是深入到根本的清楚；思维的本质是清楚和明白的思维；如果不是这样的话，思维就逃开了自身，而且从原则上说可以不同于它对于其自身而言所是的东西。

b）思维（客体）和思维之思维（主体）是同一的。作为绝对清楚的同义词，思维的思维是真正的思维，是**源始之物**（Originaire）与之同一的思维。主体与客体的同一是绝对‘自为’的创造。因此，‘自为’不会到一个先于自己的同一性那里去获得自身的来源。

c）被构想为各种思维形式之根据的心灵是本体。但如果观念性根据由于这样一个事实而具有了实在性，那么它应当直接使自身实现于自为之中。这种实现就是理智直观的活动，就是‘**我在**’（我在，故我绝对在[je suis absolument parce que je suis]）。

d）一切能够被构想为处于思维以外的东西由于这样一个事实而存在于思维当中，因此也是通过思维才得以存在。正如迈蒙所断言的那样，一切都存在于意识当中，但一切存在于意识当中的东西都必然和它的来源一道存在于‘自为’的绝对内在性当中。实在性完全被纳入到理性思维之中，外在性不再是绝对的，它只是理智直观中内在性的单纯界限”①。因此，造成舒尔策的错误的不但有康德哲学中物自身的持续存在（此外，通过把物自身等同于理念性本体[noumène idéal]而赋予它一种唯心主义阐释是可能的)，而且还有批判性分析在方法上的不确定性。 25

事实上，无论是发生的视角在康德那里的缺席，还是多多少少得到体系化处理的零散材料的杂多性，这全都表明：虽然批判哲学不断做出一些有关理性的统一性和有机性的断言，但它并没有能力从自我意识出发建造起世界的大厦，而且，它为了确立起先验原则而不断诉诸一些取

① Guéroult, *op. cit.*, p. 144-145.

自对象分析的元素（éléments tirés de l'analyse de l'objet）。因此，在康德那里，综合的无力显然与独断论的残余联系在了一起。而且，在纯粹理性的要素学说中给出两种异质的认识来源的含糊性和在**辩证论**特别是**感性论**中似乎有时赋予物自身以“经验刺激的来源”这种实在论意义的含糊性是同一种含糊性。“在我看来，”费希特说道，“《纯粹理性批判》决不缺乏基础，这是非常清楚地摆在那里的事实；可是，在这个基础上什么都没有建造出来，而那些建筑材料——哪怕是经过细心制作的——也是按非常随意的次序，相互并列、相互重叠地堆放起来的。”① **批判哲学**试图运用的不是从事实到原则的分析方法，而是从原则到结论的综合方法，这一点毋庸置疑。尽管如此，一方面，《未来形而上学导论》和《道德形而上学的基础》之类的普及性著作总是要求一个被拿来分析的事实，在前者那里是牛顿科学的存在，在后者那里是道德意识的事实；这样一来，原则的真理性就依赖于一个假设、一个本身没有得到辩护的预设。另一方面，尤其是在**批判哲学**内部不断出现这样一些事实，其原则指向的单纯是对可能性的确立。所以，康德的出发点是先天综合判断②和在道德意识中被给予的理性的事实［拉：factum rationis］；这里所涉及的的确是一些可以被称为“**意识事实**”的非常特殊的事实，但正因为如此，它们总是要求人们揭示它们的发生，并且表明它们必然要在自我意识中出现和发展。如果康德无论如何已经在哥白尼式革命中
26 超越了柏拉图和笛卡儿的天赋论，这是因为他的先天从自身出发导向了对其先验本性的澄清——它不再显现为主体中的理想的东西，而是成为自

① Fichte, Zweite Einleitung in die W. L., *S. W.*, I, S. 479; Cité par Gueroult, *op. cit.*, p. 47-48. ［中译本参见费希特：《知识学新说》，沈真译，见梁志学主编：《费希特著作选集》卷二，北京：商务印书馆，1994，710页脚注。——译者注］

② 从数学和物理学出发，康德这样写道：“既然这些科学是现实地已被给予的，关于它们就可以恰如其分地提问道：它们是如何可能的；因为它们必定是可能的，这一点通过它们的现实性就得到了证明”（《纯粹理性批判》［*Critique de la raison pure*, trad. Tremesaygues et Pacaud, P. U. F., 1944］，44页［中译本参见康德：《纯粹理性批判》（第2版），李秋零译，北京：中国人民大学出版社，2004，37-38页。——译者注］）。

为本身的骨架。所以，使哥白尼式革命，亦即从事实到意识活动的过渡成为可能的正是发生的方法①。“康德的道德律依据于一个事实（如果这被

① 当康德在“纯粹理性的训练”的第四章（纯粹理性在其证明方面的训练）中分析迂回的证明（démonstrations apagogiques）和明示的证明（démonstrations ostensives）的存在理由时，他深刻地注意到了独断的怀疑论对迂回的证明的频繁使用（“迂回的证明虽然能够产生确定性，但却不能产生真理在与其可能性的种种根据的联系方面的可理解性”）：“迂回的证明方式也是真正的幻相，在任何时候都能吸引住对我们独断的玄想家们的缜密性感到惊赞的人们，它仿佛是一位斗士，要证明自己所选择的党派的荣誉和不可置疑的权利，于是自告奋勇地与任何一个要对此有怀疑的人决斗；尽管通过这种大言不惭在事情上并没有澄清任何东西，只是在敌对双方的相对力量上有所澄清而已，而且也只是在采取攻势一方有所澄清而已”（《纯粹理性批判》，536—537 页［中译本参见康德：《纯粹理性批判》（第 2 版），506 页。——译者注］）。迂回的证明在数学中使用是正当的，在物理学中使用在较低的程度上也是正当的，而这恰恰是由于这些科学的构成方式决定了“把我们表象的主观东西强加给客观东西，亦即强加给对象中的东西的知识”（同上，535 页［中译本参见康德：《纯粹理性批判》（第 2 版），505 页。——译者注］）在它们那里是不可能的。因此，在形而上学中运用这类证明就是认为客观的东西统治着这门科学，而且它不可避免地要把有关主体和客体的关系的独断论假设当作基础。“不过，纯粹理性的先验尝试全都是以辩证幻相为中介进行的，主观的东西在理性的前提中对理性呈现为客观的，或者甚至是强使理性认其为客观的”（同上，536 页［中译本参见康德：《纯粹理性批判》（第 2 版），505 页。——译者注］）。不存在可能的数学幻相但存在必然的先验幻相。形而上学相对于数学和自然科学的特殊情况就在于：客观的东西和主观的东西在形而上学中的替换不但可能，甚至不可避免。正是这种特殊性对如下事实做出了解释：只要形而上学还是独断论的（它因而使用着迂回的证明，因为这些证明假定了认识的客体相对于客体的认识的优先地位），它就无法走上科学的康庄大道。所以，绝对适合于那些通过概念建构进行的科学的证明类型会把通过概念进行的哲学认识或理性认识引向独断论和怀疑论的斗争。实际上，对先验主体性的哥白尼式发现乃是这样一个视域：它使明示性论证的使用成为可能的和必然的——在明示性论证当中，证明“把对真理源泉的洞识与真理的信念相结合”（同上，534 页［中译本参见康德：《纯粹理性批判》（第 2 版），504 页。——译者注］）。“《纯粹理性批判》只能做明示的证明”这一结论已经从先验—经验之分的可能性那里得出了，这是因为，“先验的和经验性的之间的区别仅仅属于对知识的批判，不涉及知识与其对象的关系”（同上，80 页［中译本参见康德：《纯粹理性批判》（第 2 版），73 页。——译者注］）。这样一来，形而上学为了使自身作为科学成为可能就必须意识到哥白尼式发生与证明的无条件性之间的深刻统一性。

正确地理解的话，那么这是正确的），而他的追随者们却以为借此可以在所有他们感到证明和解释发生困难的地方，从事实上寻找避难所，他
27 们没有考虑到，他们的敌人必然也会获得同样的权利，于是从某个所谓的事实中产生的任何荒谬（对于这个事实，没有进一步的证据，在这个事实上涉及的是每个人的自己的意识）就能够得到证明。”① 因此，在费希特那里，理智直观的最终意义就在于用发生的方法取代了心理学的分析——后者由于只和事实以及假言判断有关所以始终是可疑的，而且仅具有或然性；前者由于在正题判断（jugement thétique）中设定了自我意识而得以从绝对的明见性出发。如前所见，在正题判断中，所有与知觉的关系都被哲学抽象活动打上了括号。而且，无穷反复的单纯可能性最终将经验交给了我们，其具有必然性，其行动与基础具有绝对普遍性。

哲学还应当放弃把经验的可能性当作出发点，虽然康德的分析认为自己能够以它为基础。事实上，诉诸可能经验有如下危险：将经验规定重新引入先验原则当中，将客体引入主体当中，将应当被证明的东西引入证明当中，将知觉引入经验当中。也正是这种偶然性——亦即独断论——造成了莱茵霍尔德意识命题的晦暗之处：完整的意识（conscience complète）被当作出发点，但这种完整的意识归根到底却要依赖于一种外在于它的基础规定（同一律），而且，只要后者还是外在的，它就会造成前者的不确定性。当康德从经验的可能性出发、莱茵霍尔德从意识命题出发时，他们二人全都没能避免怀疑论，因为他们的原则仍然和事实搅在一起，因为自在不是作为自为的一个必然规定，而是作为自为本身的说明被引入的。这样一来，自在就把哥白尼式革命重又限制在了独断论当中。只有发生的方法从偶然性过渡到了必然性，因为只有它是从唯一的确定无疑的活动出发：自我意识的构建（la construction de la conscience de soi），亦即实在的自我意识的可能性。这样一来，在经验或表象的起源处便不再存在同一

① 费希特致尼特海默尔（Niethammer）的信，转引自 Guéroult, *op. cit.*, p. 147［中译本参见费希特：《激情自我：费希特书信选》，洪汉鼎、倪梁康译，北京：经济日报出版社，2001，59—60 页。——译者注］）。

律，因为意识本身就是同一律。在抽象掉各种表象元素之后，使这种表象成为可能的是主体和客体在理智直观中的绝对同一。我们最终经由这种同一通向了哲学方法的真正独立，也就是通向了自为的自我发生（auto- 28
genèse du pour-soi）。无论是在康德的经验之可能性那里，还是在莱茵霍尔德的意识命题那里，这种独立都不会出现。事实上，前一种情况下的考察（其针对不可还原为先验综合的最终事实）和后一种情况下的表象表现出的对同一律的依赖全都使哲学分裂为主体和客体、唯心论和独断论。而且，它们不但远没有在至上原则的绝对统一性中发现真理的标准，而且总有在前定和谐的独断论幻相下复活这种从休谟到舒尔策的怀疑论（其必然伴随着一切分析方法）的危险。因此，对于费希特来说，通向自为、通向理智直观就是超越莱茵霍尔德的表象和康德的可能经验之上来证明它们的最终基础。“我是这样的东西，它在同一个未分割的活动中不是客体，就不能是主体，在同一种未分割的活动中不是主体，就不能是客体；反过来说，这样的东西就是我。两种说法肯定的是同一个意思。现在，从这种同一性中，并且唯独从这种同一性中，无须再增添丝毫东西，就产生了全部哲学。阐明了主体与客体原初在自我性中是联结起来的，它们的联系问题就由那种同一性一劳永逸地得到了回答。那种同一性一开始就使批判的唯心主义，使观念性和实在性的同一性被提出来。这种唯心主义既不是将我只看作主体的唯心主义，也不是将我只看作客体的独断论。”①

所以，费希特用无限自我和有限自我的对立，亦即主体和客体在自为中的绝对统一性，取代了康德和莱茵霍尔德罔顾哥白尼式革命、用颠倒的方法保留下来的主体和客体的对立：“知识学的分析将自我既不是作为主体，也不是作为客体提出来的，而是作为两者的统一提出来的，因而使概念与物同时产生出来，使内在的精神慧眼可以看出，两者是同一的，只是从不同的方向去看而已。关于这一点，康德是这么表达的：概念与直观

① Fichte, Vergleichung des vom Herrn Prof. Schmid aufgestellten Systems mit der Wissenschaftslehre, 1795, *S. W.*, II, S. 442. ［中译本参见费希特：《施密特体系与知识学的比较》，见梁志学主编：《费希特著作选集》卷二，235 页。——译者注］

29 （即**知识学**中的物）不可分离。”① 因此，各种独断论元素的残余给康德式批判带来的大量困难就让步于方法的发生的统一性。表象的可能性或经验的可能性当然也是费希特式证明的术语②，但人们从这些术语那里发现了原则：事实（德：Tatsache）让位于本原行动（德：Tathandlung），**被生的东西**（Naturé）让位于**能生的东西**（Naturant）。所以，对怀疑论的反驳和对舒尔策的批判就导向了对康德哲学的三重形式的修正（或者至少是纯化）：用权利〈原则〉取代事实（用纯粹的先验综合方法取代仍然带有心理学色彩的分析方法）；在一条单纯原则中发现被“意识事实”或元素表面上的多样性当作基础的自为的不同行动的多样性；最后，在从假设到正题的过渡中发现为哲学提供了永恒的、真正的对象的无条件者。“当费希特为了从自身具有确定性的原则那里推演出一切而摆脱这种假设性方法时，应当承认的是他比康德更好地实现了先验方法的概念，而且他比康德更好地遵守了由康德本人提出的三条规则：（1）对那些被视为方法的基础的原则的来源，以及允许从它的结论那里得到一个好的结果的权利〈原则〉做出说明；（2）只根据方法的统一性提供出唯一的先验概念的证明；（3）用明示的方法取代迂回的方法，前者将真理的认识和有关真理来源的认识结合在了一起。”③

---

① Fichte, *ibid.*, S. 444. ［中译本参见费希特：《施密特体系与知识学的比较》，见梁志学主编：《费希特著作选集》卷二，237—238 页。——译者注］“康德的批判哲学是以作为单纯主体的我开始的。康德主义者们只是讥讽却并不理解的那些空洞概念的先天性的表象即由此而来。既然它们的主体总是与客体相关联，并且至少在晦暗的表象中不可分离地依附于它，因此，人们就经康德善意的许可，暂时将基于共同人类理智的观点的、处于我之外的客体一起纳入批判哲学中来。只有在批判哲学的中间部分，即在关于想象力的图型论的学说中，我本身才成了客体。”(note, S. 444—445.) ［中译本参见费希特：《施密特体系与知识学的比较》，同上，238 页。——译者注］因此，康德的想象力——如果人们愿意去理解它的话——就是费希特的理智直观；只有当康德从我（主体 = 客体）的先验概念退回到我的心理学的、独断论的，因而是怀疑论的形式概念（单纯与客体不同并被客体刺激的主体）时，他才会拒绝这种同一。

② Fichte, *ibid.*, S. 456. ［中译本参见费希特：《施密特体系与知识学的比较》，同上，248 页。——译者注］“知识学以纯粹经验的提出为终结，它揭示了我们确实能够经验到的与必定会经验到的东西，因而真正为经验的可能性提供了根据。”

③ Guéroult, *op. cit.*, p. 167.

§4. 宿命论与实践理性的优先地位

发生的方法在哲学中的必要性，以及客体与自为之内在性的关系本身 30
就使人们预感到先验方法给人带来的实践上的解放。当批判的主体取代了独断的客体时，自由终于有了属于自己的位置。而且，费希特在一场争论中所感受到的正是康德学说的这样一种效果：这场争论针对的是莱辛在唯理论和宿命论之间建立起来的联系。雅各比（Jacobi）似乎已经表明一切理性思想都会摧毁自由：莱布尼茨的精神的自动机（l'automate spirituel）*

---

* 参见莱布尼茨：《神义论》，朱雁冰译，北京：三联书店，2007，§403，422-423 页。“正如动物体内胎儿的形成和其他千万种自然奇迹是通过神所赋予的某种本能产生的，即借助创造了这些令人惊叹的、以机械方式造成如此美妙活动的自动机的神性的生成产生的。同样也不难推断，灵魂是一个更加令人惊叹的精神的自动机（l'âme est un automate spirituel, encore plus admirable），它正是借助神性的先成产生了那些我们的意志无法参与、我们的技艺不可企及的美妙的观念。精神的自动机，即灵魂的活动绝不是机械性的，但它却在最大程度上包含着机械学之美，躯体中展开的运动通过观念集中在其中，犹如集中在一个展示现实世界的法则及其结果的理念世界中，只是它与神身上的完美的理念世界有所差别，其他实体的绝大多数观念是模糊不清的。人们必须明白，每一个单一的实体自身之内都借助它模糊不清的观念或者感知包含着宇宙，这些感知的顺序为实体之特殊本性调节着，不过，其方式始终反映着整个的、普遍的自然：每一个临在的感知都对准一个新的感知，正如它所感知到的每一个运动都对准另一个运动那样。然而，灵魂不可能确定而明晰地认识和察知它的整个本性，它不可能确切而明晰地认识和观察在它里面相互交错重合或甚至拥挤在一起的无数细小的感知之形成过程。要做到这一点，它必须从整体上认识其中所包含着的整个宇宙，这就是说，它必须是一个神。”亦参见康德：《实践理性批判》，李秋零译，见《康德著作全集》第 5 卷，北京：中国人民大学出版社，2007，103-104 页：“人们也可以把时间中诸事件的一切必然性都按照因果性的自然法则称为自然的机械作用，即使人们所指的，并不是那些服从机械作为的事物必须是现实的物质性机器。在这里，所关注的只是在一个时间序列中诸事件的联结的必然性，如果它们按照自然法则发展那样，人们这时可以把这一过程发生于其中的主体称为 Automaton materiale［物质的自动机］，此时这个机器是由物质推动的，或者赞同莱布尼茨，称之为 Automaton spirituale［精神的自动机］，此时它是由表象推动的，而且假如我们的意志的自由无非是后一种自由（例如心理学的和比较性的自由，并非同时是先验的亦即绝对的自由），那么，它在根本上一点儿也好不过一把自动烤肉铲的自由，后者一旦上紧了发条，就也会自行完成自己的运动。”——译者注

并不比斯宾诺莎的有限样式更自由。不过，只有在独断论与客体的优先地位的视角下，雅各比的非理性主义以及这种非理性主义所确立的令人生畏的两难困境（要么是科学要么是自由、要么是宿命论要么是疯狂）才有意义。因此，通过使批判主体获得解放，康德不仅使人类灵魂具有了通向新知识的可能性，而且还经由实践理性的优先地位使其通向了理性与心灵的深刻和解："自从我读了《实践理性批判》后，我进入了一个崭新的世界。我曾经相信是不可驳倒的原则，现在在我看来是被驳倒了；我曾经相信是永远不能证明的东西，例如绝对自由的概念、义务的概念等，现在在我看来是被证明了。我简直成了一个乐天派。在康德的批判之前，我记不得我曾经发现过必然性体系以外的任何体系。现在，人们又可以写出'道德'这个已经从所有词典里删去的词了。"① 《纯粹理性批判》不光带
31 来了"使关于世界的理论认识成为可能"这个结果，而且还为理性构建

---

① 费希特致魏斯宏（Weisshuhn）的信，转引自 Guéroult, *op. cit.*, p. 45［中译本参见费希特：《激情自我：费希特书信选》，27 页。——译者注］。在批判之前，除非是陷入迷信或宿命论的幻影，哲学所能阐发的只是一个比较性的自由概念（concept comparatif de la liberté），"据此，其进行规定的自然根据处在其作用的存在者内部的东西，有时就叫做自由的作用，例如，一个被抛出的物体当它在自由运动时所做的事情"（Kant, *Critique de la raison pratique*, p. 102［中译本参见康德：《实践理性批判》，102 页。——译者注］）。因此，独断论所获得的只是自发性的概念，而不是自由的概念。而且，正如莱辛已经看到的那样，一切意志因此都要服从于宿命论。独断论中实体观念的辩证法和人类自由在神圣预定论中的异化正是由此产生的。"如果人们向我们承认，理智的主体就一个既定的行动来说，即使他作为也属于感官世界的主体就该行动而言是在力学上有条件的，但也还能够是自由的，那么看起来，一旦人们假定神作为普遍的原始存在者也是实体实存的原因（这是一个永远也不可以放弃的命题，除非把作为一切存在者的存在者的神概念，连同在神学中一切东西都依赖的神之充足性一起放弃掉），人们就必须也承认，人的行动在完全不受它们控制的东西中，亦即在一个与人不同的、人的存在及其因果性的全部规定所完全依赖的最高存在者的因果性中，有它们的规定根据"（Kant, *op. cit.*, p. 107［中译本参见康德：《实践理性批判》，107 页。——译者注］）。所以，（莱布尼茨式的）独断的内在性（intériorité dogmatique）这一表达本身就是自相矛盾的；为了使它获得内容、为了使它不再消解于与神意相关的异化的外在性之中（从单子到单子论的过渡），时间和空间的先验的观念性应当使人们有能力区分本体和现象、有能力阐发一种道德自律的概念。

了一种新的使用方式。根据这种使用方式，自由不再像雅各比所认为的那样是对理性的抛弃，而是从理性那里清除掉一切外在于它的被动性的、感性的东西。因此，通过信仰，作为实践的认识从这种纯化了的使用那里获得了一种真正的扩展①。

当费希特在 1790 年宣称"我全身心地投入了康德哲学，而且我的头脑和心灵经历了一场有益的革命"② 时，对于这个问题、对于独断论强加于反思之上的虚假的非此即彼的取舍——要么是无自由的理性主义，要么是无理性的自由——来说，批判哲学是唯一的出路。并且只有它能够在平息青年费希特激动情绪的同时解决由他提出的形而上学问题："在所有事物的因果链条中，人的自由是否可能?"③ 但是，通过以全新的方式界定自由以及自由和认识的关系的境况，批判哲学的革命同时改变了这一自由的内容。事实上，独断论把客体摆在优先于主体的位置上只会导致两个结果：要么是对决定论的理性拥护在实践中必然导向宿命论，要么是只有理性主义的不一致性（inconséquence du rationalisme）才会拯救自由。也就是说，无论是被接受还是被拒绝，自由始终被构想为漠不相关的自由（liberté d'indifférence）。批判的决定论（le déterminisme critique）很容易承认漠不相关的自由仅仅表现了一种幻相，但这是为了给新的自由概念提供更好的保证。批判哲学的自由是道德法则的存在理由［拉：ratio essendi］，而道德法则本身又被构想为自由的认识理由［拉：ratio cognoscendi］："理性独立于任何外在于它的东西并凭靠其自身的绝对自发性给出了 32
法则；唯一准确的先验自由概念正在于此：这一法则下达命令，因为它必

① Kant, *Critique de la raison pratique*, Première partie, liv. II, chap. II, §7：如何可能设想纯粹理性在实践的意图中的扩展却不同时由此扩展其思辨的知识？

② 费希特 1790 年 8 月 12 日的信，转引自 Guéroult, *op. cit.*, p. 47［中译本参见费希特：《激情自我：费希特书信选》，33 页。——译者注］。

③ Fichte, *Fichtes Leben und Briefwechsel*, I, S. 21，转引自 Guéroult, *op. cit.*, p. 40。康德在对纯粹实践理性原则进行演绎时写道："这种法则（道德法则）应当使感官世界作为一个感性自然（就有理性的存在者来说）获得一个知性世界，亦即一个超感性自然的形式，却并不损害感官世界自身的机械作用。"（p. 42-43.）［中译本参见康德：《实践理性批判》，46 页。——译者注］

然地、无条件地是一条法则。而且，对于这一法则而言，既不存在任意的自由，也不存在不同决定间的选择，因为它只通过唯一一种方式做出决定。”①

独断论偏见和宿命论偏见的联系在斯宾诺莎主义那里得到了清楚的展现。如果说康德通过主体的优先地位确立了实践理性的优先地位，那么斯宾诺莎（也就是独断论，而不像雅各比认为的那样是理性主义，因为自由从今以后就是**理性**的法则了）则以形而上学的方式将理论理性的优先地位和客体的优先地位联系在了一起：“斯宾诺莎并不否认经验意识的统一性，但他根本否认纯粹意识。在他看来，一个经验主体的一整系列的表象同唯一的纯粹主体的关系，就像一个表象同表象系列的关系一样。在他看来，**我**（他称之为*他的***我**，或我称之为*我的***我**的那个东西）直截了当地存在着，并非因为它存在着，而是因为*有某种别的东西*存在着。——在他看来，**我**诚然对我而言是一个**我**，但是他问，在**我**之外的是什么呢。这样一种‘**我**之外’的东西也同样是一个**我**，而设定起来的**我**（例如，我的**我**）和一切可设定的**我**，都是它的种种变体。他区分了*纯粹的意识*和*经验的意识*。他将前者，即纯粹意识，化为神，这神永远意识不到自身，因为纯粹意识永远达不到意识；将后者，即经验意识，当成神的种种变状。他这样建立的体系是完满贯通的、无可反驳的，因为他是到了一个理性不再能跟随他进入的领域里；但他的体系是无根据的；因为，是什么使他走出经验意识里给定了的那个纯粹意识以外去的呢？——其实，驱使他走上他的体系的东西完全可以指明出来，那就是，要显示人类知识中的至高统一性的那种必然的努力。这种统一性他的体系里有；错误只在于，当他自信是根据理论理性的理由进行推论时，他却仅仅是受了一种实践需要的驱使，当他自信是陈述某种实际给定了的东西时，他却仅仅树立了一种可望而不可即的理想。
33 他的至高统一性，我们在知识学里将再次见到；但它不是作为某种*存在着*的东西，而是作为某种*应当*由我们制造出来、但我们不能够制造出来的东西。——我还要指明的是：如果谁越过了*我在*，

① Fichte, *Versuch einer Kritik aller Offenbarung*, *S. W.*, V, S. 32. Cité par Guéroult, *op. cit.*, p. 65.

谁就必然要走向怀疑论。而且，只有两个完全贯通一致的体系，即，承认这个界限的批判体系和越过这个界限的斯宾诺莎主义”①。因此，斯宾诺莎的错误，亦即独断论的错误，就在于造成了一种概念错位：经验的我思［拉：cogito］被当作有限的样式置于反思之中，而纯粹的我思［拉：cogito］则以属性的身份被留给了神。更进一步说，《纯粹理性批判》中的整个辩证论都旨在向我们表明：当我们从**我在**（它是唯一的命题，是批判性分析需要面对的唯一文本）过渡到神在（它既是斯宾诺莎主义的起点，又是莱布尼茨哲学的必然终点，因为后者在神的中心单子被认为要实现的诸观点的客观缺席（l'absence objective des points de vue）中重新统一了诸单子的不同观点）时，哪些幻相会导致我们陷入独断论。所以，理论与实践的新一致（l'accord nouveau）的意义便与批判哲学的运动本身浑然一体了。正是同一种幻相不但导致哲学赋予客体以优先地位，而且还使哲学把向其行动提出的命令当成认识。与人们通常认为的不同，重新确立实践理性的优先地位并不意味着要从人的观点过渡到神的观点，而是意味着我们为了主体性而远离客体性，并且进入了有限理性之中。“康德最伟大的发现就是主体性”②，也就是说，只有当世界围绕其旋转的新哥白尼点不再被设定在神之中，并且自我意识被赋予了超经验的实存时，哥白 34
尼式革命的充实性才能实现，客体才能真正围绕主体旋转。因此，人们不再像斯宾诺莎那样把意识一分为二，把内感官、反思和不真实的样式看作一回事，把纯粹思维归约为物化了的神圣实体的属性。这是为了肯定自我

---

① Fichte, Grundlage der gesammten Wissenschaftslehre als Handschrift für seine Zuhörer（1794）, *S. W.*, I, S. 100－101.［中译本参见费希特：《全部知识学的基础》，王玖兴译，北京：商务印书馆，2009，16－17 页。——译者注］同样的非此即彼的取舍也存在于康德哲学之中，其概括了斯宾诺莎泛神论中所有的独断论可能性：“因此，虽然斯宾诺莎主义的基本理念是荒谬的（它就是纯粹的独断论!），但它的推论却比按照创世论有可能发生的远为令人信服，如果这些被假定为实体并自在地在时间中实存的存在者被视为一个至上的原因的结果，却并不同时被视为属于源始存在者及其行动的，而是独立地被视为实体的话”（Kant, *Critique de la raison pratique*, p. 108［中译本参见康德：《实践理性批判》，109 页。——译者注］）。

② 费希特 1795 年 4 月 28 日致莱茵霍尔德的信，转引自 Guéroult, *op. cit.*, p. 50［中译本参见费希特：《激情自我：费希特书信选》，90 页。——译者注］。

意识和客体意识的统一，是为了赋予有限反思以纯粹性和先验的优先性。

这种纯粹理性的有限性（其由实践理性的优先地位所指明）防止我们像斯宾诺莎那样将范导性判断（jugements régulateurs）转变为构成性判断（jugements constitutifs）。而且，这种有限性恰恰就是真正的自我意识的统一性根据。虽然斯宾诺莎哲学的首要原则已经假定了自我意识的统一性，但它并没有真正达到这种统一性：“斯宾诺莎把意识统一性的根据安置在一个实体里，在这个实体里，意识无论从质料上看即从确定的表象系列上看，还是从统一性的形式上看，都是必然地规定了的。但是我要问他，既然这个实体的质料是它所包含的各种表象系列，它的形式是它所包含的一切可能的表象系列因之而应该是已经穷尽并构成了一个完全的整体的那种形式，那么，就它的质料和形式来说，这个实体之所以必然如此的必然性根据，又是包含在什么东西里的呢？至此，他不再进一步给我指出这种必然性的根据，而说，这直截了当地就是这样。他所以这样说，是因为他不得不承认某种绝对第一的东西，不得不承认一个最高的统一性。但是，假如他真是这样，那他何必当初，早就应该直接在意识给他提供的统一性那里停留下来，早就无须再去编造一个更高的统一性；没有什么东西迫使他去编造嘛。”① 用批判哲学取代独断论、用有限的纯粹理性取代无限的实体、完成黑格尔后来谈到的从实体的沉思到主体的反思的哲学的根本转变，这同样也是停止在这一内感官当中、在这一所与的表象系列或经验意识当中寻找意识的统一性，而斯宾诺莎正试图将笛卡儿式我思［拉：cogito］封闭在它们当中。如果说意识当真是有限的（这避免了用清楚和明白界定真理，然后又用神圣的真实性［véracité divine］界定清楚和明白的笛卡儿式循环），它并不因此就是一个样式，而是一个主体。为
35 了使意识成为主体，人们同样应当放弃根据存在来界定意识的打算。将理由原则应用于存在事实上导致存在总是外在于自身。独断论对自因［拉：causa sui］的认可完全属于乞题（pétition de principe）行为。人们可以和费希特一道追问：实体之必然性的根据从何而来？如果哥白尼式革命表明

① Fichte, Grundlage der gesammten Wissenschaftslehre ..., *S. W.*, I, S. 121.［中译本参见费希特：《全部知识学的基础》，38－39 页。——译者注］

了必然性中的一种关系（其应用向来只是假言的应用），那么，只有当这种必然性脱离了自身的理论本性并蜕变成实践的必然性时，它才可以转化为绝对的必然性并由此应用于先验主体之上。独断论由于认为要从存在那里发现绝对的必然性而自相矛盾，而宿命论正是来自这种矛盾。与此相反，实践理性的优先地位在*应然存在*之中发现了意识统一性的最终根据。居于世界中心的不是认识而是行动，不是**神**的无限实体而是**人**的有限理性。

在斯宾诺莎那里，或者更为一般地说，在独断论那里，有限是虚假的规定，是无限属性的样式。因此，无限和有限就像经验意识和纯粹意识那样是相互分离和彼此外在的。与此相反，哥白尼式革命一旦实现，有限理性本身便将无限和有限重叠起来，它们成为**我思**的内在规定："所有矛盾都将通过对矛盾着的命题做更详尽的规定而得到解决。这个矛盾（有限和无限的矛盾）的情况也是这样。在一种意义上，**我**应当被规定为*无限*的，在另一种意义上，又是有限的。假如它在同一个意义上被规定为既是无限的，又是有限的，则矛盾就不可消除，**我**将不是一个而是两个了。而这样一来，我们就只有一条出路了，即像斯宾诺莎那样，把无限置于我们之外。但是，置无限于我们之外，至少对无限这个理念怎么竟能跑到我们脑子里的问题，将始终没有回答（斯宾诺莎本人，由于他的独断论的缘故，甚至连问题都根本没提出来）。"① 对*自为*和反思内在性的发现因而必然隐含着实践理性的优先地位，因为只有后者才能够通过用应然存在（devoir-être）取代存在（être）、用有限理性取代无限对象来保证**我思**的统一性并弥合人和神之间的独断论裂缝。如果莱茵霍尔德的意识命题无非是把新的武器交给了埃奈西德穆的怀疑论（虽然它的本来目标是将康德的学说体系化和纯粹化），如果理智直观的绝对明见性未被达到，如果反思由于止步于事实（德：Tatsache）的外在性而没能在行动（德：Tathandlung）中占有它的内在性，这同样是因为《基础哲学》误解了实践理性的优先地位的深刻意义，也就是它的哥白尼式意义。因此，我们正 36

① Fichte, Grundlage der gesammten Wissenschaftslehre, *ibid.*, S. 255.［中译本参见费希特：《全部知识学的基础》，176 页。——译者注］

是以实践理性的优先地位为根据来理解费希特对舒尔策的怀疑论论证的驳斥，而费希特本人也同样是以实践理性的优先地位为根据对《基础哲学》做出了批评。他在一封写给斯特凡尼（Heinrich Stephani）的信中宣称："从我的新视角看来，最近一些有关自由的讨论是非常滑稽的。而且，看到莱茵霍尔德试图把表象当作人类灵魂中产生的所有东西的源泉，我觉得这很好笑。谁要是以这种方式思考，如果他能保持前后一致的话，他就既不会对自由也不会对绝对命令有任何认识；他必然是一个经验宿命论者……如果有人觉得单纯研究《纯粹理性批判》就足以构建他的全部体系的话，他就无法发现作为理论和实践的共同源泉的原则。"① 此外，《全部知识学的基础》对斯宾诺莎主义的批判（其被用来当作对独断论的一般批判）使用的恰恰是"表象"这个莱茵霍尔德的术语，这难道不值得注意吗？费希特指责斯宾诺莎将经验主体的整个表象系列和纯粹主体的统一性之间的关系设想为系列中的一个表象和系列本身的关系。这要表达什么？这难道不就是莱茵霍尔德的论证吗？《基础哲学》的纯粹意识不是在神之中设定的，这一点确定无疑。不过，一旦这种纯粹意识所表现的不是理智直观的无穷反复（l'itération infinie），一旦它把表象的必然性把握为存在和事实（虽然它无疑试图把这种必然性把握为纯粹存在［就此而言，与舒尔策的看法相反，它不能被还原为经验意识］），经验与先验的关系严格说来就不再是被赋予根据的东西和根据的关系，而仅仅是部分表象和整体表象的关系。然而，只要人们止步于表象，人们就没法把握真正
37 的根据，而只能把握实在的影子或异化的幻梦，正如特殊表象之于表象系列、独断宿命论中人的有限样式之于神的无限实体、莱布尼茨的单子之于单子论。

因此，人们有理由断言：莱茵霍尔德没有达到纯粹**我思**［拉：Cogito］，他把握到的不过是内感官而已。他和斯宾诺莎一样没能把握实体必然性的根据。这个根据穷尽了表象的整个可能系列，而这正是为了将后者构成一个整体。在这样一种哲学中，从知觉判断过渡到经验判断、从偶然性过渡到必然性是完全不可能的（正是这一点证明了舒尔策批判的正当

① *Fichtes Leben und Briefwechsel*，II，S. 512；cité par Guéroult，*op. cit.*，p. 146.

性）。而且，这种过渡之所以不可能是因为得到肯定的不是实践理性的优先地位，而是理论理性的优先地位；是因为莱茵霍尔德用意识命题歪曲了意识（其乃是应然存在）的存在本身的本性，而且他试图将全部表象的可能系列的整体把握为理论存在（但实际上，这一整体在理智直观中表现为实践理想），这和斯宾诺莎由于将范导性判断表达为构成性判断而背叛了作为其体系的目标的统一性是一样的："莱茵霍尔德建立了意识命题，如果以笛卡儿的形式来表达，他的原则应该说是'repraesento ergo sum［拉：我表象，故我在］'，或者说得更正确些：'repraesentans sum, ergo sum［拉：表象着的我存在，故我存在］'。他比笛卡儿走的远得多；但由于他只想建立知识本身而不想建立知识的概论（propédeutique），他走的还不够远；因为表象也不是存在的本质，而是它的一个特殊规定；我们的存在除了表象之外还有别的规定，尽管这些规定都必须通过表象的中介以达到经验意识。"① 斯宾诺莎走得太远，因为他把实践活动理论化了（他将自我意识的应然存在构想为不具有自我意识的神圣实存的既定属性）。但莱茵霍尔德走得还不够远，而且他只能把握与不同表象保持着关系的经验意识。但这种关系本身，如果它想有所表达的话，——例如，自为地画出一个三角形的行动对所有画三角形的人来说都具有普遍的和必然性的效力（从先验的视角看来，这是这一意识命题可能获得的唯一意义）——就必须隐含一种能生的、带来必然性的纯粹意识的在场 38
（présence）。这种纯粹意识不仅保证了从特殊表象到整个系列的过渡，而且完全是通过实践理性的优先地位，并在实践理性的优先地位当中为这种过渡提供了保证。所以，这仍然是一种道德偏见：使纯粹意识异化于存在之中或是将纯粹意识还原为经验意识都将斯宾诺莎和莱茵霍尔德重新统一于相同的哲学谬误之中。

另外，莱茵霍尔德1792年出版的《关于康德哲学的书信》（*Lettres sur la Philosophie kantienne*）清楚地为我们展现了在《基础哲学》中妨碍意识命题超越经验我思［拉：Cogito］的独断论的真正理由。莱茵霍尔德

---

① Fichte, Grundlage der gesammten Wissenschaftslehre, *S. W.*, I, S. 100. ［中译本参见费希特：《全部知识学的基础》，16页。——译者注］

根本没有像康德那样承认先验自由和实践理性的统一。当他将意志从实践理性当中排除出去时（意志要么对欲望表示赞同，要么对欲望表示反对），他将实践理性的内容局限于一整套强加于自由之上的要求。意志因而被设定为与理性截然不同的东西，向独断论的回归明确出现在对一种漠不相关的自由的想象中，后者要么使人倒向功利性倾向（利己主义），要么使人倒向严格意义上的实践理性的非功利倾向。这从根本上误解了康德的学说：如果意识命题没有充分说明哥白尼式革命的意义，造成这种情况的原因现在就摆在我们面前——它根本没有把理性构想为活动，而是将其构想为存在；没有把理性构想为主体，而是将其构想为客体："对于康德来说，实践理性与意志事实上是互补的，它根本没有在揭示其纯粹立法的活动（l'acte de révéler sa législation pure）中穷尽自身。意志被界定为理性存在的行动能力，但它所遵循的不是法则而是法则的表象，简而言之，它是通过概念行动的；无论纯粹还是不纯粹，意志总是根据原则或创造了其准则的普遍性的理由行动。所以，选择了幸福准则的意志通过使被选择的准则成为所有行动的规则的普遍形式而彰显了自身的合理性（无论它的内容有多么的非理性）。在欲望中得到奠基并被欲望强加于理性之上的规则是被理性要求的，条件是等同于意志的实践理性决定满足欲求能力（la faculté de désirer）提出的目标——它要么为了无止境的满足而使自身被锻造为他律规则，要么通过限制这种满足而设定自律规则。一切技巧的或审
39 慎的推理，它们得以可能的条件即是先行规定意欲（其乃是实践理性的一种活动）的目标。任何理性要求，无论它是技巧的，还是实用的或道德的，全都包含着自由，因为它隐含着这样一种可能性：超越于物质所与和自然倾向之上活动，目的是强加给它们一套与自然倾向的冲动特性相抵牾的秩序。规则（其被设定的着眼点是欲望的满足）的条件从来没有单纯局限于欲求能力，它关涉的是意志的决定，后者通过提出需要追求的目标而设定假言条件。但是，如果意志——甚至在其最为基本的形式下——从根本上对立于一切倾向，这是因为它是通过原则或概念自由行动的能力，它那种纯粹形式的力量的可能性条件归根到底是原则或概念，在内容上不可被还原为欲望的后天质料，也就是说，它是纯粹的立法活动，实践理性通过它设定了有限理性存在中意志的真正独立与实存。因此，实践理

性的的确确是自由的肯定性存在（le positif de la liberté），是任意的自由的源泉。”①

要克服埃奈西德穆的怀疑论反驳的唯一途径就是把实在的所有可能性与自为联系在一起，但这种对内在性的绝对发现本身又隐含着**我思**不再像原来那样被构想为事实，而是被构想为行动。所以，理智直观的哥白尼式特征在实践理性的优先地位那里达到了顶点：怀疑论和宿命论必然相互伴随，而且，关于前者的讨论所呼吁的对物自身的消除与自我的新存在样式的发现（作为应然存在的存在、作为行动的自成一类的［拉：sui generis］实存，不同于莱茵霍尔德所认为的作为意识事实的存在）是同一的。不过，这种双重发现“只有靠指出在我们之内的道德法则才能做到，按照这个法则，我被表象为某种君临于一切由此一法则造成的源始变状之上的东西。所以，按照这个法则，我被赋予一种绝对的、只以其自身为基础，而决不会以别的什么为基础的行动，因此我被描述为绝对的能动性。对自律活动和自由的直观就基于对这个法则的意识，这种意识无疑不是一种由别的东西得出的意识，而是一种直接的意识。我是作为某种必须以一定方式能动的东西由我自己给予我自己的，因此我是作为完全能动的东西由我自己给予我自己的；我在我自身中具有生命力，并从我自身吸取这生 40
命力。只有通过道德法则这个中介我才觉知到我自己。而且既然我是这样觉知到自己的，所以我必然觉知到自己是自律的；因此，在我的意识中就产生了我的自我的实在活动的一种完全异样的成分，没有这种成分，我的意识就会仅仅是关于我的一系列表象的意识。理智直观对所有哲学来说都是唯一的、牢靠的观点。从这个观点出发，就能解释意识中发生的一切；不过也仅仅是从它出发而已。没有自我意识，就根本没有任何意识；然而，自我意识只有采取‘我是完全能动的’这种业已指明的方式，才是可能的。从这个观点出发，我就不会再随波逐流了。在这里，我的哲学变为完全不以任何随意性为转移的，而且就必然性是为自由的理性发生的而言，我的哲学变为铁的必然性的产物，也就是说，变为实践必然性的产物。从这个观点出发，我不能再走下去，因为再走下去对我来说是不可能

① Guéroult, *op. cit.*, p. 64.

的；这样，先验唯心论也就同时表现为哲学中唯一的、合乎道德的思维方式，表现为把思辨与道德法则彼此紧密结合起来的思维方式。我应当在自己的思维中从**我能**出发，并且把它思考为绝对自律的活动，不是被物规定的，而是能规定物的"①。

所以，只有实践的优先地位能赋予被莱茵霍尔德当作哲学原则的意识命题以意义。斯宾诺莎切断了（纯粹的）意识和（经验的）自我意识的联系，他把这种自我意识当成了一个无内容、无对象、绝不真实的样式，这是一种无意识的意义。但是，一旦人们真的想要考察其哲学的至上统一性和神圣实体之必然性的基础，这一命题便会转变成它的反面。这样一来，这种纯粹意识本身看上去隐含着作为其原则的自我意识，因为它不是无自我意识的意识。哥白尼式革命取代了斯宾诺莎主义。不过，实现这种取代的条件必须是用应然存在取代存在，并且，不是把这种至上统一性构想为事实，而是构想为行动。如果从实体到主体的过渡驳斥了斯宾诺莎的
41 独断论，它同时还驳斥了理论在《基础哲学》中享有的优先地位。在此，经验意识的确被把握为自我意识，因为它在我表象，故我在［拉：repraesento ergo sum］这一说法中得到了表达。但是，由于这种自我意识依附于一个缺乏必然性的偶然的经验事实，所以它无论如何不能被视为真正的意识。它是无客体的主体，是斯宾诺莎的神的反面。它缺乏属性的实在性。不过，若加以更为细致的考察，这种无意识的自我意识、无我思［拉：cogito］的经验我思［拉：cogito］就变为一种形而上学的和心理学的幻想（une chimère métaphysique et psychologique）。事实上，在我应成为的东西之外，在这种我的自由借以在我当中表现的行动之外，我还能是什么？如果我像莱茵霍尔德的意识命题从根本上所暗示的那样只是一系列表象，这个系列就将我置于我之外，它把我的存在还原为围绕着我的事物的存在。康德对唯心论的著名驳斥难道没有表明：以经验的方式被规定的意识暗示着外部世界中的对象的实存吗？这样一来，要么内感官的领会（les

---

① Fichte, Zweite Einleitung in die Wissenschaftslehre für Leser die schon ein philosophisches System haben, 1797, *S. W.*, I, S. 466-467.［中译本参见费希特：《知识学新说》，698-699 页。——译者注］

appréhensions du sens interne）转变为纯粹的虚幻印象或经验假象，要么承认它们具有现象的实在性，但这只能在它们与外感官的关系中被发现。就此而言，内感官的真理是空间、外在性，是在理论上补充了不同心理瞬间的自身外存在（être hors de soi）的事物的自身外存在。所以，不管人们是否愿意，用我的表象的系列来界定我之所是就等于承认了宿命论。这是因为，正如休谟表明的那样，我的能动性的意识如此一来就被表象本身的系列所吞并，这是让**我在**的深刻存在溜走的绝佳方式。**我在**所表现的就是它的绝对自律，就是它借以设定自身并在道德法则中对其有所意识的能动性。最后，有其特殊性的自我的存在向先验唯心论露出了自己的面目。意识即是自我意识，自我意识即是实践的能动性。我将我自己直观为我应当做的事情。而且，正是从实践理性的优先地位出发，以终结怀疑论论证为目标的理智直观获得了它的全部内容。在哥白尼式革命的原则那里存在着道德法则。

§5. 独断论与无意识的问题

方面是怀疑论和宿命论的根本联系，另一方面是哥白尼式革命和实 42
践理性的优先地位的根本联系。迈蒙打算在不涉及实践理性优先地位的情况下确立哥白尼式革命。如果我们对他的这种尝试做一考察，以上两方面就会更加清晰地呈现出来："宿命论从根本上被摧毁了，因为宿命论的根据是：我们的行为和愿望依存于我们的表象体系。而这里所表明的却是：我们的表象体系是依存于我们的努力和意志的。这也是彻底驳斥宿命论的唯一方式。"① 因此，如果哥白尼式尝试可以在没有实践补充的情况下获得成功，这就证明我们到目前为止据以将这两个批判哲学的主题联系在一起的那些决定性理由是错误的和无效的。与此相反，如果这样一种尝试像我们将要证明的那样会以失败告终，这是因为，只要止步于对存在的理论界定，摆脱独断论就是不可能的。迈蒙的例子会向我们表明这一点。

---

① Fichte，Grundlage der gesammten Wissenschaftslehre，*S. W.*，I，S. 295. ［中译本参见费希特：《全部知识学的基础》，220 页。——译者注］

迈蒙的《论先验哲学》(*Recherche sur la philosophie transcendantale*) 拒绝遵循康德的经验可能性原则或莱茵霍尔德的意识命题。与此同时，它还试图通过发生方法（其旨在于用一个绝对初始判断亦即正题判断取代一切假言推理）发现全部所谓意识事实的真正根据。这样一来，它似乎已经解决了费希特哲学面临的问题。迈蒙注意到，只有在消除了条件并用因果命题（因为［德：Weil］）取代假言命题（如果……那么［德：Wenn... Soll］）之后，上升到根据才是可能的："无力发生（其刻画着一切所与的特征）的标志始终是各种假言表述。这些考察与费希特关于正题判断的考察完全一致：探求根据即是通过消除条件来驱除假言判断。例如'如果 a 存在，那么它与 a 是同一的'这个表述，同一性在其中是以被条件约束的方式得到表达的；当人们以无条件的方式表达着它所包含的同一性时，人们就找到了它的根据。当人们说'a 与 a 是同一的，因为它是
43 a'时，人们就把关系的根据置于命题的主词之中，这就等于否定有一个根据存在；同样的情况出现在我说'直线最短因为它是直线，a 应当先于 b 因为它事实如此'时。a 的同一性根据不是 a，a 相对于思维与其自身的同一性而言是偶然的。因此，为了获得构成根据的普遍大前提，我应当抽去偶然、抽去'如果 a 存在'这个条件：思维与自身是同一的，a 与自身是同一的，因为它被思维了。另一方面，当人们说'思维与其自身是同一的，因为它被思维了'时，这并不意味着人们对被置于主词之中的根据一无所知，而是意味着思维之外不能有根据存在"①。不过，对于迈蒙

① Guéroult, *op. cit.*, p. 127. 康德在 1789 年 5 月 26 日致赫茨（Marcus Herz）的信中表达了这种方法（凭借这种方法，哲学家用正题判断到假言判断的过渡取代了直观中的建构，亦即经验可能性）所带来的变化。康德在这封信中对迈蒙批评道："用不着与迈蒙先生一道去接受知性理念（idées de l'entendement）。在一个圆周线的概念中，无非包含着：从这个圆周到一个点（中点）的所有直线都是彼此相等的，这不过是判断的普遍性的一个逻辑功能。在这个判断中，一条线的概念构成了主词，它的意思只不过是任何一条线，而不是在一个平面上从一个点所能画的线的全体。若不然，任何一条线都同样有权利是一个知性理念，因为它把两个只有在它之中才可想象的点之间的一切线，都作为部分包含在自身之中，而这样的点的数量则同样是无限的。这条线可以无限地分割，这并不是理念，因为它的意思只不过是一个分割的延续，这种延续不受线的长短的限制。但是，就其整体性来说，这

而言，说“一切根据都存在于思维当中”难道不是已经发现了理智直观吗？（费希特将理智直观［其被视为对象之必然性的来源］与意识命题和经验可能性［其被视为偶然的事实，而且，根据推论性、假言性思维的弱 44

种无限分割要被看作是完成了的，它是（综合的）条件的绝对整体性的一个理性理念，由于无条件的东西根本不出现在现象身上，所以，在感性对象身上不可能找到理性理念”［中译本参见康德：《康德书信百封》，李秋零编译，上海：上海人民出版社，2006，140-141页。——译者注］。康德已经在先验感性论中确立的直观的 Allheit［德：全体性］和概念的 Allgemeinheit［德：普遍性］的区别，亦即对两个异质的、绝对无法被还原为清楚和含混的心理学标准的认识来源的肯定，在此是用来驳斥迈蒙的“知性理念”概念的：通过它们，对象不再是作为现象，而是如其自身所是的那样被给予我们。就事实而论，迈蒙对两种认识来源的混淆并非内在于哥白尼式革命的发生的必然性（nécessités génétiques）的结果，他的所作所为恰恰为我们将要在差异当中发现的独断论的错位做好了准备：“一个圆的可能性也不以‘一条直线围绕一定点运动而成圆’这样的实践命题为依据，而成为单纯或然性的，这种可能是在圆的定义中被给予的，因为圆是通过定义自身构成的，也就是说，它是在直观中被表述的，虽然不是在纸上（经验直观），但却是在想象中（先天地）被表述的。因为我可以用粉笔在一块平板上随意画一个圆，并在这里设定一个点，这样，我就可以以一个事实上真实的（所谓）名称定义为前提，借助这个点很好地证明这个圆的全部性质，虽然这个圆与通过固定在一个点上的直线的绕行所描述的圆并不切合。我假定，圆周上的那些点与中心点的距离都是相等的。‘画一个圆’这个命题是从定义（或者所谓的公设）派生出来的实际推论。如果可能性，甚至图形的可能性本不在定义中，那么，也就根本不能要求有这个推论了”［中译本参见康德：《康德书信百封》，141页。——译者注］。一旦明白了数学中不存在名称定义（définition nominale），迈蒙在正题判断和所谓的知性理念中所表达的实在定义（définition réelle）的要求（这正是康德的回应的意义所在）足以令人满意：推论性概念（其本身始终来自知性）表现了对杂多（其由直观提供）的综合的统一性的意识，它隐含着它的可能性。在康德哲学当中，定义由于概念与直观和经验可能性的必然关系而是实在定义。所以，差异哲学（德：Differenzphilosophie）就被颠转了：迈蒙从假言判断过渡到正题判断，目的是把对象和对象建构的可能性包含在对象的定义当中。但这一方案事实上失败了，因为它并没有在经验可能性之至上原则中把握这种构建的可能性，而只是用理性视角（vision rationnelle）的整体性取代了定义的实在性。它同样撞上了空间之无限可分性的二律背反。

点，无法真正提供出普遍必然的有效性］对立了起来。）哲学方法不也是一样吗？——不是满足于无法解释的事实，而是对偶然的内容进行抽象，目的是最终达到意识的必然是主观的形式，从而构建了发生？最后，这不也正是对自为的发现吗？——这种发现只会止步于意识的绝对正题，而不会承认那些导致康德的哥白尼式革命以及莱茵霍尔德对这一革命的再阐释总是沾有独断论污点的东西。

这恰恰是第一个假象。迈蒙和费希特一样假定：止步于康德有关数学和数学物理学的外在表述，亦即把这些科学当作事实来描述的行为是不可能的。哲学要求的是确立它们的发生。但是，当康德诉诸一种本身异质于概念的直观的形式和质料时（这是为了解释作为数学必然性的对象的纯粹所与和作为物理学必然性的对象的经验所与），他恰恰回避了这种发生。如果人们局限于这种表述，如果人们在思维亦即分析判断和反思意识的直接明见性之外设定了无穷多的含混的、不可穷尽的对象，而且后者还成了先天综合判断亦即认识一般的来源，那么人们就堵死了去到这一纯粹所与或这一经验所与当中把握造成它们的必然性的东西
45 的道路①。人们看到了直线和三角形，这是毫无疑问的。但严格说来，人们并没有思维它们。而且，迈蒙针对康德提出的和费希特针对莱茵霍尔德提出的是相同的批评。只要我的知性没有有机地构建出对象，只要

① 康德在1789年5月26日致赫茨的信中写道：如果我们能够做出各种先天综合判断，这种可能性“只涉及作为单纯现象的直观对象。即使我们能够有一种理智直观（例如，对象的无限小元素就是本体），按照我们知性的本性，这样判断的必然性也是不能产生的，虽然这样一个概念作为必然性存在于我们的知性之中。因为像三角形两边之和大于第三边，就只不过是单纯的知觉，但这种特性必然地属于三角形，就不是单纯的知觉了。这样一种感性直观（如空间和时间）、我们感性的形式或者逻辑从知性中展示出来的那些知性功能，它们自身如何可能，或者说，一个形式如何与其他形式相一致而成为可能的认识，这些问题都是我们根本无法进一步说明的。若不然，我们就必须有一个和我们本有的直观方式不同的直观方式，必须有另一个能够和我们本有的知性相比较的知性，它们每一个都能够确定地表述物自身。我们只能通过我们的知性来判断一切知性，通过我们的直观来判断一切直观”［中译本参见康德：《康德书信百封》，139页。——译者注］。

我的知性只是从外部揭示了它与感性直观的内容的关系，我就无法知道构建图形的活动所构成的关系是否徒有真理之表而无真理之实，因为它所具有的只是相对于我和这个特殊实例（在这个实例中，构建活动始终是给定的，并且由此妨碍了它上升到概念真理的层面上）而言的有效性①。与此相同，在理智直观的光照或呈现于反思概念之中的无限反复的可能性缺席的情况下，意识命题无法为构建三角形这一活动的普遍性奠定基础。

正是为了解决这一难题，迈蒙提出了他自己的*差异*概念。事实上，差异在不诉诸一种异质直观的外在性的情况下说明了从意识到认识、从分析到先天综合的过渡。纯粹思维自身是绝对确定的，但这样的话对象又从何而来？是什么构成了它的先验可能性，也就是它的必然性和普遍性？迈蒙所呼唤的那种用因果必然性（因为……）来取代假言偶然性（如果……那么……）的哲学会为我们回答这些问题。就其自身而言，有一个现实的思想被给定了，这是一个绝对偶然的事实。但是，我能够并且应当在哲学中对这一思维的偶然质料进行抽象，目的是只考察综合的必然性。所以，虽然现实思想的出现看似与直观的偶然性联系在一起，但它既 46
不能也不应（像康德的经验可能性和莱茵霍尔德的意识命题所认为的那样）从这种偶然性出发得到描述，因为事实性无论如何也不具备使普遍性出现的品质。但是，就像同一性具有分析的必然性那样，差异拥有一种综合的必然性：正是它解决了数学判断和力学判断、数学可能性和经验可能性的双重问题。“为了奠定数学实在性的基础，迈蒙并没有像康德那样诉诸构建活动的外在实在性，而是诉诸为构建活动的可能性奠定了基础的内在原则。刻画着可规定性关系（rapport de déterminabilité）——如果（德：wenn，Soll...）存在一条直线，那么必定（德：so muss...）存在一条线——的特征的单向性（unilatéralité）表现了可规定者本身（相对于纯粹思维而言的），亦即相对于统一性而言的差异一般（la différence en général）的既具有偶然性又具有必然性的双重特征。在它当中表现出了一种必然性，亦即为了在数学中取得进步而添加给分析思维一种外在元素的

---

① Guéroult, *op. cit.*, p. 112.

必然性。这种元素一旦被设定就会被整合到思维当中，反之亦然，只有当这种元素被整合到思维当中时它才可以被设定：综合的单向性在差异中有其来源，在纯粹思维的同一性中有其必然性。但是，由于可规定者是作为先天形式的空间，由于呈现在一切空间关系或数学关系中的必然性从本性上说都是概念的必然性，由于空间应当以发生的方式从差异和同一性的概念出发被构想，所以空间从本质上说应当被构想为概念。”①

这样一来，空间和时间就作为概念亦即由知性完成的对象生产活动的结果出现了。这些概念之所以以异化的形式亦即作为直观和被动性向意识呈现出来，纯粹是因为它们的自发性物化（se choséifie）在了我们对这一生产活动本身的无知当中。所以，从意识的观点看来，线与点的关系有时会产生现成的线相对于点的优先性（直观），有时会产生生产出线的点亦
47 即作为线的微分的点的优先性（概念）②。从这样一种视角看来，直观不过是概念的表面现象。意识可以采纳两种观点：一种是表面现象和被动性的观点（亦即莱茵霍尔德的意识命题和康德的经验可能性最终强加的观点），另一种是真实情况和自发性的观点，也就是**差异**的观点。这两种观点最终都可以通过不同方法（它们将潜伏在批判哲学当中的独断论引向了真正的哥白尼式革命）间的差异得到解释：前一种观点止步于所谓的假言原则和表象（représentation；德：Vorstellung）方法，后一种观点则上升到了真正原则的层面，亦即经由同一与差异中的思维上升到了世界论题（la thèse du monde），也就是上升到了世界之发生的直接呈现（présentation；德：Darstellung）③。当现实思维在异于自身的形式下出现，并要以发生的方式说明力学判断的存在和经验认识的必然性时，从纯粹思维到现实思维的过渡带来的仍然是这种观点的二元性。事实上，经验所与和数学所与完全可以相互比较；后者是在概念的实在性和直观的表面现象之间运动的，是在作为无穷多给定点的线的表象（représentation de la

① Guéroult, *op. cit.*, p. 113-114.

② 这些概念并不精确。迈蒙混淆了属于间断的秩序的点和作为连续增长的极限的无穷小元素。

③ Guéroult, *op. cit.*, p. 114-117.

ligne comme infinité donnée de points）和作为点的运动的线的直接呈现（présentation de la ligne comme mouvement du point）之间运动的。而且，表象对发生的抵抗之所以产生，完全是因为意识在描述性分析中对于从同一性到差异的过渡是全然无知的。

同样的判断现在也可以用在个体对象亦即经验意识的对象的生产上。它们的发生实际上是全然内在的，它是思维的产物。只是这一思维向自己掩藏了它的生产活动，而且还显现为外部事物的刺激，显现为物自身的产物。意识中的所与仍然是不完满的意识的表面现象：它是“这一（意识诸程度之）系列的极限的单纯理念，我们始终可以像接近一个无理数根那样接近它，但却永远不能达到它”①。因此，差异的方法完全解决了主体和客体的先验关系问题，它保持在自为以内而且不借助任何独断论的解释。我们通过经验判断置于我们外部的事物事实上是我们不知道它们存在于我们内部的东西。因此，无论是对于数学物理学而言还是对于数学而言，独断论偏见的力量完全取决于认识的自我异化。 48
这种异化使意识把它作为其能动因、内在因的那个东西（但它对此一无所知）设定为外在于它的事物，并构想为一个实在的事物。如果我们对自身能动性的活动具有完整的意识，那么无论是数学对象还是经验对象，其与思维异质的直观的表面现象都会消失。这样一来，我们就享有了康德所说的理智直观，亦即这样一种思维：随着生产出自己的产物，它清楚地看到了这一产物。但是，这种从同一性到差异的过渡，这种对意识微分（différentielle de conscience）的澄清，实际上只是没有真正被给予我们的极限。正如作为概念和直观的空间的双重形象来源于一种错位，我们由于这种错位而从无限知性（差异的生产对它来说就是明晰的直观亦即直接呈现的对象）过渡到有限知性（差异的生产对它来说是晦暗的，也就是说，它只能成为表象的对象）。同样，在物理学中，所与作为先天的东西和后天的东西的双重形象来源于必然的双重视角。在这双重视角下，意识要么把它的对象还原为其微分的下限（产物在此表现为外在于生产者的东西），要么反而在理念的层面上将行动之明见性

① Guéroult, *op. cit.*, p. 115.

中的存在的明晰性集中在其积分的上限中①。

但实际上，这种解决先验问题的方式难道不是取消了这个问题吗？迈蒙的推理事实上完全建立在“拒绝将自我意识完全赋予意识”的基础上。这样一来就产生了两个世界：一个是无限知性的世界，在这个世
49 界中认识转化为意识、直观转化为概念、经验转化为先天；另一个是有限知性的世界，它是在存在二元性的形式下把握了这些不同的发生。但是否可以说：在后者这里是表面现象的东西在前者那里就成了真实的东西？在无限的实体那里，作为样式的有限意识所完成的运动不是没能得到奠基而且还被否定了吗？就神圣属性被设定为对自我意识所呈现之物的否定而言，我们难道没有在迈蒙那里重新发现那种直接通向怀疑论的独断论提问吗？哥白尼式革命的意义先天地就是错误的。人们不再从认识过渡到客观存在，而是认识重新需要神圣存在来赋予其有效性：“在否定同一性和差异是一切思想和一切认识的条件的同时，他拒绝把认识能力或主体当成这些差异的根据，它们仅仅以条件的名义存在。与此相反，如果这些差异作为条件约束着认识，它们是以不同于认识条件的方式存在的：它们拥有独立于认识样式的实存。”② 意识仍然是外在于自我意识被构想的，而且任何哲学由此都不再可能，因为真理脱离了认识，因为无限的生产和有限的再生间的一致不但没有而且不能以发生的直接呈现为基

① 康德在1789年5月26日致赫茨的信中写道：按照迈蒙的想法，“如果知性处于一种为感性直观（不仅是经验直观，而且还是先天直观）立法的地位，那么，它自身必定是一个创造者，它或者是这些感性形式的创造者，或者是这些感性形式的质料，即客体的创造者。若不然，就不能正确地、令人满意地回答这个问题。按照莱布尼茨—沃尔夫的基本命题，如果人们把下边这种观点附在这些命题之上，也会发生上述情况。这种观点就是：感性与知性之间根本没有特殊的区别，感性作为对世界的认识，完全隶属于知性，两者之间只有意识程度上的区别。这种程度在前一种表象方式中是一个无穷小，在第二种表象方式中是一个给定的（有限的）量。先天综合之所以具有客观有效性，只是因为神的知性是形式和世界（自在的）事物可能性的创造者，我们的知性只不过是神的知性的一部分，或者用他的话说，它和神的知性是同一种东西，尽管只是以有限的方式表现出来的”［中译本参见康德：《康德书信百封》，137页。——译者注］。

② Guéroult，*op. cit.*，p. 130.

础，它只能依靠公设的表象。“无限知性仍然是‘隐秘的质’、是意识的晦暗之处。生产的机制单纯地被假定为一个方便的虚构，对生产和再生的本源一致性的肯定因而带有任意性。但除此以外，通过一种与哥白尼式方法的真正矛盾，不是从主体中再生的机制那里推断出有关生产的假设，而是对直接被客观化为第一者［拉：prius］的无限知性中的行动样式做如下构想：其截然不同于被推到了附庸位置上的有限认识主体中的行动样式。范畴演绎确定了如下事实：无限知性中事物的实存条件不同于有限知性认识实存事物的条件。如果最大限度的差异关系在我们当中使前后相继成为可能，而前后相继本身又使关于对象的知觉成为可能，那么前后相继
不会对对象的实存本身造成任何约束。诸实存并不前后相继，不可逆性是 50
一种幻相，原因范畴因而不具有实在性。不难看出，这种失败的根源就在于缺乏方法的哥白尼式精神（l’esprit copernicien de la méthode）：仿佛存在着截然不同的两个自我，一个是进行生产活动的自我，另一个是进行认识活动的自我。它们的内在性不会带来任何改变，因为前者之于后者就如同康德的物自身之于现象：它是根据、是隐秘的质，而且它从本质上说不同于主体。”①

因此，将**自为**颠倒为**自在**的正是无意识的实在论，而《论先验哲学》 51
也变成了先验哲学的反面。正因为诉诸无意识，亦即意识和自我意识的分

---

① Guéroult, *op. cit.*, p. 131. 针对提出“我们不可能从《纯粹理性批判》所提供的视角出发是认识到直观和概念在认识中的统一的存在理由”这种反对意见的迈蒙，康德会做出如下回应的原因就可以理解了：这样一种认识恰恰超越了我们自身的直观能力和概念能力，它因而预设了有一种原型直观（其不但是范导性的，而且是构成性的）被给予了我们，这样一来我们就离开了先验有限性的批判哲学领地。最后，“回答这种问题是根本不必要的，因为经验性自我意识的实存本身——它是完全确定、不可置疑的——就隐含着两种认识来源的共同行动”。因此，有限性同时证明了迈蒙式追问的必然不可理解性和现实无用性。“因为，如果我们能够说明，对事物的认识，甚至经验的认识，只有在那些条件下才是可能的，那么，其他一切（不以这种方式被制约的）事物的概念对我们而言，不仅都是空的，根本不能用于任何认识，而且，没有那些条件，一个可能认识的全部感官材料就永远不能表象客体，甚至不能达到认识我自己（作为内感官的客体）所必需的意识的那种统一。我将永远不会知道，我享有这些材料，从而对于作为能认识的存在物的我来说，它们完全是乌有。在这种情况下，（如果我把自己想象成动物）它们作为按照

离，因果性原则才无法获得真正的先验意义。同样的原因还造成迈蒙那种

一个经验的联想律结合起来的表象，仍然影响着我的情感和欲望能力，并且尽管没有意识到我的规定存在（假定我能意识每一个个别的表象，但不能借助它们的统觉的综合统一，去意识它们与它们客体的表象统一的关系），但它们照样在我自身之内有规律地活动着，我由此一点也不能认识我自己的状况”（1789 年 5 月 26 日致赫茨的信［中译本参见康德：《康德书信百封》，139－140 页。——译者注］）。单纯的“……这种意识”（simple conscience que ...），也就是由快乐和痛苦的表象所激发的欲望状态为了使自己得到反思而需要想象力的综合。出现在《纯粹理性批判》的某些论战性段落（它们的目标正是要批判对感性和知性的混淆）中的对内感官的显现（apparition au sens interne）虽然看似是以自主的方式展开的，但它只有在一种牵涉到直观、再生、想象力的综合的可能认识的基础上才能使自己获得显象（apparence）的地位。例如，当康德为了表明纯粹知性概念的演绎具有必要性而断言“感性直观的对象必须符合先天地蕴含在心灵中的形式条件，这一点是清楚明白的，否则它们就不会成为我们的对象”，但证明“它们除此之外也必须符合知性为了思维的综合统一所需要的条件”就不是那么容易了，“因为当然很可能现象具有这样的性状，即知性发现它们根本不符合其统一性的条件，一切都这样处在混乱中，例如在现象的序列中不呈现出任何提供一种综合的规则、从而与原因和结果的概念相适应的东西，以至于这个概念因此而是完全空洞的、毫无价值的、没有意义的”时，他并没有得出直观具有自足性的结论，他只是从一种仍然是抽象的、不完整的视角出发宣称“现象依然会把对象呈现给我们的直观，因为直观不以任何方式需要知性的功能”(*Critique*，p. 104－105［中译本参见康德：《纯粹理性批判》（第 2 版），98 页。——译者注］)，“在任何时候都有与概观相应的综合”（*Critique*，p. 109［中译本参见康德：《纯粹理性批判》（第 1 版），李秋零译，见《康德著作全集》第 4 卷，北京：中国人民大学出版社，2005，70 页。——译者注］），在直观层面上的介入，由此产生的自发性和接受性的完全相互性，以及领会的综合——“它是径直指向直观的，直观虽然呈现杂多，但若没有一种此际出现的综合，就永远不能使这种杂多成为这样的杂多并被包含在一个表象中”（*Critique*，p. 112［中译本参见康德：《纯粹理性批判》（第 1 版），71 页。——译者注］）——的必要性全都证明了这一点。动物的不自主的意识也许会在没有认定的意识的情况下经验再生。但这只是一个极端假设，而且事实上是与哥白尼式革命相矛盾的（迈蒙的无意识概念即是如此）。虽然被反思的意识既不能具有激发性也不能具有直接性，而且只能以间接的方式在活动的结果中产生出来，但它仍然始终是可能的，而且是先天地可能的（*Critique*，p. 116，p. 119 et p. 131，note）。我对作为外感官对象的自我的认识完全是由我对作为内感官中的现象（快乐或痛苦）的自我的单纯意识所要求的。费希特的理智直观已经激活了康德式演绎，而且它还充当了对至上原则（即“我思应当能够伴随我的所有表象”）的最终证明。

表面上具有肯定性的学说变成了一种无法超越埃奈西德穆的怀疑论学说①。不过，无意识、无意识的意识、无反思的**我思**、无**我思**的反思，它们如果不是人与神的分离，不是所有古典哲学由以不断从有限过渡到无限、从人类理性的主体性过渡到神圣实体的客体性的公设（postulat）又能是什么？正因为没能严肃地思考康德式革命，也就是理性的有限性，迈蒙无法摆脱独断论，而无意识在他那里所表现的正是这种思维的异化。这种异化拒绝让有限吞并无限，并使有限物化于物自身那不可通达的存在之中（物自身的理想性特征［caractère idéal］并不能使我们错失它的实在意义［signification réelle］）。因此，迈蒙式无意识（它在后康德哲学、浪漫主义哲学中的不断重演说明了从主体哲学向实体哲学的不断回归）即是形而上学问题通过自我完成的对其有限性的逃避。而这恰恰是黑格尔在 52
《精神现象学》中谈到的怀疑论的概念错位。在黑格尔之前，舒尔策也对康德做出了相同的指责，但他本人同样没能避免这种错位。神的思想所表现的不过是人对其自身的陌生感。神圣异化即是独断论的源泉②。

在对迈蒙进行批评时，费希特对这一点有清楚的把握："对于因果性范畴，迈蒙与知识学所说的是一回事；只不过他把人类精神的这种活动方式叫作幻相（illusion）。我们在另外一个地方已经看到，凡符合理性存在法则的东西，都不能叫作幻相，而且按照这些法则，这些东西是完全必然的和不能避免的，如果我们不想成为非理性存在的话。然而真正的争论点在于：迈蒙也许会说：'但愿你们总是具有先天思维法则，我向你们承认这已经得到证明'（不言而喻，这已经在很大程度上得到承认，因为在人类精神中怎么可能存在一种没有用途的单纯法则、一种没有质料的空洞形式呢?）；'然而要知道，你们只有借助于想象力才能把这些规律运用于对象；因此，在想象力中致力于这种运用时，对象和法则应当是同一的。但想象力是怎样到达对象的呢?'对这个问题只能做如下回答：想象力必定创造对象（正如在知识学中根据其他理由表明的那样，这完全不依赖于

① Guéroult, *op. cit.*, p. 113－120; tr. ph., 187－189, 213－226, 261 sq.

② 所以，康德在1789年5月26日致赫茨的信中指责了迈蒙的"斯宾诺莎主义"。

上述需要）。——由此可见，那种虽然忠于康德的文字，但完全违背他的精神的错误在于，对象应当是某种有别于想象力的产物的东西。谁持这种论断，谁就成为一个先验独断论者，并且完全偏离了批判哲学精神。”①
53 因此，迈蒙哲学中之所以产生概念错位，是因为他拒绝赋予想象力以先验的意义。把想象力视为假想的东西（imaginaire）是一种坚定的怀疑论、独断论主张，这也就是回到了在斯宾诺莎和一般而言的古典哲学（它们区分了神之中的纯粹思维和人之中的被动性想象）那里出现的提问。

---

① Fichte, Grundriss des Eigenthümlichen der Wissenschaftslehre, *S. W.*, I, S. 389.［中译本参见费希特：《略论知识学的特征》，见梁志学主编：《费希特著作选集》卷二，175－176 页。——译者注］这正是康德在（第一版）纯粹知性概念的演绎第二节的起始部分令人钦佩地看到的问题。当迈蒙将差异与同一性对立起来并为了分析的确定性而质疑综合的客观性时，他实际上做了些什么呢？他混淆了范畴和判断的逻辑形式，因为他没有在范畴那里察觉到与直观、与将它们构成为先天认识的经验可能性的必然关系。所以，他必然退回到独断论和无限的形而上学，因为“一个不与这些可能经验相关的先天概念就会只是一个概念的逻辑形式，但不会是某种东西被思维所凭借的概念本身”（Kant, *Critique de la raison pure*, p. 107［中译本参见康德：《纯粹理性批判》（第 1 版），69 页。——译者注］）。为了使哲学重新拥有真正的内容，不但有必要诉诸知性和直观的必然关系，而且还有必要诉诸思维和物自身的关系。正是迈蒙对于人类理智所抱有的怀疑论使他诉诸神圣理智，而这实际上重复了将笛卡儿从 Cogito［拉：我思］引向神圣存在、将莱布尼茨从单子引向单子论的那种错误。问题重重的唯心论的威信被重新树立了起来：人们并没有察觉到规定、综合从本质上说既是原因和结果间的水平关系又是知性和作为现象的对象间的垂直关系。“我们在范畴中发现了先天地包含着做出任何经验时的纯思维的这些概念；而且，如果我们能够证明，惟有凭借范畴才能思维一个对象，那么，这就已经是范畴的一种充分的演绎和它们的客观有效性的辩护了”（ID, *ibid.*, p. 108, p. 109［中译本参见康德：《纯粹理性批判》（第 1 版），69 页。——译者注］）。范畴演绎的原则很简单：要表明对象思维（pensées d'objet）的运作。而这恰恰是无限的独断论的反面，因为这样一种对象思维、范畴绝不是空洞的。它隐含着与可能经验的必然联系，因而也就隐含着与认识的必然联系，因为经验可能性的原则和经验对象的可能性的原则是同一的。而且，范畴不是判断的逻辑形式，而是知性的活动。因此，认识的主观来源的问题不能与这些来源的演绎的问题脱节。这些先天综合首先并不是人们能够通过迂回的方法以给定的假设的名义“客观地”澄清的判断。它们反而是主观的和构成性的活动，后者通过一种内在过程隐含着与对象的基本关系，而且还在不需要外部证明或辩护的情况下包含着自身外在效用的证明。康德在思维与知性、逻辑的与先验的、形而上学的幻想与现实物理对象、

先验想象力正是有限理性，而迈蒙却拒绝赋予其客观性，因为这种有限性被困于自身之中，因为它远没有像康德哲学精神所暗示的那样——想象力是认识之统一性的来源——将无限消化掉，而是将它物化于神圣理智当中，换言之，也就是将它物化于无限实体的存在当中。所以，哥白尼式革命的基本问题就是“在对象上的应用（l'application à des objets）”①。迈 54
蒙认为想象力应用在了外在于它的对象之上，而提供出这些对象的只能是一个既是意识又是对自我意识的否定的意识，也就是无意识。正如费希特合乎逻辑地得出的那个结论所表明的，只有当先验想象力成为对象的创造者时，只有当它借以被应用于事物之上的活动就是它借以过渡到客观实存的活动时，无意识的独断论才可以被避免。“迈蒙只对因果性法则的可应用性发生怀疑；但按照他的那些原则，他也可能对所有先天法则的可应用性发生怀疑。——休谟也是这样。他提醒说：正是我们自己在我们自身当中具有这种因果性概念，并且把它转移到事物上面；所以，我们的认识不具有任何客观有效性。康德不仅对因果性概念，而且对所有先天概念都接受了休谟的前提；然而康德证明，客体只对某个可能有的主体才能存在，从而否弃了他的结论。在这个争论中还剩下一个问题没有涉及，即主体中

现象与物自身之间所做的区分恰恰是迈蒙所忽视的，因为他隔离了想象力的综合活动和它的构成性的、必然是客观化的活动：“但是，由于在这样一种思维（德：Gedanken＝对象思维）中活动的不单是一种思维能力（德：Vermögen zu denken）亦即知性，而且知性本身作为一种应当与客体相关的认识能力（德：Erkenntnisvermögen），同样由于这种关系的可能性而需要予以说明，所以我们必须事先考虑构成经验之可能性的先天基础的种种主观来源，不是根据其经验的性状，而是根据其先验的性状。”［中译本参见康德：《纯粹理性批判》（第1版），69—70页。——译者注］

① 1789年5月26日致赫茨的信：“迈蒙先生的理论就是：断言知性（也就是人的知性）不仅仅是一种思维能力，就像我们的思维能力乃至一切被创造物的思维能力那样，而且原本就是一种直观能力，思维不过是这种能力的一种方式，它把直观的杂多（由于我们的局限性，这种杂多是模糊的）纳入一个清楚的意识之中。与他相反，我把一个对象一般的概念（这个概念不在我们直观的最清楚的意识之内）归属于作为一种特殊能力的知性。也就是说，概念是统觉的综合统一，只有通过这种统一，直观的杂多（它们每一个元素我都能特殊地意识到）才能被纳入一个统一起来的意识中，成为一个对象一般的表象（这个对象的概念现在是通过那种杂多被规定的）。”［中译本参见康德：《康德书信百封》，138页。——译者注］

包含的东西是凭借主体的什么能力转移到客体上去的。迈蒙证明说，你们只凭想象力才把因果性法则运用到客体上去，因此，我们的认识没有任何客观有效性，把我们的思维法则运用于客体纯属幻相。知识学不仅对因果性规律，而且对所有先天法则都接受迈蒙的前提，然而知识学更详细地规定了客体——这样的规定已经包含于康德的规定中——从而表明，我们的认识正是凭借这一点才具备客观有效性，而且只有在这种条件下才具有这样的有效性。——所以，批判哲学与独断论都是在各自的笔直道路上前进
55 的，并且两者都始终忠于自己。人们只能在非常不严格的意义上说，批判论者驳斥了怀疑论者。在怀疑论者看来，批判论者承认的，毋宁是怀疑论者要求的，而且往往比怀疑论者要求的还要多；批判论者限制的，只是怀疑论者在许多场合像独断论者那样对认识物自身提出的那些要求，因为批判论者表明这些要求是没有根据的。”① 所以，有限与无限的错位就是怀疑论自身的命脉，因为它接受了这种错位，因为它出于对“局限于有限理性”的反对而设定了无限知性（其奠定了有限理性的基础）。在费希特的批判论对怀疑论所做的驳斥中，迈蒙替代了舒尔策。而且，现在与“康德—休谟关系”对应的是“费希特—迈蒙关系”。康德和休谟一道表明了因果性的主观性，而且他还在休谟指明的方向上走得更远，因为他确立了所有先天概念的主观性。但与休谟相反，康德揭示了这种主观性的先验特征，也就是它的客观性。同样，和迈蒙一道，费希特在先验想象力当中设定了概念针对对象的应用活动，亦即对象的生产活动。不过，他要比迈蒙走得更远，因为他还在先验想象力当中发现了所有客观发生亦即所有先天概念之于对象的应用的来源。与迈蒙相反，费希特最终揭示了想象力的先验特征，也就是它的对象的实在性。他根本不需要动用无限知性来摆脱经验的唯心论，因为有限理性本身就拥有客观性的秘密。神死了，而真理犹在（Dieu mort，la vérité demeure）。被迈蒙当作经验现象的替代物的意识微分在费希特那里被转化为自我的界限，因而也就被赋予了经验的现

---

① Fichte，Grundriss des Eigenthümlichen der Wissenschaftslehre，*S. W.*，I，S. 388–389.［中译本参见费希特：《略论知识学的特征》，176–177 页。——译者注］

象实在性。迈蒙哲学中神的介入使显象〈现象〉（德：Erscheinung）蒸发为假相（德：Schein）。而费希特则通过使真理脱离它的神圣根据而重新发现了有限的先验主体性；现象世界重新获得了自身的意义，因为它将优先地位重新交还给了实践自我，将高于存在的优先性重新交给了应然存在①。

① 迈蒙哲学走向了一种绝对二元论。它一方面设定了绝对自我，另一方面设定了理智自我——后者是幻相，它被卷入到自我与非我的依存析取（les disjonctions de la dépendance）和对立当中；前者是真理，是纯粹的自存性（aséité）。然而，这不正是理论哲学的视角、是要求一整套认识现象学的主要的反题［德：Hauptantithese］吗？“我，作为理智一般，就是依存于未加规定的并且至今无法规定的非我的。而且只有通过和借助这种非我，我才是理智。但是，按照我的一切规定来说，它却应该是绝对地由自己本身所设定的，因而应该是完全不依存于任何可能的非我而独立的。因此，绝对的我与理智的我（如果这个说法是允许的话，则两者好像说的是两种我，而其实应该说它们只是同一个东西）就不是同一个东西，而毋宁是两个互相对立的东西了。这是与我的绝对同一性矛盾的”（Grundlage der gesammten W. L.，*S. W.*，I，S. 248–249［中译本参见费希特：《全部知识学的基础》，168–169 页。——译者注］）。因此，迈蒙式的错位，也就是“迈蒙哲学不仅没能超越绝对和理智的对立，而且还将这种矛盾当作根本”这个事实之所以发生，是因为迈蒙只考虑到了理论视角。独断论和对实践面向的无视是结伴同行的。唯有实践理性的优先地位能够使思维摆脱二元论。唯有它能够战胜二律背反。“这个命题里包含有一个主要的反题，而这个反题则包含了作为理智的从而是被限制了的本质的那个我与作为直接被设定从而不受限制的本质的那个我之间的全部矛盾，并且使我们不得不承认有一种我的实践能力而以之作为联合的手段”（Grundlage der gesammten W. L.，*S. W.*，I，S. 247［中译本参见费希特：《全部知识学的基础》，167 页。——译者注］）。

第三章　根据费希特式阐释考察康德式原则

第一节　发生方法的结构和结果

§6. 源始反思：直观与概念的同一（反思与直观）

56 独断论的主要工具就是演绎中的概念错位，就是从有限的自我意识向无限的（非正题的自我）意识的过渡。不过，就批判哲学似乎也产生了“错位”而言，它本身并没有逃脱独断论的各种矛盾。迈蒙的例子用它的
57 二次方的物自身（chose en soi à la seconde puissance）、用它的精致化了的本体——无意识和意识微分——提醒了我们这一点。但是，这些困难之所以产生，完全是因为**我**所特有的实存类型根本没有预先得到确立。迈蒙将**我**构想为*自在*而不是构想为*自为*：他的所言和所行是相互矛盾的。当他以独断论的方式行事时，他却认为自己坚守着哥白尼主义。他无疑想要用发生的阐明（exposition；德：Darstellung）替换表象（德：Vorstellung），但这种替换由于伴随着错位而没有带来它所许诺的东西。在有限的**我**看来，对象仍然是模糊的，存在着一些抗拒它们自身的注视的意识微分。而且，恰恰是无意识的这种浑浊性解释了对象的实在主义双重表面现象（la double apparence réaliste de l'objet）：纯粹直观中的数学表面现象〈数学假象〉和经验所与中的物理学表面现象〈物理假象〉。对它自己来说，**我**不可避免地止步于表象，而且发生的介入只是为了他者、为了神。微分意识

（conscience différentielle）对它自己是在所与、后天和直观的形式下出现的，它只有在神的注视下才会明晰化为建构、先天和概念。真理之光是哥白尼式的**我**从外部获得的，批判哲学也颠倒为自身的反面。因此，驱除无意识首先是要恢复*自为*活动的自然光亮，恢复它们作为*自为*的特殊性。“真正的哲学家提出的一个主要论断是：一俟**我**是仅仅为它自己而存在的，对它来说就必然同时会产生一个在它之外的存在；后一个论断的根据在于前一个论断，后者是受前者制约的：对自身的意识和对某种被认为不是我们自身的东西的意识必然是相互联系的；但前者应看作是制约者，后者应看作是被制约者。”①

到此为止，迈蒙全盘接受了这些知识学命题。只是，他对它们的接受不是为了**我**自己，而是为了一个他者、为了神圣存在、为了哲学家（其倾向于通过反思来逼近神圣存在）；至于**我**，他忽视了它本己的先验生产效力。而费希特想要从迈蒙的精致独断论那里剔除的正是这种面对哥白尼式精神时的退却和自在对自为的吞并。他继续写道：“要证明这个论断不是凭借*推理成为对自在存在的体系有效的，而是凭借对理性的源始活动方式的观察成为对理性有效的东西*，他就必须首先说明，**我**是怎样*为它自身*存在和生成的，然后说明，它*为它自身*的这种存在如果对它来说不同时产生一个在它之外的存在，就是不可能的。”就其本身来看的话，发生的方法并不足以完成哥白尼式革命，而且推理（德：Raisonnement）和观察（德：Beobachtung）的对立也并没有涵盖表象（德：Vorstellung）和描述（description；德：Darstellung）的对立。实际上，这里还存在着一个根本性的差异：描述当然可以产生对象，但却是从外部产生对象。就此而言，它仍然是哲学家对事物的推理。主体和客体的同一性、**绝对**的明见性并没有在它那里成为现实。为了实现从描述到观察的过渡，表象的自发生（auto-genèse）应当取代人们可以采纳的外部视角，普通意识（conscience commune）本身应当以自己的方式成为进行哲学思考的意识（conscience philosophante）。只有满足了下述条件，发生论才能避免重返独断论：主体 58

① Fichte, Zweite Einleitung in die Wissenschaftslehre, 1797, *S. W.*, I, S. 457–458.［中译本参见费希特：《知识学新说》，688–689 页。——译者注］

应当为了自己，而不是为了他者，对自身进行建构。虽然迈蒙表面上批判了物自身，但由于没能在自为当中为了自己进行发生活动，他最终没能把物自身从自己的哲学中驱逐出去。实际上，从他的视角看来，只有从**物**、从**无限知性**的视角看来，**我**才能发现自己的本质、发现自身活动的先验意义。实际构成了**自我**的**我**的返回自身（le retour du Je sur soi）错位到了神那里。但“我唯有通过这种行动，通过一种对行动本身的行动——在这种确定的行动之前根本不发生任何行动——才成为源始自为的”①。因此，并不存在这样一种自我意识的演绎：其能够通过对自我意识的本质进行先验反思来使我们认识到一种更为源始的意识。这种源始的**我**是一种行动，其自在、自为地得到了充分的规定。凡常意识（conscience vulgaire）不必到哲学意识那里去找寻自身的真理，这是因为，如果凡常意识并未已然先行拥有了哲学意识，人们是看不出哲学意识是如何赋予凡常意识某些东西的。拒斥无意识、在自我意识中发现对象意识的基础和保障，这便是哥白尼式方法的特性，而它与迈蒙的精致化独断论的差
59 异也正在于此。所以，哲学家会理解到，“如果他凭先验唯心论，在这时只做出一个或然的假定，设想一切意识都以自我意识为基础，都受自我意识的制约——这一假定是他反正要做出的，其确实性就像只要留心一看，他已返回自身，把自己提高到需要哲学的阶段一样；但对他来说，这一假定的正确性应当在哲学本身，凭借全部经验的完备的推演，从自我意识的可能性中得到明确的阐明——那么在这种情况下，他就必须设想那种返回自身的活动是先于意识的其他一切活动的，是制约这些活动，或者换个意思相同的说法，他必须设想那种返回自身的活动是主体的源始活动；而且既然对他来说，没有任何东西不在他的意识之中，而他意识中的一切其他东西都受这种活动本身的制约，因而在这方面就不可能再制约他，所以他也必须设想那种返回自身的活动是一种对他完全不受制约的、因而绝对的活动。但愿他会理解到，根据以上所述，那个假定和这个认为我源始地是由其自身设定的思想又是完全相同的，而

① Fichte，Zweite Einleitung in die Wissenschaftslehre，*S. W.*，I，S. 459. ［中译本参见费希特：《知识学新说》，690 页。——译者注］

先验唯心论如果系统地着手工作，就决不能采取别的做法，而只能采取它在知识学中采取过的做法”①。因此，整个哥白尼式革命所蕴含的这一先验“假定”（其宗旨就是颠倒独断论的顺序，目的是使客体围绕主体旋转，而不再是主体围绕客体旋转）就与理智直观（这种直观以一种绝对的明晰性使主体源始地返回自身，而且还直接将主体提升为自为的存在）达成了一致。看不到这种同一性就会像迈蒙那样退回到物。批判式论断一经做出，如果想要避免由于将主体异化为实体而导致的自相矛盾，自为的明晰性就必然属于主体。真正的哥白尼式颠倒便是：哲学意识的真理同样也是凡常意识。先验发生不再等待神圣的或哲学的超验确证，而是经由假言性本质得到确证并因而要经受怀疑论的怀疑，这是理智明见性的印记。与此相反，就在哥白尼式原则肯定了理性的有限性的同时，先验发生是在自为之绝对内在性中从自身那里获得了它。最终，自我不再是另一个存在的产物，自我意识真正为对象意识奠定了基础。

因此，忠实于康德哲学的启发就是要首先铭记：哲学反思的真理只来 60
源于它与源始反思的相符（adéquation）——绝不是源始反思的明见性多少要归于哲学反思。“因为在**我**当中，按其概念来说，不可能存在任何不是它在自身设定的东西，所以，它必定也在自身设定这个事实［拉：factum］，就是说，它必定源始地就给自己说明这个事实［拉：factum］，完全确定和论证这个事实［拉：factum］。在源始地说明理性存在物的精神中的这个事实［拉：factum］时出现的那些事实的体系，是一般理论知识学；而这样的源始说明就包括理性的理论能力。——我深思熟虑地说：这是对上述事实［拉：factum］的源始说明。这个事实［拉：factum］是在没有我们的有意识的作用下，在我们之内存在的；它在没有我们的有意识的作用下，单纯通过和按照某种理性存在物的规律和本性而得到说明；在这种说明过程中出现的各种不同的、可以区分的环节是一些新事实。反思把目标指向源始的事实［拉：factum］，我把这称为源始的说明。我们在先验哲学思考中从事的有意识的、科学的说明，则完全是另一回事。在这

① Fichte, Zweite Einleitung in die Wissenschaftslehre, *S. W.*, I, p. 462－463. ［中译本参见费希特：《知识学新说》，693－694 页。——译者注］

种有意识的、科学的说明中，反思恰恰把目标指向对源始事实［拉：factum］所做的那个源始说明本身，以便用科学方式确定源始的说明。”① 哥白尼式革命的意义就在于发现了有限性：源始的东西正是凡常意识。正是它——在不借助科学或哲学说明的情况下——在其诸行动中构成了真理的先验视域、构成了对象的对象性。全部理智直观的方法因而就得到了界定和规定，其宗旨就在于表明为何只有这样的东西才会在**我**当中出现：其乃是**我**通过源始反思的自我设定行动（该行动是一切明晰性、一切意识的来源）在自身中原初地设定了的②。这当中所隐含的内容立刻明晰了起来：首先，源始反思亦即理智直观设定了主体和客体的同一，它因而从本
61 质上不同于任何衍生的反思，特别是明确将主体和客体区分开来的哲学反思。在哲学反思中，客体是由变为自在的自为界定的，主体则是由为他者（pour-autrui）的凝视界定的。其次，这种源始反思乃是自为的活动，所以它绝不是抽象活动的事实，而是做出规定的**我思**［拉：Cogito］的活动，概念和直观在它那里实现了同一。最后，客体之客观本性应当在不沦为幻相的前提下作为自为的设定向自为显现出其本质。凡常意识无须从哲学意识那里获得对事物的发生及其向意识的实在论显现的说明：它反而将这种说明给予了哲学意识。

首先是源始反思中主体和客体的同一使人们不必求助于无限——斯宾诺莎已经指出了这一观念之观念［拉：idea ideae］的空洞性。而且，通过它，充当自我意识之根据的另一意识在它自身当中重新发现了自我意识和意识的二元性，而且它发现自己不得不再次发出始终具有虚幻性的求

---

① Fichte, Grundriss der Eigenthümlichen der Wissenschaftslehre, *S. W.*, I, S. 331–332.［中译本参见费希特：《略论知识学的特征》，115–116 页。——译者注］正如我们会在后面 §8 看到的那样，这段文本潜在地包含着一种主体之现象学发展（un développement phénoménologique du sujet）的观念。

② Fichte, Grundriss ..., *S. W.*, I, S. 333; Zweite Einleitung in die W. L., *S. W.*, I, S. 456 et 459：“我们是如何得以承认某个存在的呢？由于这个问题的出发点是反省（recueillement；德：Einkher）自己，是觉察到意识的直接对象也仅仅是意识本身，所以，这个问题决不能涉及别的存在，而只能涉及某种为我们的存在；如果把这个问题同那个与任何意识都无关的存在的问题等量齐观，那是完全荒谬的。”［中译本参见费希特：《知识学新说》，686–687 页。——译者注］

助。因此，反驳本身已经预设了一种将主体和客体对立起来的反思的本质：“你说，你意识到你自己；因此，你必然把你的思考着的**我**与在这个我的思维中被思考的**我**区分开来了。但是，为了使你能做到这一点，思考者在这个思维中又必须成为某种更高的思维的对象，以便能成为意识的对象；与此同时，你就获得一个新的主体，这个主体又意识到在此以前是自我意识的东西。”① 不过，当独断论批评唯心论的这种无限求助时，后者难道不是已经隐含在了独断论自身的原则当中？这是因为，人们看不到斯宾诺莎的实体或迈蒙的无限理智——即使人们一开始否定它们具有自我意识（其在幻相和非本真的样式的世界中被先天地拒绝了）——如何才能真正成为人们断言它们所是的东西，亦即成为这样一些对象：它们不具有将其客观化的那种自我意识，而且，为了以独断的方式得到奠基，它们要求通过一种后来的形式反思（une réflexion formelle ultérieure）使自身无限地异化于存在之中。而且，这样一种反驳并没有触及先验唯心论，因为后者必然要在源始回归中设定一个自为的**自我**（Soi du pour-soi），但不是通过将主体和客体区分开来的衍生的哲学反思，而是通过一种源始的、原初的反思（如果在此使用这个词是正当的），这种反思仍然对造成客体的那种分裂一无所知。如果说费希特在他对康德哲学的阐释中着力强调了作 62
为体系拱顶石的理智直观，这是因为他唯有在理智直观中才觉察到了避免概念的独断论错位（只要因进行哲学思考的神圣理智［l'entendement philosophant de Dieu］之故而将衍生的反思赋予先验的**我**，这种错位就是致命性的）的方法。因此，通过先验活动来设定对象就是自己设定自己，就是进行源始的反思。这并不意味着**自我**因而就要在对象的名义下被构成（这只会发生在衍生反思那异化了的生产当中），而是说，要把这个**自我**理解为一种纯粹的行动——这种行动被对象所吸收，而吸收它的对象又是它通过自己设定自己而对其进行奠基的，也就是说，是自为所特有的存在样式。**我**是绝对主体：这便是“**我是我**”这个命题中的源始反思的意义。它绝不先于源始反思存在——从能够在其中作为可能对象出现的被反思

---

① Fichte, Versuch einer neuer Darstellung der Wissenschaftslehre, 1797, *S. W.*, I, S. 526. ［中译本参见费希特：《知识学新说》，757 页。——译者注］

者到反思性主体，但绝对的自发性最终赋予了这种自因［拉：causa sui］以意义（独断论徒劳地到存在中去寻找自因［拉：causa sui］）。“其存在（本质）完全在于自己把自己设定为存在者的那种**我**，就是作为绝对主体的**我**。既然它设定自己，所以它存在；既然它存在，所以它设定自己；因此对**我**来说，**我**直截了当必然地存在。对自己本身而言不存在的那种东西，就不是**我**。”① 在源始反思中，假言判断让位于正题判断，存在和纯粹的绝对正题（pure thèse absolue）在正题判断中是同一的。

但这样一来，理智直观就在这种设定和存在的同一中穷尽了自身。它根本不像衍生反思那样为了事后尝试重构两者的统一性而将它们区隔开来，它在意识之设定或自我意识中的存在的绝对流动性之外没有任何意义。正因为迈蒙反而是从衍生的哲学反思出发，他才将自我意识转移到有限之设定那里、将意识转移到无限之存在那里。正是出于同样的理由，独断论不停地提出先于源始反思的**我**和**我**之存在（外在于其设定的存在）的起源的荒谬问题。“人们时常听到这样的提问：在我有自我意识以前，我究竟是什么呢？对此，自然的回答是：我根本不存在，因为我那时不是**我**。**我**只在对自身有所意识时才存在。上述问题所以可能发生，是由于在作为主体的**我**与作为绝对主体的反思对象的**我**之间有了混淆，问题本是完
63 全不成立的。”② 此外，独断论的问题能够通过如下方式得到表达：“要么：我应当思考，但在我能思考以前，我必须存在；要么：我应当思考自己，应当返回我自身，然而，凡应被思考的东西，凡应被返回的东西，都必须在它被思考或被返回之前即已存在。在两种情况下，你都假设了一种不以你自己的思维和被思维为转移的，须要给它们假定的、属于你自己的实存；在前一种情况下你是作为思考者存在的，在后一种情况下你是作为被思考者存在的。”③ 因此，人们是否想要避免自己被物自身的独断论介

---

① Fichte, Grundlage der gesammten Wissenschaft slehre, *S. W.*, I, S. 97.［中译本参见费希特：《全部知识学的基础》，12 页。——译者注］

② Fichte, Grundlage der gesammten..., *S. W.*［中译本参见费希特：《全部知识学的基础》，12－13 页。——译者注］

③ Fichte, Versuch einer neuen Darstellung der Wissenschaftslehre, *S. W.*, I, S. 524.［中译本参见费希特：《知识学新说》，755－756 页。——译者注］

入（其在无限存在和神圣理智的形式下出现）欺骗呢？这个问题一分为二，而且会从自身中给出答案。一方面，在陷入客体和主体的分裂的被生的思维（pensée naturée）之前，我重新上升到了能生的思维（pensée naturante）那里、上升到了绝对设定活动那里，正是这种活动设定了那设定对象、存在的东西（ce qui pose l'objet，l'être）。我们绝不是要从主体重新上升到客体，而是反过来从客体上升到主体，这一逆运动是我们必须面对的哥白尼式转变。另一方面，在以对象的名义设定自我的衍生反思之前，我返回到了源始反思当中，这是与前一个方面紧密相连的。在源始反思中，**我**自己将自己设定为**我**，而尚未将自己设定为对象，因此，意识就源始地作为自我意识而存在，它绝没有隐含一种正题的、客观的、实在的自我意识。在此，关键并不在于发现一个先于反思的自我的存在，而在于从一种思维宾格的自我的反思（une réflexion où le moi est pensé à l'accusatif）过渡到一种设定**我**为主格的反思（une réflexion où le Je est pose comme nominatif），这一运动不仅完全平行于前一种运动而且还必然伴随着前一种运动。**我**的实存（existence；德：Daseyn）既不属于客观的存在（être；德：Seyn）也不属于客观的反思（réflexion），而是属于一个思维者（pensant；德：Denkendes）、属于为其添加了源始反思（réflexion originaire；德：Zu-Denkendes）的能动映射（reflet actif）："你应当给你当前的、业已到达清楚意识的自我设定预先设想另一个作为没有清楚意识而发生的设定，当前的设定与这个设定有联系，并且由此受到制约。"① 通过诉诸这种正题的自我意识（不是作为客体而是作为主体），对于无限的求助就得以避免，因为它为我提供了最终根据，也就是源始反思，后者无论是自在地还是自为地都不会进行衍生反思：它只有为了哲学反思才会变成衍生反思，但这绝没有获得哲学反思的真理，因为哲学反思始终预设了源始反思。同样，无论从术语上说有多么反常，这种源始反思就是一种直 64
观。而且，如果说康德假设概念和直观的二元性（不过，他在先验想象力中否定了这种二元性的决定性特征）是一个始终无法克服的事实，这

---

① Fichte，Versuch…，*S. W.*，I，S. 525. ［中译本参见费希特：《知识学新说》，756 页。——译者注］

似乎正是由于他忘记了要重新上升到哥白尼式**我思**［拉：Cogito］的最高原则。直观在设定对象时就是在设定自己，而且，正因为如此，它使得对意识的解释成为可能，也就是说，它使对经验和经验对象的整个系统的解释成为可能："用科学术语来表达，这样一种直接的意识就叫作直观，我们也打算这样来称谓它。这里所谈的直观，是一种把自己作为设定者（某种客观的东西，我自己作为单纯的客体也能成为这种东西）的设定，而决不是一种单纯的设定；因为通过后者，我们会陷入刚才指出的那种不能解释意识的境地。"① 因此，发生的方法是和这种理智直观的源始直观—反思（intuition-réflexion originaire de l'intuition intellectuelle）联系在一起的，它是重新确立自我意识和对象意识的同一性的唯一手段。

主体和客体的同一性构成了这种内在反思的本质，但它同样也规定了这种反思和普遍的关系：这种反思是具体的直观，不是抽象的概念②。这同样也是《知识学》超出《纯粹理性批判》获得的根本性进步，而且它自己已经意识到了这一点。康德仍然满足于将自为描述为一个事实。按照康德的方法，经验的设定并未以主题化的方式与**我**为了自己的设定（la position du Je pour lui-même）联系起来。因此，这种方法从未真正是综合的方法。所以，虽然《纯粹理性批判》开始于在感性论中描述直观杂多，但它并没有表明直观杂多的发生。正如迈蒙已经清楚地意识到的那样，这种方法导致的后果就是哲学家无法真正发现必然性和原则，而后者恰恰为所与的偶然性奠定了基础。经验之可能性与一个事实联系在了一起，这个事实本身无法先天地提供出它的根据。这样一来，意识的统一性（为了对杂多进行综合，**哥白尼式革命**必然要使其介入）并非在杂多本身的根源处得到确立，而是以衍生反思的名义从外部应用到杂多之上。杂多是客
65 体，**我思**则是从一个集合性普遍（universel collectif）那里获得的主体，康德式普遍性（德：Allgemeinheit）是外在于它的各种要素的，它抽象掉

① Fichte, Versuch einer neuen Darstellung der W. L., *S. W.*, I, S. 528.［中译本参见费希特：《知识学新说》，759 页。——译者注］这个段落针对的是迈蒙哲学一类的哲学体系。

② 数学概念和新的哲学概念间的先验同质性、具体的普遍的建构正由此而来；关于这一点，参见 Guéroult, *op. cit.*, I, p. 180 sq。

了一切特殊性。康德式**我思**止步于概念，而忠实于哥白尼式灵感的源始反思则一直深入主体的核心，它在其活动中生产并解释了由它充当原则的东西的必然性，在其无限的整体性中规定了特殊之物。而且，它本身不再是作为衍生反思的抽象概念，而是作为源始反思的具体的普遍性发挥作用。它所是的这种全体性（德：Allheit）的本性已经被康德发现，但由于康德主张不要超越“意识的事实”向这些事实的原则迈进，所以它就被压低到**空间**和**时间**那里，而不是在**我思**自身当中现身。“康德曾从这样一个前提出发，即杂多是为了可能被纳入意识的统一而被给予的；他不能从任何别的点出发，而只能从他自己所处的那个点出发。他通过这个点，论证了理论知识学的特殊东西；他不想再论证别的什么，因而有理由从特殊前进到普遍。走这条道路，虽然一种集体构成的普遍东西、迄今获得的经验整体能被解释为服从于（德：unter）同样的规律的统一体，但这决不是无限的普遍东西，决不是经验在无限性之中（德：in）的进展。从有限的东西没有通向无限性的道路；但反过来说，却有一条从不确定的和不可确定的无限性出发，依靠进行规定的能力，通向有限性的道路（因而一切有限的东西都是规定者的产物）①。应当包含人类精神的整个体系的知识学，不得不采取这条道路，从普遍下降到特殊。”② 因此，源始反思之于特殊之物是具有规定性的，这个特殊之物则先于衍生的反思并被给予了它。我们由此便理解了康德表述的含混性。一旦预设了直观中的所与，必然就要为了综合这一所与而乞灵于一个外在的**我**，而不是诉诸设定所与的源始的**我**。就此而言，迈蒙的创造性的**无限自我**和进行认识活动的**有限自我**的二分的雏形已经存在于康德对感性论与分析论、“无法达到其设定的存在” 66
与“无法达到其存在的设定”的划分当中。康德式反思是直观的反面，因为它被先天地界定为衍生的反思。正因为主体和客体的哥白尼式同一从起源上就是分析的方法所缺乏的，所以直观才会变成感性直观，反思才会

① 这种说法似乎与我们的论点相冲突。但是，这种理智直观的无限性无非就是我们所说的有限理性的主体性。与此相反，康德哲学中那种表面上的有限性是为了引出物自身，其为杂多和所与的创造提供了解释。

② Fichte, Grundriss des Eigenthümlichen der W. L., *S. W.*, I, S. 332－333.［中译本参见费希特：《略论知识学的特征》，116－117 页。——译者注］

变成抽象反思，所以**我思**是在一个综合方法的形式的普遍性中被把握的（其直观性根据仍然外在于它），而不是通过分析方法中的存在之设定（此乃源始反思之根据）表明它的自我设定行动①。

尽管如此，康德式抽象和费希特式直观间的这种对立本身还只是最为初始的对立。它会得到承认吗？人们认识到康德根本没有理解他的哥白尼式革命，他一开始就错失了他所发现的自为，而且他的先验唯心论不过是一种潜伏的独断论②。一些以康德写下的文字（但这些文字仍然是不完整的、矛盾的）为依据的康德哲学阐释者将**我思**之反思变成了杂多的外在条件，并因此在内容上将它变成了一个抽象的普遍。针对他们，仍然需要表明的是，当涉及**我思**时，约束即是规定（conditionner c'est déterminer）③。而且，这样一来，在康德本人那里，字面上的衍生反思下面隐藏着一种精神上的源始反思④。事实上，只要将条件（condition）和规定（détermination）的区别应用到自为本身之上，这就证明了自为还没有从本质上得到把握，也就是作为主体和客体的同一，作为在存在之设定之中并通过存在之设定的为了自己的自我设定；证明了它只是以独断的方式，从外部、站在他者的立场上，因而是作为物被理解的。这样一来，行约束者（**我思**）和所约束者（时空杂多）就被分割开来，而循

---

① 参见后文§8。

② Fichte, Zweite Einleitung in die W. L., *S. W.*, I, S. 481. [中译本参见费希特：《知识学新说》，707 页。——译者注]

③ “在知识学看来，任何意识都是由自我意识规定的，也就是说，意识中发生的一切都是以自我意识这个条件为根据的，都是由这些条件提供和创造的，在自我意识之外，完全没有意识的根据。我必须说明，在我们的情况下，规定性（德：Bestimmtheit）是直接由约束性（德：Bedingtheit）产生的，因此在这种情况下就不存在那种区分，而且那种区分也不说明什么问题。”（Fichte, Zweite Einleitung in die W. L., *S. W.*, I, S. 477.）[中译本参见费希特：《知识学新说》，709 页。——译者注]

④ ID., *ibid.*, S. 478. [中译本参见费希特：《知识学新说》，711 页。——译者注]“如果照字面去解释行不通，那当然须要照精神实质去解释。康德本人不很注重自己的文字……他并未特别觉得自己有清晰阐释的才能，因此他自己……建议，他的作品必须按照相互联系和整体思想，也就是按照个别地方可能包含的精神和意图加以解释”。

环也被确立起来：如果所约束者——即使它仅是通过反思被综合的——乃是所与和产物，亦即神圣理智中的物自身，那么行约束者本身又要被它约束，它的综合活动需要有先行被提供出来的材料，而且主体也要依赖于客体。为了使哥白尼式革命有其意义，意识应当只属于自我意识，它们的约束关系必须绝对是一种规定关系，源始反思并不指望哲学批判和将哲学批判引向神的推理来获得它的无限特殊性（singularité），它是在理智直观的活动中设定这种特殊性的。直观和概念、所与和反思的独断论的、纯粹表面上的二元性是一切概念错位的根源。 67

当人们谈到**我**时，他们谈的到底是什么？“是康德主义者心安理得地由多种多样的表象凑合到一起形成的那个东西——这个东西里没有任何单个的**我**，**我**只存在于所有在一起的表象里——吗？假如是这样，上述康德引文就应具有下述意义：思维 D 的**我**，也就是曾经思维过 C、B、A 的同一个**我**，而通过对我的杂多思维的思维，我才成为**我**，即成为多样性东西中的同一性东西。要是这样的话，康德恰恰就会是一个与这类康德主义者一样的可怜的说空话的人；因为若是这样的话，任何思维的可能性在他看来都受另一思维以及对这另一思维的思维的约束，而我想知道，我们如何才能在某个时候达到某个思维。”① 如果人们在**我思**当中区分了条件和规定，那么，在诸条件的系列中避免无限求助（le recours infini）是不可能的。斯宾诺莎对于观念之观念［拉：idea ideae］和观念之观念之观念［拉：idea ideae ideae］……的反驳恰恰可以在这里得到应用。这样的话，人们就必须在不诉诸独断的实体（批判哲学正是要把我们从这个实体那里解放出来）的前提下对这个无限的系列进行规定。此外，将**我思**解释为杂多中的同一这一行动本身就足以把整个康德哲学归为闲谈。事实上，杂多中的同一不就是实体的定义吗？这样一来，没有任何障碍可以让我们在独断性存在（l'être dogmatique）的道路上止步。**我思**直接转变为思维的实体。“不管这种（有关反思的形式无定限性的）论证有多么糟糕，即使我们想在这方面对他们置之不理，通过这许多表象的联结也只会获得一种

① Fichte, Zweite Einleitung in die W. L., *S. W.*, I, S. 475–476. ［中译本参见费希特：《知识学新说》，707 页。——译者注］

杂多的思维，它是一种思维一般，而决不是在这种杂多思维中的思维
68 者。”① 因此，**我思**不能与表象隔离，而且它完全没有沾染上表象那种事实上的偶然性：它通过对表象进行普遍的和必然的约束而对它们做出了绝对的规定。

由此便产生了先验的问题：经验的自我意识是如何可能的？如果**我**规定了一切向自己显现的东西，那么对象是如何向**我**显现的？“我们的表象符合于我们之外的某种东西，我们这一主张的根据是什么？”② 人们越是清楚地理解了自为的本性和源始直观的本质，这个问题就越以一种悖论性的方式展现出来。这是因为，直观所发现的东西，也就是这种对象的外在性，我们不再能够依赖进行哲学思考的意识来为我们保证它，但是**我**自己——并且为了自己——必须要发现它的根据。批判主义唯心论的真正意义就在于这种通过**我**实现的客体之根据的自我穿透（auto-pénétration par le Je du fondement de l'objet），因为**我**在理智直观中源始地是主体和客体的同一。“知识学的分析将**我**既不是作为主体，也不是作为客体提出来的，而是同时作为两者提出来的，因而使概念与物同时产生出来，使内在的精神慧眼可以看出，两者是同一的，只是从不同的方向去看而已。——关于这一点，康德是这么表达的：概念与直观（即知识学中的物）不可分离。”③ 如果客体应当在先验的视角下出现，那么，给定概念和事物、约束和规定在源始反思之中的同一，**我**就应当在没有他人介入的情况下自为地理解它。它应当具有关于其所作所为的知识，但这种知识是直接的知识或直观，而不是一种抽象的反思。为了说明自我意识的发生，抽象反思不得不设定：是**我**自己将自己设定为被**非我**规定的东西，这是毋庸置疑的。它直接使我与这样一种活动发生关系：因为它的缘故，我认为自己在感觉

---

① Fichte, Zweite Einleitung..., S. 476, note. ［中译本参见费希特：《知识学新说》，707 页，脚注。——译者注］

② Fichte, Vergleichung des vom Herrn Prof. Schmid aufgestellten Systems mit der Wissenschaftslehre, 1795, *S. W.*, II, S. 440. ［中译本参见费希特：《施密特体系与知识学的比较》，234 页。——译者注］

③ ID., *ibid.*, S. 444. ［中译本参见费希特：《施密特体系与知识学的比较》，237–238 页。——译者注］

的撞击中被非我刺激。而且，就此而言，哲学反思尽管以描述一个独立于它、先于它存在的事实为宗旨，但它似乎是唯一能够赋予这一事实［拉：factum］以真理的东西——这是就它对于事实的解释不同于它对自身的解释而言的。“比如说，表象的质料是表象从外面得来的这个实在论假定， 69
在我们的探究过程里也曾经是进行反思的意识的一个事实。但是，一经仔细探究，我们就发现这种假定同我们已然阐明的至上原则相矛盾，因为从外面被给予的质料绝不会是一个**我**，其实按照要求，它不应该是**我**，而毋宁是**非我**。这样一种思想因此不能在它自身之外有什么与它相对应的东西，它是完全的，应当作为属于超验的——但不是作为先验的——体系的思想而予以抛弃。”① 因此，衍生反思似乎对源始反思起到了校正作用②：源始反思、生命和内在于自为的科学的视角下的真正的实在论只有从衍生反思、思辨和理论的视角来看才是一个错误。

但如果情况是这样的话，整个先验大厦就崩溃了。迈蒙式的错位重新出现在了费希特式阐释当中。而且，《知识学》和《论先验哲学》一样拒

① Fichte, Grundlage der gesammten W. L., *S. W.*, I, S. 220. ［中译本参见费希特：《全部知识学的基础》，139 页。——译者注］Guéroult, *op. cit.*, I, p. 200–204.

② 同样的观点出现在了知识学第二导论当中：“如果事情涉及行动，则那种强加于我们所有人甚至也强加于最坚定的唯心论者的实在论，也就是说，那种认为对象完全不以我们为转移，而存在于我们之外的假定，是包含于唯心论本身的，并且可以在唯心论范围内得到解释和推演；而在现象世界和理智世界中推演出某种客观真理，正是一切哲学的唯一目的。——哲学家只以自己的名义说：一切为我而存在的东西都是通过我而存在的。而我本身却在自己的哲学中说：正像我确实存在和活着一样，在自我之外存在着某物，这个某物是不通过自我而存在的。这样的论断是怎么得出的，哲学家会从自己的哲学的原则出发做出解释。前一个观点是纯粹思辨的观点，后一个观点则是生活和科学的观点（科学被看作与知识学相对立）。后一个观点只有从前一个观点出发才可理解；诚然，实在论除此之外还有它的根据，因为它凭借我们的本性强加于我们；然而它没有任何众所周知的和明白易懂的根据；但前一个观点仅仅是为了使后一个观点成为可理解而存在的。唯心论决不能成为思维方式，它只不过是思辨而已。”（*S. W.*, I, S. 455, note）［中译本参见费希特：《知识学新说》，686 页脚注。——译者注］

斥了单纯有限理智视角下的显象世界中的现象的实在性。不过，对实在论的否定绝不是对实在的否定。费希特恰恰想要证明，当**自为**遭遇到**非我**的
70 实在性与因果性时，当它区分了主观的显象（Schein）与客观的现象（Erscheinung）时，它的肯定有着充分的根据。费希特式**非我**绝不是幻相。幻相只有在下述情况下才会产生：人们在实在论的那种衍生的虚幻反思中将这一**非我**物化，目的是从中构想不同于无限的**我**的自限制的东西。所以，**自为**通过追求**非我**的实在性而完全没有犯下实在论的错误：它单纯意识到了实在的存在（l'existence de la réalité）①，亦即意识到了它自身的限定。源始反思的明见性没有造成假象，因为它不能造成假象：哲学唯心论的衍生反思无须对它进行纠正，因为，通过对实在论进行反驳，它与之相连的是一种次级反思的错误。费希特已经表明，康德在攻击作为天性上的幻相（illusion naturelle）的独断实在论时实际上只是在攻击一种哲学幻相。当费希特这么做的时候，他特别将源始反思和这种错误剥离开来：那么是哪一个在谈论处于我们外部的物自身呢？——费希特问道。“当然不会是普通意识。普通意识只会谈论它自己，出于这个原因，它不能给以下事实增加任何内容：物正是为了它（为了我们，在这一普通意识的视角下）存在着。这绝不是一个可以或者应当通过哲学来加以摆脱的幻相，而是我们唯一的真理。普通意识对物自身一无所知，这恰恰是因为它肯定是并且显然是无法跳出自身之外的普通意识。”② 此外，最终为唯心论的真理奠定了基础的是它被包含在**自为**的生命中这个事实。换言之，**我**应当自为地意识到**非我**的实在性乃是**自我**的一种限定，否则理智直观就不会再照亮整个哲学方法。不过，当**我**在其实践的自设定中将**非我**呈现为它自身的界限时，这正是对**我**的分析所要发现的东西。源始反思由此便兑现了它的承诺：在主体和客体的同一中出现且同一于直观，既是约束性的又是规定性的，它最终是一切超验的衍生反思的范型和真理。而且，**哥白尼式革命**可以通过如下方式得到表达：不是生命围绕思辨旋转，而是思辨围绕生

---

① Guéroult, *op. cit.*, I, p. 121, 123, 133, 245, 260.

② “被《知识学》定性为幻相的不是为着我们的世界的存在，而是自在世界的存在”（Guéroult, *op. cit.*, I, p. 258）。关于这一点，参见后文 §8。

命旋转。

§7. 想象与表象（双重演绎）

一旦对**哥白尼式革命**做出了这种精确的处理，各种新的关系就会在**自为**的内在反思（la réflexion immanente du Pour-soi）和哲学意识的超验反思（la réflexion transcendante de la conscience philosophante）之间建立起来。借助**我**之设定的手段，自我意识和经验系统之可能性的建构（无论是在**非我**作用于**自我**的因果性的理论活动系统中，还是在**自我**作用于**非我**的因果性的实践活动的系统［后一系统本身奠定了前一系统的基础］中）分化成两个平行的系列——根据这种建构是由哲学家的衍生反思完成的（建构活动因而是通过观看者的凝视在自我中被设定的）还是由**自我**的内在反思实现的（就这一反思必然伴随着一切存在设定，并由此提供给了**自为**有关关涉它的东西的直接的而非表象的知识而言）。因此，先验演绎是通过双重系列进行的①。与此相反，独断论哲学所操弄的对象的发生根据的是单一的系列，因为人们试图从存在那里推演出**我思**的活动系统，而且是抽象的哲学反思要通达这一存在。如果人们在必要时是在这种视角下对**自为**加以考虑的，那么，正如迈蒙的例子已经充分表明的那样，人们马上会错失出发点，从而只是从**自在**的视角出发来思考**自为**。各种伪先验哲学中的错位产生的原因就是演绎没有尊重系列的二元性，也就是**自为**借以首先在**自在**和衍生反思的视角下被考察、之后在**自为**本身和源始反思的视角下被考察的那种系列的二元性。“在知识学中存在两种非常不同的精神 71

① Fichte, Zweite Einleitung in die W. L., *S. W.*, I, S. 457. 我们可以看到，康德在一个有关经验认识的评论（1792 年 1 月 20 日《致雅可布·西吉斯蒙德·贝克［Jacob Sigismund Beck］的信》）中已经宣告了这个双重系列：“如果客体是在感官的表象（因此，感官的表象同时包含了感知，而感知又与意识结合起来，即包含了知觉）中被给予”［中译本参见康德：《康德书信百封》，175 页。——译者注］，那么认识就是经验性的。在这一点上，感官的概观与杂多之统一性的意识的综合、感觉（德：Empfindung）与知觉（德：Wahrnehmung）的紧密联系为一种内在于康德哲学本身的意识现象学（phénoménologie de la conscience）的观念提供了辩护。

行动系列：哲学家观察的**我**的系列和哲学家的这些观察活动的系列。而在我刚才提到的那些与知识学相对立的哲学中，则只有一种思维的系列，即哲学家的思想的系列；因为他的物质对象本身不是作为能思维的东西采用
72 的。”① 因此，双重系列乃是批判哲学的保障。而且，只有当哲学家在源始反思所支撑的所有经验环节上都考虑到了其衍生反思时，源始反思的本质才会得到尊重和承认。在衍生反思中，主体必然不同于客体，而且客体的运动是为了一个不同的主体，这种异化构成了反思之抽象活动的存在理由。在源始反思中，譬如说，即使**自我**对立于**非我**中的对象，主体在某种程度上仍然同一于客体，因为这种对立本身就是**我**的活动，只有**我**的本质亦即主体与客体的同一才能为其奠基：主体—客体的运动是自为的，而且反思也获得了直观的无限特殊性（singularité infinie）。

迈蒙哲学中只存在**自在**的演绎。而且，这种演绎是相对的，它要么是从**自为**和显象的视角出发，要么是从**自在**本身和真理的视角出发。而费希特哲学中则存在着双重系列。这种双重系列组织起了**自为**的双重演绎：首先从**自在**和衍生反思的视角出发，然后从**自为**本身的源始反思的视角出发。所以，迈蒙许下的发生性阐明（德：Darstellung）的承诺唯有在费希特式**自为**的观察（德：Beobachtung）中才能得到兑现。哲学反思的运动内化在了**我思**的内在的、本来的哲学（la philosophie naturelle et immanente）当中。**我思**源始地展开了它的诸规定并在自身中设定了这些规定，它因此伴随这种展开运动深入到了物自身的发展的中心。认识与存在在此最终实现了同一。迈蒙哲学中存在着一种即便不是康德式的也是后康德式的哥白尼式认识观念，这种与独断论创造结合在一起的观念将我思设定为差异的具体的但却是表面上的综合，而且，它还把这种差异留在了物自身和神圣理智的同一性之外。与之相反，在双重系列中，自我从内部参与到了物的生成之中。物、直观不再处于概念之外，概念反而是物的生命，是它的内在辩证法。“知识学当作自己的思维对象的东西，不是一个僵死的

① Fichte, Zweite Einleitung in die W. L., *S. W.*, I, S. 454. ［中译本参见费希特：《知识学新说》，685 页。——译者注］Fichte, Grundriss des Eigenthümlichen der W. L., *S. W.*, I, S. 332.

概念，它似乎只是被动地由知识学加以研究的，只有通过知识学的思维才被知识学构成某种东西；相反地，那是一个生动的、能动的东西，它从自身并通过自身产生出认识，哲学家只不过注视它而已……他的事情是，注 73
意观察现象，密切追踪现象，联系这些现象；但对象是如何表现的，则不是他的事情，而是对象本身的事情，假如他不让对象自己处理自己的事情，而是干预现象的发展过程，那他就会恰好背离他自己本来的目的。”①由于双重系列，哲学反思的对象、**我思**保留了它的**自为**的本性、保留了它的源始的返回自身；由于双重系列，**我思**得以作为主体得到恢复，而不是作为实体消散；最终，由于双重系列，一种**精神**现象学得以存在，哲学的宗旨就在于再生现象的内在辩证法，也就是自我意识那种独立于它且先于它存在的自为的历史②。因此，两个系列中的两种反思间的关系就表现为
源始反思之必然性和哲学反思之自由间的关系。但必然性并非是从自由那 74
里获得了自身的发生：它本身即是自发生（auto-genèse）。当哲学家自由地考察**我思**活动的系统并将后者视为对象时，“他已必然地完成了理性的全部工作，而现在又自由地规定自己去重算旧账，对他自己当初走过的行

---

① Fichte，Zweite Einleitung in die W. L.，*S. W.*，I，S. 454.［中译本参见费希特：《知识学新说》，684－685 页。——译者注］

② 因此，由于诸现象（德：Erscheinungen）本身，作为在自我之中并通过自我完成的自我设定，必然先于诸现象的本质的自为的源始反思意识（la conscience originairement réflexive de leur essence pour soi）、先于它们的逻各斯——尽管只有衍生反思才能自由地把它作为客观的复制（reduplication objective）提供给它们，知识学的第一个环节中是存在着一种现象学的。从这种意义上说，哲学唯心论在本来的唯心论中找到了它的真理。但第一个环节——以及像 1804 年知识学所理解的那样——拒绝把这种实用的历史当作绝对的现象。在绝对当中，自为的现象学发生所趋向的不是别的，就是在其终点重新发现自在和绝对精神的非发生。在这一点上，1804 年知识学的观点只有在放弃哥白尼主义的情况下才是可能的：“证明我们唯有从有限认识出发才能把自己提升到绝对并且真正拥有绝对，这正是 1804 年知识学试图通过一种激动人心的辩证法努力实现的目标”（Guéroult，II，107）。但是，前期知识学的目标反而是要通过将绝对还原为自我来将无限吸收到有限当中。在严格意义上的现象学中，关键并不在于发现绝对（Guéroult，*op. cit.*，II，120），而是在于看清现象是如何在绝对中得到奠基。与此相反，在前期知识学中，现象学整体

程，就他现在任意设定起来、安置在他自己当初的出发点上、据以从事其实验活动的那另一个**我**身上，进行一次旁观。要去加以考察的**我**，有朝一日本身将会站到现在充当旁观者的**我**所站的地位上。被考察者和旁观者双方将在这个位置上结合起来，而且通过这一结合，已被打破了的圆圈，就将是封闭的"①。因此，现象、**有限自我**的自发生就是哲学经验的一般身份（titre général）。通常经验和哲学经验之间并不存在本质上的差异，它们的区别仅在于哲学经验，鉴于其所描述的对象，预设了客体和主体在旁观者眼中的分离。然而，这种分离还根本没有出现在作为过程之行动者的**凡常自我**那里。**凡常自我**单纯地沉溺于对一个对象（它无疑与其相对立）的静观之中，但它所遵循的样式是主体和客体的同一。因此，费希特哲学中**哥白尼式革命**的完成，亦即相对于"所与"的杂多而言的从约束性**我思**观（conception conditionnante du Je pense）到规定性**我思**观（conception déterminante du Je pense）的过渡，必然把我们引向辩证性的自我之自为发生（genèse du moi pour soi）的构想，引向自我之自为发生与自我之为他人的发生（genèse du moi pour autrui）的关系问题——因为前者要奠基（fonde），后者要延续（prolonge）。

根本的发现就是：现象学、现象的运动（这种运动导致现象在必然性

上就是由有限自我当中源始反思系列和衍生反思系列的二元性构成的。"现象学过程无疑在知识学的开头儿就出现了，而且它似乎还刻画着知识学的根本特征。《基础》构成了一种现象学，而且，其概念在（第二部分）第7节当中以一种预示了黑格尔进路的方式得到了非常清晰的阐明：完全被构成的自我有意识地把它曾经无意识地走过了的那条路重走了一遍，而且它必须这么做。在这个过程的终点，'经验着'的自我和作为'这一经验的对象'的自我重合在了一起。但在《基础》时期，现象学的终点表现为带有其全部规定的有限自我一般。这一有限自我是经验着的自我，而不是绝对的生命、不是作为精神的精神的知识。现在，反而是绝对生命被预设为前提，它同样是过程由以完成的那个视角，而且，人们正是为了实现与绝对知识的统一才从感觉经验、杂多和寻常知识出发。所追求的目标不再是把意识形式接受为绝对，而是战胜意识这种'反思的能量'。在思辨的顶点，形式和内容间的一切对立都被消解了"（Guéroult，II，233）。

① Fichte，Grundlage der gesammten W. L.，*S. W.*，I，S. 290-291. [中译本参见费希特：《全部知识学的基础》，139页。——译者注]

中确保它的历史，这要先于在自由中反思它的历史）直接来源于源始反思对衍生反思的替代、行反思概念［拉：conceptus reflectentes］（在这种概念中，自为通过如下方式表现自身的存在：凭借事物与概念、规定与约束的同一，在存在之设定中自己设定自己）对所反思概念［拉：conceptus reflecti］（这种反思概念只能在对象性、分离和独断论实体的形式下从外部把握它的对象）的替代。这样一来，理智直观之所以将概念和直观等同起来，完全是因为它在直观的被给予的无限性之外重新把握了直观，在概念的抽象明晰性之外重新把握了概念，目的是使它们拥有明晰发生的统一性，目的是赋予规定性的直观活动以概念的光芒。“概念 75
无直观是空洞的，直观无概念是盲目的”这一康德命题无疑仍然为真，但前提条件是：不再认为直观和反思是两种应当被统一起来的异质的认识来源，而是将它们看作客体—主体、存在—设定、生产—认识的同一，而且哥白尼式方法从原则上说必然会要求这种同一。*直观也在概念具体化的同时变成了理智直观：这便是双重系列的深层含义。*因此，对为了自我亦即为了自身的现象运动进行表象的现象学并没有把自己表现为在**绝对精神**的不动性中得到了奠基的东西。不存在超越于现象、**有限自我**之上的东西。发生绝不会以静观、不动的动者和神为终点，它不会让自己消失在那通过否定它来为它奠基的东西当中。运动即是存在。双重系列的确立也绝不是为了在一种同一性（其实际上外在于这种研究和运动）中取消主体和客体的分离（其乃是运动的来源）。为了达到自我意识，源始反思的同一性应当允许这样一种分离，绝对在这种分离之外是不存在的。毫不夸张地说，“这一展开过程中的不同环节是各种新的事实”①。而且，不是哲学反思要服务于发现一个理念的终点（凡常意识至少要无限趋近于它），而是这种张力、这种自建构本身乃是衍生反思的真正文本和恒常验证：**自为**的本质要一直发展到它的极端结果。而且，不是**为他之自为**（Pour-soi-pour-autrui）的系列（哲学反思）表现了**为己之自为**（Pour-soi-pour-soi）的系列（源始反思）的构建的终点（就像抽象先于具体那样），而是**为他之自为**的系列先于**为己之自为**的系列。

---

① 参见前文 60 页。

“如果它应当是在一个**我**的意识之中的事实，那么，**我**必定首先把这个事实设定为现成存在于它自自己的意识中的事实。然而，由于**我**可能会遇到困难，它只能在一定的方式下才能做出这种设定，因此**我**如何把这种事实设定于自身的那种方式，也许就会自己显现出来。——让我说得更明白一些——**我**必须向自己证明这种事实。”① 是哲学要和自然重新联系
76 在一起，而不是自然要受哲学支配。绝对即是理想；**自我**即是**动者**：“自由地存在（être libre）无足轻重，变得自由（devenir libre）才是至高无上的。”②

这样一来，两个系列在对象上的差异就得到了确定。衍生的哲学反思无疑考察着实在的事实（否则它还能有什么意义?），但它是在另一个**自我**中设定了这些事实。对它来说，后者并不是它自身的事实，而且它没有在实存的层面上经历这些事实，它们只是“我们的反思能力的自发性按照反思的规则人为地制造出来的事实”③。因此，它们不是能思的思想（pensées pensantes），而是被思的思想（pensées-pensées）。哲学家在进行反思时无疑完成了一种源始反思，但他并没有将这种源始反思主题化，而且他的对象——恰恰由于它是一个对象——仍然不同于他的反思。因此，在衍生反思的系列中，对象所表象的不是具体的**我思**及其自为的活动，而仅仅是思维的可能性：“是人类心灵的自发性现制造出反思的对象——即那时的思维的可能性是按照一个详尽探讨过的综合体系的规则制造的——反思的形式和反思行动本身。”④ 这种心灵的自发性因而只是在一种对象性的、不完整的、衍生的异化形式下显现了出来。人们只能在它的产物中触及它，而不能在它的起源或能动性中触及它，因为只有它自己能够并且应当借助源始反思在它的起源中感知自身。**生产**的视角在此仍

---

① Fichte, Grundlage, *S. W.*, I, S. 221. ［中译本参见费希特：《全部知识学的基础》，140 页。——译者注］

② Cité par Guéroult, *op. cit.*, I, p. 269.

③ Fichte, Grundlage, *S. W.*, I, S. 219. ［中译本参见费希特：《全部知识学的基础》，138 页。——译者注］

④ Fichte, Grundlage der gesammten W. L., *S. W.*, I, S. 221. ［中译本参见费希特：《全部知识学的基础》，139 页。——译者注］

然不同于自我意识的视角。与迈蒙相比，进步无疑是有的：自我意识（约束）远没有被当作幻相遭到拒斥，并且没有强加给规定性意识它的综合活动，生产远没有被抛入无限理智当中，生产和理解、设定和自己设定自己全都属于**有限理性**的本质。但它们仍然是分离的、抽象的：单纯的思维可能性。它们属于**自为**但不是为了**自为**。

然而，如果我们停留在这样一个层面上，我们就不可避免地要回到迈蒙那里。事实上，它们之所以属于**自为**，完全是因为我们会看到它们为了**自为**出现①。生产并不属于独断论，因为它不是以可能性或抽象物的名 77
义，而是凭借自我意识以事实和具体之物的名义被重拾和验证。“在未来的（源始的）反思系列中，是对事实进行反思。这一反思的对象本身就是一种反思，亦即人类心灵对提供给它的材料（当然，材料只有作为心灵对之进行这种反思的对象，才可以称为材料，因为不这样的话，它就是事实）所进行的那种反思。因此，在未来的反思系列中，反思的对象不是由这同一个反思自己生产出来的，而仅仅是由它提升到意识里的。由此可见，我们从现在起不再同那些必须首先从其空洞的附加物中把少量真的内容挑选出来的单纯的假设打交道，而是说，凡是现在建立起来的，都有充分权利主张自己具有实在性。知识学应当是人类心灵的一部实用的历史（histoire pragmatique）。”② 所以，对于物自身的真正反驳乃是双重系列的

---

① “客体施加于主体之上的因果性应当作为存在于自我之中的东西被演绎，这个演绎对应于想象的演绎。之后，它应当作为被自我设定的东西被演绎：自我意识到了想象的事实并将其化为己有；这个演绎对应于表象的演绎和最早的特殊哲学科学：《略论知识学的特征》。主体施加于客体之上的因果性应当作为存在于自我之中的东西被演绎。《全部知识学的基础》的第 5 节对努力概念（le concept d’effort）做出了规定。费希特有意缩短了这个演绎（其可以成为导向想象的综合过程的对应物）。它应当作为被自我设定的东西被演绎：自我意识到了努力的事实并将其化为己有。《基础》的第 6 到 11 节探讨了这个演绎：它是表象的演绎和《略论知识学的特征》的对应物”（Guéroult，*op. cit.*，I，p. 218－219；亦参见 ID.，*ibid.*，I，p. 225）。

② Fichte，Grundlage der gesammten W. L.，*S. W.*，I，S. 222. ［中译本参见费希特：《全部知识学的基础》，141 页。——译者注］

动力所在：若以自在的方式加以考察，自为只是对象，它的本质因而就是为他存在，而且，如果没有这种唯一能够确立它的充分权利（plein droit）的关系，它就仍然只是材料，亦即假设与抽象。生命是哲学的真理，因为自为只有在源始反思中才会显露自身，也就是说，才会作为具体和整全的存在、作为真正的事实而非单纯的可能性显露自身。哲学并没有创造出自己的对象，它满足于对自己的对象拥有主题化的意识。但是，只要哲学的对象没有在源始反思中自己为自己设定自为的存在，哲学所拥有的这种意识就仍然和可能的游戏纠缠在一起。因此，先验哲学的两个系列是抽象和具体、假设和证实、**为他之自为**（思维可能性）和**为己之自为**（能思的思维）。从前者到后者的过渡即是将它生产出来的源始地回归自身。迈蒙式的承诺由现象学兑现。我们从假设（可能性判断：如果……那么……）
78 过渡到了正题（因为），从抽象反思的偶然性和任意性过渡到了规定性反思的必然性和充实性。

两个系列在对象上的差异决定了它们在方向上的立场。思维可能性的哲学分析在次级反思中回答了“自我意识是如何可能的?”这个问题。因此，一旦理智直观中的至上原则的本质得到了理解，它必然要从**我思**在实在的自我意识中的自规定出发：正是**我**自己把自己设定为由**非我**规定的东西。从可能性名义下的自我意识之可能性开始，它逐渐朝向它的事实下降。与此相反，源始反思是从这个事实出发，亦即从材料事实上的源始地返回自身（retour effectif originaire sur lui-même）出发。而且，因为**我**出于自身本质应当自为地再现哲学反思自在地经过的路径，我们应当参与到这样一个过程当中：通过它，每一材料都转变为事实，每一为他的思维可能性都转变为自为的能思的思维。最终，通过我们称为本来的唯心论的活动，**自我**为了自己（而且不单单是为了哲学意识）而把自己设定为这样的东西：它自己把自己设定为由**非我**规定的东西①。结果，这种源始反思“所经历的整个路程正是前一种反思（衍生的反思）所走过的道路，只是方向相反。因此，哲学的反思既然只能跟随着后一种反思前进，而又不能给

---

① Fichte, Grundlage der gesammten W. L., *S. W.*, I, S. 222-223.［中译本参见费希特：《全部知识学的基础》，141 页。——译者注］

它提供法则，所以它就必然地采取与后一种反思相同的方向”①。尽管如此，这种方向上的对立不应当骗过我们。如果说我们在第一系列中从抽象走向了具体，那么我们在第二系列中却没有从具体回到抽象。当**自我**抵达其**奥德赛**的终点时，它自己把自己设定为由**非我**规定的东西，它通过其道德的肯定而将这一唯心主义命题吸收到它的具体存在当中。因此，方向上的对立同时也彰显了抽象出发点和具体出发点的根本差异。如果第一系列是从被思维的原则走向了被经验的结果，也就是从抽象走向了具体，那么第二系列则是从被经验的结果走向了一条在道德存在中被经验的原则，也就是从具体走向了更加具体。关于衍生的系列，我们同时察觉到源始系列是如何处在一种不仅是奠基而且是延续的关系中。第二系列接续的就是第一系列中的那些心灵的活动。“第二个反思系列就根本不是第二个”②；在第二系列中，具有关键作用的不是新的事实、新的综合，而是从可能综合到现实综合、从材料到事实的过渡。不过，回想起如下事实就足够了：费希特想要消除物自身的最后残余，目的是在有限的主观理性中、在自为中发现世界的哥白尼式中心，是明白从第一系列到第二系列的转变应当说明向客观性的哥白尼式过渡（*le passage copernicien à l'objectivité*）并且就像是要把这一过渡凝结为一个触点；是明白随着事实在第一系列的终点出现、在第二系列的原则处出现，真正应当得到解决的是先验问题本身。**自我**和 79

① Fichte, *ibid.*, S. 223.［中译本参见费希特：《全部知识学的基础》，142页。——译者注］这段话涉及了一种新的哲学反思的介入，它的意义很清楚，并且与同一段落中的如下命题的意义相一致：“大家暂时可以把人为的哲学的反思完全撇开，停下来看看人的精神对上述事实所进行的那种源始的、必需的反思（这种反思从现在起将成为更高的哲学反思的对象）”（Fichte, I, 222［中译本参见费希特：《全部知识学的基础》，141 页。——译者注］）。如下情况是不言自明的：源始的自我回归是一种自我设定，其中主体和客体——至少暂时在行动的内在性中——重合在了一起。客观化的距离最初并未被实现。进行知觉活动的自我知道：它在进行知觉活动时并不知道它知道自己在进行知觉活动（sans savoir qu'il sait qu'il perçoit）；第一种知识是本源知识，第二种知识是哲学知识。至于更高的哲学反思，它之所以不再是人为的哲学反思，是因为现象的内在发展、现象学的反思使它得以与源始反思发生重合（参见后文 § 8：从知性到判断的过渡，87－88 页）。

② Fichte, Grundlage der gesammten W. L., *S. W.*, I, S. 223.［中译本参见费希特：《全部知识学的基础》，142 页。——译者注］

非我间的综合应当从可能世界过渡到现实世界；这种综合应当在我们眼前进行，也就是说，第一系列催生的主体与客体、**自我**与**非我**间的这一系列对立应当在第二系列中找到现实的接合点。因此，“先天综合判断是如何可能的?”这个著名的批判哲学问题在两个系列的相遇处得到了解决。

这又是如何做到的？“在综合之前，**自我**和**非我**仅仅是对立的双方，不是别的什么。这一方是另一方所不是的那种东西，另一方是这一方所不是的那种东西。它们表示一种单纯的关系，此外什么也不表示。它们是否定性的东西，绝对不是什么肯定性的东西（正如在前面的例子中① Z 上面
80 的光明与黑暗那样，如果 Z 被认为是单纯被思维的界限的话）。它们只是一种没有实在性的单纯思维，而且只是关于一种单纯关系的思维。——当一方出现时，另一方就消失了。但是，由于这一方只能在另一方的对立谓词（prédicat de l’opposition）之下出现，因此另一方的概念也随同这一方的概念同时出现并把这一方取消，所以这一方甚至根本不能出现。因此，根本没有什么东西存在，也不可能有什么东西存在。我们的意识是不能被充实起来的，在它那里绝对没有任何东西存在着。”② 对第一系列的描述以内在的方式向我们揭示了它自身的不足：它自己无法上升到先验的层次。它的纯粹综合方案是先于综合的。正是这一方案承认了怀疑论者所要求的一切，但却是要在他对之做出要求的领域当中。只要**自我**是在自在的视角下被展开的——即便是通过迈蒙所主张的那种真正的发生式阐述（德：Darstellung)，怀疑论就拥有一切权利。休谟和埃奈西德穆有理由禁止任何从主观综合到客观综合、从前后相继到因果性的先验过渡。在结果 B 和原因 A 之间根本不存在内在的综合或客观的展开，亦即现象学的展开：过渡仅仅是一个界限（德：Grenze)，这个界限在抽象的反思概

① 想象力对主体和客体进行了综合。这一点可以通过作为“首先是光明，然后是黑暗”这种连续性的知觉得到例证：只要想象力的综合活动没有以连续的方式将光明和黑暗重新统一在一个瞬间当中，光明和黑暗就只能在一个无内容的点 Z 中抽象地相互限制（Fichte，Grundlage der gesammten W. L.，*S. W.*，I，S. 207－208 [中译本参见费希特：《全部知识学的基础》，127 页。——译者注]）。

② Fichte，Grundlage der gesammten W. L.，*S. W.*，I，S. 224. [中译本参见费希特：《全部知识学的基础》，143 页。——译者注]

念——这里是因果性概念——中对经验杂多 A 和 B 予以并置，但它却无法使心灵在知觉中建立起来的主观联系深入到 A 和 B 的存在当中。同样，我先知觉到了光明，后知觉到了黑暗，但并没有什么连续的力量能够真正实现从瞬间 A 到瞬间 B 的综合性转变。我不但不能说 A 是 B 的原因，而且甚至不能断定 B 跟在 A 之后。**自我**被封闭在同一性当中。正如休谟所说的那样，它是没有客体的主体；或者就像埃奈西德穆所补充的那样，我由以从主体过渡到客体的想象力仍然外在于客体，它是单纯的意图、是没有存在论意义的思维。

同样，当迈蒙为了把握自为而从第一系列和自在的视角出发时，他有理由拒绝想象力的真理性并且只让它作为一种想象的能力发挥作用，而这不过是为了说明有限理智在它被他人把握时所看到的显象，亦即前后相继、杂多和差异的显象①。虚无和非存在、怀疑论的无客体的主体而非批 81
判哲学的客观化的主体：这便是第一系列的以太（éther）。我们身处综合之前，存在论问题并未被提出，关键在于莱布尼茨式可能之物的纯粹关系。即便是自为，只要它被视为自在而没有回到源始反思，它就仅仅是虚无。因此，根据**哥白尼式革命**，为了自己而自己设定自己的自为的任务就是把关系转变为对象、把虚无转变为存在，也就是说，提供给**我思**一种真正的、现实的规定——这一杂多、这一不再是可能的而是实在的基质即是对象的诞生场所。“在综合之后，相反者们是某种可以在意识中摸得着、抓得住的东西，并且仿佛在充实着意识。（它们现在恰恰就是它们本来也就是的那个东西，不过它们现在这样，是为了反思并在反思的怂恿和允许

---

① “确实，没有那种无意识地给这些空洞的对立物奠定基础的想象力的善意的欺骗（illusion bienfaisante de l’imagination），我们也就根本不可能进行过去那一切的探讨（第一系列）。我们不能对它们进行思维，因为它们是绝对的无，对于无人们不能进行反思”（Fichte，I，224－225［中译本参见费希特：《全部知识学的基础》，143 页。——译者注］）。康德在第一版《纯粹理性批判》中表明：对杂多的领会离不开再生与认知。费希特做出了不一样的论证：没有先验想象力（也就是说，不是康德所构想的再生，而是领会、再生与认知的统一）就没有杂多和概观。就其可能性原则而言，休谟的种种幻相隐含着对一个基质的设定。但这个基质可能是虚幻的。在休谟之后，人们还需要反驳埃奈西德穆……或者迈蒙。同时，人们还需要过渡到人类心灵的实用的历史。

之下，而以前则是不知不觉地并且经常受着反思的抵制。）正如前面所说的在被想象力扩展为一个时间段的那个界限 Z 上的光明与黑暗确实曾经是自己没有把自己绝对取消掉的某种东西。”① 对于衍生反思的存在论虚无（néant ontologique），源始反思使其成为存在，正如在可能之物的世界当中，想象力从可能性之虚无出发构成了基质中可能之物的存在。存在后于本质（Après l'essence, l'existence）！想象力在主观的主体的世界中所实现的东西（从休谟到迈蒙的过渡），源始反思会为了先验主体而完成它（从迈蒙到费希特的过渡）。

此外，如果我们遵循这一表述，我们就承认了怀疑论有其内在的逻辑。我们给予它的即便不是它对显象的展开，至少也是显象的存在。然而，休谟却没有将因果性成功还原为习惯中的前后相继，他甚至无法将前后相继构想为主观习惯。换言之，先验想象力将可能性的基质（缺乏实
82 在真理的衍生自为）生发出来的那个环节应当与源始反思生发出实在性的客观性（l'objectivité de la réalité）的那个环节合二为一。本质的环节应当与存在的环节重合，纯粹直观的发生应当就是经验直观的发生，数学对象应当与物理对象毫无区别，第一系列中的最后一个项不应当存在于第二系列的第一个项之外。如果想象力仍然只是一种单纯的可能性能力，那么它事实上就无法从单纯的关系过渡到现实的综合，它就无法真正将主体和客体统一在本质当中。因此，为了使想象力完成这些任务，它必须同时在存在当中将它们统一起来，也就是说，要为了反思并且在源始的回归当中将它们统一起来。作为多之统一的综合避开了“思维的可能性”。因此，这些可能性就发现自己面对着一种要求，这种要求与它们的无能为力相矛盾。“精神就栖身于这种矛盾之中，翱翔（德：schwebt）于矛盾双方之间，游移于要求和无能为力之间。并且在这种状态中，而且只有在这种状态中，精神同时抓住了矛盾双方，或者换个说法也一样，精神使双方同时成为能够可以捉摸的东西，这就是说，它由于接触它们双方又被它们逐回，然后再次接触它们，从而在它们与自己的关系中给它们以一定的内容

① Fichte, Grundlage der gesammten W. L., *S. W.*, I, S. 225. ［中译本参见费希特：《全部知识学的基础》，143－144 页。——译者注］

和一定的范围（这种内容到时就会表现为时间和空间中的诸物）。这种状态就叫作直观状态（état d'intuitionner）。在这种直观状态中的活动能力前面已经称之为生产性的想象力（imagination productive）。"① 只要想象力真正在进行综合，也就是说，只要它通过自己规定自己而给自己提供了杂多（从时空界限到时空环节的过渡），它就同时而且是不可分割地通过设定其对象的实在性而履行了它的先验职能（从理念到现实的过渡②）。因此，源始反思的活动就不可分割地同时是想象的和表象的。它自己给予自己杂多并且将其作为对象给予自己。

因此，对作为可能之物的基质（**空间**和**时间**的内容）的创造者的想象力进行考察，只要看到它同时被肯定为源始系列的开端并因此被肯定为一切真理的来源就足够了。正是在这个问题上，舒尔策和迈蒙的怀疑论与对其对象的真正描述（description authentique de son objet）是正相反对的，特别是当这两种哲学全都主张或隐或显地维持物自身的观念，并且断言想 83
象力虽然在连续中综合了**自我**和**非我**，但这种连续仍然只是虚幻的连续时。事实上，如何来界定从界限到环节的过渡呢？"由于**我**设定自己同时既是有限的又是无限的，因而**我**在自身中同自己本身进行这种交替。就是这种交替，它好像是正在自己同自己相争执，从而自己再度产生自己。因为**我**想把不可统一的东西统一起来，然后试图把无限吸收到有限的形式中，之后又把它退回去，重新设定到有限的形式之外，并且在同一个时刻再次试图把它吸收进有限的形式中。——**我**本身的这种交替，就是想象力的能力。"③ **我**和**非我**的冲突，只有当它已然在自为的内在性中作为存在着的东西被经验到时，才是一种冲突，也就是一种综合。因此，源始回归和源始再生先天地将想象力和内在反思等同起来。而且，这样一来，内在的反思在不牵扯任何其他过程的情况下将想象力从怀疑论的虚幻偏见那

① Fichte, *ibid.*, S. 225. ［中译本参见费希特：《全部知识学的基础》，144页。——译者注］

② ID, *ibid.*, S. 226-227. ［中译本参见费希特：《全部知识学的基础》，145页。——译者注］

③ ID., *ibid.*, S. 215. ［中译本参见费希特：《全部知识学的基础》，134页。——译者注］

里解放了出来。这样就既没有脱离迈蒙而又反驳了迈蒙。有限的想象力并不诉诸神，但真理带着其谦逊的骄傲（dans l'orgueil de son humilité）直接栖息在想象力当中。现象的前后相继只有通过同时证明其不容置疑的客观性才可以使自我意识成为可能。作为被**非我**规定的东西，**自我**为了自己而自己设定自己。“因此，在这里我们得到了这样的教导：一切实在——就它为我们的那样而言，而且在一个先验哲学体系里，它不能不被这样理解——都仅仅是由想象力生产出来的。我们当代最伟大的思想家之一①，据我所知，曾做过同样的教导，他把这种东西叫作想象力的一种狡计。但是，每个狡计都必定设定自身与真理相对立，每个狡计都必定使自己被回避开来。但是，现在既然像在目前这个体系里得到了证明的那样，证明我们的意识、我们的生命、我们的为我们的存在，即我们的作为**我**的存在之所以可能，是以想象力的这种活动为根据的，那么，我们如果不想抽掉**我**，也就不能丢掉这种想象力的行动。抽掉**我**是一件自相矛盾的事情，因为抽掉者不可能抽掉自己本身。因此，想象力并不骗人，它提供真理，提供唯一可能的真理。承认想象力在骗人，就意味着替一种怀疑论做论证，而这种怀疑论教人怀疑自己的存在。”② 我思故我在［拉：
84 Cogito ergo sum］的不可置疑性最终表明了它的真正形态：创造自我即是创造对象。想象就是表象。两个系列在自为的哥白尼式中心重合在了一起。想象力的演绎只有在表象的演绎中才会发现自身的意义和真理，因为内在反思、主体性、有限理性都是一回事。理智直观洞悉了一切存在。

§8. 分析与综合（自为的辩证法）

如果源始反思支撑着意识的所有活动，如果主体和客体的同一性因此要被重演（这是为了现实自我意识［主体和客体在其中相互分离］的每一个活动），**源始自我**必然应当在第二系列的每一个不同“环节”（它们

---

① 这里说的是迈蒙。

② Fichte, *ibid.*, S. 227.［中译本参见费希特：《全部知识学的基础》，145－146 页。——译者注］

对应于哲学反思中的第一系列中的不同抽象“界限”）中为了自己而自己设定自己。所以，在哲学家的**自在自我**看来是一个界限的东西，对于**自为自我**来说就转变成了一个环节。而且，那些为人类心灵的实用历史指明了方向的新的意识事实开始追寻**我**与自身的绝对等同性。源始反思无疑不会出现在这些活动的任何一个当中，因为现实的自我意识隐含着一种分离，而源始反思不会服从于这种分离。但即便是这样，将这些不同的事实从它们那种偶然的事实性，以及，譬如说，莱茵霍尔德的意识命题的典型的非本质性那里解放出来的正是它的内在的在场（présence immanente）。这么做是为了将这些事实奠基于必然性之上，并且将材料转化为真正的事实。不仅如此，对于意识而言，必然性的特征就是现实性。存在和奠基在现实性当中重合在了一起，而这正是康德式批判想要揭示的同一性。当根据缺席，亦即人们诉诸独断的物的时候，偶然之物就会出现：宿命论和怀疑论完全是一回事。如果“存在”被理解成**自为**的显现，那么只有存在才拥有必然性这一品格。可能之物通过它变成了存在。所以，“思维可能性”的先验确证是在对不同环节的经验意识中发生的，而这种意识本身是由源始反思的超意识灵活性（agilité supra-consciente）所规定的。因此，主体和自为客体的综合是为了这样一种反思产生的：它从理智的源始反思那里保留了这种不使自身客体化的能力，因而也就保留了这种仍然在主体和客体的分离中实现它们的同一（而这种同一在作为自我设定的对象设定中 85
是缺失的）的能力。但是，与至上直观相反，它表现了现实自我意识的那些具体的、现实的活动。

如前所见，这些活动的系统诞生于直观之中。而且，它是在这样一种运动中被构建起来的：经由这种运动，**我**先是自为地在直观中设定了绝对和有限、**自我**和**非我**的二元性，之后，它最终将这种二元性设定为一种专属于**我**的活动，而这要先于在实践的综合中认定它对于**我**是必然的。源始反思出现在了这一上升过程的全部环节当中，综合因而是现实的综合。而且，它不是催生出一种关系，而是催生出一个新的意识事实。或者，如果人们愿意的话，每一个新的意识事实——就像是以经验的方式在高级哲学反思面前——都表现和实现了从衍生反思到源始反思的过渡，表象之演绎的进步对于**自我**而言就在于使自身同化于衍生反思，目的是在主客对立的条件下使衍生反思趋向于源始反思（虽然它永远无法达到源始反思）。所以，直观被界定为对感觉的反思，知性被界定为对直观的反思，判断被界定为对知性的反思，理性被界定为对判断的反思。与此同时，通过意识活动的层层累积，最初只具有衍生地位的东西越来越接近它的内在性。这造成的结果就是，伴随着这种渐进变化，客体的客观本性在这种哥白尼式内在性产物的名义下变得越来越明确。对于**自我**来说，感觉就是在自身中发现一种外来元素，但这个呈现在感觉者当中的被感觉者的本性不会得到追问，从衍生反思视角下的先验想象力出发的哲学观察者为了综合源始的离心活动和现实自我意识之分离（la disjunction de la conscience de soi réelle）中的向心运动而趋向的东西也不会被转化为源始反思。对于**自我**来说，直观就是将这种感觉化为己有，也就是说，要通过在直观中确立对物的静观来说明感觉者和被感觉者的关系。说“**自我**直观”和说“**自我**对感觉进行反思”完全是一回事：**自我**在直观中不再设定被感觉者，而是设定感觉本身；或者说，**自我**在感觉中为衍生反思设定的东西正是它为源始反思设定的东西。知性本身复又对直观进行反思；直观只为衍生反思设定的东
86 西，亦即空间连续性和时间系列的外在性，正是知性为源始反思设定的东西。

也就是说，到此为止，表象的演绎回应了我们已经指出的那种双重特征：源始反思（其通过自身隐含的在场而使我们所考察的那些不同的意识环节成为可能）将自身呈现为两种衍生反思间的中介。一方面，它是先于普通哲学反思或第一系列的，因为它从根本上说是通过哥白尼式革命的倒退运动（le mouvement rétrograde de la révolution copernicienne），也就是通过把界限转化为环节来使后者成为可能。此外，它绝对地颠倒了第一系列的顺序，因为第一系列是朝向事实，而它是从事实出发。所以，第一环节 A2（感觉）① 对应于界限 E1（可规定性—想象力），环节 B2（直观）对应于界限 D1（实体性），环节 C2（知性）对应于界限 C1（因果性）。另一方面，每一个环节都是高级哲学反思的对象。“**自我**应当将感

---

① 数字 1、2 指示属于两个系列中的哪一个，字母 A、B……指示综合的顺序；参见 89 页的表。

觉化为己有，也就是说，应当把自己摆在观察者的位置上。与此同时，观察者上升到了一个更高的程度，并且要追问感觉是如何可能的。他发现感觉是通过直观成为可能的：当**自我**自己设定了感觉时，观察者在**自我**中设定了直观。”① 同样，当**自我**自己设定了直观时，观察者就在**自我**中设定了知性。所以，为我（*pour-moi*）就此而言要比在我中（*dans-moi*）落后一个程度。但这种落后至少不能无限地存在下去以至于毁掉了哥白尼主义的精神。如果全部的心灵实用史表现了本来的唯心论对普通意识的建构，那么这种意识就应当等同于高级哲学意识，知识学本身也应当作为普通意识的一个环节被推演出来。这正是伴随着环节 D2 和 E2 产生出来的东西：判断和**理性**。如果说源始反思在最初几个环节中使自我失落于对象之中，那么它本身复又应当将自己源始地当作对象并变成自我意识。这样一来，自发性意识就把**自我**当成了一个**非我**：它以不同于自身所是的样子向自己显现出来，而且，正是它对实在论做出了说明。因此，自发性意识是一种 87
隐藏在被动性后面的自发性。但是，如果只有衍生的哲学意识才能知道它，那么系列二的真理就应当是系列一。那么如何才能避开迈蒙的怀疑论呢？保证了先验哲学反思的高级特征的东西因而是且只能是它在自发性意识的自主觉醒（désillement autonome）中通过被反思的意识（但这种被反思的意识本身是被源始地经验到的）实现的与凡常意识的重合。

“**我**在它的活动对象里忘记了自己，而我们就有一种看来仅仅是被动（passion）的活动……这种行动就叫作直观。这是一种沉默的、无意识的、迷失于对象中的静观（contemplation）。就**我**能感觉而言，被直观者（intuitionné）是**我**。直观者（intuitionnant）也是**我**，但**我**既不能反思被它直观的东西，也不能思考被它直观的东西，因为**我**本身就是被直观的东西。”② 所以，现实自我意识的任何环节无疑都是一种异化：由于直观者由以进行直观的那种机制，直观者并没有在被直观者那里认识到自己。但

---

① Guéroult, *op. cit.*, I, p. 228.

② Fichte, Grundriss der Eigenthümlichen der W. L., *S. W.*, I, S. 349［中译本参见费希特：《略论知识学的特征》，135 页。——译者注］; Guéroult, *op. cit.*, I, p. 226–227.

源始反思已经以双重方式停留于这种异化之上。一方面，这种被动性机制是与如下情况联系在一起的：主体没有离开客体，而且它也无法离开客体。如果在全部实用史中根本没有理智直观被给定，这就隐含着矛盾。尽管理智直观必须自己限制自己并且使自身失落于**自我**和**非我**的分离之中（为的是获得对自身的意识、为的是使自己对象化），但它却从自己的无限本质那里保留了重新在异化当中发现反思者和被反思者的同一性的能力。另一方面，根据这一原则，衍生的反思只是自为的一种稍纵即逝的不完整样式。客体和主体的分离只有从这样一个环节那里才能获得自身的意义：其为了源始反思的一种更高表现而实现了主体、客体的暂时同一。而且，对于实用史的每一个进步，人们可以说："通过这些行动，我本身这时已经到达观察者在开始时所处的那个点。"① 因此，理智直观是真正的推动力。就**自为**的本质是通过主体和客体的同一（即便是在主体对立于
88 客体的分离当中）得到界定而言，**哥白尼式革命**仍然是对世界的最终说明。表象演绎中的最后两个环节也实现了为着凡常意识的源始反思和为着哲学意识的衍生反思的同一。在判断和理性那里，衍生之物变成了源始之物：前者发现了自身的真理。判断乃是关系的环节，它实现了知性的反思："判断力至今还是自由的能力，它是对已经在知性中设定的客体进行反思式抽象，并且按照这种反思或抽象使这些客体带着进一步的规定在知性中设定下来的那种能力。"② 因此，判断就是使被规定的对象和设定该对象的自由行动的综合过渡到源始反思当中（知性仍然是为了自己设定这一综合，但这仅仅是对于衍生反思而言）。这便是能够抽除这个被规定了的对象，并因而自己将自己设定为规定该对象的东西（C'est pouvoir abstraire *cet* objet déterminé et se poser donc comme ce qui le détermine）。对象从这一行动那里获得了新的规定：它成了人们对其进行抽象的东西。但与此同时，这一现象的存在与它那作为能动性的自为存在重合在了一起。能

① Fichte, Grundriss der Eigenthümlichen der W. L., *S. W.*, I, S. 366.［中译本参见费希特：《略论知识学的特征》，152 页。——译者注］

② Fichte, Grundlage der gesammten W. L., *S. W.*, I, S. 242.［中译本参见费希特：《全部知识学的基础》，161 页。——译者注］

够抽除这样的对象就是自己在这样的规定的起源处设定自己。源始反思趋向一种哲学反思，哲学反思又趋向一种源始反思。最终，运动随理性得以完成。理性是规定的环节和对判断的反思，**自我**通过它在自身当中为自己源始地设定了特殊与普遍的关系、设定了这个对象与对象一般的关系。我可以抽除任何对象，而这恰恰是对自为的肯定。“任何东西，凡是我能抽去的，我能思维掉的（即使不是一次完成，至少也是这样：我随后抽除我现在所遗留下的东西，然后遗留下我现在所抽除的东西），就不是我的**我**。而且我之所以把它同我的**我**对立起来，只是由于我把它视为一种我能思维掉的东西。任何一个特定的个人，从第一次离开自己的摇篮学会把摇篮与自己区别开来的儿童起，直到还承认物质性的观念印象并探求灵魂的基础的普通哲学家，再到至少在思维并证明那**我思**的思维规则的先验哲学家，他能思维掉的东西越多，他的经验的自我意识向纯粹的自我意识就越靠拢。”①

因此，整个源始系列的存在理由就是通过**我**意识到了自身。所以，只 89
要这种“意识到”仍然像在前三个环节中那样停留在两种反思之间，那么它无非就是表现了经验自我意识和纯粹意识间的距离。而且，它应当为了脱离儿童时期的实在论幻影而将源始层面和哲学层面结合起来。因此，人类心灵实用史的诸环节就代表了纯粹意识为了使经验性自我意识趋近自己而必须设定的那些标杆。所以，我们可以通过下面这个表来展现知识学的路径②。

非我被纳入**自我**之中就构成了**精神现象学**的全部内容。所以，知识学为了确立起一种诸环节的先验的和辩证的心理学而真正超越了诸能力的经验心理学。作为相互分离的存在物，诸能力单纯是物自身的结果：能力就此而言即是自在视角下被把握的**我思**。与此相反，一旦理智直观渗透到了意识当中，实体就变成了主体，源始反思的灵动性就把独断论在质（qualités）和分离的意识事实那里物化了的东西联结成了一个诸环节的系统。

---

① Fichte，*ibid.*，*S. W.*，I，S. 244—245［中译本参见费希特：《全部知识学的基础》，164 页。——译者注］；Guéroult，*op. cit.*，I，p. 237.

② 需要注意的是，表中的“源始反思”并不是自身无法被对象化的理智直观，而是作为经验性自我意识的推动力的理智直观的替代物。

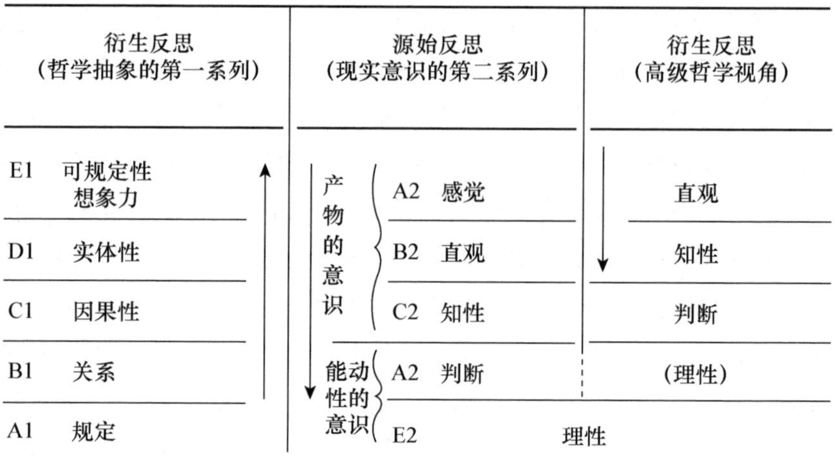

90 但是，这种根本转变之所以可能完全是因为综合那种表面上的优先性在**哥白尼式革命**中让位给了分析的真正的优先性。而这最终表现了康德哲学本身的要求：纯粹的直观和纯粹的概念都是不存在的，只有它们之间的动态关系——通过要求它们的同一性在源始反思中的内在的在场——说明了它们的发生以及它们那种朝向纯粹意识的经验性自我意识的运动。存在于第二系列终结处的同一性同样也存在于第一系列的原则处。“按照康德、舒尔策和我的意见，完善的表象需要有三种东西：首先，表象由以涉及客体和成为对某物的表象的东西，我们把这种东西一致称为感性直观（即使我自己是表象的客体，情况也是如此；我自己对自己成为时间中的恒定东西）；其次，表象由以涉及主体和成为我的表象的东西，这种东西在康德和舒尔策那里不应被称为直观，而我称之为直观，因为这种东西和感性直观对完善的表象都有同样的关系；最后，上述两者由以统一和只有在这种统一中才得以成为表象的东西，我们把这种东西又一致称为概念。”① 因此，概念充当了对象意识和自我意识的中介。这并不是说对象意识和自我意识先于概念存在，而是说它们产生自概念的同一性。正因为存在着一种主体和客体在其中实现了重合的源始反思，意识才同时是先验的和哥白尼式的、客观的和自为的。例如，对于直观这个环节来说，被直观

① Fichte, Zweite Einleitung in die W. L., *S. W.*, I, S. 474. [中译本参见费希特：《知识学新说》，705–706 页。——译者注]

者和直观者唯有在理想的界限（une limite idéale）中才能重新被统一起来。被直观者和直观者在一个现实环节（un moment réel）中真正得到了综合完全是因为：作为行动的直观设定了两者的同一性与衍生反思的关系（而衍生反思则需要被知性转变为源始反思）。当康德认为“先天综合判断是如何可能的?”这个问题概括了批判哲学的所有疑难时，他实际上并没有意识到，如果我们按其最终结果接受了**哥白尼式革命**，接受了一切主体和客体的综合的必然关系，接受了表象者和被表象者与表象活动之统一性、与概念的主体—客体的综合的必然关系，完全是**自为**的分析使**自在**的综合成为可能；先天知识之所以可能，这完全是因为主体和客体的各种不同的相互限定事实上是通过源始的、分析的反思在诸“环节”中的内在的在场才得 91
以被综合。诸环节（经由这些环节，经验性自我意识倾向于通过反思与纯粹意识重新结合在一起）的实用史也只是在表现通过分析实现的综合的自渗透，以及分析注入到综合之中的内在的不安（l'inquiétude immanente）。

因此，综合的真正问题就是分析异化于综合之中（第一系列）和综合重回到分析之中（第二系列）的问题。意识在此已经完成了**伊利亚特**和**奥德赛**。刺激给出了综合的杂多（主体和客体），因为它不能通过客体这种打破了批判哲学内在性的东西来获得先天的说明①。因此，刺激是如何设定出了一种自我的自刺激（auto-affection de soi）？在我们看来，这样的问题无疑使我们重新回到了迈蒙哲学中的从同一性向差异的过渡，甚至让我们重新回到了莱布尼茨哲学中的从理性真理向事实真理的过渡。但是，费希特通过将过渡内化于自为之中而避免了独断论的错位。事实上，正因为反思在主体和客体之同一的形式下使那首先如此这般地向衍生反思显现出来的东西被吸收进了源始之物（l'originaire）当中，实在论事实上才遭到了意识之历史的反驳②。经验性自我意识朝向纯粹意识的运动同时就是实在性原则（le principe de réalité；德：Real-Grund）朝向观念性原

① Fichte, Zweite Einleitung in die Wissenschaftslehre, *S. W.*, I, S. 488.［中译本参见费希特：《知识学新说》，719　720 页。——译者注］

② 例如，关于空间，参见 Guéroult, *op. cit.*, I, p. 233：“空间是自我的产物。首先失落于自身产物当中的自我直观着它并使其成为物的性质。但是，自我也是对直观的反思：A 和 B 应当被 A 规定。”

则（le principe d'idéalité；德：Ideal-Grund）的运动。综合正是通过将自身内化于源始反思之中才在分析中发现了自己的根据。

《知识学》相对于《纯粹理性批判》而言的这种新颖之处所带来的结果不仅是消除了直观和概念的实在论对立，而且还颠倒了与先验观念性有关的证明："康德用预先设定的时间和空间的观念性来证明客体的客观
92 性，我们反过来用经过证明的客体的客观性来证明时间和空间的观念性。他需要观念的客体来充实时空，我们需要时空以便能建立起观念的客体。因此，我们的唯心主义——但是它决不是独断的，而是一种批判的唯心主义——就比康德的唯心主义更加进步。"① 康德对于先验观念性的证明给出了经验性杂多和观念性杂多。《纯粹理性批判》证明了：第一，观念性杂多作为条件约束着经验性杂多②；第二，观念性杂多"无非是外感官的一切现象的形式，也就是说，是感性的主观条件，唯有在这一条件下外部直观对我们来说才是可能的"③。第一个环节使得后康德主义者们能够对那个著名的历史问题进行讨论："康德真的从经验内容方面，通过某种与自我相区别的东西论证了经验吗?"④ 当人们要从数学判断过渡到力学判断时，如下做法会有重新激活对象中的一部分独断的和超验的实在性的危险：为了奠定对象之观念性的基础而从**空间**和**时间**的观念性出发。而第二个环节，由于它无法让人们看清纯粹杂多的发生，所以会有将**我思**［拉：

---

① Fichte，Grundlage…，*S. W.*，I，S. 186［中译本参见费希特：《全部知识学的基础》，106 页脚注 1。——译者注］，cité par Guéroult，*op. cit.*：p. 253；voir aussi p. 235 et 251－252.《略论知识学的特征》的结束语宣称："康德在《纯粹理性批判》中是从这样一个反思点出发的，在这个反思点上，时间、空间和直观杂多是已经给定的，是已经在我中，为了我存在的。我们现在把它们先天地推演出来了，它们也是在我中存在的。因此，知识学在理论方面的特点已经确定下来，而我们现在恰好把我们的读者向下送到了康德迎接他们的地方"（*S. W.*，I，S. 411［中译本参见费希特：《略论知识学的特征》，200 页。——译者注］）。

② Kant，*Critique de la Raison pure*，p. 56（divison 2 du §2）.［中译本参见康德：《纯粹理性批判》（第 2 版），48 页。——译者注］

③ ID.，*ibid.*，p. 58，division b du §3（对时间来说自然也是如此）。［中译本参见康德：《纯粹理性批判》（第 2 版），50 页。——译者注］

④ Fichte，Zweite Einleitung in die W. L.，*S. W.*，I，S. 480.［中译本参见费希特：《知识学新说》，712 页。——译者注］

Cogito］还原为约束者但却不赋予它规定性的能力，并由此背叛了它的真正本质的危险。与此相反，如果为了抵达**空间**和**时间**的观念性而从对象的观念性出发，一方面，经验的独断论从根本上就是不可能的，而批判的唯心论则一下子成为绝对；另一方面，通过**自我**，**空间**和**时间**的杂多在观念性对象的现象学中，沿着一条将它从经验性自我意识引向理智直观的纯粹意识的道路被产生出来。

那么，知识学对分析提出的这种质疑意味着什么呢？莱茵霍尔德以源
始反思的首要性为由谴责费希特背叛了康德主义并混淆了纯粹意识和经 93
验意识，从而取消了经验本身的偶然性且退回到了独断论①。针对这种批评，费希特通过表明“经验之物中的偶然性绝不意味着物自身在刺激中的先行存在，而是意味着它内在于自刺激的结构”对其做出了回应：“我的这个限定是源始的限定，因为它约束着我自己对我自己的设定……任何限定，按照它的直观和它的概念，都是**完全被规定了的**（entièrement déterminée）限定，而不是什么一般的限定。正如我们所看到的，从**我**的可能性中推演出了一般限定的必然性。然而限定的规定却不能由此推演出来，因为正如我们所看到的，它本身就是约束一切**自我性**（Moiïté）的东西。因此，这里是 切演绎的终结。这种规定显现为一种绝对偶然的东西，并且在我们的认识中提供单纯经验的东西。例如，正是这种规定，使我从可能的理性存在中成为人，又从各种各样的人中成为这个特定的人，如此等等。”② 不可归约的经验之物不是物自身的刺激，而是可理解的偶然（hasard），亦即这样一种特定的方式（façon déterminée）：通过它，**绝对自我**自己刺激自己（目的是出现在**有限自我**之中）；通过它，分析为了

---

① Fichte, Zweite Einleitung.

② Fichte, Zweite Einleitung..., *S. W.*, I, S. 489［中译本参见费希特：《知识学新说》，721 页。——译者注］；et Guéroult, *op. cit.*, I, p. 255, note：“作为自我的限制和自我的自由的共同根据，非我之偶然设定也许是知识学当中最具批判主义和反独断论色彩的东西。这并不是说：非我本身应当是实在的，但为了以抽象的方式［拉：in abstracto］离开对象化了的纯粹知性（在这种知性看来，否定无非是肯定的限制），应当诉诸某种费希特在非我的绝对活动中发现，而康德是在感性直观的纯粹形式中发现的非理性的东西。”

作为综合出现而自我分解。这种偶然性（contingence）是内在于**自我**的。它恰恰出现在如下事实当中：从理论的层面上说，**心灵**的实用史没能将经验性自我意识和纯粹意识同一起来；主体和客体的冲突并没有被吸收到它们的同一性当中；**自我**并没有通过认识将自身源始地把握为这样一种存在：它自己完全将自己设定为被**非我**规定的东西，因为如果它成功地把握了刺激一般的**自为**，那么它反而不能支配被规定的刺激的**自为**。所以，经验直观的偶然性特征绝不意味着要诉诸物自身。它只是指出表象既无法给出其自身的根据，也无法给出专属于它的演绎的最终理由。如果不考虑现
94 实的综合（源始反思在现实自我意识的不同环节中的内在的在场［la présence immanente］带来了这种综合），综合并未明确地进行。也就是说，如果某种在它当中的东西（整体规定）没有消散在分析的明见性中，唯有**实践理性的优先地位**才对它做出了说明。根据**哥白尼式革命**的方案，**自我**和**非我**的对立应当在**自我 = 自我**的同一性中向**自我**，并且为了**自我**展现出来。不是要打破这一方案，而是这一方案的真正意义只有在认识之外、在实践之中才能得到说明。认识的逻辑的未完成没有证明任何反对这一逻辑的东西：它并没有将认识的逻辑消解在存在的逻辑当中，而是将其奠基于意识的逻辑、应然存在的逻辑当中。

因此，我们有能力确定实用史的这些活动（actions）的意义。其中，分析（其乃是综合的不安与推动力）的优越性所指的就是**自为**在一种尚不完满的形式下为了自己的设定。经验性自我意识的每一个环节都是一种努力——一种没有达到所追求的目标（亦即在认识的综合中发现**自我**的同一性）的努力。在某种意义上，也就是通过把它们和现代现象学的意向性系统加以比较，人们获得了关于它们的足够精确的理解。一方面，胡塞尔哲学中的“加括号”是为了获得现象之自明晰的明见性（l’évidence de l’auto-clarté du phénomène），获得其自身被给予性（德：Selbst-gegebenheit）的明见性。与此对应的是：费希特哲学中的先验抽除是为了获得意识诸环节之自发生的明见性。在这两种情况下，我们都是以理智直观中的无条件者为出发点。另一方面，费希特拒绝把作为表象的现象的单纯存在视为这一无条件者的标准。而且，与莱茵霍尔德的意识命题相反，他拒绝赋予内感官以相对于外感官而言的优先性，因为无论是在内

感官中还是在外感官中，主体全都不同于客体，**我＝我**的分析的确定性不是经验意识的现实对象，而只是经验意识之运动的推动力。因此，他在理智直观的明见性中超越了一切材料，目的是最终达到主体和客体的同一性。与此相同，胡塞尔拒不接受布伦塔诺（Brentano）的假设以及一般而言的“心理主义”。这种假设不但将法权问题［拉：quaestio juris］还原为事实问题［拉：quaestio facti］，而且，由于将明见性的来源封闭在了尚未被“还原”的经验意识的单纯在场中，它就混淆了作为绝对充分的知觉的唯一可能对象的体验（德：Erlebnis）和这一体验的对象（德：Gegenstand）。体验的对象产生于意向性综合，就此而言，它可以胜任任何 95
程度的描摹和逼近。因此，他将“内知觉”（perception interne）遗弃在了被还原的世界之中，为的只是让明见性存在于“内在性知觉”（perception immanente）之中。而且，只有在后者那里，他才发现了主体和客体的绝对同一，发现了作为一切确定性基础的**我＝我**的相等性①。正如费希特从材料过渡到了事实，胡塞尔同样从意指（德：Meinung）过渡到了思义（德：Besinnung）②。在这两种情况下，分析的优先地位无非就是**自为**之本质的发现，亦即作为对象意识之根据的自我意识的发现；无非就是从假言判断到正题判断的过渡③，就是从有条件者向绝对者的过渡，就是从意见（opinion）向源始反思的过渡。

如果把**哥白尼式革命**的精神一推到底，那么在费希特那里，相对于分析的直观明见性和正题意识的问题而言，综合知识的判断问题只具有派生地位。同样，在胡塞尔那里，谓述的真理呼唤着一种**自为**之事实中的根据，呼唤着现象学经验之“非谓述明见性”中的根据④。唯有纯粹

① Jules Vuillemin, *L'être et le travail*, p. 4-12.

② Husserl, *Formale und transzendentale Logik*, Einleitung.

③ ID., *ibid.*, §103（先验主体性是一切无前提性［德：Voraussetzungslosigkeit］和一切无成见性［德：Vorurteillosigkeit］的说明）；*Ideen*..., Ire Partie, chap. III。

④ Husserl, *Formale und transzendentale Logik*, §86.［中译本参见胡塞尔：《形式逻辑和先验逻辑》，李幼蒸译，北京：中国人民大学出版社，2012，179页。——译者注］

理智直观才能防止哲学因为使**自为**异化于客观的、实体化了的自身思维（une pensée de soi）中而错失**自为**的意义。就此而言，费希特对莱茵霍尔德提出的批评和胡塞尔对笛卡儿提出的批评是一样的①。当行动（德：Tathandlung）朴素地退回到事实（德：Tatsache）、源始朴素地退回到衍生时，人们就错失了先验。正因为如此，意向性不会向现象学意识显现出来，源始反思也不会向作为单纯所与的理智直观显现出来。与此相反，先验根基向批判哲学研究显现了出来，但不是作为存在，而是作为活
96 动、作为质疑（mise en question）②。那些涉及了几何对象的法则，它们的必然性的根据不是这些对象向意识的呈现，而是在奠基性行动的无限反复中、在这种经验性建构行动的无穷重复的可能性中对它们提出质疑。此外，当费希特谴责康德由于忙于对休谟做出回应而没有在先验想象力中意识到从主体过渡到客体的中介时，他仅仅是要表明经验主体性和先验主体性的差异（休谟对这种差异一无所知）——正是出于这一理由，康德同样没有在分析中意识到综合的必然性——，他所做的无非是超前做出了《形式逻辑和先验逻辑》中的如下评论："人们如何能够理解，康德从未提出过有关形式逻辑范围的先验问题呢？这是由于他对于休谟的反向依赖。正如休谟将其批评只朝向于经验和经验世界并认为观念间的关系（康德的分析的先天性）是无懈可击的一样，康德由于反对休谟而没有把这一分析的先天转变为一个问题。"③ 这难道不是和费希特针对莱茵霍尔德的意识命题和康德的经验可能性提出的批评一般无二吗？而且，在费希

① 在思维实体［拉：substantia cogitans］中，"笛卡儿失去了他发现的自我之真正先验性意义，此自我在认知上前于世界的存在"（Husserl，*ibid.*，§93［中译本参见胡塞尔：《形式逻辑和先验逻辑》，194 页。——译者注］）。

② "一切被经验者：自然物、我自己、他人等等——应加以经验的更多之物，历经多种经验而保持不变的同一性——所有这一切都在意向性的层面上包含在了意识自身当中。这种意向性是我能够质疑其结构的现实的和潜在的意向性"（ID.，*ibid.*，§94［中译本参见胡塞尔：《形式逻辑和先验逻辑》，199 页。——译者注］）。人们从中可以读出费希特对后康德主义者们（他们将我思的行动替换为抽象的、单纯约束性的同一性）的批评（参见前文 66 页）。

③ ID.，*ibid.*，§100［中译本参见胡塞尔：《形式逻辑和先验逻辑》，221 页。——译者注］；et *Ideen*…，fin du chap. IV，IIIe Parties（"现象学还原"）。

特看来，这些原则只是表面上看来的原则，因为它们全都预设了逻辑同一性原则。

因此，费希特是胡塞尔之前第一个提出**判断逻辑**（Logique du jugement）根基处的**经验逻辑**（Logique de l'expérience）问题的哲学家。**知识学**就是这种**经验逻辑**。主体的本质得到了揭示。在胡塞尔之前，费希特已经通过理智直观实现了康德的真正具有先验性的逻辑学的计划。这之所以可能完全是因为费希特所依靠的是源始反思①。最后，借助双重系列的观念，费希特比胡塞尔更好地将**自为**的现象学展现为意向性和先验主体性的 97
“发生性构成”（constitution génétique），而非“静态构成”（constitution statique）②。胡塞尔的现象学并没有真正说明主体的有机建构，而且，虽然他原则上肯定了这种建构的必然性，但他事实上并没有实现这种必然性（至少在其最初的几个环节上是如此）③。知识学则清楚地将不同环节构想为意向性视域的各种构成（例如：感觉、直观、知性，等等），亦即构想为源始反思之中的各种不同的可能的客观化活动样式的组织。但是，它并不满足于以分析的方式对它们做出描述，而是要造成它们的发生。这一行动凭靠的是分析和综合的不充分性，凭靠的是经验性自我意识朝向纯粹意识的内在趋近运动，而现代现象学恰恰缺少对这种意向性构成的真正推动力的统觉（aperception）。当费希特使**哥白尼式革命**终结于**实践理性的优先地位**时，当这种**优先地位**使他能够意识到综合的分析性基础与**自为**之意向性组织的原则时，他正是将这种统觉当作其哲学的中心。

---

① “每一种反思都具有一种意识变状（modifications de la conscience）的特征，而且它从原则上说是任何意识都能加以经验的。对内在本质的把握和内在经验的一切样式都包含在反思概念之内。因此，例如，本身事实上是一种反思的内在性知觉也包括在内，只要它假定着目光从所意识到的某物向对该物的意识的转移”（Husserl, *Ideen*, IIIe Partie, chap. II [中译本参见胡塞尔：《纯粹现象学通论》，李幼蒸译，北京：中国人民大学出版社，2004，123 页。——译者注]）。这是《经验与判断》的基本主题。

② Husserl, *Formale und transzendentale Logik*, §98.

③ Vuillemin, *L'être et le travail*, chap. I.

第四章　根据费希特式阐释考察康德式原则（续）

第二节　实践理性之优先地位的意义

§9. 条件与实践规定（自然、法权、道德性）

98　从《纯粹理性批判》中对表象的演绎到《实践理性批判》中对道德律的演绎，康德采取了直接的进路。但是，就康德将绝对命令构想为"在丝毫不牵涉欲求能力的情况下对意志做出规定的东西"而言，还没有等到《判断力批判》，他在《实践理性批判》的开头就已经假定生命、欲求、愉快是给定的概念了①。这样一来，相对于法则来说，欲求的杂多就有表现为单纯的所与的危险。而且，就道德的**我应**完全不会像理论的**我思**那样对欲求的杂多进行综合而言，它会把这种杂多当作有罪的、先天就具有非道德性的存在予以抛弃。就此而言，通过赋予行为准则以普遍性和必然性，绝对命令〈定言命令〉无疑以分析的方式实现了一种客观性。这样一来，理性本真地变成了规定性的力量，但这种规定本身从原则上说仍然是抽象的，它把意志切分为两个不同的环节：它所规定的意向和它将其

---

① Kant, *Critique de la Raison pratique*, trad. Picavet, éd. Alquié, P. U. F, 1943, p. 6–7, note 2. ［中译本参见康德：《实践理性批判》，李秋零译，见《康德著作全集》第5卷，北京：中国人民大学出版社，2006，10页脚注1。——译者注］

规定抛给信仰的行动。唯有**至善**能够对道德意愿做出完整的规定——尽管它唯有通过实践原则才是可能的。因此，无论是理论上还是实践上，**哥白尼式革命**所颠覆的与其说是概念秩序，不如说是概念本身：“道德法则是纯粹意志的惟一规定根据。但由于这个法则是纯然形式的（也就是说，仅仅要求准则的形式是普遍立法的），所以它作为规定根据就抽掉了一切 99
质料，因而抽掉了意欲的一切客体。所以，尽管至善是一个纯粹实践理性，亦即一个纯粹意志的全部客体，但它却并不因此就能被视为纯粹意志的规定根据，而惟有道德法则才必须被视为使至善和至善的造就或者促成成为自己的客体的根据。这个提醒在一个像对道德原则进行规定这样的棘手场合具有重要的意义，在此即使最小的误解都会歪曲意向。因为人们从分析论中就已经看出，如果人们在道德法则之前把某一个客体以一种善的名义假定为意志的规定根据，然后从它派生出至上的实践原则，在这种情况下，这种原则任何时候都会带来他律，并排斥道德原则。但不言而喻的是，如果在至上的概念中道德法则作为至上的条件已经一起包含在内了，那么，至善就不仅仅是客体，而且是就连它的概念以及它通过我们的实践理性而可能的实存的表象，也同时会是纯粹意志的规定根据了；因为在这种情况下，实际上是在这个概念中已经包含着并同时被想到的道德法则，而不是任何别的对象在按照自律的原则规定着意志。关于意志规定的各概念的这种秩序不可受到忽视，因为若不然，人们就将误解自己，以为自己在自相矛盾，其实一切都处在彼此之间最完满的和谐之中。”①

人们当然可以说：在面对道德普遍性的至上原则时，纯粹理性在实践上的扩展修正了条件和规定的关系，而这种关系在经验可能性的至上原则那里是极为含混的，因为这同一种纯粹理性在那里受到了思辨上的限制。人们会说：从思辨的视角看来，范畴只能通过被补充一个并非由它生产出来的直观这种方式得到规定；但从道德的视角看来，它在实践理性的信仰（其乃是作为公设存在）中得到了完整的规定：“批判在（范畴的）演绎中证明了，第一，这些范畴并没有经验性的起源，而是先天地在纯粹知性

① Kant, *ibid.*, p. 117-118. ［中译本参见康德：《实践理性批判》，116-117页。——译者注］

中有自己的位置和来源；还有第二，既然它们不依赖于对象的直观而与一
100 般对象发生关系，它们虽然惟有在运用于通过纯粹实践理性而被给予的对象时也充当对超感性的东西的确定的思维（德：zum bestimmten Denken des Uebersinnlichen），但却仅仅是就这种超感性的东西只是通过这样一些必然属于纯粹的、被先天地给予的实践意图及其可能性的谓词来规定而言的"①。但是，条件的约束与规定的这种在实践上的显见的同一性难道不是比它们在理论上的分离更加令人满意吗？经由公设完成的规定活动最终难道没有颠覆**哥白尼式革命**吗？（因为**有限理性**在这种情况下会诉诸一种神圣的依托——它无疑必然包含着后者，但后者却并非出自它的建构。）如果至上的**我思**或自由只有在和一个杂多（这个杂多并不是它们设定的，但它们通过神使其设定成了必然）发生关系的情况下才会成为决定性的力量，那么错位难道没有重新得到确立吗？这样一来，和杂多保持着内在关系的法则仅仅是一个条件，而这正是形式主义在单纯为了意图（intention）而把规定和条件等同起来时的表现。它为了行动而重新确立两者的同一性仅仅是要超越公设。所以，"全部客体"、行动的具体规定被推到了信仰的世界当中。举例来说，尽管法则只涉及人与人的纯粹外在关系并把一切真正的内在规定都留给了道德，而且它本身与自然宇宙毫无瓜葛（否则如何才能从这样的东西出发来实现向具体的过渡：其在定义上假设了条件约束和规定的差异），但它还是根据其在理念中应当所是的样子（telle qu'elle doit être en idée）将其设定为"一类实践理性"。不过，这隐含着如下危险：通过一种变化了的手段，物自身在自由原则中重新得到确立，他律在自律原则中重新得到确立。

同样，在过渡到严格意义上的道德性之前，首先应当在为了**自我的自我**（le Moi pour le Moi）中推演出自然的合目的性与法权的和谐，这是出于如下担忧：神圣恩典将合目的性与和谐赐予了有限自由，但它们本该由有限自由激发出来。表象的演绎（la déduction de la représentation）因而只有在完成了（与康德的《判断力批判》对应的）倾向的演绎（les

① Kant，*ibid.*，p. 151.［中译本参见康德：《实践理性批判》，149 页。——译者注］

déductions de la tendance）* 和（与《道德形而上学》中的《法的形而上学原理》对应的）法权的演绎（la déduction du droit）之后才会通达道德性的演绎（la déduction de la moralité）。与此同时，这些“新的意识事实”中的每一个都只是通过源始反思为**自我**表征了前一个事实的内在化。所以，表象的演绎当然结束于**理智自我**在**理性**中与其自身的统一，但非理智的冲击把这种统一变成了具有依赖性的东西。**我 = 我**的本质怎样才能在不和这种依赖性发生冲突的前提下自为地对其进行反思？这就必须满足以下条件：**自我**要把自己认定为**非我**的规定者，也就是认定为这样一种因果性——如果它不应消除表象那种被演绎出来的实在性，那么它就不应被构想为存在，而是应当被构想为应然存在。就此而言，努力的发生（genèse de l'effort）的确是一种对于想象力的反思。想象力是在存在的层面上综合了**自我**和**非我**，但它却将**自我**设定的冲击本身置于综合之外。努力把理由告诉了我们：**自我**是为了行动才设定这个冲击，我们是在应然存在中发现了这一存在的意义。与此同时，表象在努力中发现了自身的存在理由（表象乃是**自我**被设定为这样的东西的场所：其由一个迄今为止只是被当作可能之物确立起来的**非我**所规定）。这样一来，**自我**就被设定为规定**非我**的东西，“诸倾向的系统使表象从可能性过渡到了实在性”①。但是，正如想象力的诸界限通过向源始系列的过渡而变成了表象的一个个环节，努力的诸界限同样也应当变成倾向的一个个环节。我们不准备对它们加以考察。对我们来说，只要表明倾向是如何使表象与**纯粹自我**的冲突进入源始反思当中就足够了。表象中的经验性自我意识无法抵达纯粹意识：如果**自我**在**理性**中把感觉的刺激归于自身，那么**自我**并没有说明这一归属本身的理由何在。虽然**自我**对**自我**的限定得到了认定，但这种限定的理由却没有向**自我**说明：这便是表象中 101

---

* 根据作者在原著第 108 页中的一个德文标注（“Urtrieb”），我们可以推知他是用法文词“tendance”来翻译德文词“Trieb”。《全部知识学的基础》的中译本将“Trieb”译为“冲动”。但本书作者并没有用和“Trieb”直接对应的法文词“pulsion”来翻译这个术语，而是选择了意义较弱的“tendance”。所以，遵循作者的选择，我们没有将“Trieb”译为“冲动”，而是译为“倾向”。——译者注

① Guéroult, *op. cit.*, I, p. 238, n. 63.

不可克服的偶然性因素。尽管如此，在引入它的方式上，《知识学》显然不同于《纯粹理性批判》，而且它已经使人们隐约看到了倾向的实践性反思："我的这种得到规定的限定表现在对于我的实践能力的限定上（在这里，哲学被迫超出理论领域而进入实践领域），而对这种限定的直接知觉便是感受（我宁愿这样称谓它，而不是像康德那样称它为感觉。感觉是
102 以思维为中介，通过与对象的关系才成为感觉的）：对于甜的、红的、冷的以及诸如此类的感受。"① 因此，实践的优先地位内含在了经验性自我意识的起源当中。

然而，与感觉（sensation）不同，我在感受（sentiment）中直接感到自己是被限定的。感觉将**自我**的限定投射到了**非我**当中，而感受则是在**自我**本身当中对其进行了直接的、源始的反思。表象的来源由此得到了新的澄清。除了实践能力的介入之外，这种作为被限定者的自身感受（sentiment de soi）还能意指什么？表象无非是对源始限定的机制进行了解释，但却没有对这种限定提出质疑。与此相反，感受一下子就把我们引向了这种追问：表象之所以被它规定，是因为它将表象知觉为自身对自身的限定。在感受那里，我们真正是在源始反思之直接性的形式下知觉到了理性的意义。自我设定自己为被**非我**规定的东西，而且它之所以设定自己（它在可感的质中感受到自己）是因为它把超越这种限定的绝对倾向归于自己，是因为它把自己设定为规定**非我**的东西。所以，表象所经历的反思性的东西（réflexif）与被反思的东西（réfléchi）的对立在源始反思的更高程度上重新出现在了倾向和感受的对立之中。**自我**是相对于**非我**来解释其自身的因果性的。由此，经验性的、但又是实践性的自我意识就努力接续纯粹意识和**我＝我**的分析。绝对倾向实现了这种主体与客体、感受与倾向的统一，但条件是倾向恰恰不再设定一个事实上［拉：ipso facto］重新创造了感受与倾向、**被限定的自我**与**无限的自我**的对立的特殊对象。所以，绝对倾向，作为倾向之倾向，排除了一切特殊的目的，正如**理论理性**排除了一切特殊对象。这便是绝对命令〈定言命令〉的绝对法则。

---

① Fichte, Zweite Einleitung die W. L., *S. W.*, I, S. 490—491. ［中译本参见费希特：《知识学新说》，721—722 页。——译者注］

不言而喻的是，如果约束行为和规定行为对于**我思**来说是一回事，那么我们就不能让自己感到满意，**自我**就不能满足于这种形式主义。正如表象的演绎在其原则上就隐含了倾向的演绎那样（因为感觉的起源是实践活动在感受中的自限定），倾向的演绎隐含着权利的演绎。实在的东西和观念的东西无法在倾向的层面上重新联结在一起。因为倾向的系统以自律的名义所呼唤的只是一种约束活动，而不是规定活动。倾向只是直观形式 103
或自然形式下的异化的自由，正如表象只是对象形式下的异化的倾向。事实上，**自我**的活动由以在倾向中被感受所限定的这种运动假设了**自我**在一切对象之外的因果性，以及凭借源始反思中的概念实现的对这种因果性的意识。意志是倾向的根源，正如倾向是表象的根源。换言之：倾向是对表象的反思，意志是对倾向的反思。我在倾向中把自己设定为实践活动，这种实践活动在感受中得到了限定。我在意志中复又自为地设定了这种实践活动。自然的合目的性变成了作为目的之表象的意愿的合目的性。然而，就这种倾向的反思首先在哲学意识的视角下产生、之后在凡常意识的视角下产生而言，它催生了两个获得系列（séries d'acquisitions）。对于以纯粹意识为目标运动的经验性自我意识的展开来说，这两个系列具有重要意义。

一方面，曾是倾向之系统的东西被映射在了作为自由之工具（法权的实在性和可应用性）的身体之中。**个体自我**将一个活动范围化为己有，它凭借身体成为一个人（personne）。但是，这个身体是由自律规定的。虽然动物在植物的内在合目的性之上实现了身体的联结（它的各种自由运动），但从严格意义上说，它并不拥有这些运动，因为它们是由本能先行规定的，它们一下子就是完满的和完成的。而人是通过用理智教化身体来把身体化为己有。因此，从自然的合目的性向表象的合目的性的过渡决定了一种新的存在：个体性（individualité）。“为了理解眼下这个属人的身体，人必须诉诸他只能在自身中发现的一个概念，也就是‘自由’。他要把这个概念放置在他所凝思的对象的根基处。事实上，这个概念并非直接在对象中被给出，而下判断者有义务为了能下判断（反思的判断）而自由地自己把它交给自己：如果动物是它所是的东西，那么人就其本源而言不是任何东西，人须要变成他应当所是的存在。他的单纯形式不仅包含

着他的自由，而且足以要求对自由的敬重。”① 所以，自由感、敬重产生
104 于虚无在存在中的显现。凭借意愿，被**自我**设定为存在的东西——要么是由**非我**规定的**自我**的存在（表象），要么是由**自我**规定的**非我**的存在（倾向）——相对于自身而言要与虚无和反思保持距离，而这个距离就是权利。“表象一个意愿的目的”和“肯定这种表象所隐含的权利”根本上是一回事。在这种通过目的的表象拉开的距离中，费希特重又深刻地发现了这种概念的认定，发现了这种理论的**我思**以不完满的方式趋向的自我认识。**我**通过**我欲**变成了**自我**。**我欲** = 超越了我的定在（être-là déterminé）的**我在** = **我有权**（J'ai des droits）。另一方面，从凡常意识中的源始反思返回自身的视角看来，这种与虚无拉开距离的活动应当自为地产生出来。我们应当从可应用性过渡到权利的应用：从它的可能性过渡到它的实在性。事实上，作为通过从**个体自我**到**你**的过渡和法律中的权利的真实相互性的构成，作为权利范围之赋予活动（attribution d'une sphère de droit）的意愿才会得到承认②。因此，从衍生系列（权利的可应用性条件）向源始系列（权利的应用条件）的过渡清楚地表现在了从“临时”权利或“假定”权利向“法定”权利的转化当中（康德已经将其置于文明状态下的强制权为自然状态下的私法提供的保障当中③）。但这样一来，这种对法人多元性的演绎就完全是发生性的演绎。社会存在无非就是意志活动为了自己的源始反思。个体性概念是一个“相互性概念”，因此，只有当它直接被他人个体性的概念补充和限制时，它在每一个理性存在者那里才是可能的。因此，只有当个体性概念既是“我的”又是“他的”、既是“他的”又是“我的”时，它才真正是“我的”。所以，权利契约论（权利是对个体意志的肯定）在国家理论（**国家**是权利的来源）中找到了自身的真理。多元性即是意愿的源始真理。意志（其表现了倾向与存在拉开的

① Guéroult, *op. cit.*, I, p. 282.

② 同样，在黑格尔那里，承认的环节是与从意识［德：Bewußtsein］到自我意识［德：Sebstbewusstsein］的过渡联系在一起的。

③ Kant, *Éléments métaphysiques de la doctrine du droit*, § XLII. ［中译本参见康德：《法的形而上学原理——权利的科学》，沈叔平译，林荣远校，北京：商务印书馆，1991，134-135 页。——译者注］

距离）通过它获得了力量。个体的各种原初权利唯有在**国家**和社会契约中才获得了真正的意义。“因此，从人们经常应用的自然权利这个词的意义上说，根本不存在什么自然权利；这就是说，除了在一个共同体里，除 105
了在有实定法的情况下，人们之间是不可能有法律关系的。”①

尽管如此，这种权利演绎只触及了意志当中的可能之物：有关意愿的反思给出的也是对于一种限制的承认。法权意志唯有通过使其发生异化才可以使自身达到完满状态。因此，重新发现了《社会契约论》的灵感的权利演绎并没能在**自我**当中设定**自我**对于**非我**的有效的因果性。自律或**我＝我**的源始同一性只是触及了为他人的本质，它未能在这种演绎中通达其自为的本质。然而，反思恰恰是要为我们在法权意愿的根基处发现源始在场、道德意愿，正如它不久之前已经在倾向的根基处发现了法权意愿，在表象的根基处发现了倾向。道德性是对权利的反思。法权意愿事实上设定了什么？答案是凭借对因果性概念的肯定实现的对倾向的远离，但这种肯定应当归功于自为。如果我们的权利可以受到尊重，这是因为它们应当受到尊重。合法则性所决定的只是自由对于理性存在者的悬拟的归属，然而约束应当变成规定。这一过渡是由道德性完成的，后者在自律概念中表明了“能力和运用这种能力的法则”②。与此相反，义务（其将只是从外部获得的自由赋予**自我**）是以这同一种经由自由实现的赋予活动为条件的。如果意愿没有通过一种外在的限制机制加入到一种倾向当中，那么它就没有任何意义。而且，法权尊重的介入已经暗含着一种必然性，即自由内在地承担其意愿或赋予意愿以实在性的必然性。在道德性当中，意愿（权利仅仅将其抽象地把握为一个事实）发现了它的绝对根据，而且还成了真实的意愿。**我欲**在原则上隐含着**我应意欲**。但与此同时，这种新的反思会在经验理性存在者的历史中推动两个环节。相对于传统批判哲学而言，这两个环节不仅隐含着一种发生性阐明的

---

① Fichte, Grundlage des Naturrechts, *S. W.*, III, S. 148, 112 [中译本参见费希特：《以知识学为原则的自然法权基础》，见梁志学主编：《费希特著作选集》卷二，411 页。——译者注]; dasselbe, zweiter Teil oder Angewandtes Naturrecht, 1917, S. 235.

② Guéroult, *op. cit.*, I, p. 297.

新颖之处，而且还隐含着一种与批判哲学的踌躇不前相矛盾的贡献。哲学反思在质料的自由（la liberté matérielle）中设定了这两个环节中的第一
106 个，凡常反思则通过对我们那些确定的经验义务的直接意识将其内在化于源始反思之中。

首先，自由的能力（理性存在者对这种能力的化为己有构成了**道德性体系**的对象）无非就是通过其概念实现的倾向的自规定。这意味着什么？倾向本身是作为认识和活动的综合出现的：它在感受中设定了一个外部对象的存在，由此便产生了表象的发展，而且，它还在愿望（aspiration）的无限运动中超越了这种存在。但恰恰由于这种综合不是自为的，所以它仍然是未被规定的。对权利的反思将其内化于意志之中，合目的性通过它成为表象。从这种意义上说，法权义务清楚地表现了从自在到自为的过渡，而且它只是外在地从自在的视角出发实现了经由源始反思完成的对倾向的化为己有。它也没有达到自在自为的实在性的充盈（实在道德意愿应当将其展开）。这里，倾向与其概念的关系将会构成自然和自由的和谐：正是自由自为地设定了自然。与此同时，从表象到倾向的现象学运动的深刻理由也向我们揭示了出来：道德反思在其发生的内部重演了世界的发生。倾向的合目的性对表象的因果性进行了反思，目的是提供给自由真正的工具。正是由于倾向的存在，意志活动才得以从约束走向规定。“把现象与我们的意志活动统一起来的根据是我们的意志与我们的本性的统一。我们能做的是我们的本性推动我们去做的事情；我们不能做我们的本性不推动我们去做的事情。”① 正是在这种通过概念实现的新的自为设定中，倾向收获了真正的意义。在自然合目的性的层面上，后者表现了一个获得了目的的**客观自我**：绝对倾向也在一切规定之外被构成出来。但是，如果倾向由此是被概念设定的，那么目的概念本身则可以成为不同于自身的东西。被表象的目的赋予了自由之可能（les possibles de la liberté）

① Fichte, System der Sittenlehre, *S. W.*, IV, S. 74, 24, 75–77, 81–83, 66, 96 sq. ［中译本参见费希特：《以知识学为原则的伦理学体系》，见梁志学主编：《费希特著作选集》卷三，北京：商务印书馆，1997，76 页。——译者注］et Guéroult, *op. cit.*, I, p. 300.

以内容。因此，欲求能力，即使它是内在的，都不能被归为倾向的环节。意愿性表象，亦即源始反思对认识与活动之综合的吸收，已经对它做出了 107
改变。人虽然是动物，但却是有理智的动物。康德无疑有理由拒绝称此理智为“高级的欲求能力”①，因为它所带来的自由无非就是通过注意力来摆脱一个表象，“通过不对无节制的欲望进行反思来平息它们”。自由在此不过是自愿的无知，而且，就此而言，“即使当**自我**自由时，它当中的主观的东西同样是由客观的东西规定的”②。在《实践理性批判》的头几条定理中，康德试图强加给人们形式主义和伊壁鸠鲁主义的两难困境，他把一切高级欲求能力都贬低为形式的自由，把一切意欲活动的质料都贬低为经验的规定，把一切行动的实在性都贬低为他律。通过这种还原，**道德自我**狭隘化为纯粹内在的行动、意向，由此造成的必然结果就是公设的错位，而唯一能够弥补抽象的就是神圣者的介入。

所以，康德主义的道德仍旧和节制（*abstention*）的体系捆绑在了一起。如果它在公设当中肯定了（虽然是通过转移到物、神和非自由的视角下）道德自我意识的存在，那么它又在分析和自由的层面上否定了它的存在。它虽然忠实于绝对倾向的绝对命令〈定言命令〉，但它既没有对其根据进行考察，也没有在源始反思中将其内在化和明确化。一旦概念设定了倾向，对**哥白尼式革命**的忠实就要求我们去使这种通过它自身实现的自由设定与一种自此具有质料性的自由发生关系。在这种质料性的自由中，客体和主体先天就是同一的，而高级欲求能力也真正得以确立，因为表象从中以有别于自然的方式使我们通过不同的方式行动。这样一来，对道德性做出界定的就不是逃避综合的意图，而是两种欲求能力的综合。最终，我们在此把握住了综合通过分析的发生。质料性的自由——高级欲求能力的绝对自律——就将它的形式（亦即至上道德必然性）赋予了形式性的自由——赋予了低级欲求能力的选择（其在客观上是被规定的，在主观上是自由的）。而低级欲求能力则为它提供了其规定的质料。人的理性存在达到了它的最高定义：它是自然和精神的综合，是精神对自然的规 108

① Kant, *Critique de la Raison pratique*, théorème II, Scolies I et II.

② Guéroult, *op. cit.*, I, p. 312.

定，是纯粹意识对经验意识的规定："事实上，我的作为自然存在的倾向和我的作为精神的倾向在我之中是从两个不同角度看到的同一种源始倾向（tendance originaire；德：Urtrieb），而且这种两个不同观点下的表现正是自我性的事实。当我将自己意识为一个完全被感性直观的法则规定的客体时，我对我自己来说就是自然倾向和自然；当我将自己意识为一个主体时，我对我自己来说就是纯粹精神性的自发性倾向。这两种倾向应当在意识的圆圈中得到统一，就像它们本来所是的那样。这样一来，低级倾向应当停止把愉悦当成目的，高级倾向则应当放弃自身的纯粹性，并且让客体有能力规定自己。这样一来的结果就是，其目的永远无法实现的客观活动就是绝对的自由，也就是说，是面对整个自然的绝对独立性。这两种倾向的统一给出了道德倾向，而以如此方式获得的客观活动就是道德活动。所以，这里和道德性的根据一道被推演出来的就是它对于客体的直接可应用性。"①

其次，哲学性反思提出的这种定义过渡到了源始反思那里。自我意识到了综合、意识到了具体的道德倾向。它具有一种道德自我意识。在康德那里，**道德自我**内部仍然存在着认识和活动的二律背反。事实上，如果自由的确被设定为道德法则的存在理由［拉：ratio essendi］，那么它唯有通过这一道德法则（也就是它的认识理由［拉：ratio cognoscendi］）才能到达自我意识。但是，道德法则本身②仍然是绝对未被规定的，作为自由之表现的**我欲**只能得到约束的意义，不能得到规定的意义。当**道德自我**自己将自己设定为哥白尼式的绝对中心时，它就自己逃离了自己。因此，从两种欲求能力的综合到源始反思的过渡就会把奠定自由之自我意识的基础当作目标，而这种奠基活动是通过规定法则从中确定其内容的各种命令（commandements）进行的。由于康德的绝对命令〈定言命令〉没有把法则和自由联系起来，所以它仍然停留在自为的绝对倾向的层面上，这种绝对倾向尚未在意志概念中得到反思。普遍性和抽象也在其中充当着义务的
109 根据。反思颠倒了这个顺序，目的是使从约束到规定的过渡成为可能："关系不是这样的：某种东西由于能够成为普遍立法的原则，因而应该是

---

① Guéroult, *op. cit.*, I, p. 313-314.

② *Kant*, *ritique de la Raison pratique*, §7.

我的意志的准则；相反地，关系是这样的：某种东西由于应该是我的意志的准则，因而也能够成为普遍立法的原则"①，它应当成为道德普遍性的原则。这样一来，"主观被客观规定"这一认识理由［拉：ratio cognoscendi］（现实的法则视角）就与"客观被主观规定"这一存在理由［拉：ratio essendi］（理想的自由视角）完全重合在了一起②。但与此同时，道德意识给我下的却是规定好了的命令。它是一种对自身的召唤——作为人格；因此，它自为地完成了低级欲求能力和高级欲求能力、经验自我意识和纯粹意识的综合。最终，我们在它那里发现了纯粹直观和感性直观间的相互性（réciprocité）的根据，因而也就发现了一切哲学的根据："我若不是某种东西，就不可能是为我存在的，并且我只有在感性世界里才是某种东西；然而，我若不是自我，我也同时不可能是为我存在的，并且我只有在理智世界里才是自我，而理智世界是借助于理智直观展现在我们眼前的。"③ 道德意识表明了出离其分析的明见性之外的纯粹意识，目的是设定其经验的存在。但是，除了它那种作为特殊的理性存在的规定（这一规定是不能从它作为理性存在一般的必然规定那里推演出来的），这种感性世界之中的存在还能包含什么内容呢？就像在表象当中那样④，我们重新发现了一种源始的偶然性，它是前一种偶然性的根据⑤。尽管如此，随着**道德自我**统一了**理性自我一般**和**特殊理性自我**，它设定了一种不再单纯是法权的，而且还是道德的个体共同体（communauté d'individus）的存在。也就是说，这种共同体是由意识通过意志在道德规定的根基处自为地设定的。因此，**圣贤的团体**即是道德性最高的具体表现，正如**国家团体**是法权意识最高的具体表现。在它当中，特殊的、经验的**自我**的偶然性系统在观念上和纯粹意识的绝对同一性重新联结在了一起："正是个体使

① Fichte, System der Sittenlehre, *S. W.*, IV, S. 54, 51-53, 151, 173, 195-196. ［中译本参见费希特：《以知识学为原则的伦理学体系》，243 页。——译者注］

② Guéroult, *op. cit.*, I, p. 297.

③ Fichte, *ibid.*, *S. W.*, IV, S. 91 ［中译本参见费希特：《以知识学为原则的伦理学体系》，93 页。——译者注］；Guéroult, *op. cit.*, I, p. 305.

④ 参见前文 § 8，93 页。

⑤ Guéroult, *op. cit.*, I, p. 326-327.

110 得道德法则和自然倾向能够在质料性要求的层面上发生分离；正是由于个体，倾向的绝对形式（其在法则中得到表现）才能够限定自然倾向（其在质料的层面上使所有行动成为可能）。事实上，感性的经验倾向在个体当中要求作为部分的部分的满足（la satisfaction de la partie en tant que partie）——之所以是部分的，是因为它和整体处于对立关系之中；另一方面，纯粹的道德倾向在个体中要求作为整体的整体的满足（la satisfaction de la totalité en tant que totalité），而这是不利于作为部分的部分的。所以，差异就出现在被这些倾向中的某一个规定的行动的质料当中。这样一来，感性本能的满足就表现为一种无力，也就是无力向我们保证这一最终目的的实现。只有对道德法则的服从才能让我们做到这一点。前者只会制造无序与纷扰，惟有后者才能确立秩序与和谐。”① **自我**的世界的道德相互性是一种必要的补充，**自我**没有这种补充便无法说明它自己的意识的现象学。

§10. 价值与公设

因此，理智直观、**我＝我**的分析明见性充当了不同环节的真实推动力。正是通过这些环节，理性存在一般在综合的特殊之物当中展开了其高升至实存的偶然性之上的实用史，并趋向于这样一个目标：在它那里，“存在根据”和“虚无根据”最终得以相遇，而这凭借的是**自我**和**法则**在道德感受中的绝对透明性。这些环节、这些实践的意向性无非就是被现代现象学的质料伦理学视为鹄的的价值（valeurs）。事实上，道德感受在其每一种反思那里都设定了主体和客体在源始反思中的暂时的同一。所以，它使这些意向或情感摆脱了机能（fonctions）和超验现象（phénomènes transcendants）的普遍环境的仅仅具有或然性的相对性和模糊性，目的是在一个纯粹道德经验的被还原的世界（德：Welt）中的行动的明见性中将它们纯净化②。关键问题不再是描述价值体验（德：Werterlebnise），因

① Guéroult, *op. cit.*, I, p. 337-338.

② Max Scheler, *Der Formalismus in der Ethik und die materiale Wertethik*, S. 401 sq.

为后者乃是一种单纯心理学把握（une saisie simplement psychologique）的抽象超验对象。重要的是在内在性知觉的确定性中领会那些如它们源始地 111
向现象学直观呈现出来的体验价值（德：Erlebniswerte）[1]。此外，对于现代现象学只是在静态和自在的条件的名义下将其把握为先天价值表的东西，道德系统阐明了它的自为的发生性条件。但是，“价值”系统尤其通过一个源始的、内在的反思过程将自己与理论认识的意向性系统联系在了一起。“只有当我意识到了我自己的限定时，我才会为了消除界限而行动。因此，如果**实践自我**的被限定的活动没有作为进行限定的东西，亦即作为一个世界向**实践自我**呈现出来，那么**实践自我**就不能对它的被限定的活动做出改变。因此，表象的必然性就与**实践自我**之实现的更高的必然性联系在了一起；这种更高的必然性是表象之必然性的必然性，是**非我**的因果性。作为条件从属于它的是**自我**的因果性，而它反过来是作为单纯手段从属于**自我**的因果性的。所以，知识学的唯心论呼唤实践的视角来充当它的完成。”[2] 存在和自由的冲突是内在于自由本身的冲突，而且，正是自由将存在设定为其自身实现的条件。

这便是**实践理性**之优先地位的意义所在。人们看到了发生方法是如何更新了它的意义。在康德那里，这一公设意味着信仰取代了知识，也就是说，恰恰意味着内在性和**哥白尼式革命**的断裂。唯有对神的存在的“道德”证明才保留了一种证明的价值，这一点毋庸置疑。尽管如此，这种证明明确将公理的构成（constitution axiologique）转移到了另一个存在当中，而公理的构成是存在论构成（constitution ontologique）必然要呼唤的东西，这是通过直观和概念的二元论以及物自身中的经验直观的刺激理论实现的。与此相反，人类心灵的实用史已经向我们表明了从知识到信仰、从直观到感受的逆向替换。事实上，对于**自我**来说，恰恰是当它自在自为地收获了在它当中出现的最为异质的东西——极端的**非我**、表象中的客体、倾向中的“自然”、法权中的个体性、道德性中的经验特殊性与**自我**的多元性——的确立（établissement）时，它才实现了自己的真正目的。

---

① J. Vuillemin, *L'être et le travail*, p. 7 sq.

② Guéroult, *op. cit.*, I, p. 259.

就这些环节当中的每一个都有一种偶然性（其无法被还原为演绎）与之
112 相关而言，这一吸收的出发点无疑就是一种信仰，一种非理性的、未被反思的设定活动，这种设定活动是在我当中无我地发生的（se passe en moi sans moi）。但是，对于康德已经发现的这种哥白尼式主体性的本质而言，它的主旨不就是要将**非我**的这些前后相继的表现带回到**自我**的内在性当中，并由此最终使**自我**和**非我**的对立转变为**主观自我**和**客观自我**的对立，亦即转化为具体的**我思自我**［拉：Ego Cogito］的生命本身吗？因此，绝对命令〈定言命令〉之所以能够获得价值，完全是因为存在着将自由意识的自明晰（auto-clarté）投射在它之上的反向的光明（l'illumination rétrograde）。绝对确定性感受的环节恰恰在道德性演绎的内部表现了从哲学反思到源始反思的过渡：道德倾向应当为**自我**进行综合，亦即衍生反思所假设的低级欲求能力和高级欲求能力的综合。换言之，这种倾向只有在不再作为倾向而是作为自由显现出来的条件下才能成为真正的道德倾向。

在道德倾向中，**自我**不应再表象一种由**非我**推动的盲目的力量，而是隐含着对义务的清楚意识。一切隐秘的质都应当在**自我**之外得到表现，而且人们对道德意识的谈论并非徒劳无益：道德性也是明晰性的顶点。同样，"实践的优先地位并不是**非思辨的东西**相对于**思辨的东西**而言的优先地位；它最终并没有使直观服从于信仰，使认识的明晰性服从于无法得到理性辩护的感受。与此相反，实践相对于理论而言的优先地位是在思辨内部得到规定的，也正是思辨本身在有限存在的发展中使认识从属于感受。思辨的出发点是感受和倾向，它真正的根据仍然是直观。道德意识即是这一关系的写照：它绝没有满足于道德倾向和盲目的义务感受，它只是在出发点上承认了它们。只有当它变成明晰的意识、行动的理性原则（自由地构想这一原则的是一种理智，它摆脱了那直到最后一刻都约束着它的道德倾向）时，它才会得到充分的发展，才会成为名副其实的道德意识。在单纯的现象秩序中，感受和倾向先于理智及其行动，感受性元素先于理智元素：这便是**知识学**的反斯宾诺莎主义。在**绝对**的秩序中，直观先于倾向，与自由同一的理智摆脱了存在并支配着存在：这便是**知识学**的思辨理性主义。正如现象在我们之中约束了**绝对**的意识，倾向和感受约束了我们
113 向道德意识之明晰直观的上升。但一旦获得了这种明晰直观，现象就被消

除了，而且感受的优先地位仅仅显现为我们的有限存在生命（notre vie d'être fini）中的一个必然手段。所以，实践哲学绝没有压缩思辨，它反而使思辨更为完满。《第二导论》的方案得到了真正意义上的实现：‘先验唯心论由之出发的那种对（直观的）实在性的信念应当通过某种更高的东西得到保障，而且，作为其基础的关切（*intérêt*）应当通过理性得到证明’”①。

理性存在的历史就是自我意识的觉醒。正是它要求分析在综合的不同环节上产生出来，要求在这些环节上被认定，并且摆脱它们的束缚。这样一来，**哥白尼式革命**就用知识替代了信仰。因为它是内在于自为的。真正的先验哲学并没有把公设丢给盲目的倾向：它对公设进行了反思，还为它们奠定了基础。但与此同时，它又取消了这些公设，因为它们是属于思辨的。不仅如此，道德意识还是一切确定性的根据。因为向我们保证了“我们面对的不是幻相而是现实”的感受的根据，当它命令理论能力去规定一个客体时，只能来自**道德自我**。直观只有依据道德法则才是真实的，而且，人们有理由说，唯有通过道德法则，对世界的现象学“还原”才能充分得到实现，而现代现象学却徒劳地尝试在**我思自我**［拉：Ego Cogito］当中完成这种还原。这是因为，只有道德法则实现了存在根据与存在、自我原因与应然存在之自我的同一。“事实上，**法则直观**展现了这种自己直接被强行要求的特征：道德意识是一种本身就是作为义务存在的意识。一旦**法则直观**得以完成，它就表现得是在要求这种完成。反过来说，它之所以得到完成是因为它被强行要求如此。这种源始的一致是直接被感受到的，而且，从中作为结果产生出来的自我满足的感受构成了最初的确定性，而且使一切对它的怀疑成为不可能。因此，明见性和确定性、理智元素和实践元素之间的和解似乎在此仍然得到了充分的实现。”② 这样一来，我们是否应当说：**实践理性**的优先地位颠转为它的反面、颠转为**理论理性**的优先地位；是否应当说：**我识**（Je connais）对**我欲**的从属（批判 114
哲学在其全部发展的视域中都包含着这个关键点）被改变为**我欲**对**我知**

① Guéroult, *op. cit.*, I, p. 333-334.

② ID., *ibid.*, I, p. 198.

（Je sais）的理智主义从属？答案是否定的：理智直观渗透到道德倾向之中、意识（德：Bewusstsein）渗透到良知（德：Gewissen）之中绝不意味着人们是以理论表象为原型来构想道德意识的。事实上，**自我**不是从中被设定为由**非我**规定的东西，而且，严格意义上的理智主义表象若没有这样一种设定便不复存在。自由的因果性在概念和行动之间建立起来的自为的意识关系截然不同于表象在认识中所确立的概念和事物的关系。因此，尽管康德和费希特全都赋予**实践理性**以优先地位，但他们对这种优先地位的理解是对立的，这种对立的深层理由要到其他地方去寻找。

事实上，实践知识之于信仰的优越性（这显然不意味着一种“从信仰到理论知识”的理智主义回归）针对的是存在理由［拉：ratio essendi］和认识理由［拉：ratio cognoscendi］在康德的批判哲学中的恒常的互不相符。康德的批判哲学割裂了信仰和自由，它只会为了一种他异的意识（une conscience autre）而将两者结合起来。但正因为这个事实，自由无法达到质料性，法则也无法具有内容。对于重新确立意愿的整个客体而言，信仰是必需的。康德混淆了倾向的视角和道德性的视角，而且这种混淆正是他那种不断重生的独断论的来源。根据这种独断论，**道德自我**只是在客体和法则的视角下得到了直接的构想，而自由本身只是以间接的方式被设定的，它甚至是明确作为一个公设出现的①。因此，正如康德所理解的那样，**实践理性**的优先地位，作为信仰对实践知识的取代、作为公设对自由意识的替换，是与**哥白尼式革命**相冲突的。与此相反，在费希特那里，**哥白尼式革命**得到了完成。通过理智直观，首先是哲学反思，之后是源始反思，它们建构起了自由的意识、建构起了**自我**与其自身的绝对相等性。自我必然会深入它的信仰；否则的话，人们就会看到这样一个荒谬的场景：**自我**不会自为地反思，而且从单纯的产物意识出发无法到达活动的意识，
115 除非它自己被自己设定为由**非我**规定的东西。但是，当**自我**在自由中肯定

① Kant，*Critique de la Raison pratique*，par exemple：p. 142：“这些公设就是不朽的公设、积极地来看（作为一个存在者就其属于理知世界而言的因果性）的自由的公设和神存在的公设。”［中译本参见康德：《实践理性批判》，140 页。——译者注］

了它自己的因果性时，它是无法进行这样一种反思的。然而，自由的意义恰恰就是理智直观本身！**自我**通过在自由中设定自己的本质而认识到，恰恰由于它是**自我**，它才会设定这种本质。这便是作为所有其他确定性来源的道德确定性的起源。**主体我**与**客体我**是同一的，法则即是自由，绝对行动即是绝对知识。**自我**的本质不是为了一个外在的神的观看的自由。神乃是在其自己的观看前的自由之建构（la construction de la liberté devant son propre regard）。因此，理智直观与**实践理性**之优先地位的同一性达到了对有限性的肯定的顶点。康德仍然在**道德自我**和原型理智、哥白尼式革命和道德独断论之间犹豫不决。费希特最终完成了康德。针对神圣理智，他选择了有限理性，而理智直观提出的问题——知识渗透到**实践理性**当中——实际上就是实存问题（le problème même de l'existence）。

§11. 费希特式阐释中的概念错位

A）发生与事实性

费希特式阐释的基本方案向我们展现了出来：要从**有限自我一般**的内在性出发推演出我们所拥有的关于世界的先天知识。尽管如此，我们通过这样一种方式达到的真正的有限性形而上学是否构成了一个具有融贯性的体系？为了实现这个目标必须满足三个条件：第一，它的方法要获得达到无条件者的优先性，没有这种优先性就不会有名副其实的形而上学；第二，这种确立要单纯从自为的视角那里推演出来，而不能诉诸任何外在的帮助；第三，**有限自我一般**的内在发生在任何环节上都不能导向一种**实在的绝对**。因此，这三个条件向费希特哲学提出的是同一个问题。虽然费希特在法则与公设的关系中避免了概念的“错位”，从而在表面上拯救了**哥白尼式革命**，但当他遇到发生与事实性、源始反思与哲学反思、自为与**绝对**的三重问题时，他难道没有重新发现概念的错位、没有重新回到**哥白尼式革命**吗？

第一个困难出现在对知识的原则和知识的关系进行分析时。一方面，理智直观完全来自我们对知识进行的自由的、偶然的抽象；另一方面，对 116
知识进行奠基的是理智直观。“原则证明了反思的诸法则，而且这些法则使原则成为可能。”① 据说这种循环是不可避免的？但这样一种断言含有矛盾。“科学的自为是一种偶然活动，它后于作为其对象的绝对的、永恒的原则，也就是源始自为。如何才能正确地宣称，支配着绝对的假设、如果（德：Soll）的活动——这种活动的正当性不是直接来自自身，而是来自它的后果；它被“是”或“否”恣意设定为一个事实（fait；德：faktisch）——能够将永恒原则的绝对性吸收到自身当中并将它和自身同一起来？从定义上说，发生性原则难道不是指对迂回的证明过程和间接性的摆脱吗？这个过程本身难道不是对原则的否定吗？因为每一个端项都作为条件制约着与它对立的东西，但是两个端项中的哪一个属于发生却无法被确定？断言‘我们无法摆脱那个困扰着我们的循环’就是单纯把发生的绝对停止（arrêt absolu de la genèse）设定为绝对的发生（genèse absolue）。”② 所以，在费希特那里，分析和综合的关系仍然是暧昧不明的，这和它在康德那里的状况并没有什么不同。而且，就此而言，真实自我意识的可能性原则所做的无非就是去说明包含在经验可能性原则之中的那些困难。而且，同样存在于概念错位起源处的事实上就是从理智直观到经验直观、从分析到综合的过渡，我们已经看到是这种过渡推动了费希特式现象学。通过对时空观念性的证明，理论哲学无疑排除掉了感觉中的冲击这一事实的一切外在的、实在论的影响。**非我一般**的活动的恣意性确保了《知识学》的批判哲学特征，而且它还显示了**非我**和**有限自我一般**之实在性的同一。但是，这种刺激的事实性（发生必然要在认识的原则层面上发现它）波及实践的大厦，而且它还颠倒了**绝对自我**和**实践自我**在现实性和观念性这个面向上的关系③。在《知识学》的开
117 头，费希特以如下方式概括了三条原则：“我在自我之中对设一个可分的非我以与可分的自我相对立。没有哲学跃出这种认识；但任何彻底的哲学，都应该回溯到这种认识上来；而且只要它做到了这一点，它就成了知

① Guéroult, *op. cit.*, I, p. 172.

② ID., *ibid.*, I, p. 173.

③ ID., *ibid.*, I, p. 261：“在可分性概念的演绎过程中，人们可以认为有限性是观念的，绝对性是现实的。但在演绎结束时，亦即在问题得到解决时，人们会发现绝对性是观念的，有限性是实在的。”

识学。”① 所以，**绝对**就吞噬了有限性。作为独断论的反面，先验唯心论无疑赋予了**绝对**以主体性。尽管如此，刻画着有限性特征的对立与可分性只能在**绝对自我**之中嬉戏。但费希特在其哲学的最后阶段呈现给我们的却是截然相反的运动：在这里是有限吞噬了绝对。不再是对立者和限定者存在于绝对之中，反而是绝对存在于对立者和限定者之中。当理论哲学开始于在第一原则的绝对整体性内部设定**自我**和**非我**那种内在于认识的对立亦即**自我**的有限性时，实践哲学将后者转化为一种纯粹的观念性。因此，它只在**实践自我**（这一**自我**本身只在有限性的种种分离内部才有其意义）之中才赋予它以观念性存在。“**我**有这样的要求：它在自己本身中包含着一切实在，充满着无限。这个要求必然地以**绝对设定的**、**无限的我**的观念为根据，而这个**无限的我**就是我们谈到过的那个**绝对的我**。到了这里，*我绝对地设定我本身*这个命题的意义才完全清楚。在这个命题里根本没有谈到出现于现实意识中的**我**，因为无限于现实意识中的**我**绝不是绝对的，它的出现毋宁永远是要么直接要么间接地以**我**之外的某种东西为根据。在这个命题中所谈的毋宁是这样一种**我**的观念，这种**我**的观念必定成为它的实践上的无限的要求所必需的根据，但是，它对我们的意识来说又是不可能达到的，因而永远不能直接地（然而当然可以通过哲学反思而间接地）出现在我们的意识中。”②

发生的内在性运动将认识之撞击的事实性纳入到了现象学发展的必然性当中。而且，它因此之故而必然诉诸实践性法则，目的是对上述事实性做出说明。超越于这种运动之上，事实性和发生在费希特那里的冲突恰恰出现在从理论唯心论过渡到道德实在论的时刻。“在费希特那里，理论的或发生的视角不仅没有证明实践哲学应当肯定的那些元素的实在性，而 118
且根本没有给它们留下任何位置，它只是对它们的非实在性做出了直接的证明。由此，它使一些实践层面上的肯定从根本上变得不再可能。在这种

① Fichte, Grundlage der gesammten W. L., *S. W.*, I, S. 110. ［中译本参见费希特：《全部知识学的基础》，27-28页。——译者注］

② ID., *ibid.*, *S. W.*, I, S. 277.［中译本参见费希特：《全部知识学的基础》，200页。——译者注］

情况下，下面两种情况是一而二，二而一的：要么发生应当具有绝对的价值，而这些实践层面上的肯定是没有价值的；要么实践层面上的肯定应当得到保留，这样一来发生就只是幻相。实践层面与理论层面不再相互补充，而是相互矛盾。而且，它们的相互否定只会给一种对实践实在的雅各比式神秘主义肯定提供空间。”① 因此，费希特式阐释的循环就消解在了**有限自我一般**的观念当中——后者一方面只有通过直接与绝对发生关系，才能保证发生和真正的理论哲学所特有的雄心壮志，但另一方面又只有通过过渡到一种不可还原、不可推演的事实性，才能在自为的必然内在性中发展有限性的概念②。由于这种错位，有限和无限间的各种关系变得不再具有确定性。而且，如果**哥白尼式革命**的宗旨就是肯定存在的哥白尼式观念性或人的哥白尼式实在性，人们便不再确切地知道这场革命到底有什么意义了。“知识学的结果就是：**实践自我**取代**绝对自我**成为全部实在性的根据；然而，其所有证明的根据和关键恰恰就是**绝对自我**。按照费希特本人后来经常使用的一种表述，这里存在着话语（德：Sagen）和行动（德：Tun）的矛盾。体系的概念和知识学所实现的体系之间的差异丝毫不逊于**绝对自我**和**实践自我**的差异，科学的结果和出发点是不协调的。这种不协调来自绝对自我对实践自我——亦即有限自我——的牺牲，因为趋向于无限的**实践自我**实际上是有限的。”③

在道德法则当中达到顶点的替换在费希特的前期哲学中导致了共同
119 体和**有限自我一般**的冲突。事实上，当个体的实在性——而且个体概念从定义上说就是一个相互性概念——被包含在了道德法则之中时，一种不可还原的事实性就被插进了发生的过程当中。人们是否可以说：道德共同体

---

① Guéroult, *op. cit.*, I, p. 342, n. 1.

② “因此，知识学是属于实在论的。知识学指出，如果人们不承认有一种并不依存于有限自然物反而有限自然物本身就其经验存在来说依存于它的、完全与有限物对立的力量的话，则有限自然物的意识就是不可理解的。……但是，这门科学，如果撇开它的实在论方面不谈，从它最内在的深处来看，则它不是超验的，而是先验的”（Grundlage der gesammten W. L., *S. W.*, I, S. 280 [中译本参见费希特：《全部知识学的基础》，203、204 页。——译者注]）。

③ Guéroult, *op. cit.*, I, p. 261.

的客观存在并没有把一个比理论哲学中的外部世界的客观存在问题更令人难堪的问题引入到先验唯心论当中，而且费希特的全部努力正是倾向于将客观性（普遍性和必然性）建立在哥白尼式主体性的基础上，因此我完全能够承认他人的个体性、意识在自我之外的一分为二——当这个“自我之外”不是别的，就是**自我**的一个要求时？这会与仍然处于相对状态的**理论性非我**混为一谈，因为它方方面面都是由**自我**设定的。**实践性非我**由于被道德要求认定为一种自由和一种自律，所以它由此具有了绝对的意义。演绎中就出现了一个缺口。我在发生过程（**有限自我一般**正是在这个过程中被构成的）中观察到的那些意识事实无疑仍然是这一理性存在者之共同体的认识理由［拉：ratio cognoscendi］，而且发生也完全考虑到了面向他人的义务。但是，一旦我有义务将“我的”发生引向另一个发生的起始点，存在理由［拉：ratio essendi］就不再属于我的**有限自我**的内在性，唯心论也就转变成了一种先验实在论。“如果先验哲学有能力说明这种义务（依据这种义务，**有限自我一般**应当承认它没有生产出外部实在），它事实上完全没有能力说明这种义务*所要求的实在性*。对于它为其奠定了基础的那种意识来说，演绎当然是发生性的，但对于异于被它设定为这一意识的条件的我的**自我**的那些实在性来说，它就不是发生性的，因为它并没有解释那些实在性是如何为了它们自己而在其内在的实在性中被设定的；情况不仅远非如此，而且，通过将它们转化为不具有一贯性的倒影，它使它们的发生成为无法解释的事情。”①

费希特式阐释的这种实在论与唯心论、事实性与发生、行动与认识之间的不确定性解释了那些相互矛盾的而且首先是令人惊讶的变化（哲学史家可以发现，在通常所谓**知识学**的第一个环节的大框架中，无论是在费 *120*
希特的道德哲学中，还是在他的政治、法权哲学中，人们都可以发现这些变化）。一方面是无政府主义、个人主义、私人权利的优先地位，另一方面是社会主义、共同体的激情、公共权利的优先地位，它们分别代表了同一种思想的矛盾的两极。而这种情况之所以产生，完全是因为这种思想首先是从理论的视角出发，随后又从实践的视角出发。而且，出离于混淆和

① Guéroult, *op. cit.*, I, p. 340-341.

“错位”之外的它合乎逻辑地把两个彼此矛盾的动机推向了它们的真正结果，而费希特对**哥白尼式革命**的阐释恰恰就建立在这两个动机的基础上：**有限自我**和**绝对**、个体和共同体。事实性和发生的冲突也合乎逻辑地重新发现了康德式形式主义的困难与“约束”和“规定”间的犹豫不决（虽然费希特本人试图将这种犹豫不决从康德的遗产中排除掉）。事实上，考虑到**有限自我一般**，道德法则具有什么样的地位呢？如果作为**理念**的**绝对自我**是在被设定为实在的东西的**有限自我一般**之中收获自己意义的，那么人们就无法看清道德法则如何能够被规定、如何能够个体化。费希特试图用“绝对整体性”这个概念来消解**有限自我一般**和共同体之间的矛盾。但这个概念在先验哲学中重新激活了约束之于规定的优先性，从而摧毁了所有发生性演绎的努力。事实上，如果倾向的观念整体性作为条件约束着一切特殊的道德义务，那么这种约束只能建立起一般和特殊的抽象（德：Allgemeinheit）关系。类概念表现的就是这样一些关系，而且，在这些关系当中，作为特殊者的特殊者——作为外在于一般的东西——存在于畏惧（angoisse）的纯粹形式普遍性当中。发生即是形式主义。但这样一来，如果想要兑现新的**哥白尼式革命**向我们许下的诺言，亦即“战胜形式主义”，人们就只能偷偷地诉诸事实性、诉诸具体的整体性（德：Allheit）（诸个体会在这种整体性中得到规定），而这会导向一种实践性的实在论。“绝对倾向只是**有限自我一般**的绝对实体。它当中存在着的实在的东西在不断地前进，它与任何整体的完成都是对立的。整体本身只是一个理想。如果**有限自我一般**表现了所有的**自我**，正如空间表象了所有的个体，那么
121 人们就会明白：它可以获得一种普遍价值，而且它的实践的无限性对于全部**自我**都是共通的。这样一来，整体性的**理念**就是所有**自我**本身所具有的，但所有**自我**无须在其中得到规定。**自我**的普遍性只是一种抽象的普遍性。然而，**知识学**的**自我**拥有的是一种具体的普遍性；**诸自我**、所有处于相互关系中的**自我**都应当在绝对倾向内部得到规定；唯有通过这种方式，存在于每一**自我**中的**理念**才能同时创造出所有**自我**的统一体。”①

---

① Guéroult, *op. cit.*, I, p. 351.

B）源始反思与哲学反思

如果发生不但丝毫没有与事实性达成和解，而且还绝对与之对立，那么这种矛盾必然应当在两个反思系列的关系中有所反映（两个系列的同一性虽然总是在发生方法的视域中被假定，但它这样一来就会被事实性的无法还原的显现破坏掉）。先验现象学的特性就在于：构建起全部自我意识，而且仅仅诉诸自为及其全部行动中包含的绝对自深入（auto-pénétration）。发生同样意味着明晰性。哲学反思也只能得到源始反思的辩护，而且，如果哲学反思在时间和认识的顺序中能够并且应当先于源始反思，那么在存在的顺序中、在演绎的终结处，则是源始反思先于哲学反思。不过，如果我们是在实践与理论对立的情况下从唯心论过渡到了先验实在论，那么我们难道不会重新发现哲学反思之于普通反思的优先性（这种优先性不仅是认识论的，而且是存在论的）吗？或者更进一步说，由于哥白尼式发生论应当在哲学反思的每一个环节上重新在凡常反思中发现一种自成一类的［拉：sui generis］意识活动，我们难道不会碰到一种不可还原的事实性、一种对于自我意识具有反抗性的意识元素、一种费希特式康德主义阐释试图通过谴责迈蒙的“意识微分”而对其做出辩护的无意识碎片？这样一来，哲学反思难道没有发现一种实在性——就其本性而言，由于恰恰存在于现实自我意识之可能性的原则处，这种实在性摆 122
脱了凡常意识的掌控？

毋庸置疑，事实性和发生之间的矛盾必然导致的结果就是自为之明晰性中的断裂。事实性即是无意识。费希特无疑谴责康德没有将理性消解（résolu）于其统一性当中：“康德是第一个幸运地发现了所有错误和矛盾的来源的哲学家，他计划通过唯一科学的方法把它们清除掉。这就要求他以系统的方式穷尽各种认识变状的分析，而且，用他自己的话来说，要完整地勘测理性的整个地盘。尽管如此，他的方案并没有得到完成，因为理性和知识服从于一种并非关乎它们的绝对统一性的研究，它们已然被准确地划分为不同的分支，例如理论理性、实践理性、下判断的理性；同样因为专属于这些特殊分支的法则应当不仅仅是通过经验的堆积和归纳而被确立为理性的法则，而是要通过一种真正的演绎在它们的本来源泉当中被发现，并以本来面目呈现出来。"① 但是，如果实践和理论是矛盾的，如果自为的内在统一性仍然没有办法在意识的观看中穷尽**我思**诸活动的整体，那么这种针对康德提出的批评难道不会反过来针对知识学的第一个环节吗？不过，双重系列的发生逻辑提出了什么要求？如果哲学反思的任务就是在认识顺序中先行于凡常反思（这涉及理智直观的发现），那么这种凡常反思就应当在其发展的完成阶段吸收这种发现，并且使它作为自我意识的一种自成一类的［拉：sui generis］活动产生出来。通过这种手段，理智直观应当从可能过渡到实在〈现实〉：通过使自身同化于凡常反思，它不再归属于现实自我意识的可能性条件（这些条件始终只是为了他人）。自为将它的发生延续到绝对内在性当中，而这正是道德确定性在费希特那里的意义，它奠定了理智明见性的基础。

但这种确定性又拥有什么样的地位呢？通过将哲学反思的理智直观吸
123 收到凡常反思当中，它应当实现主体和客体的绝对同一。这样一种同一性本身只能在**有限自我一般**中获得意义。但是，如果像人们看到的那样，唯有共同体——亦即自由自律的个体的共同体——的介入才能对各种义务做出明确的规定并因此赋予道德确定性一种不同于形式普遍性的内容，那么主体是不同于客体的，确定性的主观条件是与其客观条件分离的，而且，这样一来，只有诉诸启示才会使一种真正的质料伦理学道路上的进步成为可能。所以，除非有独断论的天外救星［拉：Deus ex machina］相助，否则从分析到综合的过渡并没有实现。如果道德确定性给出了它所期许的东西，也就是内容，那么它由此便不再指自我意识的自明晰性，而且它要乞灵于**神圣语词**（Verbe divin）的圣光。如果没有存在论证明，费希特哲学中的道德**我思**［拉：Cogito］就不会有任何意义。但这样一来，费希特是否还有理由谈论确定性？费希特的前期现象学以及一切先验意识现象学的命运难道不是和如下矛盾联系在了一起吗？自我意识须要等待它从**绝对他者**那里生产出来的行动的明晰性，而**绝对他者**的现象运动只是以虚幻的方式在**大地**的阴影中、在运动影像的形式下再生了绝对的非发生和不

① Bericht über den Begriff der Wissenschaftslehre und die bisherigen Schicksale derselben, 1806, *S. W.*, VII, S. 362.

动的永恒？要么——正如发生的严格性所要求的那样——神只是法则；这样的话，道德行动者当然拥有一种确定性，但他却不明白这种确定性针对的是什么；它是没有客体的主体，是康德式的普遍性。要么真的存在一种道德自我意识，但这种赋予道德感受以内容的实在性来源于神和法则的分离、来源于**真实绝对**及其**语词**一方和**有限自我一般**及其他异者意识一方的不相符合，一切确定性此时都被摧毁了。我们必然从**康德主义**错位到**浪漫主义**，从**哥白尼式革命**错位到**无意识**。

要么理智直观是它所是的东西——主体和客体的同一，但它只会导向意识的可能性，而且它不足以设定自为；要么它最终到达了自我意识，但要以主体和客体的同一性为代价，因为它超越了自为而进入到自在之中。无论采用哪种方式，费希特式阐释提供给两种反思问题的解答都是失败的。哲学反思中的理智直观仍然没有超出自为，而凡常反思中的道德确定性是超出自为之上得到确立的。在前者那里是发生，在后者那里是事实性，但它们不会在任何地方相遇。然而，这种失败难道不是必然存在于作 124
为自我意识之"可能性元素"的理智直观的定义当中吗？"为了首先来看看**所观察的这个我**，我们应问，什么是这种返回自身呢？它应当属于哪一种意识的变状呢？它决不是一种构想活动：它之所以成为这样，首先是通过某个**非我**的对立，通过**我**在这种对立中的规定作用。所以，它是一种单纯的直观。因此它也决不是意识，甚至也不是一种自我意识；而且，仅仅由于凭借这种单纯的活动不会产生任何意识，也确实可以进而推进另一种活动，凭借这种活动，对于我们才产生某个**非我**；只有这样，哲学推理的进展和对经验体系所要求的演绎才成为可能。我通过上述活动仅仅具有产生自我意识的可能性，并与自我意识一起，具有产生一切其余的意识的可能性。但是还没有产生任何真正的意识。上述活动只是整个理智行动的一部分，而且是仅仅由哲学家分离出来的，而不是原初分离出来的一部分，凭借整个理智行动，理智产生出自己的意识。"① 哲学反思因此变成了凡常反思的真理。凡常反思仍然停留在概念的层次上，而哲学反思则上升到

---

① Fichte, Zweite Einleitung in die W. L., *S. W.*, I, S. 459. [中译本参见费希特：《知识学新说》，690-691 页。——译者注]

了直观。然而，概念的一致性亦即现实自我意识，无非就是对优先性的事实性肯定。存在着**有限自我一般**：这便是概念的意义，是**非我**和分离的意义。因此，发生和事实性的矛盾就会通向两个反思系列的矛盾。在起点上，**哥白尼式革命**必然使衍生系列和源始系列发生关系。在终点上，这一关系只有在直观的反向光芒介入的条件下才能得到完全的澄清。意识的原则变成了直观的一个“部分”。“困难在于：在一切建构活动中，我，作为**绝对**，已经为了完成这种行动而投射出了在我的意识中得到展布的反思能量。**自我**先存于哲学家的行动，但我们断言这个**源始自我**恰恰就是哲学家由以在其意识中重建这个**自我**的行动本身。因此，虽然我们从原则上说将**源始自我**设定为在建构活动中得到展布的直观的来源，但事实上是后面
125 这种直观作为**源始自我**从自身那里把自己投射了出来，并且还在方方面面上规定了**源始自我**。”①

就其自身而言，意识在其产物当中被神秘化了；它是对另一个意识（它在这个意识那里被异化）的不动的静观。为了向它揭示出它自己，哲学反思应当介入进来，并把静止转化为运动。不过，这种应当首先被归到凡常意识头上的转化最终只属于哲学反思，只属于这种插入概念之实在反思之中的直观的可能反思（réflexion possible de l'intuition）。哲学中存在的东西要多于尘世上存在的东西，至少哲学要比生活知道更多的东西。“从静止状态理解的内在活动，被人们通称为概念。因此，正是**我**的概念必然与其直观相一致，没有**我**的概念，便不可能有**我**的意识，因为只有概念才能完成和把握意识。无论在什么地方，概念都不外是直观活动本身，只不过不是被理解为灵活的活动，而是被理解为静止状态和确定性；**我**的概念的情形也是这样。返回自身的活动如果被理解为不变的和稳定的，从而使作为能动者的**我**与作为我的活动的对象的**我**这两个方面恰好相互一致，那便是**我**的概念。”② 被固定在概念和凡常意识之必然性当中的反思无疑带给了我们一种现实自我意识，但**自我**的客观性在此之所以是可能的，完全

---

① Guéroult, *op. cit.*, I, p. 203.

② Fichte, Versuch einer neuen Darstellung der W. L., *S. W.*, I, S. 533.［中译本参见费希特：《知识学新说》，764 页。——译者注］

是因为一个不可还原的事实——**有限自我一般**的事实——被引入进来。概念即是规定。不过，这种规定是不能被推演出来的，它单纯存在着。因此，如果说先验哲学并不满足于约束，而且还希望进行规定，那么理智直观的哲学方法就包含着概念的“补充”和“包含”，但这种包含和这个事实恰恰是与它的本质矛盾的，因为，从这样一种视角看来，规定仍然与约束无关。与此相反，如果人们试图使规定仍然内在于约束，我们就必须脱离**有限自我一般**、脱离凡常意识和源始系列的反思与理论哲学的唯心论视角，目的是乞灵于**绝对自我**、哲学意识的反思、第二系列，以及实践哲学的实在论视角。因此，**有限自我一般**和共同体在费希特哲学中的对立促使 126
我们将哲学界定为思想的异化。费希特式阐释所说的和它所做的是矛盾的。事实上，它说的是自为不会从自身之外的任何地方获得其自建构的光芒，但是，就在这一自为的发生时刻，它实际上必须不断地从一种他异的反思、一种重新激活了独断论和无意识的魔力的自在那里获得它的光芒。

C）绝对与自为

对概念之“错位”的分析应该已经表明了其起源与神学背景。由发生到事实性、由自为到自在的过渡无非就是由**人到神**（其乃是哲学的中心和原则）的过渡。“在**绝对**中否定被我的意识直接把捉到的能量（énergie）就是否定我的意识；然而，一旦否定了我的意识，我就必须同时否定我自己。另一方面，假如我把**绝对**向我自己表象为与我的反思能量或意识能量不同的东西，这是依赖于这种能量、这种意识的。因此，一旦否定了我的意识，我同样应当否定这个**绝对**的表象（只有**绝对**使我能够将它构想为独立于这同一个意识的东西）。以下两种选择实际上是一致的：(1）要么，**绝对**通过自身存在，它并不是通过我的反思能量存在，人们不可以说：‘它是这样存在，因为我让它这么存在’。而且，为了使这条原则（其实存于反思能量之外、独立于反思能量）的存在不再向我们隐藏着，我们应当彻底消除这种能量。但这样一来，我的意识就是一个幻相，而**绝对**的表象——无论它是什么——也只是一个幻相。此外，一旦借**被表象的绝对**之名否定了意识，我就应当同时否定这种我借助其名否定意识的**被表象的绝对**。(2）要么，为了避免这样一种虚无主义，我应当说：作为**绝对**的表象的根源，意识不仅不是幻相，而且还是**被表象的绝对**的根源。所以，与看到实在性的力量相一致，一切实在性都应当在意识中被设定；但这样一来，所表象者——就其表现为独立于行表象者的实际活动的东西而言——就应当被还原为单纯的幻相。”① 毋庸置疑，费希特表面上身处于唯心论和**有限自我**的
127 阵营。但是，由于有限意识的明见性恰好通向了对**绝对**和事实性的肯定，所以费希特的这种选择隐含着矛盾。出于这个原因，他的阐释实际上令人羞愧地退回到了《实践理性批判》的公设那里。费希特的方法异化（其使凡常反思的真理错位至哲学反思当中）的真正来源是形而上学异化（其使**人**和意志的视角错位至**神**和**恩典**的视角当中）。被**有限自我一般**肯定为唯一的拯救途径的能动的道路就通向了取消它的被动的道路。理性主义通向了神秘主义。

费希特相信自己可以在不牺牲神圣实在性的情况下保持**有限自我**的视角：

> Und fortan lebt nur Gott in deinem Streben
>
> 从此只有神在你的求索中持存

此外，费希特在他第三首十四行诗的第二节中的追问似乎拒绝把神的存在和人对神的认识等同起来，他所表达的难道不是这种自律和信仰、认识理由［拉：ratio cognoscendi］和存在理由［拉：ratio essendi］的冲突吗？

> Wie gern' ach！wollt' ich diesem hin mich geben,
> Allein wo find' ich's？Fliesst es irgend ein
> In's Wissen, so verwandelt's sich in Schein,
> Mit ihm vermischt, mit seiner Hüll' umgeben.
>
> 噫！我多么愿意献身于他，
> 只是要在何处将他找寻？他一旦流入

① Guéroult, *op. cit.*, I, p. 206—207.

知识，便化为幻相，
与之融合，被其外壳裹挟。①*

然而，认识和行动间的这种冲突（它重演了自由和命定这两个前批判的古典论题）难道没有使所有自命的理智直观方法都变得毫无效力吗？它难道没有说明康德为什么如此激烈地反对他的弟子吗？如果这种冲突支配着费希特式“错位”，这难道不是因为费希特没有把握住康德批判哲学的意义，难道不是因为他想要借助独断论的概念来对批判哲学做出阐释吗？费希特本人难道没有打算用知识取代信仰，从而导致他的体系没有给认识和行动之区分留下地盘吗？这是因为，从发生到事实性、从人到神的错位是以牺牲意志与知性的区分为代价的。正是在这一知性的中心，认识和行动间的冲突发生了。事实上，认识完全被归于康德三大《批判》的 128
宇宙中。

如果我们现在追问这种处于萌芽状态的向独断论的回归的理由，我们会发现：它从本质上说是建立在一种混淆的基础上，也就是现象或本体的先验条件和构成了意识的那些心理学条件的混淆。人们无疑会说：(1) 反思借以呼唤存在的那些行动本身是在被束缚的**自我**的内在性中产生的，这依据的是后者本质上的有限性、其自身的内在必然性，亦即设定它并不包含的东西的必然性；(2) **有限自我一般**朝向存在的运动，亦即“实存的超越性”（transcendance de l'existence）因而就具有了一种先验的而非心理学的意义。但是，至于**绝对**中**自我**之规定的设定，**自我**只会在它与**绝对**的永恒不变的对立中完成它们，因此时间真正能够表现的只是永恒的运动的影像，因而也就是其虚幻的影像。心理主义之所以存在，是因为**自我**诸环节与**绝对**中的诸实在环节并不对应，它们仅仅表现了偶然性、有限性，以及**革命**的无可辩护性。费希特式无神论是不彻底的，因为时间不过是影像，历史也没有提供给反思和意向性相遇和前进的唯一可能场所。这便是费希特向形而上学，或者毋宁说向相互矛盾的有限性形而上学和无限性形而上学回归的意义所在。由于先验的东西被还原为形而上学的东

① Fichte, Kleinere Gedichte, Sonnette, 3, *S. W.*, VIII, S. 462.

* 本节诗歌由温玉伟博士译出，特此致谢。——译者注

西，所以形而上学的东西本身只能具有心理学的意义。哲学家不再追问“有关客体的先天认识是如何可能的”，而是追问“这个客体的存在是什么”？但这个问题又会回到下面这个问题：作为一切意识的条件的自我意识是什么？正因为如此，譬如物自身的先验意义就必然会避开这样一种阐释。发生观念的宗旨在于从形而上学的自我意识出发衍生出所有的先验要素，所以它不会严肃看待行动的特殊性。因此，它就与心理主义偏见联系在了一起。实践理性的优先地位通过它颠转为理论理性的优先地位。尽管如此，如果心理意识的内在性建构从自身当中催生了一种打破其界限的能力，并由此伴随着实践的“实在论”重新激活了行动之于认识的优先地
129 位，那么这一颠转本身从其心理学背景当中收获了一种真正的康德主义无疑会拒斥的意义。先验心理主义：这便是费希特式错位的起源。新康德主义阐释也正是通过反对心理主义对费希特做出了批评，而这是为了澄清它自身的原则。

第二部分
内强量原则（柯恩）

第五章　新康德主义阐释的哲学处境

当新康德主义批评唯心主义阐释和心理学—经验阐释时，它试图根除的是同一种偏见。虽然这看上去显得荒谬，但费希特的形而上学公设不是心理主义谬误的反驳，而是心理主义谬误的来源。不管德国唯心主义想要做什么，它并没能超越心理学的主体性，而且它由此错失了先验主体性的意义。这种混淆得以渗透进来的出发点是一个谬误，其关涉物自身的意义以及**实践理性**的优先地位。最后，为了对此进行补救，必须将形而上学分析和先验分析仔细区分开来。所以，我们将通过以下三个问题揭示新康德主义阐释的历史视域： 132

（1）什么是心理学主观主义的原则？

（2）费希特式形而上学及其对康德所做的阐释如何隐含着这一原则？

（3）真正的康德阐释怎样才能把这条原则和他的哲学分离开来？

然而，这三个历史问题只有通过它们向反思提出的如下三个哲学问题才能具有意义：

（1）天赋和先天的差异何在？

（2）只要人们还止步于形而上学的分析，先天就不能真正和天赋性划清界限。

（3）只有当人们由形而上学分析转入先验分析时，心理学天赋性的问题才能被超越。

§12. 天赋与“先天”

心理学分析只能确立一些相对一般的事实，但却无法对这“一般性”和“相对性”本身做出辩护；形而上学分析则发现了真正的根据和原则。 133

这两种分析的对立无比清楚地出现在了实践哲学当中，这是因为，正是它们的混淆在实践哲学当中导致了对道德性的抛弃和灵魂的卑劣（而不仅仅是分析的理论错误）。人类学止步于先天和天赋的同一性，因而它绝对无法提出道德问题。“如果我们把所有这些分析（其关涉为理性存在一般所宣告的道德法则的有效性）都集中在一起，那么这种将人类归于理性存在一般的实在论就不再是可疑的甚或单纯是多义性的。而且，下面这一点看上去就可以接受了：道德法则的基础有意忽视了人的心理学的、社会的本性，但这是为了将通过恰当方式发现的道德法则尽可能丰富地应用于后者之上。”① 心理学和社会学是就人之所是（l'homme tel qu'il est）来考察人，但这样一来，它们就先天地堵死了去要求人应当做什么的道路。因此，实践哲学（其必须考察应然存在的可能性）无论如何也不能从存在出发，不能用存在来限制，更不用说来规定道德法则的内容。因此，要理
134 解道德法则的本性就必须不再把它理解成我们内心的一个天赋元素，因为它反而应当是促成我们发生本性变化的因素②。

---

① Hermann Cohen, *Kants Begründung der Ethik*, 2te Auflage, Berlin, Cassirer, 1910, S. 169，以下简称 *KBE*。人们也绝对无法从技术性熟练的命令（impératifs de l'habileté technique）过渡到道德义务。这便是无知（non-savoir）和苏格拉底式反讽的积极意义：美德的科学与鞋匠甚或艺术家的知识毫无类似之处，因为它应当就目的本身（而不是手段与目的的关系）来评估目的。“在技艺性的领域中，仅仅涉及对于已经设定的目的来说的手段的恰当；在道德领域，则涉及目的设定本身之理由，即涉及行为之原则”（Natorp, *Platos Ideenlehre*, *Eine Einführung in den Idealismus*, 2te Auflage, Lepzig, 1921，以下简称 *PI*, S. 7［中译本参见纳托尔普：《柏拉图的理念学说：理念论导论》，浦林译，北京：商务印书馆，2018，21 页。——译者注］）。从现在开始，我们会在柏拉图对话（其根据批判性反思得到了阐明）中重新发现——而且将不断重新发现——哥白尼式革命的本质性环节。当然，这项研究不能被我们用来把握历史上的柏拉图哲学的意义——尽管它并不会对它的阐释造成损害，而且，由于对它缺乏认识，法国学界太过忽视它了——，但它使“实证主义”康德阐释的基本要点得到了清晰的展现。无论是在康德那里还是在柏拉图那里，科学之基础的逻辑问题都是通过道德追问而得见天日的。关键在于发现行为和认识方法的规则，这些规则无论在什么情况下都不会以心理学和经验的归纳为基础，而且，心理学和经验的归纳恰恰需要这些规则来促成自身的构成（*PI*, 8-10, 17［中译本参见纳托尔普：《柏拉图的理念学说：理念论导论》，21-26、36-37 页。——译者注］）。

② *KBE*, S. 137-178.

这样的话，人们就会说：虽然心理学是道德谬误的罪魁祸首，但它在认识的世界中却是真理的首要来源。这就是混淆了经验的权利（les droits de l'expérience）和经验论的意义（la signification de l'empirisme），就是相信"因为一切认识都是从经验开始，所以认识就是从经验中涌现出来的"，就是不恰当地把权利〈亦即原则〉等同于事实，把有效性问题等同于起源问题，把"来源（德：Entspringen）"等同于"开始（德：Anheben）"①，并且陷入到理论怀疑论（其遭到了数学物理学的存在的驳斥）当中，就像人们刚刚有陷入道德怀疑论当中的危险那样。对于道德怀疑论，绝对命令和道德要求在我们内心中的在场应当将其驳斥。"所以，在对于意识事实（就这些事实创造了认识而言）的分析中应当要有一种内在的倾向区别（distinction interne de tendance）。康德正是着眼于这种区别才要用'形而上学'这个被普遍承认的术语来意指在先的先验方法程序。而这一在先的形而上学条件同时亦是对心理学偏见的纠正。"② 因此，当人们把自己局限在心理学分析当中时，人们也就堵死了领会经验问题，也就是关于宇宙的科学认识（正如牛顿已经真正实现了的那样）的构成问题的道路③。"与先天论的对立的结果就是怀疑论。"④ 而且，天赋论不过是这种对立的

---

① Hermann Cohen, *Kants Theorie der Erfahrung*, 2te Auflage, Berlin, Dümmler, 1885, S. 132，以下简称 *KTE*。

② *KTE*, S. 173. 柏拉图式回忆（réminiscence）概念让位于天赋论；作为"心理学的转向"，它代表了对于各种神话和宗教启发的迷恋加之于柏拉图的科学逻辑主义之上的最大诱惑（*PI*, 36［中译本参见纳托尔普：《柏拉图的理念学说：理念论导论》，67 页。——译者注］）。《斐多》（*Phédon*）就是这样一个例子：回忆被用来证明灵魂的不朽性；这样一种心理学倾向导向了独断论；它迫使我们不再把理念解释成法则，而是把它们解释成事物；不再把理念解释成"表现着内在于此世的必然性"，而是把它们解释成"表现着第二个世界、表现着此世背后的世界"。"因为，正如可感事物必然被思考为同被束缚在身体中的灵魂相对，同样，纯粹的、无形的、存在着的事物，也必然被思考为同在其纯粹的、摆脱了身体的存在的灵魂相对"（*PI*, 38［中译本参见纳托尔普：《柏拉图的理念学说：理念论导论》，70 页。——译者注］）。尽管如此，几乎在所有地方，但特别是在《美诺》（*Ménon*）当中，意识的逻辑意义得以与它的心理学意义相分离。

③ *KTE*, S. 74；*KBE*, S. 84.

④ *KBE*, S. 76.

形式之一，因为它只是在考问我们各种能力的现实发生或它们与生俱来的结构，而没有真正以认识论而非心理学的方式提出经验的问题——这里涉及的不是作为认识世界（monde de la connaissance）的基础的经验世界
135（monde de l'expérience），而是作为经验世界的基础的认识世界①。或者，即使天赋论最终提出了认识的问题（例如在笛卡儿那里发生的历史事件），这种提出也带有**我思**［拉：Cogito］的含混性。当它对认识的各种元素进行审察时，**我思**［拉：Cogito］只是在表面上为它与心理印象的接续（la succession des impressions）的关联奠定了基础②。因此，对于经验的基本分析要求我们由天赋转入先天，要求我们通过一种不再是心理学的而是形而上学的反思来对意识的元素进行探究。这些元素不再服务于对这种意识的起源、生成或存在的描述，而是单纯服务于对它为知识大厦所做的贡献进行澄清。"我们由此看到：对科学的价值的信任和对意识基础的认可是联系在一起的。科学在意识基础之中发现了自身的起源，它在意识基础的创立中延续着自身的历史。"③

这种从心理学向形而上学的转变在与理论的和实践的怀疑论分离开来的同时还将思想从它对于经验主体性的现实进展的迷恋当中解放了出来。要为经验奠基就必须离开经验。或者不如说，为了从心理经验——无论是经验论还是天赋论都把它当作唯一的对象——转入科学经验，我们应当放弃对于实在经验的顺从，为的是使我们转向实在经验的根据和可能性。"为了走向自身的可能性，经验应当离开它单纯的实在性。"④ 我们在满足于描述使我们得以由心理学转入形而上学的运

---

① *KTE*，S. 17—22，42—55，69—75，80—130，239—257. *KBE*，S. 137—178.

② *KTE*，S. 30—31.

③ *KTE*，S. 76—77. 按照纳托尔普的说法，柏拉图哲学中的相应环节就是《美诺》。"所有存在着的东西之真，对于我们来说都源始地位于灵魂中，以意识为基础，并且似乎只有通过恰当的方法才能从中诱导出来"（*PI*，34［中译本参见纳托尔普：《柏拉图的理念学说：理念论导论》，64 页。——译者注］）。这个恰当的思考方法恰恰不能成为某种"外部"教导的对象。"德性位于其中的那种认识，必定是先天认识，即它必定根植于自我意识中"（*PI*，42［中译本参见纳托尔普：《柏拉图的理念学说：理念论导论》，77 页。——译者注］）。

④ *KTE*，S. 140.

动时已经意识到：只有当对于先验和可能的追求接续它的时候，这才是有意义的。实际上，形而上学从朴素经验当中抽身而出并不是为了在自身当中再生出一种第二的、精致化的经验质料，再生出第二种实在性，而是为了对这种经验进行奠基并发现它的理想的标准。正是在这种条件下，形而上学还要服务于认识问题。也正是这一点将康德主义和所有表象哲学、所 136
有“先验实在论”区分开来①。只要还停留在表象当中，提出认识之根据的问题就是不可能的，因为表象和各种心理元素的错杂先天地堵死了提出真正的认识论问题——科学经验之规则的构成问题——的道路。这一区别明确地出现在康德区分概念和表象、形而上学家的认识论关切和心理学家的描述性关切、图型（schème）和图像（image）时的那份细心当中。“如果我们的思想局限在了表象当中，它不仅根本不能解决它的问题，而且甚至无法提出这些问题……因此，这便是图型的意义：它把那根据其科学任务应当被提升到概念层次的东西，亦即规则，提升到了概念的层次。但是，规则意指普遍的东西，图像意指特殊的东西。就概念可以被图型化而言，它不需要萎缩成图像，尽管如此，它可以通过想象力得到‘表现’（figuré）。所以，心理的界限通过图型论转化为认识的条件，后者反而扩大了表象，而且心理学的要求也因此得到了提升。”② 确立起思想相对于表象的不一贯、无规则的自律：这便是形而上学演绎的目标。天赋论和经验论妨碍了科学对一种哲学（这种哲学与其普遍调节的要求相称）的追寻；它们既妨碍了人们的认识，又妨碍了人们的行动。它们既妨碍了认识问题的提出，又妨碍了实践问题的提出：各种规则是可能的吗？实在经验——亦即遵从法则的经验——是存在还是应当存在？除怀疑

① 事实上，柯恩的论证尤其针对赫巴特（Herbart）的实在论。

② *KTE*, S. 385. 因此，《泰阿泰德》（*Théétète*）的第二部分把“用‘真表象’来界定认识”的独断论论点归为荒谬的东西（*PI*, 115［中译本参见纳托尔普：《柏拉图的理念学说：理念论导论》，203 页。——译者注］）。只有将字母综合成字段才能使阅读成为可能，这种综合导向的不是物自身的再生理论，而是范畴理论；它是一个“概念的结合……它不是僵死的、机械的编排，而是新的、不可分的思想之诸统一性中的创造”（*PI*, 119［中译本参见纳托尔普：《柏拉图的理念学说：理念论导论》，211 页。——译者注］）。

论的假象世界之外还有别的东西吗？对形而上学的发现即是由假象（德：Schein）转向显象（德：Erscheinung），从假象转向现象，从凡常经验转向真正为其奠基的东西——科学经验和认识。

§13. 形而上学的含混性，以及人们有对其做心理学理解的危险的场合

A）先验的实在在先性（priorité réelle）

137 形而上学先天的唯一意义就体现在其认识论的用途上。忘掉这一点就意味着使形而上学退回到心理学。对于形而上学首要目的的吊诡性偏离便是：为客观性的规则奠定基础，从而将其从这种纯粹经验的、心理学的主体性那里推演出来。而这正是牛顿式科学和道德要求的双重事实，以经验的终极意义的名义，要求我们拒绝的东西。在柯恩看来，费希特和德国唯心主义对康德所做的阐释便源于此。由于没能把握形而上学先天那必然具有先验性的意义，所以他们重又发现了实在论的心理学偏见：他们虽然将这种实在性“精致化”了，但却未能真正超越这种实在性，也就是将它奠基为可能性。**知识学**的无限的反思性圆圈正是其空洞性的证明：“在康德哲学中，先验意味着先天的标准；而在费希特哲学中，它反而意味着打满了心理学烙印的自我意识。”① 这样一来，甚至就在费希特使用康德式词汇时，或者更进一步说，就在他重又发现了一种本真的康德式灵感时，当他肯定了实践理性的优先地位时，他将先验方法扭向了心理学的方向，并且把先天解释成一种实在性，这表明他既误解了自然知识又误解了道德理论②。在道德中诉诸理智直观无非是“由形而上学转入心理学”这种无

---

① *KBE*, S. 290-291；参见康德 1798 年 4 月 5 日写给蒂夫特隆克（Johann Heinrich Tieftrunk）的信：“单纯的自我意识，仅仅依照思维形式（德：nur der Gedankenform nach），却没有质料，因此，对这种自我意识的反思也就不能发现自我意识可以运用于其上的某物，也就不能超出逻辑学，这样的自我意识，只能给读者造成一个奇特的印象。由于任何系统的学说都是科学，所以，单纯是〈费希特著作的〉标题‘知识学’就使人很少期望能得到什么东西了，因为它暗示了一种科学的科学，也就把人引向了无限。”[中译本参见康德：《康德书信百封》，237 页。——译者注]

② *KBE*, S. 294.

意识过渡的例证。只要人们没有在哲学中完成相反的过渡，也就是“从形而上学到先验哲学”的过渡，“从形而上学到心理学”的过渡就会产生。“理念所意指的东西与范畴截然不同。这是因为，对自然发挥着创造性作用的范畴是与纯粹直观联系在一起的。但是，这些对于道德世界而言全都不存在。这是因为，根本没有这样的智性情感被给予：它能够使人相信，对 138
道德法则的直观可以通过它成为可能。而且，正因为没有这样一种纯粹直观（其对道德实在性发挥着创造性作用），所以既不存在与经验相符的认识，也没有任何有关道德的知识被给予。一旦对此做出改变，批判哲学的特征就会遭到破坏。直观的形式条件只在自由理念的‘类比物’中被给予。甚至连先验体系的伦理实在论都会遭到这种敉平式的首要地位构想（conception niveleuse du primat）的威胁。一旦把道德世界理解为本体的人［拉：homo noumenon］的界限概念以外的东西，人们就会错失道德世界的实在性。”①

在康德哲学中，**实践理性**的优先地位具有一种先验的意义，也就是说，它对这样一种意志做出了回应：其对一种认识之界限的可能性进行了奠基，并且在发现这一界限的基础上确立了感性世界与理智世界的统一特征。但在费希特哲学中，这种优先地位只具有心理学的意义，因为它是直接依照自我意识得到表达的。而且，由于被费希特加以利用的理智直观必然会介入进来，所以费希特敉平了存在的世界和应然的世界，从而为了树立起本体概念的形而上学意义而错失了这一概念的先验意义。所以，被寻求的对象不再是使科学和道德性成为可能的意识元素的体系，而是一种心理确定性（其与所有意识元素［这些元素是在一种必然是实在论的意义上被理解的］都是相关的）的指定（assignation）——尽管这里牵涉的不再是经验的实在论，而是先验的实在论。理智直观被发明出来的目的不是将义务之存在（être du devoir）奠基为目的王国之理性立法的可能性，而是将这一存在的心理意识描述为神恩王国［拉：regnum gratiae］的现实性。通过这种颠倒，曾经是理论的终极界限的东西变成了出发点和原则②。

① *KBE*，S. 300.

② *KBE*，S. 298.

实践哲学本身变成了理论哲学，认识的任务吊诡地与行动的任务实现了同一。实践理性变成了自己的反面，变成了理智直观，亦即理论妄想（délire théorique）。然而，“教导自己去认识自身界限的经验理论本身同样能够表明其他各种认识的界限何在；与此相反，实践哲学是没有能力使理论停留
139 在它需要给它自己确定的界限以内的。正是由于这种混淆，费希特才被他有关实践理性的优先地位的构想所推动”①。

正因为没有提出先验问题，形而上学实在论从批判唯心论退回到了绝对唯心论。理智直观由此介入进来，因为关键所在不再是为认识奠基，而是以形而上学的方式发展出自我意识的概念（因为认识的确立始终隐含着概念与直观的协作②，所以它先天地取消了理智直观的可能性）。因此，由于形而上学实在论，认识和行动一道变得不具有可能性：事实上，人们一旦认为“可以超越于经验之上奠定绝对的基础，而不是将绝对视为对经验的限制”③，实践和理论、理性和知性就会发生混淆。“对于费希特来说，物自身不是一项任务，而是一种实存，恰似先验并非一种标准。而且，正如实践理性具有优先地位那样，道德法则是最终的物自身，并且整个感性世界都成了它的现象……因此，从**实践理性**的优先地位的思想中产生了费希特的理论唯心主义。所以，就动机而言，后者毋宁说是而且始终是一种伦理唯心主义，因为先验批判主义的颠倒正来源于这一优先地位。但是，对象——人们正是在‘对象’概念那里遭遇了这一颠倒——乃是本身可以得到证明的‘图像’，是一种我们在自身当中感知到的以及我们在其中感知到自身的活动或灵活性（agilité）的‘图像’。这种自律的感性表象就是人们所说的自由。这种自由是道德性的原则。”④ 形而上学和心理学的混淆在这里明明白白地呈现了出来。在康德哲学的原初灵感当中，自由出现在道德法则概念的分析性说明的最后（它在先验的层面上奠定了道德法则的基础），而费希特式自由则被等同于自我意识本身的一

① *KBE*，S. 295.

② *KTE*，S. 605.

③ *KTE*，S. 526.

④ *KBE*，S. 292-293.

个特征：它界定了一种特殊的灵魂本性（une nature particulière de l'âme），这种本性使其作为一个“图像”出现。也正是在这个“图像”当中，心理的特殊的东西根本看不到使各种规则成为可能的先验要素必然具备的必然性和普遍性。人们由于混淆了理性和知性而从概念退回到了表象，从图型退回到了想象，从科学或道德意识退回到了自我意识。这样一来，作 140
为理智直观的源泉，自我意识（德：Selbstbewusstsein）的激情（pathos）所表现的无非是形而上学和心理学、先天和天赋的持续不断的混淆。

“在费希特那里，先验演绎所包括的仅仅是以自我意识为出发点的推导。证明一个概念是自我意识的条件就是对这个概念进行演绎。而这正是片面的、错误的笛卡儿主义道路。与此相反，在康德那里，演绎是以科学经验的条件为出发点的推导，数学的纯粹直观的杂多对于自我意识的统一性而言也属于科学经验。”① 只要演绎仅仅满足于揭示自我意识的各种元素，而不去确定它们与可能经验之构成的必然联系，它就仍然是形而上学的。而且，这样一来，它还悄悄激活了天赋之心理学的困难与偏见②。笛

① *KBE*，S. 55.

② *KTE*，S. 309. 我们这里可以对照一下《卡尔米德》（*Charmide*）所揭示的有关“一种或许为对象意识做好了准备”的自我意识的困难。“假定有一种认识，它根本不认识异于它自己本身的任何对象，而是仅仅认识‘认识（connaître）’和‘不认识（non-connaître）’——因此对话的参与者克里提亚（Critias）宣告了自我认识——，这样一种认识似乎完全是不合情理的”（*PI*，25［中译本参见纳托尔普：《柏拉图的理念学说：理念论导论》，49 页。——译者注］）。纳托尔普对克里提亚所做的阐释的批判正是柯恩对费希特做出的批评。苏格拉底式的回归自己本身，回忆既不应当指一种心理活动，也不应当按照经验意识来表达。“如果在‘自我’那儿所想到的只有一般意识，如果意识的合法则性（德：die Gesetzlichkeit des Bewusstseins）——根据它意识自身塑造了对象，即概念这种纯粹对象——没有于其中同时被想到，那么，人们‘从自己本身那儿’取出认识这一说法，就会毫无意义”（*PI*，29［中译本参见纳托尔普：《柏拉图的理念学说：理念论导论》，54 页。——译者注］）。从心理到先验的过渡被再清楚不过地指了出来……“自我即形式”便是《美诺》的教训。“现在，自我认识不再与对象认识相分离，因为任何真正的对象，无不是在认识之概念中，依照认识的独特法则而建构起来的。认识、纯粹认识，是自我产生出来的、对象唯独于其中才对我们变得确定的那种概念。意识的独特法则首先产生出对象，即作为意识的对象”（*PI*，31［中译本参见纳托尔普：《柏拉图的理念学说：理念论导论》，59 页。——译者注］）。

卡儿式心理主义因而自然而然地溜进了对康德哲学所做的阐释当中，后者因此激活了我思［拉：cogito］和天赋观念［拉：ideae innatae］的各种含混不明之处。费希特在康德之外重又回到了笛卡儿那里。正是由于这个原因，深陷于自我意识的形而上学分析之中的费希特忘记了依据先验分析来对自我意识的标准亦即客观调节的意义进行考察——这种先验分析的考
141 问对象不是**自我**的经验的或形而上学的构成，而是**自我**与知识世界之构成的确定关系。**哥白尼式革命**的发现的原创性因而遭到了误解，而且还被贬低到苏格拉底式反思或笛卡儿式沉思的水平。在费希特看来，康德主义无非就是"日耳曼化了的笛卡儿主义"，而"意识的统一性无非就是我思［拉：cogito］的单子论表达"①。黑格尔频繁发动的针对康德主观主义的进攻正缘于此，但这种批评命中的实际上只是费希特阐释的批判主义唯心论，因为后者，在没能通过对形而上学加以必要的先验补充来深化它的情况下，根本没法避开任何心理学的偏见与局限——无论是反思的心理学还是经验的心理学。"只要意识的统一性还是在人格的层面上被思考，它被赋予的客观性就仍不能对经验的内容加以发展，而且，无论是假象、任意理由还是主观主义的游戏，这一切全都不可避免。客观性那种通过科学方式得到确定的毫不含糊的有效性只会在诸原则②之统一性的意义当中要求意识的统一性，因为这个词语不能隐藏任何人格的、心理的东西。原则是自然法则的根据、普遍的自然

---

① *KTE*, S. 590.

② "原则"（principe）是我们对德文词"Grundsatz"的翻译。"Princip"这个词同样出现在了康德的术语中，但康德是在物自身的界限性意义上的（作为认识之系统统一性的范导性原则）理念的意义上使用它的；在这种情况下，为了确保明确性，我们采用了"无条件原则"（principe inconditionné）这种翻译。［需要注意的是，作者虽然像康德一样区分了"Grundsatz"（德：原理）和"Prinzip"（德：原则），并将后者译为"principe inconditionné"，但是，一方面，他并没有在这个注释以外的地方用到过"principe inconditionné"这个表达；另一方面，他也并非始终在康德所理解的"Grundsatz"的意义上使用"principe"一词。也就是说，他实际上既用"principe"来翻译"Grundsatz"，又用"principe"来翻译"Princip"（这在一定程度上类似于之前提到的"objet"的情况）。所以，译者在译文中统一将"principe"译为"原则"。——译者注］

法则。”① 费希特式阐释的不合理之处就在于，它因止步于形而上学分析之故而无法赋予先天以意义：意识的存在为我们发现了那些具有普遍必然的有效性的元素，但这根本不取决于意识的主观本性，而是完全取决于意识与认识的必然联系。因此，“如何从自我意识过渡到对象意识？”这个德国唯心主义的基本问题是无法在这种唯心论的视域中得到解决的。但它却有如下隐含内容：对这一自我意识诸元素的演绎要回到它们那原初的客观的、先验的本源，也就是它们在科学体系中的意义②。**我思**［拉：Cogito］就此不应再被构想为笛卡儿式心路（itinéraire mental）或费希特式理 142
智直观的实践感。它原初地、先天地就是对象之可能性的条件。最后，“它是形而上学的”的唯一理由就在于它是先验的③。

也正是由于这个原因，排除唯心主义康德阐释所设定的想象力的主观优先性势在必行④。“这种‘主观’能力在康德哲学中既是给知性综合和直观杂多带来均衡的手段，又是将杂多聚集在综合的统一性之中的手段。而康德那些醉心于表面上的最高统治权和源始自治权的后继者实际上直接将康德哲学动机的广博性狭隘化了，他们落入了才华横溢的单调之中。对这些想象力的能手来说，想象力直接变成了能生的自然［拉：natura naturans］为成为被生的自然［拉：natura naturata］所需的方便动力。”⑤后康德主义将自我意识还原为想象力，因为它不是在后者那里看到了方法的科学统一性并因此赋予其先验的意义，而是穷竭了想象力的形而上学意义。这样一来，它在想象力那里发现的自然就是万千主观幻化的诗性源泉，而自我意识正是从这一源泉那里获取了不同的形式。康德式方法的形而上学构想亦即主观主义构想，其结果就是使批判的中心发生错位。作为

---

① *KTE*，S. 570.

② *KTE*，S. 589.

③ 这正是《克拉底鲁》（*Cratyle*）相较于《泰阿泰德》所取得的批判性进步：对前者而言，认可概念规定（范畴）的必要性应当“从关于认识之可能性的单纯假设”那里推演出来（*ΠI*，128［中译本参见纳托尔普：《柏拉图的理念学说：理念论导论》，226 页。——译者注］）。

④ *KBE*，S. 54.

⑤ *KTE*，S. 588.

科学客观性的条件，先验方法产生于原则的统一性①，而作为主观统一性的形而上学方法则产生于想象的“能力”。避免这种康德哲学核心概念的错位的唯一方法就是想象力，作为主观能力，要在客观的原则方法——就其使对象成为可能而言——那里找到自身的来源、根据和保障。与此相反，一旦人们沉湎于自主的主观演绎的幻想，一旦人们设定并完成了形而上学，那么屈服于这种错位的诱惑就在所难免。这种错误到了最后就是用
143 情感代替认识，用传记代替哲学②。这种错失了先验意义的错位的根据，亦即真理之本源的问题本身“就在于**我**无论为了在意识活动中把握先天而付出多少努力，它在一切客观性的创造性设定中只能在形而上学的意义上把它们规定为心灵的根源或自我意识的基本条件”③。哥白尼式革命的意义就取决于演绎是把优越性赋予主体还是客体、形而上学的东西还是先验的东西、经验的东西还是纯粹的东西、心理学还是科学。这关系到哲学的自主性和形而上学的科学特征。

B）康德式形式主义

如果说形而上学只是过渡的场所、只是纯粹的消逝状态［拉：status evanescens］，它的存在只是为了先验得以出现，那么就能够承认它具有主体一方的［拉：a parte subjecti］而非客体一方的［拉：a parte objecti］优先性。而从一种视角过渡到另一种视角后，情况就会发生颠倒。首先，我们已经认识到，形而上学是先验的认识理由［拉：ratio cognoscendi］，先验是形而上学的存在理由［拉：ratio essendi］。但我们现在应当再前进一步：即便从认识的观点看，形而上学的评估也根本不是在先验之前，而

---

① “意识的统一性既非范畴的统一性亦非直观的统一性，它是直观杂多的综合统一性，是这两种方法的关联。而且，由于这两种方法在综合原则那里得到了表现，它因而是原则的统一性。”（*KTE*，S. 589）

② *KBE*，S. 291.

③ *KTE*，S. 581.《斐多》的意义：理念并不单纯是给由它联系在一起的表象提供统一性的恒常元素，它还是表象的发展以及为表象奠基并赋予其至上原则的逻辑过程的法则（*PI*，136［中译本参见纳托尔普：《柏拉图的理念学说：理念论导论》，240−241 页。——译者注］）。

是在先验之后。“为了不错过形而上学阐明（德：Erörterung）的趋向，我们必须将对先天的形而上学解释导向它的先验意义。”① 主观演绎根本无法发现以形而上学的方式赋予**自我**诸元素的普遍性和必然性（而天赋论希望的疯狂之处正在于此）。这些元素只有通过和对象之可能性相联系才能获得这些资质。例如，我之所以应当把意志与欲望区分开来，不是因为我面对的是我自身中的两种心理能力或两种本身就拥有其内在区分标准 144
的意识行动，而是因为前者有其保障而后者全无保障。此外，是（德：Sein）与应（德：Sollen）这一层次极高的先验区分（亦即关乎认识和行动的有效性的先验区分）先天地禁止了这样一种构想。由于这一区分事实上将欲望重置于存在一方、将意志重置于应然存在一方，所以用认识把握意志并因此在某种能力那里看到绝对普遍性和绝对必然性的标准从根本上变得不复可能。因此，意志的先天特征必然是其先验意义的结果，因为它在后者之外——在被理解为存在的自我意识之中——绝无容身之所。意欲即是应当以普遍的、必然的方式行动，但由此一来我们内部并没有哪种能力可以对这一呼吁做出回应，因为它们会使先天失去意义。所以，作为事实分析的形而上学分析在此甚至不具有独立地位。道德反思当然是不存在理智直观的绝佳证明，但它同样也是关乎权利［拉：jus］的先验分析切实优先于事实［拉：factum］的绝佳证明。“正如问题所断定的那样，对存在者、认识论有效性、先验价值的规定应当在人的意愿、理性的实践应用、创生性的思维之中，并且在与它们的关联中完成，后者是它们的悬拟材料（matériel problématique）。因此，这种应然存在对于我们来说首先意味着与欲望截然相分的意愿的必然性。”②

客观化分析相对于主观分析的这种优先性澄清了《纯粹理性批判》中两个最为晦涩的地方：一个是**感性论**和**先验逻辑**的联结，另一个是对**先验逻辑**之要素，亦即概念与原则的关系的发现。第一个问题关乎《纯粹

① *KTE*，S. 99. 形而上学先天的标准：必然性和普遍性因而仍然是“外在的”标准，使其获得自身全部意义的只能是先验的标准：经验之可能性（*ibid.*，S. 99；*KBE*，S. 32-34）。

② *KBE*，S. 141.

理性批判》的统一性，第二个问题关乎先验分析和**形式逻辑**的关系。首先，如果人们认为**感性论**形成了一个独立的整体，并且还认为算术和几何的真正意义可以在这些具体科学自身的层面上加以探求，那么形而上学分析能够在必要时绕开先验分析就是不言而喻的事情，因为对象之可能性看似并不首先参与到数和图形的构成当中。这是毕达哥拉斯主义者所处时代
145 的希腊科学的水平。但是，如果想要维持先验方法相对于概念的形而上学阐明的优先性，那么摆脱这种构想恰恰就成为理所当然的事情。这样的话，如果认识的可能性最终要以对象之可能性的统一性为基础，如果各门科学形成了一个整体，那么**逻辑学**和**感性论**的不可分割的统一[1]就会表现为一种必然。而内感官的方法论作用就在于肯定这种统一性。内感官"当然构成了感性的一部分。但是，即便时间（其乃是所有认识内容的一般感官形式）的全部意义肯定可以在**先验感性论**中得到描画，但**先验感性论**并不足以对它做出完整的说明"[2]。因此，经验统一性的原则最终奠定了数学真理的基础。而且，正是构成物理—数学对象的先验可能性以回溯的方式对具体的数学形态及其形而上学构成机制做出了说明。有且只有一种经验：这便是内感官的意义。而且，应当得到发现的我们所有认识的多样性的原则正是这种经验的可能性："数学原则追求认识的价值，也就是说，它们是按照自身的先验可能性得到评估的。它们本身也要在纯粹知性命题中找到自己的根据所在。"[3] 数学的真理即是它与物理学、与经验可能性的关系。这种关系指的不是从直观到概念的形而上学还原，因为它反而使我们能够发现它们的先验差异。它的全部目的都在于确立经验和经验对象的统一性。"在**先验逻辑**中，先天不是深化为某一具体科学的形式条件（无论这有多么重要），而是深化为经验整体的科学的形式条件。"[4] 因此，从形而上学到先验的过渡同时也就是"从主观到客观的过渡"和"从科学与认识的多样性到它们那倚赖对象的统一性的系统统一性（leur

① *KTE*，S. 191.

② *KTE*，S. 191-192.

③ *KTE*，S. 414.

④ *KTE*，S. 254.

unité systématique reposant sur l'unité de l'objet）的过渡”。笛卡儿的主观**我思**［拉：Cogito］将物理学问题还原为几何学问题。而康德的知性原则完成的却是相反的活动，它们最终使数学的可能性（这种可能性本身是主观的和形而上学的）建立在了内在于对象之先验根据的关系的基础上， 146
也就是建立在了经验之整体统一性之中的物理认识的可能性的基础上。

其次，我们正是以先验统一性为参照才获得了范畴演绎的指导线索。“在方法的引导下，康德不是从范畴走向原则，而是从原则走向范畴。为了回想起最为人所知的东西，我们并不是从因果性范畴出发并通过它到达第二个经验类比，后者的可能性才是问题所在。”① 表面上的范畴演绎是以判断和判断“表”为出发点，但它只是主观的形而上学幻相的产物，因为如此一来，这些范畴直接表明的是一种主观的意识统一性，而且它们最终表明的是一种对概念的经验的、心理学的阐释。因此，“将数学和**感性论**构建为独立科学的活动”和“对范畴的形式演绎”取决于同一种有关康德哲学方法的意义的幻相。虽然演绎表面上的顺序是从判断（即自我意识之主观形式）到原则（即对象意识之客观形式），但先验分析相较于形而上学分析的优先性却要求我们把这个顺序颠倒过来。以判断作为中介的暂时性过渡仅仅指出：判断乃是科学形成（formation scientifique）的表现。而且，最终，这些判断自身即便没有包含先验问题的解决，至少也已经包含了先验问题的提出。康德根本没有预设“**形式逻辑**是**先验逻辑**的原则”，恰恰是**先验逻辑**的确立最终决定了**形式逻辑**做出的那些区分和论断的真理性②。因此，当我们声称“康德体系中先天的承负者，无论是**时空**还是范畴，它们都应当被构想为方法而非心灵的形式”③ 时，这个命题排除了形而上学的独立性，目的是将它奠基于先验之中。只有这个命题能够（1）赋予存在与应然存在之区分以意义；（2）确立存在和那些构成它、穷尽它的认识的系统的统一；（3）最终解放这一可能经验的统一性， 147
这是就如下情况而言的：**形式逻辑**和判断理论在必要时会试图赋予它一些

① *KTE*，S. 408.

② *KTE*，S. 77–78.

③ *KTE*，S. 584.

所谓的条件，但后者事实上只有通过它的中介才能获得有效性和意义。先验分析的内在标准即是整体性与无条件性。

C）先验分析的独立性

尽管如此，我们的论证中难道没有出现循环吗？先验分析的确没有将**形式逻辑**和判断预设为前提。但是，如果它是出自经验可能性的至上原则，那么它难道没有预设牛顿式数学物理学的存在，以至于应当对这门科学的价值奠定基础的东西要从它与这门科学的内在关系中获得其根据的先验意义吗？同时，**义务**和**自由**的至上原则又变成了什么？有两种至上原则存在吗？它们是如何统一起来的？《纯粹理性批判》和《实践理性批判》是如何统一起来的？先验分析难道不是先天地在两种相互矛盾的倾向间撕扯吗？最终重回费希特并将**理性**的实践能力和理论能力在理智直观中混为一谈看上去难道不是绝对必然的吗？

如前所见，先验方法既没有也不能把科学预设为事实，因为它是从实在性问题过渡到可能性问题①。关键不在于考问科学认识及其对象的事实，而在于考问它们的可能性。正因为如此，哲学并不给科学分派原则，而且它到达了真正无条件的东西。这便是**哥白尼式革命**的意义。它使我们摆脱了实在论。因此，针对先验分析独立性的反驳意见隐含着一种视角，
148 其仍未清除掉形而上学那种意欲使自身具有独立性的倾向。在此，我们感兴趣的根本不是对象自身，而是认识对象的方式。“康德将与其说是关注

① 从实在性问题向可能性问题的过渡乃是柏拉图后期哲学的典型特征，因为柏拉图意识到，有必要赋予诸概念以某种运动、自我发展、独特的生命，而这正是为了绝不把它们仍旧奠基在被独断地预设的元素之上（*PI*，146［中译本参见纳托尔普：《柏拉图的理念学说：理念论导论》，260页。——译者注］）。《斐多》的“演绎”方法宣告了这一革新（*PI*，157［中译本参见纳托尔普：《柏拉图的理念学说：理念论导论》，281页。——译者注］）：我们通达范畴、原则、方法与原初假设的方式，亦即通达“我们所确立并使之成为我们知识的解释之基础的诸首要的同一性”的方式表明，柏拉图理念论真正的驱动力正是经验之可能性的原则（*PI*，163［中译本参见纳托尔普：《柏拉图的理念学说：理念论导论》，291页。——译者注］）。

于对象，不如说是一般地关注于我们有关对象的先天概念的知识称为先验的……康德将‘一个概念是先天的’这种知识称为形而上学的。但这种形而上学知识所倚赖的只能是对内在经验和科学文献的解释。一种有关对象的因而是综合的、具有先天价值的知识在多大程度上是可能的？只有这种知识是先验的……先验研究并不涉及知识的客观内容，而是被引向了对价值要求的肯定、被引向了方法。所以，它虽然没有不同于形而上学研究的对象，但作为方法却迥异于形而上学研究。他所表明的单纯是先天的可能性维度。”① 使哲学的无条件性成为可能的是从实在到可能、从客体到对客体的认识的过渡。形而上学唯心论由于将这种过渡解释成从“物”到“自我”的过渡而误解了它，因为这个**自我**仍然是形而上学的和主观的。这样一来，内在经验和科学文献的各种观察一样都受到了严格的约束。与此相反，**哥白尼式革命**所谈论的先验主体指的只是一种哲学兴趣的觉醒，亦即对于认识的价值、对于客体在起源和可能性上的根据的真正的哲学兴趣的觉醒。那些引证非欧几何的存在来批评**先验感性论**的反对意见恰恰表现了这种对先验和客观、哲学和科学的混淆：“在一种实际的几何关系中的任何规定都是非批判的，因为它预期了研究的自规定。唯有将各种元素联系起来的一般方式才应当被确定为我们感性的基本活动形式”②：只有共存的可能性（la possibilité de la coexistence）才是先验的元素。只有妨碍了科学研究的自主性和先验原则的无条件性的形而上学偏见才会将对共存样式的规定赋予哲学。

因此，这种无条件性只能是康德主义的“至上原则”——经验之可能性原则。“是什么使至上原则成为可能？不是别的，就是它自身。不存在任何高于至上原则的东西，也不存在任何高于思维的必然性。”③ 因此，从至上原则出发的先验分析应当确定我们知识的全部来源的价值与它们的界限，也就是说，它应当先天地规定它们的正当性与运用。无条件的东西同时应当是整体性的东西。形而上学正因为没有对知识加以考问而只能 149

① *KTE*，S. 134，149，166－179.
② *KTE*，S. 213.
③ *KTE*，S. 139.

触及局部的对象，但先验分析则先天地具有建筑术特征，因为它对对象之可能性的推演仅仅以对知识中可能经验之统一性的考察为出发点。使我们能够解决知识本身的界限及其与行动的关系问题的正是这种建筑术特征。“举例来说，我们是否应当满足于因果性，或者说，我们是否还需要承认一种意识的最终元素？没有任何形而上学阐明能够对这个问题做出判断。同样得不到回答的还有下面这个问题：应该如何表述因果性这一基本概念，是把它表述为理由律，还是把它表述为将现实变化规定为如此这般的概念……因此，先天元素的规定就朝向了与科学知识的事实（其通过它们得到奠基）相关的联系和（先验）能力。例如，人们会发现，因为体系概念对于科学是必要的，因为它对于后者是具有构成性的，所以如下情况就具有了必要性：要找到这样一个意识元素，它就其普遍性而言是与这一科学特征相符的。”① 如果先验方法应当给科学知识的有效性设置种种界限，那它只能且只应在可能经验的至上原则内部发现它们。此外，如果它在对这些界限进行规定时需要考虑到我们的知识（为了保持有效）应当和数学物理学的“事实”保持的关系，那么它需要把这种偶然性（contingence）规定为知识大厦中的一个先验元素。

正是这种先验的偶然（hasard）保证了先验方法的无条件性（因为它
150 本身规定了后者的境况与意义），并且使它摆脱了一切涉及科学绝对或形而上学事实的偏见——后者由于使其困陷于实在之中而妨碍了它在可能的宇宙中亦即知识的源泉中确立自身，而且还强迫它像实证主义那样把哲学和科学混为一谈。正是这种偶然最终保证了**理性**和康德三大《批判》的统一性。“由于先验的方法将它的各种演绎引向了数学自然科学的事实，因此它的出发点并非‘某种完全偶然的东西’。而且正是在这一出发点中存在着批判哲学的骄傲与谦逊，存在着它对于科学真理的热情和对其界限的洞察：所以，这就是将目光转向某种并非经验，因而不是全然偶然之物的东西的可能性。”② 先验分析通过在自身当中设定认识（经验可能性之至上原则充当着认识的唯一根据）来源的统一性而感觉到了用思

---

① *KTE*, S. 77－78.

② *KTE*, S. 500；*KBE*, S. 89.

维超越认识的必要性。它将物自身的概念置于先验的状况下，并且为了调节那已然由至上原则所构成的东西而召唤物自身概念。但是，这个办法（其绝没有隐含先验的物或形而上学实在性）仍然内在于认识的运动和**力学**在“自然科学”中遭遇的自限定①。因此，对于这个任务，即确定“自由”概念的那种疑难性的、始终是方法论的意义，承担起它的不是虔信主义或主观主义的先天形而上学，而是先验的方法。而且，这样一来，无条件者不再像在费希特哲学中那样要以彻底贬低经验的至上原则的方式来为这一原则奠基，因为它就是这一原则在内在性限定的运动中设定的东西。

“目光因而转向了我们一开始就看到了的系统：因为正是自由的本体（*noumène de la liberté*）这一悬拟的界限概念向我们展现出一条道路，我们应当在这条道路上发现一类新的立法活动，其与经验立法截然不同。到此为止，我们只是在阐发分析的纯粹意志概念。在这之后，由纯粹意志构成的系统最终出现了。这个系统是由这类新的立法活动以分析的方式加以说明的。这类新的立法活动无疑是作为悬拟之物出现在可理解的偶然性的深渊当中，但它是本体的，它限定了一切知识。本体的实在性完全取决于理 151
念的范导性特征。”② 实践理性的优先地位由此获得了一种不同于费希特赋予它的意义的全新意义：被视为最终目的的道德法则将现象转化成了本体，从中，现象的系统发现了自身的界限。“所有属人事物之所以能够被理解为属人的，完全是因为存在着道德法则。”③ 自由，亦即理性的实践特征，最终构成了本体的原则，而且，当诸现象不是被认识而是被思维

① *KTE*，S. 511.

② *KTE*，S. 225.

③ *KBE*，S. 272. 正是《会饮》（*Banquel*）的运动切断了与“对回忆说的所有心理学阐释”和“对理念的所有拜物教阐释”的关系。“最后进行生育的即纯粹法则‘本身’，无疑不可能再被称作思想的一种产物。但任何确定的思想、诸知识的甚至普通经验（Empirie commune）的整个内容，都是被生产（德：erzeugt）出来的，而不是被发现（德：vorgefunden）出来的。难道人们不应说：在这儿‘形而上学的’先天通过‘先验的’先天而得到克服？”（*PI*，179）［中译本参见纳托尔普：《柏拉图的理念学说：理念论导论》，318 页。——译者注］

时，它由此也构成了现象系统的原则。所以，“绝对无条件者”“应当存在”澄清了物自身的悬拟意义——它出现于现象思维的根基处，通过它，认识成为系统，因果性趋向于以给出的条件的整体性亦即合目的性为基础。

这样一来，先验方法自身的无条件性就得到了确保。事实上，它在其至上原则中发现了经验的可能性，发现了承认这一原则的界限的必然性，而且还在思维而非认识的名义下设定了一个无条件者，这个无条件者摆脱了一切与可能经验和先验偶然的关系。形而上学方法混淆了理论和实践，它将**应然存在**的无条件者转化为**存在**，并且用可理解的偶然性将其填满。另外，它消除了认识与认识对象的关系的偶然性，而且它只能达到一种感受的形而上学主体性（subjectivité métaphysique du sentiment），其无法使任何立法活动成为可能。先验方法在现象之立法中发现了那些将它引向另一类立法亦即本体的立法的元素。但是，凭借思维与认识的区分、本体与现象的区分，它避免了将这两种立法活动混为一谈。而且，我们凭借现象宇宙看到的自限定运动，它赋予了先天综合判断的至上原则以真正的无条
152 件性。这种无条件性被构成为其有效性和其自身诸界限的圆圈。“形而上学在康德之前是一种艺术。只有在康德那里，形而上学才成为科学。”①先验之优先性的结果便是它由此确保了它的独立性。形而上学凭借这种分析的介入而成为一门科学。

* * *

先验方法是形而上学方法的真正根据。因此，如果形而上学方法得到了透彻的理解，那么它就应当局限在发现：对哪些认识的说明会迫使我们诉诸先天的来源。因此，《纯粹理性批判》的真正问题就在于确立认识的不同种类以及它们彼此间的先天关系，而这些关系必然会介入到客体之可能性的原则当中。这些元素就是形式。由于发现了这些形式，批判唯心论同时排除了经验论（其无法达到先天）和质料唯心论（其没有区分客体问题与认识的先验来源问题）。先验分析也必然会走向形式问题，会走向对这些形式所发挥的作用的考察。然而，在先验认识中，我们已经看

---

① *KTE*, S. 576.

到："具有先天性的不是客体——无论它是直观还是概念，而是认识样式。下述概念的相互所属使先天从对立的宇宙那里脱身而出：实在—可能、客体—概念、事物—观念、客观—主观。因此，一种新的对立，而且是前所未有的、在一定程度上对应于它试图超越的东西的对立，出现在了世界当中……：现象—本体。"① 事实上，如果我们此后追寻的是客体认识的先天来源，那么我们同时就拥有了它们的演绎的至上原则：必然将所有这些客体构成为现象的经验之可能性，同时还有这一原则在本体的范导性应用中的自限定。这种全新对立出现的深刻意义不是别的，就是哲学之无条件性的发现，以及形而上学凭借先验方法向科学行列的提升。此外，
还应当通过先后向我们追问"实践的形式主义"和"理论的形式主义" 153
的意义来考察形式的批判问题。而且，这种考察是与形式对于本体和现象的双重意义相关的。

我们称先验要素的整体为现象的形式（formes des phénomènes）。这一整体"旨在单纯为表象立法。对它的考察可以独立于现象中一切特殊的东西、独立于人们用'质料'这个名称来意指的东西。形式并非单纯走向一种特殊的现象内容的样式（habit），它乃是一般方法和一般方式。借助它们，所有那些提供了外部事物的现象的表象应当先于其他一切要求被实现出来。因此，纯粹意愿概念要求着同一种区分。我们不应与一切意愿的经验保持距离。但是，我们应当在意志当中也区分出质料和形式。纯粹意愿的概念正是以这一区分为基础，而且它也要求这一区分"②。所以，对经验论和怀疑论的反驳乃形式之发现的直接结果。形式奠定了客观性之可能性的基础，或是至少奠定了如此这般的立法活动的基础，也就是说，它们为先天之外在标准——普遍性和必然性——做出了深刻的辩护。但与此同时，质料唯心论，作为单纯的形而上学经验论和——如前所见——次级的主观主义，无论是它的意图还是它针对批判唯心论的"始终停留在形式的层面上或没有内容"的恒常批评就都被排除了。事实上，"形式绝没有构成内容的对立面。恰恰相反，它指的是内容的法则，

① *KTE*，S. 135.

② *KBE*，S. 189.

而且还指内容的创造与形塑的法则”①。作为内容的法则，形式本身就是
154 一种内容，但这种内容是自我设定和自我辩护的。形式理论同时也是对形式主义的最佳反驳。

尽管如此，如果对质料唯心论的反驳似乎并不完全是理论上的，那么在实践领域中，情况是否会有所不同？《实践理性批判》头两条定理所包含的对一切质料的价值伦理学的批判难道没有义务为了和自身保持一致而排除掉一切形式的内容，而这一内容——由于**先验感性论**中纯粹感性的确立，它在理论上是不同于质料的——现在难道不是与质料同一了吗？但正是在这个问题上，本体概念能够帮助我们走出困境。这种普遍立法的形式事实上是什么呢？它从定义上说作为其法则存在的那种内容是什么呢？对道德质料主义的批判已经表明：“谁把快乐和不快当成道德的动力，谁就会把理性还原为本能、把道德本体还原为动物界的一员。”② 所以，道德经验论尚未触及现象和本体的先验区分，它将本体所特有的立法活动类型还原为现象所特有的立法活动类型。这一评论也同样给我们带来了对我们的问题的解决。在普遍立法的形式中被瞄准的内容绝不是现象，这一点毋庸置疑。但由此推导出“这种内容不存在”严格说来就是采纳了经验论的立场，也就是滑向了低于先验问题的层次。如果对于道德而言“思考意愿活动的质料的方式截然不同于思考现象的质料的方式”③，如果现象形式从实践理性的视角看来只是一种质料，那么先验方法的至上原则就

---

① *KTE*, S. 211. 这便是柏拉图主义从质料和形式的区分（《申辩》[*Apologie*] 这个“苏格拉底主义”对话已经提出了这一区分）出发逐渐发展出来的意义。《卡尔米德》因而处在与质料唯心论（其将对象意识还原为自我意识）和经验论（其将自我意识还原为对象意识）保持着同等距离的位置上。“没有这样一种看，它只看自己本身而不看任何可看的东西；也根本没有这样一种知觉，即根本没有意识的这样一种功能，它似乎仅仅指向了它自己本身而不指向任何作为对象的不同于它自身的东西。但下面这点却是意识那不可相比的独特性：它同时是关于它自身和对象的意识……那规定着内容的，完全普遍地是认识的形式”（*PI*, 28 [中译本参见纳托尔普：《柏拉图的理念学说：理念论导论》，53、54 页。——译者注]）。因此，意向性和反思是意识的两条不可分割的标准。

② *KBE*, S. 200.

③ *KBE*, S. 189.

通过如下方式使“赋予意愿活动的纯粹形式以内容”成为可能：（1）它自己为自己确定了自限定；（2）它使认识和思维的区分得以被确立起来。“一种单纯的道德法则形式主义的最后近似物就会消失。与经验之实在性的类比就会填充这一目的王国的理念——作为理性存在者的共同体、作为绝对目的、作为自律的目的、作为最终目的……因此，自律存在者的共同体即是形式性道德法则的内容。”①

155 因此，先验分析使我们通达了作为法则的形式（这些法则内在于一种内容，一种被至上原则及其自限定的方法以无条件的方式构成的内容）。形式即是客观性原则，这便是先验唯心论的教诲：对于本体来说，形式是绝对普遍的立法活动的客观性原则；对于现象来说，形式则是绝对偶然的立法活动（其使可能经验与数学物理学发生关系）的客观性原则。形式主义的指责缺乏坚实的基础，是形式使客观化活动、使从自我意识到对象意识的过渡成为可能，它因此将其意义赋予了哥白尼式革命。形式（在当前情况下是经验的形式条件）提供了一种中介，诸范畴通过这一中介在原则那里找到了自身的根据②。形式之所以进行综合恰恰是由于它们和内容的关系，在此就是和现象之可能性的关系。而且，对于**空间**和**时间**来说情况也是如此。“现象应当成为某一纯粹直观的对象，因此在纯粹直观当中就产生出了各种现象形态。后者虽然无法被知觉到，但却是科学认识的对象。现象的这种神奇的对象特征建立在什么基础上？是在形式的基础上。所谓形式，我界定为独立于经验的东西，它要规定纯粹直观的对象、几何学的现象，最终要为了通过这种对象、这种现象的中介来给感觉本身提供一个对象。”③ 因此，形式乃是“潜在的关系”（rapport potentiel），它使得**哥白尼式革命**的说明成为可能，也就是说，它既发现了又批判了认识的各种来源，而这是就它们被如此这般地构成，就它们因而进行着综合，就它们必然使这种综合和一个对象、一个现象发生关系而言的。

---

① *KBE*, S. 226-227, 212-213.

② “所以，当范畴被构想为经验的形式条件时，它们就把我们引向了作为其真正示例的综合原则的思想”（*KTE*, S. 242）。

③ *KTE*, S. 154-155.

直观形式服务于数学对象的创造，而且，如前所见，它们能够获得先验意义的唯一途径就是和先验统觉的形式发生关系，就是和那些构成了物理对象之先天认识的可能性与现象一般之纯粹综合的原则发生关系。

因此，“形式”理论就是具有自主性和无条件性的先验方法的真正表
156 现。正是它通过进行哥白尼式革命而确保了形而上学的科学特征①。这便是主体概念的全新意义所在②：关键并不在于披着伪装重新回到形而上学唯心论，因为从现在开始，形式的综合特征是通过它与可能对象及其统一性的关系，亦即与至上先验原则的关系得到界定的。现在，我们终于看清了至上原则为什么应该充当有关先天综合判断之可能性的研究的线索。正是出于这个理由，新康德主义阐释才会赋予第二版以优先性③。第一版并没有对如下问题做出回答：“作为统觉样式的范畴对于对象之构成来说有什么意义？它是如何利用生产性的想象力来进行客观化活动的？它又是如何通过这种方式进入到一种和**我**的关系当中——先验问题的决断恰恰要依赖这种关系？”④ 第二版强调了综合的客观方面以及形式的那种本质上具有客观化作用的机能。正因为如此，人们能够将统觉的统一性和范畴的统一性看作同一种东西⑤，从而能够最终避开形而上学唯心论的危险并将先验方法引向它的目的：发现那些先天地构成了经验与经验对象的可能性的认识的来源⑥。

---

① *KTE*，S. 102.

② *KTE*，S. 107.

③ 例如：*KTE*，S. 122，126，145，416，etc。

④ *KTE*，S. 317.

⑤ *KTE*，S. 319.

⑥ 这是《巴门尼德》(*Parménide*) 的本质性环节。这篇对话提出的那些问题开辟了一条新的道路：“在这儿，柏拉图首次明确地把经验提出来作为一种特别加以刻画的，而且最真正地同我们相关的认识类型。从此以后，理念本身只有在下面这种情形下方才能够得到坚持，那就是，能够证明它乃是经验‘得以可能’的基础，即在方法上对经验进行奠基的基础。由此那错误的理念之分离方才会根本地和最终地得到克服：同经验即同使其〈经验〉得以可能这一任务相分离的理念，恰恰会因为这种分离而丧失对于我们的认识来说的所有意义，而最终对我们来说重要的仅仅就是这点”(*PI*，241［中译本参见纳托尔普：《柏拉图的理念学说：理念论导论》，428 页。——译者注］)。

第六章　根据新康德主义阐释考察康德的主要概念

§14. 物自身及其先验意义（自由、归纳、反思）

“从比较的视角看来，人们当然可以把物自身当成思维的至上概念， 157
其特殊化构成了科学思维的基本概念的总体。所以，物自身能够被思为一
般任务（la tâche générale），其阐释为各种特殊问题界定了认识之批判的
内容。最终，人们可以从这样一种构想出发，将作为纯粹理性诸界限的理
论的哲学一般地命名为物自身理论。”① 当绝对唯心论对康德哲学中物自
身的使用进行批判时，新康德主义把物自身当成了思维的出发点和至上概
念。事实上，限定的观念特别是专属于先验哲学之至上原则的自限定的观
念，也就是说，经验之可能性的观念，直接将我们引向了物自身。物自身
无非就是可能经验之原则的这种自限定。它在康德哲学中的核心处境正来
源于此。对于这一点，质料唯心论（其只能把物自身构想为超验的刺激，
进而要把它排除出认识体系）是根本不明白的。而且，一旦先验分析转
向了形而上学分析，这种有关物自身意义的错误就变得不可避免了。事实 158
上，物自身的功能恰恰就是“为经验领域提供系统的调节”，但这种被限
定了的使用完全避免了人们用自我意识的实在论术语来表达它。它只能被
思维，不能被直观。思维和感觉间的先验区分就避开了德国唯心主义，因
为后者将“形而上学实在性”和理智直观中的自我意识之光等同了起来。
鉴于物自身由此不再意指至上原则的自限定活动，它应当被赋予一种论战
性的角色：人们谴责康德将物自身视为感觉的来源。“对于康德而言，谈

① *KTE*，S. 616.

论物自身的契机就在于他注意到了莱布尼茨，而且直接在于他针对思维和感性的单纯的逻辑的分化（la différenciation simplement logique entre pensée et sensibilité）进行了争论。事实上，只要感性和理智间的先验区分没有得到确立，逻辑考察就只会承认下面这种非此即彼的选择：一个存在者要么是客观的，要么是主观的。"① 因此，对于物自身的唯心论"驳斥"无非是反过来针对经验主义唯心论的假设：人们经由它重新回到了莱布尼茨式的追问。人们会说：要么是物，要么是自我；人们选择了自我，但却没有看到这种非此即彼的选择已经消逝，因为人们凭借先验的方法已经在形式中发现了自我意识和对象意识的统一。这样一来，物自身所发挥的功能就是奠定经验及其界限的可能性。

它的首要功能就是排除掉无差异的自由［拉：libertas indifferentiae］的自由观，因为后者混淆了内在可能性和它的界限②。"这种看法产生的原因一方面是将先验自由与经验层面上的任意（其凸显了人对于因果性的自然法则的超出）混为一谈，另一方面是将先验自由和道德法则所宣称的那种自命的实践性自由混为一谈。与此相反，先验自由既包含着这种表面上的实践性自由的根据、说明和限定，也包含着对这种自由的辩护。"③ 因

① *KTE*, S. 168.

② *KBE*, S. 126－127.

③ *KBE*, S. 234－235. 物自身的这个一般环节，亦即物自身的领域尚未得到细化（自然、自由）的普遍合法则性的环节，即是《高尔吉亚》（*Goegias*）的环节。"因为理念意味着法则，此外无他。并且，如果正是这种东西，即法则是善之根据，那么，我们就能理解：为何善之理念后来显露为诸理念中最高的理念——不仅仅就价值来说，而且就逻辑的次序来说——，显露为理念之理念，显露为诸理念之最后的存在之根据以及认识之根据。一般法则的最终意义是统一性、对在变化和生成中的统一性的保持。一般来说，在理论上：对作为思想——它致力于把握复多的东西、不同的东西，致力于在认识中拯救它们——之视点的统一性的保持；在宇宙论上：对在变化中的存在之基本持存的保持；在伦理学和政治学上：对个体中的合法性以及恰恰由此才被奠基的社会中的合法性之意义和意愿的保持"（*PI*, 49－50［中译本参见纳托尔普：《柏拉图的理念学说：理念论导论》，92 页。——译者注］）。《会饮》明确了《高尔吉亚》的贡献：美不是别的，只能是"合法性本身之法则，因而〈意味着〉在认识之元法则本身上、在其纯粹的方法之基础上的所有特殊认识之最后的、核心的统一"（*PI*, 176［中译本参见纳托尔普：《柏拉图的理念学说：理念论导论》，313 页。——译者注］）。

此，在先验哲学中发挥着关键作用的东西既不能是现象世界中因果性法则 159
无法企及的例外（因为这与经验之可能性的至上原则是矛盾的），也不能是对善恶进行选择的自由（因为这完全是把对于心理的、现象的，因而是经验的犹豫不定的描述——其中对结果的认识夹杂着对原因的暂时的无知——移植到了先验的自由当中）①。先验自由处在与这些伪自由不同的层面上：它的目标只有一个，就是通过普遍立法的理念确立一种形式——本体的共同体（la communauté des noumènes）。无差异的自由和实践性自由这些相互矛盾的概念来自一种形而上学混淆：如果自由在现象世界中扮演着某种角色，如果至上原则的自限定必然应当使人们预感到这一角色，那么正是在范导者而非构成者的名义下②，而且也正是在这种名义下，物自身凭借自由的理念实现了从实践到理论的过渡。“理念与范畴相比所具有的实在性价值依赖于它们的范导的有效性程度。作为构成性条件，如此这般的范畴具有相同的价值。人们在理念当中可以设想有关优先权的争执。为了能够成为先验理念，它们应当作为范导性准则出现：但在这里，一个理念能够比另一个理念完成更多的任务。正因为如此，理念获得了出现在经验之限定（这一限定的根据是道德王国）中的突出的实在性价值和优先有效性。因为这便是一切经验从中终结的界限。因此，对物自身的
所有类型的阐释都与这一道德实在性类型的问题保持着内在关联：心理学 160
重新和神学、宇宙论联系在了一起，目的是共享对合目的性思想的管理。”③ 这便是作为自由的物自身的意义：对理念的实在性程度做出考量的正是它们在为伦理学奠基的活动中所发挥的构成性价值，后者是经验的界限，也就是说，它包含了存在在应然存在中的全部规定。目的王国在经验思维中预先形成得越好，使这种范导性的预先形成活动成为可能的理念

① *KBE*，S. 235-240.

② *KBE*，S. 130.

③ *KBE*，S. 131. 理念是方法而不是对象。这便是柏拉图所理解的辩证法的意义（*PI*，164［中译本参见纳托尔普：《柏拉图的理念学说：理念论导论》，291-292 页。——译者注］）。虽然柏拉图在《斐德若》（*Phèdre*）中已经发现了这种方法，但辩证法仍然被混同于心理学的东西。“就此而言，纯粹存在作为下面这种东西似乎肯定同进行认识的灵魂面对面相处，那就是：它是某种外在的东西，当然不是某种感性物，而是某种超感性的东西；不在空间中，而是在超空间（德：Überraum）

之实在性程度就越高。因此，物自身的首要意义就是确保经验及其界限的统一：义务①。

中，但又依然仿佛在空间中同感性领域接界；因此它尽管有意要超拔到感性领域之上，但事实上又可疑地与之接近”（*PI*，87［中译本参见纳托尔普：《柏拉图的理念学说：理念论导论》，156 页。——译者注］）。先验被悄悄地转化为超验，方法被悄悄地转化为存在，作为认识法则存在的东西被悄悄转化为高于经验的需要被认识的对象；在后来的对话中，通过战胜这种埃利亚主义并将辩证法构想为范导活动（而非构成活动），柏拉图最终得以赋予理念以真正意义（*PI*，88－89［中译本参见纳托尔普：《柏拉图的理念学说：理念论导论》，157－158 页。——译者注］）。从《斐多》到《会饮》的进步尤其体现在柏拉图将一种内在性意义（使经验成为可能）赋予理念，而后者最初仅仅被把握为逃离于世界之外的东西（*PI*，173［中译本参见纳托尔普：《柏拉图的理念学说：理念论导论》，308－309 页。——译者注］）。此外，为了反对物化的理念的超越性，《巴门尼德》甚至针对苏格拉底本人做出了反驳，“苏格拉底恰恰不清楚”思维之统一性的那种功能性的而非实体性的特征（*PI*，238［中译本参见纳托尔普：《柏拉图的理念学说：理念论导论》，420 页。——译者注］）。“由此任务已经得到了解决：要指出，首先我们拥有各种先天概念，尽管我们仅仅有权得到经验；其次，它们是并且如何与我们认识的真正难题即经验之对象性相匹配。之所以这两者都〈得到了确立〉，那是因为它们，作为功能而非事物，并不缺少关联性，反倒完全指向了它。而且，它们正是为了在无限的关联性中间使得各种确定的即相对的设定成为可能才被构成和创造出来”（*PI*，276［中译本参见纳托尔普：《柏拉图的理念学说：理念论导论》，495 页。——译者注］）。

① 这便是《斐德若》区分善（其没有可被认识的感性世界象征）和美（作为“内在一致中的形式元素”，其在具体的美当中展现了出来）的意义所在。为了理解这一区分，应当确定“理性的对象、无条件的东西、无条件的统一性，作为纯粹思想的最终目标，无疑超越于所有可感的东西之上而难以企及；但进行统一，即把杂多的东西关联到一种统一性之上的方法，以及由此从有条件的东西进展到越来越根本的各种条件，在可感的东西中则是可能的，尤其本然地以艺术想象之欲望——该欲望也是把杂多的东西进行统一的一种欲望——为基础”（*PI*，58－59［中译本参见纳托尔普：《柏拉图的理念学说：理念论导论》，109 页。——译者注］）。物自身因而是范导性原则。正如《会饮》在其有关爱的理论中确立的那样，“努力追求是我们的本分，但〈努力追求之〉目标仅仅在理念中才是我们的〈目标〉”（*PI*，167［中译本参见纳托尔普：《柏拉图的理念学说：理念论导论》，297 页。——译者注］）；“爱洛斯想要的最后东西，不是美，而是在美中的生育”（*PI*，178［中译本参见纳托尔普：《柏拉图的理念学说：理念论导论》，317 页。——译者注］）。新康德主义的柏拉图哲学阐释重新发现了黑格尔哲学中道德世界观的表述“自由地存在无足轻重，重要的是变得自由”——难道不是值得注意的吗？

但是，当物自身被确定为合目的性时，它同时也就在一种积极的意义上确保了经验与认识的可能性的先验意义。物自身支撑着这种可能性的未完成的构成（la constitution inachevée）（其**先天地**是偶然的［*a priori* contingente］），并且作为范导性原则为它提供了它的诸条件的完成了的整体性（la totalité achevée）。“经验系统依赖于物自身、理念、无条件者及其限定性功能，它们的任务就是确保合目的性的范导性原则的系统的——亦即去系统化的（à systématiser）——理性统一性具有科学价值。”① 这样一来，因果性就内在地包含于合目的性之中（尽管这一表达看上去具有很强的悖论性质），而经验之可能性则内在地包含于至上先验原则、包含于物自身之中。“机械论不仅没有被取消，而且还被对自然本身的源始说明的关切所要求：不应当毫无根据地创造新的力量，而是应当根据对象之可能性的理由来寻找对象之实在性的理由。甚至在那些从机械论当中抽象出来的概念那里得出的实例中也是如此。目的论不仅不应当摧毁机械因果性，而且还应该对其加以保护。界限概念（concept-limite）是经验的界限守卫（gardien-limite）。”② 所以，通过目的论，被加以范导性应用的自由为对象之先天认识的根据提供了一种先验的成分。物自身绝没有隐含着超验的刺激，绝没有在康德那里代表着现象之显现的非理性（irrationalité）。物自身在对整体理性（rationalité）的肯定（思维）中呼唤着对这种理性的局部说明（认识）。生物学并不拒斥物理学：前者最终保证了后者鉴于经验之偶然可能性所构成的局部理性。物自身与现象的关系不再是非理性的要求和理性的产物的关系：它单纯表现了思维和认识的必然关联，而且还同时为它们的先验区分奠定了基础。 161

正因为物自身是“科学知识的总体”③，经由归纳实现的物理法则之构成的基本问题才会和它联系在一起并且还在它那里找到了解决之道。归纳会在每一个时刻验证从合目的性到因果性的运动：但这样一来，这一运 162
动是在因果性和合目的性的双重视角下，时而朝着条件的整体性开始，时

① *KTE*，S. 574；*KBE*，S. 40–45.

② *KTE*，S. 562.

③ *KTE*，S. 519.

而朝着特殊实例的普遍辩护开始。“对于经验来说，诸概念之关联的无条件的有效性是必然的。因此，它在所有推理中都被预设为前提，甚至是在那些只涉及数学经验，所以只与可能经验因而也就是偶然经验相关的推理当中。不过，它们在各种机制中满足于这一内在于所有演绎的内在性关系。与此相反，自然科学以及它们的主要方法——归纳法——针对的是各种普遍性。因为它们试图将那应当保持自身偶然性的特殊之物（其被视为一种简单机制）规定为必然之物，所以它们严格说来更具有无条件性了。尽管如此，这种必然性——无论它应当通过什么方式在经验性概念中得到确定——的最终根据只能存在于无条件性之理性原则的系统统一性之中。”① 所以，物自身支配着归纳原则，因为它设定了合目的性和因果性的必然关系。而且，在自然科学（les sciences naturelles）(人们在自然科学中是从合目的性过渡到因果性）当中，合目的性应当保留因果性，而且认识必然是思维所要求的；在物理科学（les sciences physiques）(人们在物理科学中是从因果性过渡到合目的性）当中，合目的性应当将因果性补充完整，而且认识为了对其做出调节而呼唤思维②。双重关系的统一性本身所呼唤的正是经验之可能性的至上先验原则。反思判断的任务恰恰就是：引领普遍综合法则的特殊化，并且确立起一种调节活动。这种调节活动关乎可理解的偶然（hasard intelligible)，后者必然是由“与一种可能经验的关系”（le rapport à une expérience possible）自在地设定的③。物理学提供给我们的只是由至上原则带来的有条件的必然性。但是，考虑到“特殊情况”，它并没有确定任何东西。物自身需要解决如下问题：先验界限的意义何在？归纳法在生物学中发挥着什么样的作用？生物学和数学物理学的关系是什么？

163 “‘人’的概念，就‘凯撒’被统摄于它之下而言，约束着凯撒的有死性特征。但这个概念既非通过归纳法从人那里获得的经验概念，亦非先天概念，因为这样一个概念对人来说是不存在的：它是一个根据原则得到

---

① *KTE*, S. 523.

② Cf. Jules Lachelier, *Le fondement de l'induction*.

③ *KTE*, S. 557.

扩展的人的概念，它是通过‘所有’得到表达的。”① 经验论想要通过经验确立的归纳原则实际上超越了可能经验。而且，通过乞灵于被思维的现象诸条件之整体（la totalité pensée des conditions des phénomènes），它对经验进行着调节。然而，这种对无条件性的追寻同时是“三段论和归纳法的逻辑准则”②。我们根本无法像亚里士多德和经验论者那样，通过参照形式逻辑和推理的原则来解决归纳问题。这些原则的无条件性，亦即“所有人都是有死的”这一大前提的构成，从其理解的原则上说隐含着对可能经验的限定，亦即对先验问题的重视。只有从其先验原则，亦即物自身的先验意义出发，归纳法的逻辑原则才成为可解（soluble）。严格说来，三段论能够一直将反思引向形而上学先天：事实上，它在大前提当中发现了普遍性和必然性的外在标准，但是，它在其自身所处的层面上只能借助一种循环来对后者进行说明。现在，哲学独立性的发现与深化（其使我们颠转了演绎的表面顺序，而这是通过使范畴演绎隶属于原则演绎实现的）要求我们从推理的逻辑分析重新上升到归纳的先验分析，亦即对物自身的先验分析。而且，物自身在此完全只是自然科学的方法：如此这般的它具有一种对于经验之运用而言的方法层面上的“辅助”价值③。它是 164
思维的法则。它告诉了我们思维是如何必然对认识进行调节、引导和要求。它最终表现了那种把我们从目的论引向机械论的运动。“机械法则将

① *KBE*，S. 75. 柏拉图的《拉嗒斯》(*Lachès*) 对于马堡学派的意义就在于：这篇对话已经区分了概念的构成性原则（根据设定，其对现在、过去和未来皆有价值）和经验材料（其通过前者被综合为普遍必然的统一体）。“柏拉图总是把他的这个新的认识概念，与他发现占据着统治地位、似乎尤其通过普罗塔哥拉才获得其塑形的那种认识概念对立起来，这种认识概念就是经验概念（concept d’Empirie），它根据同先前的各种知觉的类比，知道如何预先说出在将来所期待的事情”(*PI*，23 [中译本参见纳托尔普：《柏拉图的理念学说：理念论导论》，45 页。——译者注])。所以，归纳的逻辑原则自然就通向了概念中认知的原则，也就是通向了柏拉图的理念论。《高尔吉亚》就这样区分了对其原则进行说明的科学（认知）和以惯例为基础的单纯经验（再生）(*PI*，46 [中译本参见纳托尔普：《柏拉图的理念学说：理念论导论》，87 页。——译者注])。

② *KBE*，S. 78.

③ *KBE*，S. 45.

经验之可能性构成为自然之数学科学的统一性：目的论将经验之可能性调节为系统。这便是系统统一性的目的，亦即理念的意义所在。”①

由于思维法则内在于至上的先验原则（与可能经验的关系构成了它自身的限定），所以它也必然要调节它与各种认识法则的关系。物自身（对于本体和现象的先验发现在其中得到了表现）同时揭示了归纳的基础和**机械论**的限定。这里存在的不是两种截然不同的思想，而是两种可能的样式。根据这两种可能样式（我们是从本体的视角出发，还是从现象的视角出发），先验界限能够向我们显现出来。概念与感性直观的必然关系导致现象并未穷尽实在，因为它仅仅规定了现象的先天认识，也就是与可能经验相关的综合。同样，“各种自然形式也应当超出单纯的运动的量（**机械论**能够凭借它的系统网络深入这些形式，并以此将它们把握为运动的量）……它们并不只是运动的复合；而且，对于如此这般的自然形式唤起的关切，机械论没有任何工具、手段和视角可以加以应对。一旦自然形式被机械地思考，它就不再是自然形式而充其量只是运动的形式。因此，机械论原则、运动形式没有带来任何系统的自然概念（concept systématique de la nature）……数学—动力学原则的综合统一性指的不可能是系统的统一性，因为它们只规定了机械自然的概念”②。因此，物理学给自己提出了一个无法解决的问题，这便是在康德体系中从**感性论**走向**辩证法**的内在性辩证法。与可能经验的关系构成了认识，亦即先天综合。
165 这种关系同时还发现了先验的偶然性深渊（abîme transcendantal de contingence）。这样一来，可能经验之至上原则的意义就得到了确定。事实上，对物自身的积极使用和消极使用的必然关系指的就是下面这一点：至上原则同时也是至上问题。“因此，由于被认定是某种绝对偶然的东西，经验本身催生了无条件者的思想；被思为对象的经验观念并没有迈出它的界限，它反而描述着这些界限。”③

这便是作为现象之界限的物自身的意义。至上原则、可能经验之构成

---

① *KTE*，S. 573.

② *KTE*，S. 511.

③ *KTE*，S. 507，512.

被认为是一个问题。它对自身进行反思。作为对象之可能性从中有其来源的东西，它自然尝试找到它自己的来源并变成它的对象，目的是在无条件者当中得到辩护。新康德主义阐释也许在此说明了这些被康德当作目的论之中心（le centre de la téléologie）的反思判断的本源。事实上，如果不是反思中认识的客观性、不是通过判断成为对象的认识，思维还能是什么？物自身即是反思，即是认识为了将自己确立为对象认识的范导性原则而获得的关于自身的认识。在康德那里，先验对象或物自身指的不是经验印象的实在论刺激，而是作为认识原则的反思的必要性，是科学的回归自身（le retour sur soi de la science），其作为思维奠定了认识体系的基础。“物自身的这最后一种意义通过另一个表述得到了表达，康德已经通过这个表述对 X 进行了规定和深化，因为 X 经常是先验对象的表达。物自身是一个问题（La chose en soi est un problème）。”① 我们对世界进行反思，因为我们的认识在自身中发现了自己的界限，而且必然在思维中对象化为先验对象 = X。因此，形而上学的科学特征，另外还有对其起源的说明最终都归属于反思的实存（l'existence de la réflexion），也就是说，都归属于认识在思维中的内在性对象化。就像目的王国之确立中的自由和归纳原则之确立中的合目的性那样，作为对象的认识之确立中的反思在至上先验原则中
发现了自身的基础。物自身无非表现了一种方法的先验要求，并且在作为 166
自由、归纳、反思的三重意义下，在与道德性、目的论、认识的关系中保留了唯一一种意义：可能经验之至上原则的自限定。

§15. 内感官的先验意义（综合、空间、时间）

在涉及作为认识来源的直观与概念之分这一问题上，对物自身的先验阐释具有双重结果。一方面，它使这一区分成为必然；另一方面，它只能使人们在原则和**分析论**的层面上，而不能在直观和**感性论**的层面上理解这一区分的真理，因为物自身的限定性意义只有在考虑到范畴的扩展和先天综合判断之可能性的情况下才可以真正出现。因此，正是综合与分析这一

① *KTE*, S. 519.

基本区分，一方面支配着**感性论**和**分析论**的区分，另一方面又支配着那种要到后者那里去寻找前者真理的运动。哲学认识是通过概念进行的，而数学认识则是通过概念建构进行的，这便是我们通过之前的分析得出的结论——如果人们考虑到形而上学的科学特征只有通过反思（认识在思维中的对象化）才能被它获得，而经验可能性之至上先验原则同时将一种综合过程分派给认识本身及其最为纯粹的范型，亦即科学认识。“虽然两门科学都是通过先天概念运作的，但数学概念不仅能够被建构，而且它们是伴随建构并在建构——建构即是直观——之中出现的……通过将直观与哲学概念区分开来，康德似乎为了哲学概念对于自然对象的有效性而将它们建立在直观的基础上，仿佛它们只有在和直观发生关系时综合认识才能够产生出来。若将注意力完全集中在哲学概念上并对其做自为的考察，我们不难发现：它们只适合于分析判断。而综合认识涉及自然事物，因而就是
167 涉及特殊的、具体的事物（这些综合认识意欲将其抬高至普遍的层面），但是这种普遍是并且仍然只会是（est et demeure）特殊事物的聚合。”①

这里，仍然只有物自身的先验意义能够为我们澄清：概念和直观的先天区别只有在关系到思维和认识、形而上学确定性和神学真理、反思性分析和直观性综合的先天区别时才是有意义的。如果是反思将认识的世界客观化了，那么作为科学的形而上学的唯一对象难道不同于先验的 X、不同于物自身的先验意义吗？所以，分析和综合的对立最终针对的是本体和现象、反思和数学的对立。“分析判断是存在论判断；至于综合判断，它们是涉及经验对象的判断。分析判断对概念本身进行说明，而综合判断则将现象置于经验的关联当中。”② 正是由于这个原因，莱布尼茨和他的支持者们没能将形而上学确立为一门科学；因为他们混淆了反思的确定性和认识的真理，因为他们没能区分开只有前者才能应用于其上的本体和后者产生出来的现象，而且——由于混淆了哲学和科学——他们试图把科学的综合方法应用在哲学那种最为典型的分析方法之上。先验方法绝不像人们错误地批评的那样将它们混为一谈，因为它付出的全部努力就是为了将它们

---

① *KTE*, S. 118.

② *KTE*, S. 397.

区分开来。“所有命题，只要它们想要对经验对象有效，就全是综合命题。但这样一来，它们应当包含一种范畴与直观的联系（其应当由图型建立起来），因为经验是知性从感性材料出发产生出来的东西。与此相反，要超越于可能经验的界限之外做出肯定的东西只能具有分析的价值且只能说明一个既定概念。”① 当“形而上学”和逻辑的分析（l'analyse «métaphysique » et logique）只有借助进步的外在标准才能区分综合和分析时，先验的分析再一次给我们带来了这一区分的真正意义。分析涉及存在论层面，涉及本体；综合涉及经验层面，涉及现象。仍然是物自身中至上 168
原则的自限定观念为区分提供了真正的阐明。

一个判断从先验的视角看来是综合的，这并非——这使我们止步于一个外在的形而上学标准——因为它带来了认识的进步，而是因为它要被置于经验可能性的至上原则之下，并且还要使有关对象的先天认识成为可能。这一区分极为重要，因为，对直观的分析和对**感性论**的阅读只能提供给我们一种先天综合之可能性的外在标准，在这种情况下，它应当在原则和分析的层面上，亦即在物理对象一般之先天认识的可能性的层面上向我们说明它们自身的结果②。而这正是**先验感性论**中**空间**的处境。毋庸置疑，人们在这个层次上清楚地表明了空间绝不是一个概念，若非如此，人们从它那里得出的先天判断就只具有分析的价值③。此外，人们从**空间**的无限性那里得出了**空间**的综合特征④。但是，在此具有关键意义的仍然只是判断之综合活动的外在规定。事实上，真正的先验问题指的是什么？它的宗旨就是追问：“当人们将**空间**视为使数学的先天性成为可能的方法时，**空间**的纯粹直观意味着什么？”⑤ 但这样一来，由于至关重要的是方法，也就是认识之客观价值的问题（而非真正的科学实在或对象的认识问题），所以从形而上学分析到先验分析的过渡就意味着：我们关心的不再是对象本身，而是对象的先天概念；意味着人们由此确定了“作为纯

① *KTE*，S. 404-405.
② 参见前文。
③ *KTE*，S. 121.
④ *KTE*，S. 126.
⑤ *KTE*，S. 137.

粹直观的**空间**为意识之统一性的基本法则做出的”贡献①。这是至关重要的反思阶段！这样一来，空间性先天（l'*a priori* spatial）的意义就与被视为整体的**哥白尼式革命**，亦即可能经验之至上原则联系在了一起。就在我们对数学知识的可能性进行追问时，我们提出了数学物理学的可能性和对
169 象之先天认识的统一性的问题。所以，我们把**空间**的特殊贡献和意识统一性之法则的一般问题联系了起来。关于这种真理，我们可以通过说“**空间**是一种形式”来表达它：它事实上参与到了对象的可能性当中。直观当然也属于先天综合的原则，但它仅仅表明了这一原则的那种在具体科学中进步的形而上学的、逻辑的标准（le critère métaphysique et logique d'une progression dans une science particulière）。现在，这一综合的先验意义随着一种联系出现了，这就是**空间**与先天认识中的经验对象之可能性的至上先验原则的联系。“先天只有在形式中才是可以理解的，形式只有在现象中才是可以理解的；因此，直观之先天本身建构了一种经验，这种经验不想成为比现象之总体更多的东西。”②

现在，从空间综合的形而上学意义向先验意义的过渡是如何实现的？如果**空间**和直观完全是在可能经验的整体之外、是在与概念的内在性关系之外被考察的，那么它们就无法向我们说明上面这个问题。只有满足了如下条件，我们才可能先天地认识外部经验的事物：根据**哥白尼式革命**的原则，认识严格说来要先行于经验（当然，这种“在先性”只具有先验的意义，也就是权利的意义〈即原则上的意义〉）。“将这样一种‘创造性的先天’视为一个虚幻的概念是不可能的，因为它在几何学当中得到了证实。而且，无论几何学的方法有多么自由和纯粹，它都不是一场只遵循特殊规则而与我们看到的自然无关的游戏；它反倒与自然、与物理的东西保持着内容上的内在关系。这种与经验直观的先验关系是以一种表面上带有心理学色彩的转变为中介，亦即以那种朝向主体及其形式性质（propriété formelle）的转变为中介。”③ 空间最终不是概念而是直观，因为它使先

① *KTE*, S. 145.
② *KTE*, S. 175.
③ *KTE*, S. 164-165, 169.

天综合判断亦即经验之可能性成为可能，因为它就此与先验意识的统一性联系在了一起。意识统一性绝不能具有一种主观的、心理学的意义，批判主义唯心论绝不能出现在质料唯心论的起源处。**空间**之所以与意识统一性联系在了一起，之所以属于先验要素，恰恰是因为它是外部经验 170
的条件。只要**空间**还像形而上学阐释所认为的那样局限于对几何图形及其法则（也就是与经验割裂了的几何学）的说明，它就无法达到自身的真理。而且，正是先验分析给它指派了真正的任务：通过使外部对象经验与先验“主体”发生关系来使前者成为可能。《纯粹理性批判》教给了我们：数学真理即是它们使之成为可能的物理学的存在。若非如此，**空间**的先天形式，按照康德的术语来说，就只是“幻影”，而数学的幻影是无法触及先验的真理的——“只要它没有为了产生出作为经验的现象的综合而与纯粹知性形式发生关系”①。我们重新发现了从**感性论**到**先验逻辑**的运动的深刻理由，重新发现了只有纯粹知性形式——因其与先验统觉有着更为紧密的联系——能够将其投到纯粹感性形式之上的那道光芒的深刻理由②。唯有对经验之可能性的至上原则，因而也就是对先验意识之统一性——作为真正被**先验逻辑**奠基的唯一对象——的考察能够使我们从综合的外在意义过渡到内在意义，也就是客观的、先验的意义，唯有它能够让人们充分理解认识问题与直观的意义。“不过，这种综合预设了纯粹所与、质料的形式、内感官。我们因而重新回到了重要的问题上，**逻辑学**和**感性论**之间的不可消解的联系在这个问题那里跃入人们的眼帘。”③

---

① *KTE*, S. 191. 同样，在《理想国》(*République*) 中，算术和几何学之所以有价值，完全是因为：一种理论的构成的目标就是以恒常的方式在现象当中重新发现自己；它们仅仅意味着“关于现象的理论必然无法从现象中拾取，而是必然通过计算，因而通过思想而获得”(*PI*, 213 et 221［中译本参见纳托尔普：《柏拉图的理念学说：理念论导论》，376 页。——译者注］)。

② *KTE*, S. 193.

③ *KTE*, S. 191, 180–181. 参见 Kant, *Critique de la Raison pure*, p. 203［中译本参见康德：《纯粹理性批判》(第 2 版)，183 页。——译者注］：“虽然看起来，好像一个三角形的可能性仅仅从它的概念自身出发就能够被认识到（它无疑是独立

171 这样一来，**空间**问题就可以通过如下方式得到表述：内感官是如何将综合的形而上学意义导向了综合的先验意义？这一元素（从表面上看，其目标仅仅是构成内在经验）如何恰巧使**空间**成为外部经验之条件，将几何学认识的幻影转化为真正的认识、转化为可能经验之对象的先天认识亦即有关物理对象的先天认识？为什么**时间**的重要性盖过了**空间**的重要性（而且，由于意识的先验统一性绝非自我意识的心理学统一性或形而上学统一性，这一点就显得更具悖论性）①？内感官理论为什么在先验分析论中占据着如此重要的位置？对这一问题的回答的第一个环节恰恰就是从形而上学到先验的过渡，其涉及的是时间本身。时间是一种形式。正因为如此，它应当使对象意识成为可能。但是，就在这种先验证明展开的同时，它超越了自己最初的计划并且证明：一切外在对象或内在对象都是在领会的前后相继（la succession de l'appréhension）中出现的。因此，人们对于时间的先验特征的揭示同时也表明了内感官的普遍意义（其对**空间**同样有效）。"通过这种时间的意义（时间更为根本地涉及对象的一切可能性），形式的价值变得更加清楚了。虽然形式与质料相关，但它们两者在现象中是区隔开来的。至于现象，它最终是在时间中被给予的。时间是所

于经验的)；因为事实上，我们完全能够先天地给它一个对象，也就是说，构造出该对象。但是，由于这只是一个对象的形式，所以它毕竟始终还依然只是一个想象的产物，其对象的可能性依然是可疑的，为此还要求有某种更多的东西，即在经验的一切对象所依据的纯粹条件下思维这样一个图形。空间是外部经验的先天形式条件，正好我们在想象力中构造一个三角形所凭借的那种构成性的综合，与我们在一个现象的把握中为形成其经验概念而实施的综合完全是一回事，唯有这些才是把这样一个事物的可能性的表象与这个概念结合起来的东西。例如，连续的量的可能性，乃至一般而言的量的可能性，由于其概念全都是综合的，所以绝不是从这些概念本身出发，而是从这些概念作为一般经验中对象的一切规定的形式条件出发才清楚明白的。"因此，如果人们不是诉诸单纯的算术时间或几何空间的性质（例如，如果人们对于对称对象的不可重叠性或时间点的绝对可分辨性的考察只考虑到了它们的位置却没有考虑到空间和时间的绝对同质性），而是诉诸这些表象的先验形式，换言之，也就是诉诸它们使物理经验本身成为可能的能力，那么"数学认识的方法只是一种以概念建构为基础的方法"的深层理由就得到了澄清。

① *KTE*，S. 181.

有现象的形式，因此它就是现象自身的形式①。如果我们现在按照现象的 172
客观关系来对它（其对立于形式和法则）加以考察，那么一般说来，它就为质料提供了保证。作为法则的应用领域，质料恰恰是经验的一个条件。由于时间表现了这种质料的条件性价值（valeur conditionnelle），所以它可以被毫不含糊地称为质料的形式。”② 质料的先验意义就在于它出现在了时间之中，在于它把时间当作法则。虽然我们的表象是在前后相继的形式中被给予我们的，但这绝不意味着它们像对内感官的心理学和形而上学阐释所认为的那样只具有一种主观的意义。恰恰相反，这种“被给予”的方式必然属于质料的先验条件，也就是属于纯粹先天地认识质料的可能性。这样一来，从几何学导向数学物理学的那种运动同样也从算术导向了一般意义上的动力学，亦即运动理论。通过把数学变成各种自然科学的“工具”，时间的先验意义将其真理赋予了它的形而上学意义③。但与此同时，这种对**时间**的先验分析揭示出了**空间**的先验分析以及一般而言的**先验感性论**仍然不够充分的原因。通过过渡到其特有的真理，**时间**将真理赋予了**空间**。这便是内感官被看重的理由所在。

---

① 从这一刻开始，显现的主体性（la subjectivité de l’apparence）、向意识的单纯出现的主体性（la subjectivité de la simple apparition à la conscience）就被超越了：这里存在着一种秩序。柏拉图在《泰阿泰德》中正是在这一环节上批评了人是万物的尺度的理论（153DE）。空间关系（“对于时间亦是如此”）是“秩序、规定，因而也就是客观化的原则；单纯的感觉就其自身而言既无秩序亦无规定，因此它并没有明确存在于任何地方——既不在知觉者之外也不（在一种需要以空间方式被理解的意义上）在知觉者内部……对于纯粹显现者而言是不需要引入空间或时间规定的，因为这就是要达到规定，引入也就是达到存在。但是，这样一来，难道不是在纯粹时空的条件下准备了经验存在或现象中的存在的概念吗？”（*PI*，105［中译本参见纳托尔普：《柏拉图的理念学说：理念论导论》，188 页。——译者注］）。此处正是“空间和时间的先验演绎”的场所。《泰阿泰德》正是通过这种演绎为《蒂迈欧》（*Timée*）铺平了道路。经由对普罗塔哥拉的批评，所达到的乃是埃利亚的芝诺的静止主义。存在着自然之物，也就是非存在的存在：时光正闪烁，梦思正圆通（Le Temps scintille et le songe est savoir［中译本参见瓦雷里：《海滨墓园》，见《瓦雷里诗歌全集》，葛雷、梁栋译，北京：中国文学出版社，1996，138 页。——译者注］）。

② *KTE*，S. 184－185.

③ *KTE*，S. 187.

事实上，正是内感官特有的无规定（它虽然是一切质料之显现的必
173 要形式，但却无法成为它的充分形式）将这种形式转化为一个问题，并且通过一个内在过程将**感性论**和**逻辑学**联系在一起。“内容实际上应当被给予意识，也就是在质料的时间形式中被给予。但这个内容由此只是被给予，它仅仅是现象。而且，现象是一个未被规定的对象。然而，未被规定的对象还不是一个对象。为了能够成为对象，被给予的东西应当被思维。所以，我们看到感性和知性、直观和思维、**先验感性论**和**先验逻辑**通过内感官联系在了一起。”① 内感官的内在疑难乃是哲学进步的真正推动力，先验分析无法真正达到直观层次的理由正在于此。然而，这种运动（其将我们推向概念）的真正基础乃是至上先验原则：经验及其对象的可能性。内感官向我们揭示（而且它正是从这一揭示活动那里获得了自身的系统性特征）：直观单纯凭借自身无法提供给我们对象的可能性，因为它能够设定的仅仅是一个未被规定的对象的可能性。就其本性（作为质料的形式）而言，内感官表明自己不足以充当至上原则或意识的先验统一性。从根本上说，它隐含着某种不同的东西，这种不同的东西使它成为可能并对它做出规定，而且，对象之可能性正是通过这种东西得到了保证。因此，时间是空间的真理，但并不是在黑格尔所理解的那种意义上（即：时间自身解决了空间的形而上学问题并且有能力将主观的幻影转化为对象形式），而是在下面这种仅仅具有否定性的意义上：时间揭示出了先验分析在要素层面上的先天不可能性，而且，通过对未规定性的澄清，它呼唤着另一种原则，这种原则奠定了它的基础并因此为它提供了（同时也

① *KTE*, S. 186. 纳托尔普在《泰阿泰德》中就已经揭示出了这个环节，但后者只有在《巴门尼德》和《斐莱布》(*Philèbe*) 中才得到了充分的发展。“撇开概念的所有功能，感性的东西似乎是绝对无规定的……因而所有规定毋宁都是思想的业绩。甚至仅就思想那进行规定的功能来说，感性的东西也可以作为尚未被规定的东西、有待加以规定的东西而被刻画。……纯粹感性的东西甚至可能被剥夺了位置关系，因为位置应已经是一种规定性，而这种规定性离开了思想那进行规定的功能就是不可能的；并且这同样适用于时间规定。……如果没有思想那进行规定的功能，那么，就根本没有‘这儿’和‘现在’，即没有确定的位置和时间点。”(《柏拉图的理念论》，110) [中译本参见纳托尔普：《柏拉图的理念学说：理念论导论》，196 页。——译者注]

为空间、外感官和内感官提供了）可能的客观实在性，也就是康德哲学研究的唯一对象。如果就其自身被单独考察的话，直观并不是形式；只有 174
当先验对象＝X 发挥作用时，它才可以变为形式：这便是内感官的最终意义。“作为一类经验的条件理论，**先验感性论**以内在补充的名义要求另一类型的条件理论，在这另一类型的条件中，思维的综合法则得以展开。**先验感性论**没有超越质料的形式。它为质料提供了现象或所与。但这样一来，它只是满足了对象的否定性条件，亦即只迈出了先验方法的第一步。”①

内感官的内在不足涉及的正是与经验发生关系的形而上学（la métaphysique dans son rapport avec l’expérience）的意义，正是物自身的先验意义。先验对象＝X 在它与直观所与的关系之外不是任何综合、任何认识的来源。与笛卡儿或莱布尼茨所想象的不同，这事实上并不意味着一种普遍数学［拉：mathesis universalis］的观念、一种存在之数学（une mathématique de l’être）的观念是有意义的。先验分析让我们看清了内感官的未规定特征，它由此向我们指出：应当颠转数学和形而上学在莱布尼茨问题中的关系。如果数学想要具有“提供真正的认识而非单纯的幻影”的能力，那么它从现在开始就需要被种种形而上学概念加以“规定”②。内感官将我们引向了哲学的无条件者、引向了作为规定基础的至上原则，

---

① *KTE*, S. 188. 所以，《斐多》断言一切认识都从感性知觉开始（76A）：感性对认识的必然参与因而被断定为否定性条件。“感性不提供概念，它仅仅摆出由概念来进行回答的问题；但概念的整个功能都涉及感觉中的问题，它仅仅是对这种未规定的东西＝X 进行规定的功能，因此除了运用在感性物中的那些问题之上外，它完全不可能有任何运用”（*PI*, 145）［中译本参见纳托尔普：《柏拉图的理念学说：理念论导论》，257－258 页。——译者注］：这样一来，认识的两个来源——不动的（l’immuable）和运动的（le mouvant）——就得到了确认。

② *KTE*, S. 578. 这一基本差异清楚地出现在了《纯粹理性批判》的先验方法论当中，而这是通过理性的两种运用实现的：一种是数学的和涉及直观形式（空间和时间）的运用，另一种是哲学的和涉及质料（matière；德：Das Physische）亦即感觉与之相应的存在的运用。有两种综合分别与它们对应：第一种是通过概念建构进行的综合，它是直接的、被规定的（这是直观的综合）；第二种是概念自身的综合，它是间接的、未被规定的（这是实存的综合［synthèse existentielle］）。

只有后者能够构成对象之可能性本身以及判断中的先天综合的客观价值。

175 现在，这种对内感官的阐释可以给出批判哲学中的“两个**我**”的理由。这种二元性在一种心理学—形而上学分析的视角下显然没有任何意义。唯有先验分析能够对它做出辩护，但前提条件是：先验分析表明在每一个**我**当中都存在着——而且，由于经验按照特定的顺序形成了一个统一的整体——一个为着经验对象之先天认识的条件。内感官不能和统觉混为一谈，因为它只把这种所与提供给统觉，目的是使未被规定的所与成为一个对象。“在其知觉杂多中，内感官只能和其现象主体一道给出一种变化着的意识，因而也只能给出主观的知觉判断……在内感官与统觉之综合统一性的对立中，两类经验之形式条件的关系趋向了极端，并且以尽可能清晰的方式展现了出来。”① 这一对立正是未规定者（indéterminé）和被规定者（déterminé）的对立。内感官本身并不能进行整全的先验分析。如果想要使自身获得先验意义，它必须借助于一种回归，而这种回归得以产生的条件是：先验统觉对它进行规定并使其对象化。但与此同时，也正是这种回归解决了我们提出的这个问题：如何从**空间**的形而上学阐释过渡到**空间**的先验阐释，如何使幻影成为一种对象形式？知觉判断的杂多意识是如何建立在了经验判断之意识统一性的基础上的？这个问题似乎表达了一个悖论——如果不说是表达了不可能性的话。“**我**或**我思**是如何与自己直观自己的**我**区分开来的？前者又如何能够和后者一道作为同一个主体存在？”② 现象与本体间存在着什么样的关系？综合是如何和对象发生关系的？或者毋宁说：与对象的关系是如何作为先天综合的构成者存在的？

批判主义唯心论的明确回答是：“思维着的**我**在被直观的**我**当中有其杂多和内容；因此，前者严格说来并不与后者相同一，但前者是在且仅在后者当中被给予的。”③ 先验统觉是这样一个条件：满足了它，内感官就
176 能够获得规定，亦即成为可能经验的条件。但与此同时，它只在内感官当中，并且通过内感官在直观一般当中获得自身的内容。因此，思维和认识

① *KTE*, S. 336–337.

② *KTE*, S. 338.

③ *KTE*, S. 338.

间的先验区别、物自身的先验意义为内感官和先验统觉的二元性奠定了基础。它们在内感官中同时提出和解决了“刺激的问题”。事实上，将纯粹几何学家的空间幻影（l’espace-chimère du géomètre）转化为外感官对象之形式的先验统觉的介入和将算术与心理领会的未规定的内感官转化为内感官对象之形式的先验统觉的介入是同一个过程。“外感官被未规定的对象刺激，而且，既然我们对先验的 X 有所认识，那么我们当然可以把它称为不可规定的对象；然而，对内感官来说情况也是如此：‘因为它是从内部被刺激的’。内感官的内容因而变成了一种有其专门刺激方式的独立的杂多类型，但人们往往会忽视它，因为人们是以流行的实在论观点为参照的，他们将外部事物视为唯一的刺激来源。但是，人们现在看到具有刺激能力的不仅是事物，而且还有感官。那么，这类进行刺激活动的内事物（chose interne affectant）到底是什么呢？我们无法指出这种刺激由之出发的*东西*，正如我们同样也无法在外感官那里指出进行刺激活动的外部事物从何而来以及它是什么。我们只把这两者都认为是*某物*。而且，对于这进行刺激的双重*某物*，我们将其刻画为所与之物（ce qui est donné）。”①

只有考虑到刺激和物自身的意义，从要素式分析到先验分析的过渡才有意义。只有当人们明白了下述道理时，**空间**和**时间**的先验意义才会呈现出来：知性单凭自身无法提供给我们事物；为了使规定具有意义，应当有质料在直观中被“给予”我们；因此，本身不可规定（indéterminable）的先验对象 = X，只有当它出现在**空间**和**时间**的接受性中时（它在**空间**当中是外感官的所与，在**时间**当中是内感官的所与），才能够被规定（peut être déterminé）、才成为可被规定的（devient déterminable）。统觉之规定活动将其意义赋予了直观，而且还将直观构成为对象之可能性的形式。此外，它还在直观那里发现了自身的应用条件：它真正意识到了时间是质料的形式。内感官的意义就在于“把进行刺激活动的主体变成‘某种先验的东西’，把被直观到的主体变成一个现象”②：只有在被直观到的主体 177
中，也就是在内感觉（sens intime）所提供的杂多中，先验主体才会认识

① *KTE*, S. 334.

② *KTE*, S. 335.

自己，才会进行综合活动。为了使我能够拥有先后相继的意识，应当马上有一种意识的统一性、一个经验判断来对这种纯粹的可规定性进行规定；但这种观察又反过来针对自己，因为我们所拥有的关于我们自身的意识本身之所以是可能的，完全是因为内感觉为它提供了处在前后相继关系中的杂多①。无论指的是先验主体还是先验对象 = X，物自身始终是不可规定的。它只有通过刺激外感官和内感官，并由此提供所与（知性综合应当凭借与可能经验之对象的关系将其统一为综合）才会成为可以被规定的东西。先验统觉即是不可被规定的东西，内感觉即是可以被规定的东西，先验统觉和内感觉的关系即是规定、即是至上先验原则。物自身的消极意义和至上原则的积极意义正是以如下方式运作的：它们确定了从**时空**的形而上学意义向**时空**的先验意义的过渡，并且为了范畴在认识中的运用而规定了范畴与先验接受性的杂多的必然联系。

由于这种接受性仅仅表现至上原则，所以它不能是一种被动性，而且知性的能动性绝没有排除一种特别属于感官的能动性的存在②。事实上，内感觉肯定“生产出了”前后相继的杂多，正如外感官生产出了同时性的杂多。而且，尽管这种生产的对象仍然是未被规定的，但它确实是一种法则。因此，这里所涉及的刺激恰恰表现了可规定者的法则，表现了物理学和数学的内在关系，而且它所指的绝不是相对于刺激内外感官的质料而言的内感官或外感官的被动性。“现象指示着某种在内外感官中进行刺激活动的某物，它所针对的目标就是作为所与的某物。它不是假定了后者，而是提供出了后者。因为被给予就意味着与经验发生关系，而且，对于现
178 象来说，这就意味着与直观发生关系。”③ 因此，内感官的刺激仅仅隐含着先验方法及其至上原则的运作。它绝没有引入一种不可归约的感觉（une sensation irréductible）的非理性所与，而是仅仅隐含着思维和认识，

① *KTE*，S. 334.

② *KTE*，S. 346.

③ *KTE*，S. 339. 从《泰阿泰德》到《斐多》所实现的正是此类型的进步：范畴深化为原则，因为“它们只是发展了其在认识中的作用”（*PI*，166［中译本参见纳托尔普：《柏拉图的理念学说：理念论导论》，294 页。——译者注］）。按照图型规则在直观中构建概念的必然性已经出现。

因而也隐含着思维和感觉的先验区别。只有当思维将**空间**点（points de l'Espace）与**时**刻（instants du Temps）的异质性交于自身时，它才会进行认识活动。*只存在数学性的物理学，这便是内感觉之刺激教给我们的东西。*只要思维没有与这种纯粹所与发生关系，只要内感官和外感官没有把所与提供给思维，我们无疑能够思维和澄清概念，但我们不能做出判断，也就是说，我们不能进行综合。由此，先天综合的先验意义就建立在经验可能性之至上原则的基础上。

内感觉应当以原初的方式将**空间**和**时间**的形而上学意义与它们的先验意义联系起来："正如空间性感官（le sens spatial）为了给出外部直观就要被一个先验对象 = X 刺激，内感官为了给出内部直观就要被一个先验主体 = X 刺激。"① 所以，感性在至上原则中发现了它的真理：存在着一种可能认识，因为可规定者和知性活动发生了关系。存在着一个外部对象，而且数学提供了真正的认识，因为存在着一种物理学，而且先验统觉将空间所与的杂多与其对象的统一性联系在了一起；同样，存在着一个内部对象，因为先验统觉将时间所与的杂多与被它设定为主体的统一性联系在了一起。但至上原则和物自身之消极意义的内在关系同时纠正了那个曾经被信以为真并被我们一直保留到现在的幻想——概念是直观的真理。这是因为，只有通过把事物与它们的空间性几何杂多以及它们的时间性算术杂多联系在一起，思维才可以认识这些事物。为了认识自己，**先验的我**应当在内感官中现身。这样一来，从**时空**的形而上学意义向其先验意义的过渡就隐含着一种平行的过渡，亦即从范畴到原则的过渡。而且，声称
"**空间**和**时间**只有在使经验成为可能，亦即与意识的先验统一性发生关系时 179
才会成为认识的来源"同样是在声称"这种统一性会分派给**空间**和**时间**以真正的角色，但前提条件是它们要源始地应用在它们所展布的所与之上"。因此，图型论提供了对内感觉的最终说明，正如内感觉提供了对**空间**的最终说明。毋庸置疑，认为"正如外感官——姑且不论它的先天性——是受内感官支配的，这两种感性形式是服从于形式亦即统觉的先天条件的"② 是

① *KTE*, S. 339.

② *KTE*, S. 320.

正确的。不可否认，“综合统一性不仅使我能够认识一个对象，而且还使一切直观都能够服从它，因为杂多只有通过这种综合才可以被统一为一个意识中的对象”①。但是，这些导致**感性论**从属于**分析论**的先验断言本身也对分析论进行了转化。它们在**分析论**中要求至上原则充分地发挥作用，也就是说，要求它必然通过图型将直观及其杂多纳入到概念〈的规定〉当中。

“如果说，为了被思为规则并由此在普遍性中得到表象，概念应当被图型化，那么它们就应当渗透到我们的内直观的构造（trame）当中。这一构造的形式，或者说这种内杂多的赋形法则就是包含着**空间**的**时间**。因此，人们不应当问为什么不同样把**空间**认作图型；因为纯粹概念的空间构型（dessin）——就其作为图型而非作为图像化表象而言——是一种单纯时间性的构型：在图型中，空间性的东西本身同样也只能被投射为以前后相继的方式出现的东西，而不是各种元素的同时性杂多。在三角形的规则中，建构的部分不是被思为‘它们是彼此关联的’，而是被思为‘它们要彼此关联起来’。所以，只有时间才真正充分具有先验图型的价值。”② 经验之可能性的至上原则最终扎根于图型论当中会带来两个结果。首先，它
180 使**先验逻辑**摆脱了一切心理学的、形而上学的主观主义的危险，因为它把知性界定为规则的能力，并且将范畴和直观本源地结合到了原则当中。其次，它说明了**时间**相对于**空间**的优先性，以及被它更为紧密地与先验问题（先验问题涉及的既不是对象的可能性，也不是对象之先天认识的可能性）联系在一起的内感官在体系中所具有的重要性。就其自身而言，**空间**只能提供图像。这便是形而上学分析所达到的真理，我们从中重新发现了几何实在论（réalisme géométrique）的理由。尽管如此，这些图像本身无法解决它们的建构的普遍有效性的问题。事实上，这些建构之所以遵从规则的理由只会出现在时间直观的层面上。这样一来，图像就变成了

---

① *KTE*，S. 322.

② *KTE*，S. 386；参见前文 169 页。正因为如此，康德在《自然科学的形而上学初始根据》(*Principes métaphysiques de la science de la Nature*) 中认为速度合成定理所使用的矢量概念只属于运动学而不属于几何学。

图型（l'image se fait schème），也就是说，变成了原则之图型论中的时间杂多之统一性。我们现在把握了《纯粹理性批判》与先验问题的深层架构。由**空间**通向**时间**，然后由**时间**通向图型的运动，亦即构成了内感官的独特之处的运动正是可能经验之至上原则的深化。如果几何学提供的是认识而不是幻影，这是因为各种几何图形遵循着普遍的规则；也就是说，这是因为它们，作为在时间中被建构出来的东西，在其杂多的综合原则上包含着一种图型化的活动和一种双重认识：物理学只能是数学物理学，而数学只是物理学的准备①。

① 数学对物理学的从属、观念形式系统对可能经验之原则的从属，不仅像人们已经看到的那样是用来表明先验哲学的方法相对于严密科学的各种“形而上学”手段而言的独立性，而且它还要说明作为理性批判的哲学在这些科学以及它有能力引入这些科学当中的危机的内部所进行的具体行动。就此而言，对先验哲学的新康德主义阐释宣告了胡塞尔的现象学沉思。即使这种阐释仍然是在一种实证主义的视域中展开的，但它已经意识到了在科学史中具有决定性作用的“动机”来自形而上学的介入和深化。在康德哲学中，这便是先验感性论那种仍然不确定的、临时性的状况；尽管哥白尼式革命在先验感性论中已经被隐含地要求着，但它在后者那里并没有得到充分的实现，因为思维在后者那里是在希腊科学氛围中、是在感性形式之发现的氛围中运动的。如此这般的感性形式，只要它们没能说明数学物理学和分析论的后退运动（le mouvement rétrograde），它们就仍然可以被视为在形而上学上是抽象的、自足的独立形式。事实上，在这个层面上只要把经验性派生和形而上学演绎对立起来就足够了，但这样一来，数学的可能性条件似乎就独立于物理学的可能性条件了。“很可能现象具有这样的性状，即知性发现它们根本不符合其统一性的条件，一切都这样处在混乱中，例如在现象的序列中不呈现出任何提供一种综合的规则，从而与原因和结果的概念相适应的东西，以至于这个概念因此而是完全空洞的、毫无价值的、没有意义的。现象依然会把对象呈现给我们的直观，因为直观不以任何方式需要知性的功能。”（*Critique de la Raison pure*，p. 103–104）［中译本参见康德：《纯粹理性批判》（第 2 版），98 页。——译者注］数学的“自在的”精确性——正如它相对于希腊科学展示出来的那样——在自身当中绝没有表现出一种先验演绎的必然性：“几何学通过纯然的先天知识稳步前进，无须为了自己关于空间的基本概念的纯粹的、合法的出身而请求哲学提供委任状。”（*ibid.*，p. 102）［中译本参见康德：《纯粹理性批判》（第 2 版），96 页。——译者注］这并不是说从测量到几何学的过渡所表现的革命不是一场一般意义上的思维革命、这场革命没有预设一种哲学启示，也就是说，一种理性的、不再是神学的看待世界的方法：泰勒斯是第一个哥白尼式革命者。但是，这种启示仍然处在萌芽状态，它仍然外在于，也就是没有进入到自为反思阶段。“在第一个演证等腰三角形的人（无

181 在这一分析的结尾，我们在图型中发现了**先验的我**的综合形式与**时空**

论他是泰勒斯还是任何其他人）的心中升起了一道光明；因为他发现，他不必探究自己在图形中看到的东西，或者也不必探究图形的纯然概念，仿佛从中学到它的属性似的，而是必须把他根据概念自身先天地设想进去并加以表现的东西（通过构造）创造出来，而且为了可靠地先天知道某种东西，除了从他根据自己的概念自己置于事物之中的东西必然得出的结果之外，不必被事物附加任何东西。”（*ibid.*，p. 17）［中译本参见康德：《纯粹理性批判》（第 2 版），8 页。——译者注］所以，正是朝向哲学认识的倾向的觉醒使这样一场革命成为可能：通过它，希腊人放弃了东方式测量的探索，并且走上了严密科学的哥白尼式康庄大道。尽管如此，由于理性的介入仍然只是潜在的而非现实的，所以几何学能够将它的真正方法隐藏起来，并因此使那实际上是哥白尼式颠转的结果的东西在毕达哥拉斯主义和通俗“柏拉图主义”的独断论光照下出现了。哲学的确是希腊数学的真正动机所在，但这种哲学是处在萌芽状态的独断的哲学；这便是先验感性论的那些论战性的、临时性的假设之所以看上去在某一时刻在先验演绎之外进行着形而上学分析，并且保留了数学的独立性的原因所在。“因此就可以理解，作为自觉地追求‘哲学的’认识，即规定世界之‘真正的’客观的存在的认知之努力的结果，这种经验的测量技术以及它的经验的—实践的客观化功能，通过将实践的兴趣转变为纯理论的兴趣，就被理念化了，并且转变成纯粹几何学的思维方法。因此测量技术就成了最终是普遍的几何学和它的纯粹极限形态的‘世界’的开路先锋。”（Husserl，*Crise*，p. 151）［中译本参见胡塞尔：《欧洲科学的危机与超越论的现象学》，王炳文译，北京：商务印书馆，2009：39-40 页。——译者注］尽管如此，由于潜在理性和现实理性、自在和自为、几何学创造和哲学动机的不一致，几何学的发展——以及数学一般的发展——受到了阻碍并因此放缓。人本主义由于自我限制而背叛了自己；通过自己向自己隐藏，通过不关涉所有的经验而只是关涉纯粹理念化的世界，它破坏了它自己的方法。古代数学发现的不充分的哲学框架注定会使这种数学本身遭遇失败。“与欧几里德几何学一起，产生一种给人以非常深刻印象的理念，这就是一种具有广大的雄心勃勃的理想目标的、系统统一的演绎理论。这种理论以‘公理的’基本概念和基本定理为基础，按照必真的推论而展开，——这是一个由纯粹合理性构成的整体，是一个可以洞察其无条件真理的整体，而这个整体是由全然无条件的可直接和间接洞察的诸真理构成的。但是欧几里德几何学以及一般古代数学只知道有限的任务，只知道一种有限的封闭的先天性。”（*Crise*，p. 144）［中译本参见胡塞尔：《欧洲科学的危机与超越论的现象学》，31-32 页。——译者注］

向着一种无限的先天迈进的内在发展是随着代数、解析几何在笛卡儿和伽利略那里的产生开始的，但它只有在牛顿和莱布尼茨的连续性要素的数学那里才得到充分的发展。根据之前的论述，这种发展只有通过一场哲学革命，亦即文艺复兴的革命才成为可能：实际上，从韦达（Viète）和伽利略开始的数学革新是借助数学物理学的新动机才成为可能的，而这一新动机本身又是借助形而上学的哥白尼主义的的概观形式①、“统一概念”和“关系概念”的内在联系②；最终，对象之可能性的积极的、规定性（déterminante）条件从中呼唤着它的消极的、纯粹可规定的（déterminable）条件：“对象之最终基础因而是直观杂多之综合中的意识之形式统一性。”③对内感觉的先验意义的研究自发地将我们引向了对这样一些原则的研究：它们使这种意义、使先验对象对感官的这种双重刺激成为可能。这种研究将向我们表明：无穷小计算是几何学和算术的真理。“作为意识之统一性的感性条件，**空间**和**时间**代表着连续的量［拉：quanta continua］，它们是由于内强量之实在性的思维条件（la condi-

182

183

哲学新动机成为可能的。从这种视角看来，我们就能明白柯恩为什么会把内强量原则视为康德哲学的核心：事实上，柯恩在内强量原则那里遇到了以物理对象的数学化为基础的数学的扩展，而物理对象的数学化本身又是以哲学独立性、经验可能性的先验原则的获胜为基础的。康德同样可以宣称：“一切几何学知识都由于建立在先天直观之上而具有直接的自明性，而对象则通过这种知识本身先天地（按照形式）在直观中被给予。与此相反，那不可回避的需要是随着纯粹知性概念开始的，即不仅要为它们本身，而且要为空间寻求一种先验的演绎。”（*Critique*，p. 102）［中译本参见康德：《纯粹理性批判》（第2版），96页。——译者注］但是，当分析论使感性论成为一个问题时，人们同样意识到了后者与前者的必然关系，以及数学最终失去了它们的形而上学独立性；现象之前后相继中的规则之缺失的假设在想象中再生的综合的著名段落中遭到了反驳，人们认识到存在着“在任何时候都与概观相应的综合”（*Critique*，p. 109［中译本参见康德：《纯粹理性批判》（第1版），70页。——译者注］）。而且，人们甚至颠倒了之前的看法，断定领会的综合直接把直观当成了对象，直观“虽然呈现杂多，但若没有一种此际出现的综合，就永远不能使这种杂多成为这样的杂多并被包含在一个表象中”（*Critique*，p. 112［中译本参见康德：《纯粹理性批判》（第1版），71页。——译者注］）。这样一来，文艺复兴的人本主义就表现为古代人本主义得以完结的真正条件。这样一来，文艺复兴的人本主义就表现为成全了古代人本主义的真正条件。“如果由文艺复兴时代返回到古代哲学，人们甚至已经——像伽利略那样——确信一种哲学的可能性，即一种提供有关世界的客观科学的认识的可能性，而且如果已经表明，被应用于自然的纯粹数学，在形态领域里完满地实现了这种认识的要求，在这种情况下，对于伽利略来说，不是肯定也能预先确定有关可由同样的方法在所有其它方面以构造的方式规定的自然的理念吗？”（*Crise*，p. 157）［中译本参见胡塞尔：《欧洲科学的危机与超越论的现象学》，45-46页。——译者注］

① *KTE*，S. 319.

② *KTE*，S. 368.

③ *KTE*，S. 362.

tion de pensée de la *réalité de la grandeur intensive*）才被构成连续之物［拉：continua］的。因此，内强量直接显现为外延量的在先条件；这是因为，当人们思维‘多’的统一性时，应当首先思维统一性本身。统一性只有在这种情况下才会被当作统一性来领会。指出这种绝对统一性的场所既是实在的要求又是逻辑的要求。这是因为，对象似乎只有在那里才会被生产出来。外延量的对象只是一种缺少根据的比较的形态（figure comparative）。这便是走向无穷小，也就是设定某种不是相对于‘1’而是相对于‘0’而成为统一性的东西。”① 最终，内强量原则澄清了内感觉的意义，并且由此也一道澄清了外感官的意义。在这条原则中，限制性的实在性范畴图型化于时间的连续性当中，而且这个范畴还提供了这一经验对象的可能性（这种可能性正是方法的线索）。我们在这一对象的先验诞生中发现了**空间**与**时间**的真理，而这个作为综合与认识的对象只有通过图型化于**空间**与**时间**之中才是可能的。“因此，实在性就是这样一个范畴：它填充了**空间**与**时间**形式，但这种填充活动伴随着一种内容的初始配置，这种配置使该内容为数学对象变成物理对象做好了准备。不过，这应当被视为思维的胜利：它在实在化的力量中超越了感性条件，而且不仅如此，为了从它的设定出发正面构成它们自己的图型，这些感性条件还需要它。正因为如此，借助批判主义唯心论（其中，**空间**与**时间**表明了它的消极意义，范畴表明了它的创造性意义）的试金石构成了内强量的实在性。”② 这样一来，综合的问题就通过它与可能经验的关系得到了解决。当思维与一个可能对象发生关系时，它就变成了认识，也就是变成了综合。同样，只有就
184 数学对象预示了物理对象而言，我们才理解了数学对象（就其自身而言，数学对象始终是不完整的、不可理解的、临时性的）。对数学对象的“形而上学”发生做出澄清的正是物理对象的先验发生。这便是无穷小计算的神奇之处：它是通过使运动者的产生成为可能来使**运动**、**空间**、**时间**的

① *KTE*, S. 428.

② *KTE*, S. 429. 关于这一点，参见纳托尔普对《蒂迈欧》的阐释（*PI*, 372［中译本参见纳托尔普：《柏拉图的理念学说：理念论导论》，672–674 页。——译者注］）。

本性和构成得到理解。双重刺激和接受性的理论的神秘之处不复存在：思维为了变成认识而在感性直观中自己刺激自己。无论思维是作为外感官刺激的原则的先验对象还是作为内感官刺激的原则的先验主体，当我们看到它在同一种行动中催生了对象以及对象认识的否定性条件（在前者那里是物理学中的力，在后者那里是作为数学形式的**空间**与**时间**）时，我们现在要用无穷小计算来进行验证。内感觉的先验目的就是让我们通过**空间和时间**综合的形而上学的、缺乏完满先验性（imparfaitement transcendantaux）的问题来到达这一最终的发生。

§16. 内强量的先验意义（统觉、想象力、原则）

我们的分析致使我们承认**先验逻辑**处在批判大厦的中心位置。"因为被各类先天所限定，并在它们的作用下成为可能的认识领域被指定为综合判断的领域，所以普遍的先验条件乃是综合判断的条件……不过，不同类型的先天应当被视为对原则的贡献或原则内容的材料。因此，先验条件的一般表现就是所有综合判断的至上原则。"① 诸原则提供了先验问题的解决方案：它们实际上表明了一个依赖于经验可能性之至上原则的综合是如何在判断中成为可能的。客观性和综合最终在先验逻辑中实现了同一。哥白尼式革命通过诸原则而得以完成：自我意识和对象意识重新结合在了一 185
起。在范畴中被构成的综合的机能也只有在原则中确立的经验可能性这一个基础②。真理的问题只有到了这个层面上才能被严格地提出：就**一般逻辑**借助概念运作且不具有对至上先验原则的先天认识而言，它在任何时候

① *KTE*, S. 138.《泰阿泰德》的环节（186，B，A）："当意识完全为了其自身而同存在者发生关系时，它所取得的名称是什么？答案是：判断。……由此认识被引回到判断，引回到普遍的综合的统一之功能，而诸概念则被引回到作为综合之诸基本类型、作为判断之诸基本功能的那些基本概念。"（*PI*，113）［中译本参见纳托尔普：《柏拉图的理念学说：理念论导论》，200－201、202 页。——译者注］仅仅在《泰阿泰德》中得到简单勾勒的范畴系统只有在《斐多》中才深化为一个原则系统。

② *KTE*, S. 267；参见本书前文 167 页。

都有导向先验幻相的危险，它在任何时候都有将分析和综合、存在论和科学混为一谈的倾向；而**先验逻辑**则在范畴与可能经验的关系中拥有判断它们是否为真的无可置疑的标准，而且，它还因此确立了单一对象由以能够被思维的原则。“这些原则是从一条唯一的原则那里派生出来的，后者是作为意识的统一性为我们所知晓的。”① 这样一来，先验统觉的问题就成了《纯粹理性批判》的核心问题。它有什么意义？它有什么影响？它是如何催生真理问题的？

它只是表现了作为统一性的经验可能性。就经验可能性的至上原则为有关这一可能对象的先天认识的可能性奠定了基础而言，它能够并且应当在意识统一性原则中得到表现②。先验统觉（其目的乃是奠定先天认识之可能性的基础，**哥白尼式革命**因而直接将其等同于经验可能性的至上原则）并不具有一种实在论的和心理学的形而上学意识的意义。**我思**乃是可能经验的根基，它应当能够伴随我的所有表象。但是，它绝非对一个统一性的主观意识，而是一个意识的客观统一性。区分内感觉和统觉的目的就是防止错误的解释，先验主体在这一点上并不享有任何相对于先验对象而言的优先地位：它只有在显现的情况下（亦即在它在感官中制造其刺激的杂多综合之中）才能被认识。“先验统觉意味着，统觉被思为一个先
186 验条件，被思为全部综合判断的至上原则，而没有被思为一个人身性意识（它和经验有着绝对直接的关系）的超验状态。从先验视角出发被思维的意识不单单是作为法则的源始样态（formule originaire）出现的，更为确切地说，它是作为创造具有科学内容的经验（以及经验的所有内容）的方法的总和出现的。”③ 因此，至上的先验原则对于它与之同一的意识本身而言绝对是有价值的；被理解为自我意识的意识远没有伴随着理智直观的闪光，它需要对经验进行建构，它的统一性本身指向了种种认识方法的统一性；先验分析也完全没有必要像笛卡儿和笛卡儿之后的费希特式唯心主义者认为的那样要从自我意识这个不可置疑的事实那里推导出经验可

① *KTE*，S. 271.

② *KTE*，S. 140–141.

③ *KTE*，S. 142；*KBE*，S. 58.

能性原则。它要求我们颠转这些立场，并且只在可能经验之统一性的哥白尼式相关项（corrélat copernicien）的名义下承认意识的统一性。

“这样一来，哥白尼式的先验思想便获得了它的确定的、充分的表达：（1）对象只有通过经验可能性才能成为可能；（2）在经验的作用下成为可能的对象具有客观的实在性。被奠基于意识统一性之中的先天鲜有主观性的成分，它反而限定着一切客观性并使一切客观性成为可能。”① 统觉的先验意义因而得到了规定；作为“主观条件”，它为客观化过程奠定了基础。客观化过程将经验判断的统一性和机能同一性赋予了知觉判断的复多意识（multiples consciences），它将空间幻想转变为外部对象的形式。因为先验统觉在哥白尼式主体性内部表现了经验可能性的至上原则，所以它实现了这种将自我转化为对象，将思维客观化为认识和综合的炼金术。这种客观化（《纯粹理性批判》试图通过提出先天判断之可能性的问题来弄清它的神秘起源）旨在将直观杂多和充当杂多的统一性基础的先 187
验对象关联起来，并因而对先前只是可规定的东西进行规定。这种活动就是专属于先验统觉的综合。“从先验统觉中诞生的概念表现了与某物的关系，这个某物被我们称为对象。因此，对象在自身中有其最终基础。总之，现象就是这样一些表象：如此这般存在，并且只如此这般存在的它们有着自己的对象类型。因此，这个表象的对象本身是不能被直观的，以至于它可以被称为非经验的对象，也就是先验对象 = X。这个 X 的纯粹概念能够单独构成客观的实在性。不过，这个纯粹概念不包含任何统一性（它在与对象相关的杂多中被认知）之外的东西；而且，这个统一性本身又预设了意识的形式统一性（这种综合能够在其中发生）。”② 所以，概念中的先验认知的可能性条件是：必须与内感觉中杂多的领会和再生相关。

---

① *KTE*, S. 143. 正是经验可能性原则（这便是分有问题的意义所在）本身刻画着柏拉图对话的特征；例如，正是它使《巴门尼德》（尽管它有时还带有埃利亚派形式的包装）成为本真的学园对话，这是因为，就理念论而言，“也没有在任何地方问到底是否应承认该学说，而是仅仅问如何确切地理解它，以及经验之可能性如何通过它而得到保证，或者遭到取消”（*PI*, 229 et 221［中译本参见纳托尔普：《柏拉图的理念学说：理念论导论》，403 页。——译者注］）。

② *KTE*, S. 307.

先验统觉正是通过这种与直观的必然关系才具有源始的综合本性。换言之，它是与经验可能性和先天认识的原则本身同一的。在这一点上，统觉和图型并无区别："概念即是范畴；杂多即是感觉，统觉指的是它们的统一。"①

因此，我们是通过先验想象力的图型（并且只通过它们）来把握统觉的能动性的。严格说来，前者和后者并没有什么不同。这种同一性不过是经验可能性的至上原则和物自身的先验意义的另一种说法，它并不是一种心理学或形而上学实在的表现。实际上，正是因为它所实现的综合只有通过客观化和经验可能性的哥白尼式运动才成为可能，先验统觉需要将范畴应用于直观之上；在这种内在的应用以外，它只能做分析的说明，不能做综合的建构；它只能带来存在论的反思，不能带来数学的、物理的知识。"我怎样才能把先验统觉应用于现象之上？要通过概念的手段使它成
188 为内感官之杂多中的对象。假如我反而在另一种意义上将统觉思为**理智的我**，思为超感觉的实体，我是能够做到的：这是思维的职责，它在另外一些环境中是有其价值的；但我并不能通过它对某物有所认识，因为直观必然是属于认识的。不过，真正的**我**在后者那里是并且始终是现象……这种既具限制性又具实现性的范畴的感性条件便是先验图型的意义。"② 因此，
189 在分析与综合、本体与现象、思维与认识的先验区别之后，由于物自身与至上的先验原则的否定性意义，先验想象力才被推举为康德体系之拱顶石

① *KTE*, S. 59.

② *KTE*, S. 383. 康德在他 1792 年 1 月 20 日《致雅可布·西吉斯蒙德·贝克的信》中精彩地分析了先验统摄（subsomption transcendantale）："您送来了对一般经验分析和经验可能性原则的全面研究，这个部分正是整个批判哲学中最困难的部分。以前，我曾经有过这样的设想：在一个形而上学体系中避开这种困难，按照范畴的次序，从范畴开始（由于我在事先仅仅解释了空间和时间的纯直观，客体就是在空间和时间中被给予的，但我并没有同时研究纯直观的可能性），在对每一个范畴（例如量和一切包含在量中的谓词，以及使用量这个范畴的例子）的说明终了时证明：除非我先天地假定，感官的对象和其余一切对象一起，必须被设想为数量，不然，关于感官的对象，我们就不能有任何经验，在这里，总是可以发觉，感官的对象只能被表象为在空间和时间中给予我们的。于是，从这里产生了存在论的完整科学，它是内在的思维，也就是说，人们可以保障它的概念的客观实在性。只

这个突出的角色。

我们不应当忽视的正是统觉本身所扮演的这个角色。事实上，受到单 190

是在这之后，我在第二个部分指出，在存在论中，客体可能性的一切条件（conditions）总还是有条件的（conditionnement），但尽管如此，理性却不可避免地力求超越到无条件者（inconditionné），在这里，我们的思考就成为超验的，也就是说，它根本不能为理性的概念，即理念，带来客观实在性，因而也不能通过理性的概念实现任何客体的认识。在纯粹理性的辩证论中（提出纯粹理性的二律背反），我准备指出：可能经验的对象作为感觉的对象，不能使人认识作为物自身的客体，只能使人认识作为现象的客体，并且，首先把与空间和时间的感性形式相联系的范畴演绎看作把这些客体联结成为一个可能经验的条件，为作为概念的范畴本身提供思维的客体（直观可以采取任何一种它乐意采取的形式），然后构成了超越感性界限的范围，但这个范围并不能获得任何认识。说到这里也就够了。

当您说：'表象的总和（德：Inbegriff）甚至就是客体，就是心灵的行动，由于心灵的行动，表象的总和被表象，也就是说，把表象与客体联系起来'，这里您说得完全准确。只是人们还要问：表象的总和作为一个组合体（德：Complexus），何以可能被表象？不是由于意识到这个总和被给予我们，因为一个总和要求杂多的联结（德：Zusammensetzen）（综合）。它（作为总和）必须被创造（德：gemacht），而且是通过一个内在的行动，这个行动完全适用于一个给予的杂多，并且先天地先于这个杂多被给予的方式，也就是说，这个总和只有通过杂多的意识在一个概念（关于客体一般的概念）中的综合统一才能被设想。而这个概念，就某物在直观中被给予的方式来说，与客体一般发生不确定的联系，这就是范畴。如果杂多在表象着的主体（对于杂多的联结和综合统一来说）中以一种特殊的方式被给予，那么，表象着的主体的纯主观特性就叫作感性，这种方式（被给予先天直观的）也就是直观的感性形式。更确切地说，以这种方式，借助于范畴，对象纯粹是作为现象中的事物，而不是按照它们的自在存在被认识到。如果没有任何直观，对象根本不能被认识，但是可以被思维。如果人们不仅把一切直观抽象掉，而且干脆把它们排除掉，那么，范畴的客观现实性（它们绝对地表象了某物，而且不是空洞的概念）就不能被保证。

也许您可以避免一开始就通过感受性，即主体受到对象的刺激时表象在主体中的存在方式，来定义感性，您可以把它规定为在一个认识中，纯粹构成表象与主体之间联系的东西。这样，感性形式在与直观客体的这种联系中，也只能够使人认识客体的现象。但是，这个主体性的东西只能构成主体通过表象受刺激的方式，因而纯粹是构成了主体的感受性，这一点已经蕴含在下面这句话中了，即它纯粹是主体纯形而上学的分析的心理学偏见的影响，人们很可能只是把再生性想象力和生产性想象力当成同一能力当中的两个抽象程度和一般化程度来加以区分。由于想象中再生的综合毫无疑问属于感性，亦即属于内感官之刺激和作为可规定者的杂多之生产样式（这些样式在直观中就是领会，在概念中就是再生），所以人们从中合乎逻辑地得出了如下结论：生产性想象力——或图型能力——的所作所为无非是发展了那种开始于再生中的运动，图型这一隐秘的技艺因而归属于感性；生产性想象力身处再生性想象力旁边；最终，由于感性不同于知性，在两种实例中〈生产性想象力和再生性想象力〉是同一种能力被置于一般感性概念（le concept général de

---

的规定性。

总而言之，由于这整个分析的目的仅仅在于阐述：经验本身只有借助某种先天综合原则才是可能的。但是，只有当这些原则确实得到了阐述，这一点才可以被人理解。因此，我认为，在提出这些原则之前，尽可能扼要地开展工作是有益的。也许，我在此地的讲演方式会对您有一点用，在这里，我必须简明扼要地进行。

我是这样开始的：我通过经验的认识来定义经验。但是，认识又是通过概念对一个被给予的客体本身的表象。如果客体是在感官的表象（因此，感官的表象同时包含了感知，而感知又与意识结合起来，即包含了知觉）中被给予，认识就是经验的。如果客体尽管被给予，但却不是在感官表象（尽管如此，感官表象可以永远是感性的）中被给予，认识就是先天的。认识要求有两种表象方式：（1）直观，通过它，一个客体被给予；（2）概念，通过它，这个客体被思维。要从这两个认识要素中形成一个认识，还需要一个行动，即把在直观中被给予的杂多依照概念所表达的意识的综合统一联结起来。由于联结并不能通过客体或者客体的表象在直观中被给予，而只能被制造，所以，它是建立在知性在把握客体（被给予的杂多的联结）时的纯粹自发性之上的。但是因为，如果根本没有任何客体能够与概念相一致地被给予，那么，没有任何客体，概念也就不成为概念了（一种思想，通过它，我什么也不能思维）。所以，对于那些先天概念来说，必须有一种杂多同样先天地被给予。确切地说，由于它是先天地被给予的，因此，在一个没有物作为对象的直观中，即在纯粹主观的直观纯形式（空间和时间）中，必须符合纯粹感性的直观，这种直观的综合，是通过想象力按照概念所包含的意识的综合统一的规则实现的。然后，把这个规则运用于知觉（在知觉中，物通过感知被给予感官），这个规则就是知性概念的图型论。”［中译本参见康德：《康德书信百封》，173－175 页。——译者注］

sensibilité）之下。因此，心理学分析从形式上区分了想象力和先验统觉。然而，先验分析不断拒斥的恰恰是这种区分。“生产性想象力应当被归于知性，不应被归于感性。”① 此外，人们还会做出这样的补充：知性正是由于生产性想象力才会认识，而不只是思维。这一作用恰恰被归于先验统觉。“想象力给予了知性最高的规则和法则，如果没有想象力，知性就只是一种抽象力。”② 所以，人们承认想象力具有至上的先验意义。如前所见，这种至上的先验意义绝不能被赋予内感官。为了使内感官得到规定并同时获得“成为作为经验之可能性条件的先验大厦的一个要素”的性质，它反而应当被假定为前提。想象力被赋予了这样的品格：它使知性本身从其作为抽象能力的逻辑意义过渡到了作为经验之构成性原则的客观意义。人们因而明确指出：想象力和统觉，作为方法，完全是同一种东西，因为在先天综合的基本问题中，外在标准正是通过它们被内
在标准取代的：“理智的量的概念在画出一条线的综合活动中，因而也就 191
是在生产性想象力（它的综合活动就是画出一条线的活动）和先验统觉（其统一性本身是行动的统一性）的这种融合中变得具有了能动性和实在性。”③

这样一场革命是如何可能的呢？它所隐含的内容就是：当人们从一种对能力的表面的形而上学考察过渡到一种严格的亦即先验的和认识论的对方法的考察时，心理学和自我意识的表面现象〈假象〉（apparences）就崩溃了。这些表面现象〈假象〉把生产性想象力和再生性想象力视为同一种能力：这就是对先天认识来源的分析迫使我们放弃的心理学假设。康德之所以赋予图型与图像的区分以非比寻常的重要性，完全是为了把再

---

① *KTE*, S. 309-310.

② *KTE*, S. 312.

③ *KTE*, S. 324-325；值得注意的是，为了指出从“对能力的形而上学意义的分析”到“方法的分析与先验意义”的过渡，引文之后还补充了如下内容：“所以，在之前引用的命题中，‘想象力’这个术语是从第一版当中拿来的，而且图型的综合（la synthèse figurée）在它与源始的综合统一性的这种关系中被命名为想象力的先验综合。想象力是综合而不是概观，是规定性的而不是被规定的，是理智的而不是感性的，因此它具有充分的先验性。”

生性想象力仅仅归于感性和内感官，而把生产性想象力抬升到知性之认知的高度上。这样一来，生产性想象力便实现了与先验统觉的同一。这种转化的理由非常简单：作为图像的能力的想象力满足于生产出杂多，而且，由于存在着一种先天的再生，它被界定为现象的形式。它也无法享有一种真正普遍的有效性。在再生的图像中，内感官虽然设定了一种意识的复多性，但它本身却提供不出对这些意识做出规定的统一性。我们只有通过认知活动（这种活动为了提供出特殊直观的普遍规则而从后者那里解放了出来）才能通达这种统一性。因此，这种从图像到图型、从再生性想象力到生产性想象力的过渡必然也是从感性到知性的过渡。“诸范畴包含了为着纯粹综合的统一性；但尽管如此，在这些统一性中固定下来的是图像，这一点不容否认；因此，综合是想象力的活动。只是这一图像不是与一个特殊的直观发生关系，而是与统觉的统一性发生关系。因此，诸范畴
192 形成了每一综合中统觉的统一性；统觉在它们当中认识到了由所有之前提及的综合形式形成的表象的同一性，而且，通过以这些表象的同一性为基础，还认识到了**自我**本身的同一性。但上述认识在其中完成的这种关系（**图像**在这种关系中变成了**概念**），我们同样能够从中认识到知性；因此，认识在其中完成的统一性就是纯粹知性概念。知性是所有经验的形式的、综合的原则，因为它通过范畴使诸现象在单一意识中的综合成为可能。因此，生产性想象力生产出来的与其说是图像，不如说是概念。”[1] 先验分析颠覆了心理学的表面现象〈假象〉。它把初看上去处于直观一方的东西放置在了知性一方。这样一来，图型就只是将范畴引向原则的中介[2]：它只是先验分析的最后一环，因为它的至上原则将综合的可能性与经验对象的可能性联系了起来。它最终向我们提出了先天认识的肯定性条件和否定性条件的先验统一性的问题。事实上，先验想象力凭借图型规定了场合（cas）：当它为范畴提供了应用场合“质料的时间性形式”，亦即内感官和空间的杂多时，它就将范畴转化成了原则。但这样一来就会产生如下问题：知性在图型中如何激起（suscite）了这些所与（为了产生出真

① *KTE*，S. 311.

② *KTE*，S. 387.

正的综合，亦即与对象发生关系，知性必然应用于这些所与之上）？如何才能在对象之物理条件的先验发生的关节点上把握住对象的数学的、限制性的条件的先验发生？图像向原则提出的，以及原则试图凭借内强量的运作解决的，就是数学物理学的可能性和可能经验之至上原则的先验意义的问题。

因此，原则的任务即是图型的任务：寻找统一综合和概观的方法。“原则既不是单纯感性的命题也不是纯粹知性的命题，它们反而是思维的基本形式（思维以综合统一性为手段将直观杂多统一起来）。”① 最终被 193
提出的就是统摄了其他所有问题的先验问题。以经验之可能性为着眼点的综合是如何可能的？这样一来这种可能性的否定性条件是如何展开的？内感官是如何为先验主体提供了认识的质料？外感官表现的如何才不是单纯的幻影而是外部对象之先天认识的可能性？通过先验问题和原则的紧密联系，原则应当解决掉的问题不是别的，就是对象之先天认识的问题。我们由此通向了对《纯粹理性批判》的原则提出的质疑——先天综合判断是如何可能的——的解决方法。“先天综合判断是如何可能的”这一问题由于和客观性之至上原则保持着内在的关系而使我们从一开始就隐约看到了解决方法。而各种不同的“过渡”——从**空间**的形而上学意义向**空间**的先验意义的过渡、从**空间**向内感官的过渡、从**时间**的形而上学意义向**时间**的先验意义的过渡、从范畴向原则的过渡——不过就是向这种解决方法的不断逼近而已。原则理论表现了真正的康德主义，也就是源始的康德主义。“因此，原则不是对象一般的概念，而是对象一般的认识或每一个作为被规定者的被规定对象的法则。通过后面这种说明，原则得以与自然法则区分开来。自然法则将对象规定为法则的特殊实例，原则反而将对象规定为遵循法则一般得到规定的对象，它使对象的合乎法则的可规定性成为可能而且还表现了这种可规定性。”② 因此，我们应当在原则中重新发现作为认识而非单纯作为思维的对象的先验发生。因此，只有原则才会向我们表明从本体到现象、从分析到综合、从以概念为手段的哲学反思到以概

① *KTE*，S. 411.

② *KTE*，S. 413.

念建构为手段的物理学认识、从作为绝对不可被规定的＝X的物自身到作为一切规定的基础的可能对象之统一性的源始过渡①。在原则当中，先验
194 发生得以完成。我们应当尝试描述的正是这种原则。

这种描述应当回答我们迄今为止已经提出的三个问题——**先验逻辑**的问题、内感官的问题、外感官的问题：(1) 可能对象的统一性是如何被设定为物理实在性的？(2) 作为结果，内感官的杂多是如何获得它所缺少的规定的，这样一来，从知觉判断到经验判断的过渡是如何发生的？(3) 最终，这种客观化的结果如何成为由外感官的刺激带来的杂多的生产？从内强量到外延量的过渡是如何实现的？第一个问题是实在性问题，第二个问题是因果性问题，第三个问题是广延问题。先验分析已经向我们表明了这三个问题间的紧密联系：所以，解决了其中一个问题就意味着同时解决了其他两个问题，而这正是原则所要完成的任务。事实上，原则的组织（L'organisation des principes）在如下情况中会变得更加明显："人们终于在内强量原则中发现了它的内核。因为外延量、所

① 所以，柏拉图哲学的基本唯心论原则就得到了表达，也就是说，"必须从陈述的逻辑意义出发——作为唯一可能的出发点，并且必须绝对地把那被证明为普泛陈述之（逻辑意义的）可能性的条件、由此被证明为'在我们身上的逻辑性的东西'之不可毁损的性质取作基础（德：Grund），必须将之作为认识之所有进一步的确立的基础。但这无非是无规定的东西及其规定之间、认识中的X同A之间的源始（ξύμφυτοι）关联……理念的统一性无非就是规定之统一性，而且是对那无规定的东西的〈规定之统一性〉，这种无规定的东西在《巴门尼德》中首次——在同样的、柏拉图甚至难得使用的无限［希：ἀπειρία］这一术语下——被揭示为了同埃多斯（Eidos）相关的关联概念（158CD）……而这听起来几乎是康德式的，那就是：我们必然在每一问题领域中都设定了这样一种统一性，然后以它为前提进行研究：由此一来我们将恰恰于其中发现我们自己已经设立出来的这种统一性。因此知性在对象中仅仅发现了它自己所放进去的东西；它于对象那儿所认识到的所有规定性都以它自己的设定为依据"（Natorp，*PI*，317［中译本参见纳托尔普：《柏拉图的理念学说：理念论导论》，565-566、567页。——译者注］)。《斐莱布》的问题就是哥白尼式革命的问题，也就是表明我们凭借经验之可能性的手段实现了从思维到认识、从X到A、从本体到现象的过渡。由此便产生了为了赋予这些规定以内容而使物理—数学科学介入进来的必要性（ibid.，319［中译本参见纳托尔普：《柏拉图的理念学说：理念论导论》，570页。——译者注］)。

以也就是数学的第一原则以及**空间**和**时间**的问题，还有在内强量中完成了其生产活动的因果性原则，最后还有实在性的模态原则（因为它想为宣告了感觉的东西立法），它们全都是以这种与内强量的关系为基础的。"①先验方法出现在了对这三重问题的解决当中，而且还表现出了强大的力量，因为它在其发生中造成了直观和感觉、数学和物理学②——亦即对象的科学——的联系。而作为实在论刺激的物自身概念则是徒劳无益的， 195
因为这样一来所有的形式都是在认识方法中被产生出来的，而且它们充当了思维的有力证明。

首先，内强量原则回答了先验逻辑的问题，因为它不仅使设定一个可能经验的对象成为可能，而且还让我们看清了这一对象的发生。因此，它是真正意义上的客观性的本源。我们也可以在内强量原则中看到一种意识的直接所与（une donnée immédiate de la conscience）：先验分析一下子置身于心理学反驳可以企及的领域之外（后来，各种心理学反驳在强度中看到了作为绵延之污染的意识和作为空间之污染的物质，看到了在心理学层面上难以为继的质和量的混淆）*。这样一种反驳针对的目标毋宁说是莱布尼茨的单子论和微知觉原则。与此相反，先验分析正是在心理学分析止步的地方继续进行追问：人们借以对意识的直接所与做出界定的这种质从何而来？就感觉在我们外部设定了要被我们知觉的事物而言，它是如何可能的？从自我意识到对象意识、从刺激到表象、从主观到客观的这种构成了**哥白尼式革命**全部意图的过渡，它那难以参透的秘密到底是什么？然而，质如此这般地显现出来，并因此具有了专属于意识的直接所与的特征的可能性正是以物理学为目标的过渡。这无疑是个充满悖论的断言！"就其意图而言，感觉宣告了与在感觉那里有其回声的外部世界的关系。它需要那以物理学为目标的过渡……同样，我们只把自然认识为自然科学、只把对象认识为经验对象，但我们同样也把自然科学认识为自然的保障，把

① *KTE*，S. XII.

② *KTE*，S. XIII.

* 维耶曼在此谈及的是柏格森（Henri Bergson）在《论意识的直接所与》（*Essai sur les données immédiates de la conscience*，1889）中对强度概念的批评。——译者注

经验认识为对象的来源。被我们视为感觉对象的实在本身也只能在一条构成其对可能经验的参与的原则（principe qui constitue sa participation à la possibilité de l'expérience）中得到立法（它由此便得到了充分的立法）。”①
196 因此，实际上是物理学带给我们的实际知识（其关乎感觉中的对象的实在性）规定了感觉的先验合法性。感觉绝不是在内感官中对我们进行刺激的实在论物自身，而是在一条原则当中得到了表达——凭借这条原则，在其 = X 的先验意义上被理解的物自身就提供了时空杂多，后者需要被规定，也就是要使一个经验对象成为可能。所以，感觉就被整合到了一条认识的先验原则当中，而我们正是凭借这条原则才将外部实在性赋予了先验对象——我们在时间中以发生的方式（génétiquement）构成先验对象，并且在严格意义上参与到了它的无穷小生产（production infinitésimale）当中。

感觉经由内强量被整合到了先天的领域当中，而且还获得了将它所显示出的质客观化的能力。人们更好地理解了诸如落体法则之类的感觉的先验意义。事实上，是什么使我能够在一个感觉中知觉到落体运动的速度和加速度这些质？不是别的，就是以物理学的方式认识这种速度的能力，也就是——由于速度的诸部分并不像**空间**诸部分那样是以外延的方式相互外在的——在内强量原则中综合这一速度的实在性的能力。这一评论可以使人们明白，在《自然科学的形而上学初始根据》中，虽然康德在**动量学**（Phoronomie）中只对运动的纯量进行研究，并且只考察物质中的纯粹运动性，但他仍然引入了内强量的观念，而这打破了与《纯粹理性批判》

---

① *KTE*，S. 595.《斐莱布》的环节。“流动着的东西（德：Flieszende），通过新的规定复又能够超出任何所取得的规定的这种可能性，通过任何一种规定都不可能抵达一种绝对的结束的这种不可能性”从中得到了充分的表达。“然而，既然正是确定的量之设定结束了这种不确定性，因而在《斐莱布》中那从头到尾地并通过如此特别的强调而表达出来的那种信念之最深的根由，就在这儿暴露了出来：唯有基于数学上的精确规定，经验知识方才是可能的。……但首先肯定会认识到：所谓质——如柏拉图在这儿用作例子的热之质和音高之质，仅仅通过数和量值才能获得一种规定（多热或多冷，多高或多低），从而必须完全作为量（可变的数值）而被对待。”（*PI*，322–323）［中译本参见纳托尔普：《柏拉图的理念学说：理念论导论》，578、579 页。——译者注］

的平行关系，而且是动用了来自质（在此就是来自**动力学**）的方法来思考量。康德在定理一的说明2 中宣称："如果人们这样来解释双倍的速度，即人们说它是一个运动，通过该运动，在同一时间里一个双倍如此大小的空间被经过，那么，这里就假定了某种并非不言而喻的东西，也就是说：两个相等的速度可以完全像两个相等的空间那样结合起来；一个已知的速度由多个较小的速度构成，一个快由多个慢构成，就像一个空间由多个较 197
小的空间构成一样，这并不是自身就清楚明白的；因为速度的各部分并不像空间的各部分那样是彼此外在的，而如果速度应当被当作量来考察，那么，其量的概念则因为是内强的，所以构想它的方式，必须不同于构想空间外延的量的概念。"* 康德还补充道，解决这一问题的唯一途径就是发现一种间接的手段，这种手段能够通过一种数学建构来对速度进行相加。由此，我能够构想这些量，但不再是以前后相继的方式，而是同时在瞬间（德：Augenblick）中的方式。如果人们通过设定空间随着运动之物在反方向上运动而将该空间加倍，我们就可以获得这种间接证明。动量学中空间相对性的主题使得从广延到强度、从前后相继到瞬间的过渡，以及由此而来的从数学的直观的、形而上学的直接建构到物理学的思维的、实存的、先验的间接建构的过渡成为可能。因此，凭借内强量原则，一方面，我能够以数学的方式，亦即通过直观中的建构性综合认识落体的速度；另一方面，我能够在实在的层面上将这一速度客观化，亦即通过在我所知觉到的质中重新发现外部世界的回声来获得对这一速度的感觉。人们所追求的综合与客观性的先验统一性，亦即作为先天综合判断之至上原则的经验可能性之至上原则的意义在内强量原则中找到了它的先验的、发生性的实现。所以，只有内强量原则能够让我们断言"通过感觉呈现出来的事物的质通过自然法则成为可以客观化的东西"①。因此，正是内强量原则解决了**先验逻辑**的问题并赋予感觉以先验意义②。正是它源始地使对象的先

---

* 中译本参见康德：《自然科学的形而上学初始根据》，李秋零译，见《康德著作全集》第4卷，504页。——译者注

① *KTE*, S. 432.

② "连续性是质所独有的先天特征。因此，在实在的质当中，只有内强的质能够被认识为先天规定，而这与连续性是一回事。奇迹因此就消失了：因为连续性

198 天认识成为可能："强度不是意识震荡的样式，而是为了对象之客观性做

不属于感觉，但它只允许自己与感觉内容的先天化（apriorisation）发生关系，而且这种关系就存在于内强量当中。所以，我们有关量所能需要的一切都得到了构成与满足。现在，作为被奠基为外在量的量的经验对象就其来源而言是属于内强量的"（*KTE*，S. 437）。与此类似，《巴门尼德》第 XXI 章的目的就是要表明在感觉中把握连续是不可能的。"时间被确立为了不连续的设定之表达。作为这样一种东西，它仅仅为下面这点担保：某种东西在不连续的思想点 2 上，是一种不同于它在不连续的思想点 1 上所曾是的；也即是说，它在 2 上不是它在 1 上所曾是，并且是它所不曾是的。1 和 2 这两个时刻彼此否定，即彼此分离、互相排斥，并由此分开或互相排斥那在两个时刻所设定的内容规定，例如 A 和 B。反之，在突然［希：ἐξαίφνης］中所想到的是从 A 到非 A 和从非 B 到 B 的连续的过渡。这种过渡事实上不可能首先通过时间来描述。时间，无论如何都直接仅仅意味着：在前和在后。它能够使得我们思维以前曾是的东西和以后将是的东西，但它根据其自身不能够使得我们思维两者之间的持续联系即生成。相反，这属于那早于时间思想（德：welches dem Zeitdenken vorausliegt）的一种思想，这种思想毋宁首先使得能够把时间思为连续的统一体，而非它自身通过时间思想方才变得可能。在这种思想中所想到的既非 A，也非非 A，但也不仅仅是否定性的这种既不—也不［ni-ni］，或者 A 和非 A 之间在逻辑上的无差别，而是界限（limite），作为这种东西，在其概念中一种规定于其中结束和另一种规定由之开始的东西被设定为同一的。而这就是严格的连续性概念。"

"然而，界限这种概念最终不能停留在这种同时间性的设定相对立的设定中，即使在这种对立中首先引出它是富有启发性的——因为这样一来，它对于时间上的设定那无条件的优先性必然变得非常清楚。但基于绝对源始的界限之设定，以及由此而来的连续性〈之设定〉，从现在起时间本身也能够被设定为连续的，由此向着矛盾的规定，即向着生成或毁灭的过渡也能够被设定进时间中，而时间从现在起是连续的，不仅仅是不连续的。"（Natorp，263）［中译本参见纳托尔普：《柏拉图的理念学说：理念论导论》，467－468 页。——译者注］人们清楚不过地肯定了分析论相对于感性论而言的认识论优先性：正是内强量原则揭示了时间的本性。

"通过连续性这种思想介质……由此为在非关联性的（正题）之设定和关联性的（反题）之设定之间的调和铺平了道路。已经打开了下面这种可能性：首先非关联性的设定能够进入到关联性中，即首先纯粹加以思考的理念、先天的东西能够进入到那其实意味着关联性之领域的经验中。首先为经验——作为在方法上得到确保的认识——之可能性奠定基础，这其实才是整个研究之目的。"（*ibid.*）［中译本参见纳托尔普：《柏拉图的理念学说：理念论导论》，468 页。——译者注］《巴门尼德》的前两条假设（"一是一""一存在"）的综合，亦即纯粹概念对经验概念的统摄，因而通过连续性概念被可能经验的至上原则所造就。

出的源始指示。”①

而且，我们提出的第二个问题（其涉及内感官之规定活动和从知觉判断到经验判断的过渡）也同时得到了解决。这是因为，当内强量原则催生了物理对象之可能性时，它必然将这种发生植入到时间顺序当中并由此规定了内感官的纯粹前后相继的杂多。“正如外延量为复多性的统一构成了同质物，不只单纯存在着，而且要在与否定的关系中进行生产活动的实在凭借连续性而成为内强量。因此，图型即是实在在时间中的 199
连续的、同质的创造。”② 内强量即是微分（La grandeur intensive, c'est la différentielle）：我们同时必然也会看到对象的发生和内感官的发生。前者只有在后者那里才会被构成为先天认识。作为综合的“肯定性条件”出现的思维在内强量原则中同样强加给了自己“否定性条件”的限定，也就是时间的限定。因此，对象之所以得到了充分的规定完全是因为**先验的我**进行了前后相继的综合。作为先验主体 = X，它通过这种综合以对内感官做出规定的方式（也就是在一个内感官于其中认定自身的顺序中将内感官客观化）刺激内感官，并在连续性中将其诸表象的同一性图型化。这便是从知觉到因果性中的经验的必然过渡。“这个从 a 到 b 的顺序在被预设的实体（la substance présupposée）中构成了朝向经验对象的变化。无论是单独的 a 或 b，还是它们在外延上的关联，都无法给出一个经验对象。经验意味着作为量的现象的实存（l'existence des phénomènes comme grandeurs）中的关系之规定。”③ 因此，正是由于内强量原则凭借实在性的图型在连续性中规定了现象前后相继的出现顺序，所以这种前后相继的出现作为感觉才是可能的，所以直观中的领会和概念中的认知才收获了它们的先验意义并成为客观化条件而非主观的幻影。因此，内感官只是把如其所是的前后相继，因而也就是作为图像的前后相继交给了我们，而再生性想象力并没有让我们摆脱这种限制。事实上，内感官之所以能够获得先验的意义，完全是因为认知在它当中表明了它应当所是的前后相继，亦即

---

① *KTE*, S. 438.
② *KTE*, S. 425.
③ *KTE*, S. 454.

对象显现的规则。如果没有了提供质料之时间性形式法则的内强量原则，休谟的怀疑论就无法被超越。

再生性想象力并不比经验论者的习惯走得更远。它并没有兑现自己的承诺，也就是：通过依赖生产性想象力的认知而作为自我意识的形式条件存在。时间的真理即是因果性。因此，从再生性想象力到生产性想象力、
200 从直观到知性以及从认识的否定性条件到认识的肯定性条件的过渡在内强量原则那里找到了自身的最终说明（因为内强量原则使我们能够将时间客观化并发现时间的顺序），亦即在先天综合中找到了自身的最终说明（因为先天综合在无穷小运算中支配和引导着它的生产）。“经验的类比就是诸现象在它们被包含于其中的**时间**中的关系的规定。”① 物理学生产出了对象的恒常性以及实体之偶性在连续性中的必然关系，正是它赋予了**数学时间**（其自身只具有主观性）以先验的真理，亦即使**数学时间**参与到经验之可能性的构成当中。事物之被调节进程的发生（genèse du cours réglé des choses），亦即内强量原则中的因果性，其在物理学中的表现就是力：“因此，如果因果性应当表现为力的话，那么应当把它和内强量原则
201 统一起来。”② 因此，赋予时间以先验意义的因果顺序就根植于连续性原

---

① *KTE*，S. 446.

② *KTE*，S. 461. 数学认识对物理学认识的这种从属以及它本身的这种单纯假设性的特征清楚地出现在了《蒂迈欧》当中。“如果几何学（根据《理想国》）是关于始终存在着的东西的认识，那么，这种东西不是别的，只能是空间（在 52A 这儿，用同样的标志加以了刻画）。并且，如果空间应能够进行一种逻辑的处理，那么，除了空间数学即几何学之外，何者还能从事这种事情？而（单纯）假设性的东西之性质——这种性质在《理想国》中被归于了几何学，由此才获得了其充分的澄清，因为的确表明：几何空间，即使自身完全逻辑地被建构，但就其一般设定来说，即被设定为感性的东西之载体，不是纯粹逻辑的。事实上，《蒂迈欧》中的空间无非就是纯粹几何学的空间，虽然被思考为了基础、〈被思考〉为了使现象得以可能的原则。”（Natorp，373–374）[中译本参见纳托尔普：《柏拉图的理念学说：理念论导论》，675–676 页。——译者注] 毋庸置疑，作为不能被还原为概念综合的纯粹直观的空间和时间之数学特殊性的这种回溯性基础（它必然要应用到这些为可能经验充当着原则的综合）并没有在柏拉图那里得到明晰的阐发，因为柏拉图缺少对于真正的物理学的精确视角。“完全缺乏一种关于运动之合法则性的原则，即使这样一种合法则性作为缺少的东西在下面这点之后已经近在咫尺，那就是，按

则和相对于时间得出一个函数的导数的能力当中。

但是，对第二个问题的解决又把我们引向了对第三个问题的解决，而这第三个问题涉及强度与广延的关系。我们在此重新发现了内感官在批判哲学中所具有的体系性意义。当连续性原则为时间顺序的客观性奠定了基础时，它通过将如下事物客观化于外部宇宙当中而将它确立了起来：若没有连续性原则的介入，其仍然只作为想象的和主观的幻影存在。“这便是内强量的意义：它代表了外延量的基础；它从自身出发生产出了外延量，因此，在内强量当中，实在就能够被提供给物理学。同时被提供给物理学的还有通过无穷小运算实现的科学框架，这与机械论预设有着内在的关联。”①因此，不动的量，作为同质量中的图型，亦即自然法则的纯粹量的规定，回溯到了作为其来源的内强量原则那里。所以，在**时间**中被构成为流动的量的对象必然在**空间**中被构成为不动的量②。数学的先验意义正是

照诸假设，在一般自然那儿所能想到的只能是在空间中的各种动态的，复又要纯粹数学地加以定义的规定性的一种位置变化而已。向着这一方向唯一在知识上可使用的提示，是关于那种循环运动的提示，在该循环运动中，形体的各种基本形状会互相转换并且重新从彼此那儿产生。”但是，尽管这一理论以目前的科学状态来衡量的话有着这样那样的缺陷，但“在其基本倾向上它依然忠实于柏拉图自《巴门尼德》以来所选取的那种思想方向，即为经验知识，而且是根据数学原则而来的经验知识奠基。甚至在柏拉图那儿，感性世界、生成之世界没有在任何别的地方比在这儿通过空间的引入——把空间理解为一种固定的、持存着的位置系统，于该位置系统那儿诸谓词本身之变化变得可规定，并由此赢得‘存在的支持’——而以如此积极的和具体的形式接近了一种存在之含义。但这种奠基彻头彻尾是逻辑性的，它仅仅立足于判断的诸合法则的条件，即立足于思想的诸谓词同经验之 X 的关联中的规定性之诸条件。理念的法则含义，尤其是现在于它那儿不可取消的同经验那成问题的对象的关联作用，给出了理解这部作品的钥匙，从亚里士多德以来该作品或许最为顽固地遭到了误解”（Natorp，375－376［中译本参见纳托尔普：《柏拉图的理念学说：理念论导论》，679－680 页。——译者注］）。

① *KTE*, S. 596.

② 《斐莱布》正是在这个环节上用流动的量（grandeurs en fluxion）消解了《巴门尼德》中所阐发的突然概念的背谬之处和不足之处：分析论将感性论“还原”为一个否定性条件，一切规定通过回溯都来自原则的综合。“无规定的东西虽然代表着空间，但〈之所以能如此〉乃是作为单纯的可规定性，而且是作为无限制的和无终结的、流动着的可规定性；而位置的规定性则必然隶属于界限之原则，如果毕竟有某种东西的话。”（*PI*，324）［中译本参见纳托尔普：《柏拉图的理念学说：理念论导论》，580 页。——译者注］

以这种关系为基础，而且这样一来，量的第一原则就能够“在数学和数学物理学之间架起一座桥梁”①。牛顿科学获得了理智基础。“而且，牛顿这一关乎几何学与机械论的内在统一性的观点在内强量原则中得到了表现。”② 所以，内强量原则就不仅仅局限于使我们能够赋予在统觉和先验
202 想象力中得到表现的任务以真实的内容了。它（通过物理对象之统一性的可能性的发生）阐明了各种不同的先验要素（**综合**、**空间**、**时间**）的意义。我们已经跟踪追随了它们的上升与历险，而且它们引导我们在内强量中发现了经验可能性之至上原则的真正场所，发现了真正的哥白尼式顶点——自我意识在无穷小运算的炼金术中生发出了对象意识。

§17. 新康德主义阐释中的概念错位

如果说费希特的康德阐释不断从发生退回到事实性、从形而上学的自我意识退回到绝对的无意识，那么新康德主义阐释似乎避免了这样的困难。事实上，我们在内强量原则中把握住了发生与事实性、无限与有限、自我意识与对象意识的同一，而且——在且仅在这种意义上，人们才可以谈论新康德主义的“实证主义”(positivisme)——我们是以肯定性的方式(positivement)、在其自生产中把握这种同一的。凭借内强量，我们亲眼看到了从本体到现象、从思维到认识的过渡，而且不再是在自我意识的形而上学幻影中，而是在认识的科学实定性（positivité）中。通过这种过渡，哲学终于从天上回到了地下③。因此，**哥白尼式革命**就是新形而上学的发现：有限性的形而上学——无论是着眼于实践还是着眼于理论：在后者那里是内强量，在前者那里是道德义务。超凡主义（angélisme）仍然

① *KTE*, S. 416, 420–421；en ce sens：Natorp，*Hermann Cohens philosophische Leistung*, *unter dem Gesichtspunkt des Systems*, 1918, S. 8 et *passim*.

② *KTE*, S. 422.

③ 关于《斐莱布》的意义，参见 Natorp，*PI*，382［中译本参见纳托尔普：《柏拉图的理念学说：理念论导论》，692–693 页。——译者注］：并不是神的理念变成了神，而是神被还原为善的理念。柏拉图主义即是哥白尼主义，即是对神圣超越性的取消。

是后康德唯心主义的头号缺陷，它还催生了各种各样的“错位”。现在，如果哲学家用义务取代了圣洁性、用综合取代了分析，他似乎就不再有和神混为一谈的危险。正因为如此，实在性、因果性、广延的一而三、三而一的问题仍然保留了这种危险。我们意识到自己继续在单纯思维对象，目的是获得关于它们的真正认识，但必须是在内强量原则为我们提供了从本 203
体到现象、从思维的空洞的神圣同一性到有限认识的先天综合的过渡的工具时。这个工具就是无穷小运算。事实上，只有以某种双重生产为代价，主观的可能才成为实在，知觉判断才成为经验判断，内强之物才通过它的炼金术变成外延之物：认识在同一种活动中生产出了其应用的肯定性条件和否定性条件。而且，正因为认识在空间和时间中图型化了，范畴才成为原则，它才不再只是思维，而是真正成为认识。古典哲学之所以引入神圣意志——例如〈莱布尼茨的〉最好原则（le principe du meilleur）——是为了使可能性变为实在性、前后相继变为因果性、内强量变为广延性，以及——一言以蔽之——使理性真理成为事实真理。与此相反，内强量原则避免了这条神学弯路，因为它同时给出了认识的肯定性力量和有限性的限制性条件。

但是，从**自我**在其限制性条件（时间和空间，它们通过将**自我**转化为现象而对**自我**做出了规定）下的自设定那里难道没有产生一个新的困难吗？从本体到现象、从思维到规定的过渡当然是一种内在发生。但这种发生难道不也完全是事实性的吗？在柯恩的阐释中，人们察觉不到的就是对于思维之无条件性的拯救和对于如下可能的恶性循环的避免：为了规定实证科学的内容而诉诸实证科学。即便是在内强量原则的意义上被理解，先验想象力的发生仍然是模糊不清的。它是属于先天还是属于后天？是属于哲学的无条件性还是属于科学的有条件性？是属于经验的可能性原则还是属于这一经验的所与？如果它使我们有能力将单纯的思维转化为认识，这难道不是以一种对物理学世界的明确借用（un emprunt explicite au monde de la physique）为依据的吗？空间和时间这些限制性条件使范畴得以图型化为原则，它们属于什么法权（juridiction）范畴呢？新康德主义宣称：当对认识的描述性分析转变为对认识的法权性分析时，当实在性被追溯到了可能性时，先验方法的独立性就得到了保证。它还做出了这样的

204 补充：当人们把握住了以物自身为界限概念的认识时，上述转化就得到了证明。但是，这难道不是一方面承认了哲学的独立性局限在思维、本体、反思的领域，而专属于认识的进步，以及由此产生的对图型论之限制性规定的要求隐含着可能性对于实在性、哲学对于现实科学、发生对于事实的借用；另一方面又像费希特所做的那样，通过使发生和这个由认识（因为认识产生出了它自己的限制性条件，它的由**非我**做出的自规定，空间和时间）所代表的**有限自我一般**的替代物发生关系而使一切发生都成为事实性的？

这样一来，先验发生就退回到了实证科学的事实性。新康德主义阐释中概念的循环与“错位”的起源就在于此——经验之可能性为了界定自己而乞灵于现实经验。正如费希特在康德和迈蒙那里清楚地看到的，哲学由于这种偏见而成了科学的婢女。但与此同时，恰恰由于先验和历史、行约束者和所约束者被混为一谈，经验科学失去了它们的现实意义，并且和哲学原则产生了混淆。内强量原则正是这种混淆产生的场所。一般而言，牛顿物理学界定了一切科学。柯恩谨慎地避免将经验法则和先验原则混为一谈，这一点毋庸置疑。凭借这种区分，他甚至打算反驳那些以非欧几何的事实为基础的反对意见，等等。尽管如此，就内强量原则完全是心理学法则的反面而言，就它是从牛顿力学赋予它的意义那里得出了先验的客观化功能而言，是谁没有意识到牛顿的世界系统马上就和这些科学的最终状态（l'état dernier）实现了同一呢——即便不是在内容上，至少也是在方法上？如果人们假设在认识方法（这些由“纯粹理性原则”所代表的认识方法是从实证科学那里无可奈何地借来的）中发生了变化，那么新康德主义阐释事实上就不会剩下任何东西。新康德主义阐释试图革新康德主义。它这么做的目的一方面是使康德主义与现代科学的新方法相适应，另一方面是使
205 康德主义与心理学和人类学研究揭示的神话世界、语言世界、知觉世界和科学世界间的越来越发散的特殊化（spécifications de plus en plus divergentes）相适应。尽管如此，它事实上却走上了通往新黑格尔主义的道路①。

---

① 例如，卡西尔（Ernst Cassirer）在《符号形式的哲学》（*Philosophie des formes symboliques*）中就把黑格尔思想当成了主题。

因此，新康德主义阐释的运动对自身做出了归谬法证明。事实上，如何来对如下情况做出解释呢：使知觉的客观化法则和演化中的科学的客观化法则达成一致的唯一办法就是肯定质料和形式的概念完全是相对的——当《纯粹理性批判》在**反思概念的歧义**的层面上探讨这些概念时，它就做出了这样的断言①？但这样一来，内强量原则就不再处于**哥白尼式革命**的中心。导致这种情况的原因在于：象征活动可以在任何行为层面（niveau du comportement）上发生，而且，诸如强度的心理的质（la qualité psychologique de l'intensité）之类的东西动用了一种自成一类的［拉：sui generis］先验构成，而这是先于“经由无穷小运算完成的强度之客观化”的问题的②。对于不同的历史环节来说，情况同样如此。这些环节勾勒了科学的进程，对科学中恒常不变之物的知识论系统化（la systématisation épistémologique）轻易取代了内强量的发生原则的地位③。那么早期马堡新康德主义所界定的先验方法的视角还留下了些什么？它难道没有为了一种辩证方法而彻底消失吗？当经验之可能性条件在现实经验及其展开（前者是在后者那里发现了自身的意义和界限）之外完全不再能够被认识时，人们是否还有资格谈论先验？卡西尔对柯恩式阐释做出的种种修正不再是对新康德主义的空间的界定：它们代表了从新康德主义到新黑格尔主义的过渡。它们标志着一种新的——尽管是不完整的——异化和历史的构想。

与此相反，柯恩既拒斥认识和历史的关系，又相信能够在历史之外界定种种永恒的认识方法（这些方法恰恰有能力限定“先验”）。因此，他实际上是把他的科学实证主义建立在了一种无限形而上学的基础上。而且，他自然而然地重新发现了那些已经被费希特式阐释的分析澄清了的疑难和错位。事实上，如果人们不愿乞灵于历史和黑格尔式辩证法，那么从 206
可能到实在、从前后相继到因果性、从强度到广延的过渡隐含着如下观

---

① Kant, *Critique de la Raison pure*, 4e amphibologie, p. 235−236.［中译本参见康德：《纯粹理性批判》（第 2 版），212−213 页。——译者注］

② E. Cassirer, *Philosophie der symbolischen Formen*, t. I et II.

③ ID., *ibid.*, t. III.

点：由实在性、因果性和广延界定的先验内容——当它们成为严格意义上的认识时——获得了一种永恒的辩护，这种辩护将它们和这样一种思维、这样一种物自身联系在了一起：以其为出发点，人们通过将它们以带有限制的方式（restrictivement）与有限性的条件发生关系而使它们被生发出来。因此，思维（即永恒和神圣的统一性）隐秘地充当着认识（即有限的历史性综合）的保障。发生试图依据“限制性条件”忠实于人的认识。但它并未按照自己说的东西去做。这是因为，将这些限制性条件设定为认识之先验终极所与的只能是它们深入到神圣辩护（la justification divine）之中这件事情。柯恩无疑在本体和现象间维持着完成和未完成的差异；但这一未完成本身只是根据一种不变的方法被认识的，因此充足意义上的物自身即是认识的客观化。再一次，神圣反思成为人之直观的真理。正如费希特不得不为了支撑**有限自我一般**而乞灵于**实在的绝对**，柯恩同样只能通过使认识立足于思维的神圣特征才会为认识的先验特征提供支持。这样一来，思维不再是认识的理念性限定（该限定是唯一真实的东西），而是变成了实在的整体性，认识的理念性界限便出现在这个整体性当中。唯心论转变为实在论，而且，在哥白尼式实证主义中，哥白尼式元素让位给了实证元素。

每当新康德主义先验阐释想要同时应用于人文科学和自然科学之上时，这种运动就变得显而易见。凯尔森（Kelsen）的法律实证主义试图在一种“基本规范”中发现这种内强量元素。一方面，这种元素真正使得发生成为可能，在这种情况下，就是说，它规定了自身在时空中的应用和有效性的限制性条件，由此也就确定了法权委托系统（le système des délégations de pouvoir juridique），并且消解了种种最高权力的可能冲突（例如在宪法中确定立法者的权利）；另一方面，内强量元素使这座等级化大厦完全奠基在一种绝对的事实性之上，而这恰恰就是规范的法权特
207 征。所以，基本规范（德：Grundnorm）就在法权的先验哲学中扮演着内强量原则在认识的先验哲学中所扮演的同一角色：它保证了从物自身到现象、从绝对思维到有限的现实认识的过渡。然而，如果人们考察一下基本规范（德：Grundnorm）的内容，情况就发生了颠倒，因为它始终必然是从经验那里借来的东西，它实际上同一于那种让人们尊重最高权力的力

量。因此，在法权理论中，正如在经济学理论中那样①，一切无限形而上学的基本二律背反重新出现了：绝对的形式和有限的内容的二律背反，神圣事实性（其必然会保障所与、直观、有限性一般的先验有效性）和有限的、属人的发生（其必然会使思维转变为认识，并赋予经验可能性之原则以内容）的二律背反②。法权理论中对基本规范的辩护和科学理论中

① Jules Vuillemin，*L'être et le travail*，chap. VI，p. 110.

② “无条件的合法则性在经验领域中始终只能是任务，始终只是要求，它无法通过任何现实的、可行的设定而实现；但鉴于这种要求，向着越来越高的视点（理念）的一种方法论上的拔升却变得可能和必然。因此，无条件的东西在要求之意义、在应当之意义上超出了存在。”（*PI*，196）［中译本参见纳托尔普：《柏拉图的理念学说：理念论导论》，348 页。——译者注］对柏拉图哲学的新康德主义阐释难道不是通向了无限形式和有限内容的矛盾吗？纳托尔普注意到，在《泰阿泰德》中发现的范畴和在《斐多》中发现的原则（范畴正是通过原则得到了深化）在《理想国》中“深化和扩展为了在康德的表达之意义上的‘理念’；正如我们所看到的，该意义要比柏拉图的意义狭窄，因为康德把该术语的使用限制在柏拉图的理念领域之顶峰上，而柏拉图的理念领域既包含着各种范畴也包含着基本原则（它几乎等同于名称：前提［希：ὑποθέσις］）。因此似乎它现在其实是（康德意义上的）一般‘理念’，而非‘实践性的理念’。而善之理念在柏拉图那儿事实上也具有那种宽泛的意义”（*PI*，196－197 页［中译本参见纳托尔普：《柏拉图的理念学说：理念论导论》，349 页。——译者注］）。纳托尔普的这一讨论针对的是先验辩证论第一卷的第一章（论一般的理念），康德在文中宣称：“柏拉图使用理念这一术语，使人清楚地看出，他把它理解为某种不仅绝非借自感官，而且远远超越亚里士多德所探讨的知识概念的东西，因为在经验中永远找不到某种与它相应的东西。在他那里，理念是事物本身的原型，不仅仅像范畴那样是可能经验的钥匙”［中译本参见康德：《纯粹理性批判》（第 2 版），240－241 页。——译者注］；“柏拉图首先是在一切实践的东西中，也就是说，在一切依据自由的东西中发现他的理念的，而自由又隶属于知识，知识是理性的一个特有产物”［中译本参见康德：《纯粹理性批判》（第 2 版），241 页。——译者注］（康德给这一考察补充的限制性注释奇怪地使人预感到了纳托尔普本人的阐释体系，我们暂不考虑这一问题）。因此，对于康德来说，善的理念服务于刻画道德世界和宇宙论的特征——这是就宇宙论是以合目的性为基础以及“事物来源于理念”而言的；它与可能经验的关系被切断了。因此，它是与实践的应然存在（因为后者对立于现象存在）和它那作为认识论过程的主观的自调节原则（principe subjectif auto-régulateur）的回声联系在一起的：它与其说是存在原则，不如说是价值原则。洛采（Lotze）正是这样阐释柏拉图的。不过，在纳托尔普看来（*PI*，201［中译本参见纳托尔普：《柏拉图的理念学说：理

208 对无穷小运算的辩护出自同一种假设：先验被还原为实证（le transcendantal est réduit au positif）。但实证同时又被树立为绝对。试图赋予新康德主义阐释以意义的有限认识（从本体到现象的过渡）的形而上学转而成为它的反面，也就是转变成了无限的形而上学。我们从柯恩又重新回到了费希特，从法权分析所发现的内强量原则重新回到了理智直观所发现的**有限自我一般**和它朝向**神**的错位。因此，生存论阐释的首要任务就是通过表明（1）对康德主义和法权分析的实证主义阐释假设了什么，以及（2）这种阐释事实上如何隐藏了一种无限的形而上学和一种绝对唯心论的理智直观所特有的方法来澄清这两个错误。

念论导论》，356 页。——译者注]），"洛采的意见，即理念之存在在目的论的意义上意味着某种'价值'，似乎并不适合善之理念，至少不能作为最终的解释。应当（德：Sollen）指的无非是此在（德：Dasein）或发生（德：Geschehen），它仅仅是存在的一个种，而不是其最高的属。按照《斐多》中的那些说明，其最高的属毋宁是判断功能（fonction judicative）之存在。但这完全普遍地意味着：关系之持存；它们是源始逻辑的关系——其中包含着各种数学的基本关系，或者是发生之时间关系，即那些在通常自然法则之意义上的法则，或者是目的关系。如果我们在最宽泛的含义上把法则理解为对一种关系之普遍持存的某种表达的话，那么，理念在这种最为一般的含义上意味着法则。只要法则之法则——与一切有条件的设定相对照——接纳了（无条件的合法则性之）要求这种意义，那么后果就是，不是一般理念，而是理念之理念成为应当。然而，甚至对存在的超越也并不直接意味着应当超出了（有条件的）存在，而是意味着一般思想设定在逻辑上超出了思想中的每一特殊设定"。所以，这难道没有将我们引向基本规范（德：Grundnorm）和一种实证主义（这种实证主义无疑始终想要从自我意识出发，但是，当它打算重新找到共通于存在和应然存在的存在［l'être commun à l'être et au devoir-être］时，它不断将源始设定行动［l'acte originaire de poser］表达为设定［position］，而且在它自己的源始直观中重新创造出了独断论的幻相）吗？

第三部分
生存（海德格尔）

第七章　生存论阐释的哲学处境

§18. 对康德的实证主义阐释假设了什么？

如果海德格尔力图通过系统性地批判新康德主义和所有试图把康德主义归结为认识论和科学反思的哲学来重新发现康德主义灵感，这绝不是单纯为了给生存性存在论发明一个显赫的祖先，而是因为对康德式唯心论的实证主义阐释——不管它愿意与否——必然导向一种**绝对**的形而上学。通过柯恩，海德格尔力图推翻的偶像不是别人，而是黑格尔。通过以内在的方式重新发现后康德主义的思想运动，新康德主义本身的历史难道不是倾向于证明这一点吗？随着"恢复为方法意识的**精神**转变为**约翰式逻各斯**①"，随着"辩证方法取代了先验方法"，反思从**逻各斯**的表现辩证地上升到**逻各斯**自身。另外，对康德主义的阐释本身渐渐转移到黑格尔**绝对精神**的视域当中（卡西尔）。 210

因此，海德格尔的基本历史主题便是：实证主义完全就是不自知的**绝对精神**的形而上学。他准备为一种新的形而上学清理出一片场地，并因此为一种有限性存在论（*ontologie de la finitude*）的可能性提供保障。由此便产生了与生存论的康德哲学阐释之展开相关的三个必然问题：实证主义阐释假设了什么？实证主义阐释如何导向了一种无限的形而上学？生存论 211
阐释是如何与有限性问题的提出结合在一起的？

---

① 我们可以在柯恩（《出自犹太教根源的理性宗教》）和纳托尔普（《实践哲学讲演录》）那里发现这种演化。关于这一点，参见 Fritz Heinemann, *Einführung in die Philosophie der Gegenwart*, Leipzig, 1929。

新康德主义（正是它将这种世界观和实证主义结合了起来）认为科学是一个事实，需要完成的任务就是指出这个事实的权利条件（conditions de droit）。马堡学派因而将先验分析归结为法权分析（analyse *juridique*）。这种构想隐含着如下观点：关键就在于判断与构成科学的判断系统的价值。出发点是事实，方法是法权分析，对象是判断：这便是康德式实证主义的纲领。生存论阐释正是通过批判这三重谬误发展起来的。

"源初性的、存在论真理之可能性的疑难不能将任何东西预设为前提，至少不能将实证科学的真理性'事实'预设为前提。恰恰相反，奠基就是必须要完全将先天综合自身追踪回溯到为其奠基的胚胎处，而这一胚胎则使得综合作为它所是的东西生长出来（在本质中成为可能）。"① 这里，尽管我们在一种截然不同的意义上重新发现了对无条件的东西的追求（它的运动激活了后康德哲学的辩证法），但"是什么构成了真正的康德式**我思**［拉：Cogito］"这一生存论疑难绝不意味着我们脱离了事实或经验的层面，而是意味着我们应当通过形而上学来达到一个特殊的事实，这个事实在自身当中为自己提供了根据，提供了对它提出质疑的理由本身。这种过渡是从事实（*fait*）到事实性（*facticité*）的过渡，是从实证科学到哲学的过渡，是从新康德主义分析到先验分析的过渡。因此，生存论阐释颠转了实证主义认为自己已经确立起来的哲学和科学的关系。哲学亦即对根据之本质的沉思重新发现了自律的意义，而新康德主义则由于或多或少有意识地使它服从于一种脱离它且先于它得到界定的真理的外在事实而错失了这种意义。自此，关乎真理的争论涉及的是哲学自身。作为派生真理的科学之危机只有在哲学疑难的一般危机当中——也就是在形而上学追问自身当中——才可能具有意义。"使潜在的理性达到对它自己的
212 可能性的自身理解，由此使形而上学的可能性作为真正的可能性成为可以理解的，这是将形而上学或普遍哲学引向实现的勤奋的道路的唯一方法，只有通过实行以上任务才能决定，这个自古希腊哲学诞生起欧洲人就固

① Heidegger, *Kant und das Problem der Metaphysik*, S. 16－17［中译本参见海德格尔：《康德与形而上学疑难》，王庆节译，上海：上海译文出版社，2011，14页。——译者注］，以下简称 *KM*。

有的目标，即想成为由哲学理性造就的人，而且只能作为这样的人而存在——从潜在理性向明显理性的无穷运动，并且通过以它的这种人类的真理和纯真性而自我规范的无穷努力而造就成这样的人——的这种目标，是否只不过是一种纯粹的历史上一事实上的妄想。”①

同时，对自律和哲学之无条件（inconditonné philosophique）的接续改变了先验方法的意义。“存在论知识之本质统一性有着源生性的自身形成，而对这一自身形成的展示，就是康德称为‘范畴的先验演绎’的任务和意义。如果说‘演绎’的根本意图在于开启纯粹综合的基本结构，那么，它的真实内容就不能通过将其描述为法权问题［拉：‘quaestio juris’］来表达。因此，这个法权问题［拉：‘quaestio juris’］从一开始就不应当被当作解释康德核心学说的主导线索。而对先验演绎之所以采取法权形式的动因与效应，则必须要反过来，从这一演绎的真正疑难趋向出发来加以说明。”② 从事实过渡到事实性即是从他律过渡到自律，这同样也是颠转分析的方法。法权问题［拉：Quaestio juris］得以确立的出发点是如下事件：法权事实来自添加于它之上的法权阐释。与此相反，因为关心自身存在的存在者（对它的形而上学追问必然对它提出质疑）出现在事实性当中，所以存在论分析先行于一切对存在者的可能说明。存在论分析追问的不再是“什么是科学事实的意义？”这个法权问题，而是“什么是存在的意义？”这个问题，其先天地规定了一切客观性和一切涉及客观性的问题（其中包括实证科学之有效性和根据的问题）的视域。在事实让位于事实性的同时，生存论分析取代了法权分析。

但是，这种同时在起源秩序和方法秩序中产生的双重变化不会使哲学的对象本身保持不变。现在“可以容易地看出，假如人们不是从先验想象力的纯粹综合的本质出发来解释‘客观实在性’这一术语，将其解释为形式存在论知识的本质统一性，而是首先并完全地固执于这一名称—— 213

① Husserl, *Crise*... ［中译本参见胡塞尔：《欧洲哲学的危机与超越论的现象学》，26 页。——译者注］

② *KM*, S. 64.［中译本参见海德格尔：《康德与形而上学疑难》，63 页。——译者注］

康德则在作为某种法权式发问的先验演绎之外在和初步形式化的意义上使用这一名称；固执于‘客观有效’这样的名头，而且还将有效性把握为判断的逻辑有效性，这就和康德问题的意义截然相反。如果这样，那么，关键性的问题就从眼前完全消失了”①。就新康德式实证主义错失了形而上学的意义而言，就它从无条件的东西滑向了有条件的东西、从事实性滑向了事实、从生存论方法滑向了法权方法而言，它同时还执着于那些被康德用来引入《纯粹理性批判》问题的外在表述，而且还用次要的判断问题取代了本源的先验想象力问题。这一错位被打上了实证主义阐释之双重偏向（double préférence）的印记。一方面，实证主义阐释将《纯粹理性批判》拉向了《纯粹知识的逻辑》②，这样一来，**先验感性论**便把它的中心位置让给了判断理论，而且**空间**和**时间**也倾向于发挥逻辑意义上的范畴的作用③。另外，实证主义阐释偏向第二版**演绎**，因为第二版**演绎**使康德的思想转向了客观性、事实和知性。“应当注意的是，第一版中的奠
214 基活动不是什么‘心理学的’，正如第二版中的奠基活动也不是什么‘逻辑学的’一样。第二版在先验的主观奠基中选择弘扬纯粹知性，贬低纯粹想象力，其目的在于拯救**理性**的统治地位”④。严格说来，实证主义阐

---

① *KM*, S. 81–82.［中译本参见海德格尔：《康德与形而上学疑难》，81–82页。——译者注］

② 这是柯恩一部著作的标题。

③ 虽然柯恩做出了这样的断言，但我们在他那里难道没有发现一种关乎纯粹直观之意义的困境吗？一方面，立足于空间的无限性，柯恩宣称：“这一在空间表象中得到表现的无限性原则无法被包含在一个关系概念当中（德：in einem Begriffe von Verhältnissen），它需要有一种直观，而这种直观的本性就在于无限前进。我们称这种直观为纯粹的和先天的，因为它使一切建构（因而也就使一切数学知识）成为可能。所以，‘被表象的空间的无限性’（这能够暗示出它的概念性特征）这一表面上令人惊讶的事实就被当作一种富有教益的手段。通过这种手段，空间的量的原则在无限直观中得到了奠基”（*KTE*, 126）。另一方面，对于直观与概念的区分，柯恩用来概括它的恰恰是一些先前使其消失的术语：“经验的先验可能性所依赖的那些条件既得到了发现又得到了奠基——一方面是在关系概念（德：Verhältnissbegriffe）当中，另一方面是在联结概念（德：Verbindungbegriffe）当中”（*KTE*, 368）。

④ *KM*, S. 161.［中译本参见海德格尔：《康德与形而上学疑难》，160 页。——译者注］

释创造出了判断、知性和客观演绎的拜物教。而且，它之所以这么做就是为了远离想象力、主体性和第一版演绎，但恰恰是在后者那里，本源作为本源显现了出来，根据作为根据呈现了出来，形而上学以肯定的方式凸显了出来。事实上，以通过法权方法考察其有效性为由从判断系统出发既是在阻碍先验问题本身的提出，又是在以客观性为借口拒绝对客观性之可能性一般（possibilité de l'objectivité en général）进行考察。事实上，判断的真理性是一个在先于它存在的“意义域”（régions de sens）当中被提出的问题。提出“‘2＋2＝4’在什么条件下是一个真命题”的问题就预设了一个一般算数客观性系统。这一看法的直接证明就是：如果我写下“这个颜色＋1＝3”，这个命题就没有任何意义。不过，这种意义的缺席绝非来自分析的或超分析的矛盾，而是涉及意义与无意义之构成的领域，它要高于判断在其中或达成一致或出现矛盾的那个领域。“判断内容的统一可施行性先于判断本身的可施行性，并为其条件。或者，判断内容的观念性存在为判断的观念性‘存在’之前提。”① 现象学教给我们的根本内容就是：判断的有效性问题非但没有穷尽先验问题，而且还表现为先验问题的否定，它遮蔽了先验问题之必然性。它使我们止步于外在表述，而没能使我们上升得更高，也就是上升到外在表述的条件那里。

因此，实证主义阐释和第二版演绎的“客观”外表正是无力进行分析、无力为客观性奠基的标志，是混淆了次要的和主要的、存在者层次上的和存在论层次上的、形式的和先验的的标志。与此同时，它还表现了从**先验感性论**到**逻辑学**、从直观到范畴的非法“还原”。因为一切判断活动
都是以本源的意义构成活动为基础，它们并没有通过诉诸那些来自它们自 215
身的内在标准来为其有效性和非有效性进行奠基。因此，“2＋2＝4”这个判断的存在者层次上的客观性隶属于算数直观的本源的、存在论层次上的客观性，后者是一切算数判断的条件。如果像现象学方法中的“回到事物本身”已经证明的那样，“在一切判断行为之前存在着一种普遍的经

---

① Husserl, *Formale und transzendantale Logik*, §89, a), S. 193. ［中译本参见胡塞尔：《形式逻辑和先验逻辑》，186 页。——译者注］

验基础，此基础始终被假定为可能经验的和谐统一体”①，那么难道不应当在朴素的实证性背后重新发现纯粹哲学的真理之根据，在那些构成了被生的（naturée）科学的判断的客观系统和实证反思的最终项背后重新发现客观化和自然化的本源**逻各斯**？“客观物不过是实在的和潜在的意向性的综合统一体，此意向性本质上属于先验主体性”②。因此，如果先验方法在康德哲学中是有意义的，其前提条件就是：对康德哲学的阐释必须沿着与法权分析相反的方向运动，也就是要从判断过渡到直观，而且不再使**感性论**隶属于**逻辑学**，而是使**逻辑学**服从于**感性论**。

胡塞尔在**先验现象学**的计划中已经天才般地预感到了这种阐释企图。“每一个判断，”胡塞尔写道，“最终都具有一种与个别对象的关系，而且因此与一个‘它在其中有效的’实在**宇宙**，与一个‘世界’或一个‘世界领域’具有关系。”③ 不仅如此，他还发现了一种**先验感性论**，其乃是基础程度的本质变换：“它把一种一般可能世界的本质问题看作‘纯粹经验’世界，看作在‘较高’意义上前于一切科学的世界；因此它处理普遍先天性的本质描述，如无此先天性，没有客体可以在纯经验中，前于范畴行为地一致地显现；而且如此，一般来说，一种自然的、世界的统一性，作为一种被动综合的统一性，根本不可能被构成。”④ 尽管如此，在胡塞尔看来，这个纯粹经验的世界对于康德哲学来
216 说仍然是陌生的，这恰恰是因为康德仅仅对先天综合判断，亦即诸科学的系统进行了追问，而把逻辑真理当成了不证自明的东西。也正因为如此，他必然会错失先验问题——先验问题要在判断基底的认定（identification du substrat du jugement）之下重新发现对象之可能性、被动综合和纯粹直

---

① Husserl, *Formale und transzendantale Logik*, §89, b), S. 194. ［中译本参见胡塞尔：《形式逻辑和先验逻辑》，187 页。——译者注］

② ID, *ibid.*, §104, S. 242. ［中译本参见胡塞尔：《形式逻辑和先验逻辑》，232 页。——译者注］

③ ID, *ibid.*, §83, S. 181. ［中译本参见胡塞尔：《形式逻辑和先验逻辑》，175 页。——译者注］

④ ID, *ibid.*, Conclusion, S. 256−257. ［中译本参见胡塞尔：《形式逻辑和先验逻辑》，245 页。——译者注］

观的构成性的、意向性的统一①。所以，这显然是接受了实证主义的《纯粹理性批判》阐释，也就是接受了把直观归结为概念、把**感性论**归结为**逻辑学**，接受了对第二版的偏好，接受了从事实性滑向事实。而海德格尔式阐释的宗旨就是要反驳这种阐释并且恢复康德哲学的先验视角。他所偏向的是第一版《纯粹理性批判》，后者构成了其阐释的出发点②。同时，他也致力于重新确立直观和**感性论**的优先地位。最后，他还要为先天判断的问题寻找到生存论或现象学的（而非概念的和法权的）解决方式。他应当表明，直观在无涉这些判断的情况下是如何运作的。通过对新康德主义的批判，一种隐约可见的现象学阐释得到了确立，而这已经是一种有限性形而上学的确立。

§19. 实证主义康德阐释隐含着一种无限的形而上学

尽管对此持防范态度，但对康德哲学的实证主义阐释必然会重拾从后康德哲学那里发展出来的无限形而上学的偏见，这已经在它对法权分析、**先验逻辑**、判断和第二版《纯粹理性批判》的强调那里得到了充分的表现。"所有的将纯粹想象力改变为纯粹思维的一种功能的重新释义都误认了纯粹想象力所特有的本质，而这一重新释义还曾在紧接着《纯粹理性批判》第二版之后的**德国唯心主义**中得到了夸大。"③ **无限**和**绝对**的形而上学如何能够显现为实证主义的夸大及其错误的意义呢？新康德主义自认为是形而上学的反面，那它最终如何转向了形而上学的顶点？对经验事实的坚持如何最终转变为它的对立面，也就是意欲超越一切经验和混淆有限与无限、人与神？ 217

德国唯心主义的发展结果就是最终在黑格尔那里实现了一种作为真

① Husserl, *Formale und transzendantale Logik*, §42, S. 99. [中译本参见胡塞尔：《形式逻辑和先验逻辑》，94-95 页。——译者注]

② *KM*, S. 188. [中译本参见海德格尔：《康德与形而上学疑难》，187 页。——译者注]

③ *KM*, S. 188-189. [中译本参见海德格尔：《康德与形而上学疑难》，187-188 页。——译者注]

理王国的**绝对逻辑**理念。而当康德本人在第二版中将本应属于直观的优先性赋予知性时，他已经背离了源始的先验灵感。“在德国唯心主义中开始的反对‘物自身’的争斗，除去意味着对康德所为之奋斗的事业的越来越多的遗忘之外，还能意味着什么呢？而康德所为之奋斗的事业就是要通过对有限性问题的更为源始的梳理凸显和更为精细的保育，从根本上承担和保存形而上学的内在可能性和必然性，亦即其本质存在。”① 事实上，各种无限形而上学的幻相正来源于此：它们将构成客观性与真理性的视域的能力赋予了理性。就这一方面而言，新康德主义和德国唯心主义并无二致：要么是和后康德主义者一道以主题的方式（thématiquement）构成一种理性的形而上学，要么是和新康德主义者一道用对科学事实之法权分析的坚持把这一理性形而上学的方案伪装起来。一旦**逻辑学**取代了**感性论**，物自身的概念便会趋向消亡。柯恩的阐释已经证明了这一点：“在对象一般和作为不同于表象的对象的物自身之间，除了先验主体和先验对象的区别，人们是看不到其他区别的。而且，两者不过是同一个先验对象——也就是在我们的所有知识中始终是同一个 = X 的东西——的不同面向。”②

因此，将康德拉向**逻辑学**，并把这位第一个撼动了理性统治的哲学家变成理性和理性的产物判断的恢复者，这就是和唯心主义一道有意识地、和实证主义一道无意识地排除物自身概念（而这个概念恰恰是有限性形而上学的最终根据），并且陷入到幻影之中，陷入到一种矛盾观点之中（根据这种观点，先验哲学可以同时是一种无限形而上学）：“如果说超越
218 的本质存在建基在纯粹想象力中，或者说，更加源始地建基在时间性之中，那么，‘先验逻辑’的理念恰恰是不可理解的东西（德：ein Unbegriff）。”③ 因此，向先验的回归，亦即向康德哲学之根本洞见的回归，先天地要求人们认真对待对逻辑和理性的批判、认真对待这种批判必然隐含着的东西。它要求人们不是把时间还原为一种需要被先验统觉加以理智综

① *KM*, S. 234. [中译本参见海德格尔：《康德与形而上学疑难》，234 页。——译者注]

② Cohen, *Kants Theorie der Erfahrung*, S. 363.

③ *KM*, S. 233. [中译本参见海德格尔：《康德与形而上学疑难》，234 页。——译者注]

合的判断元素，而是应当在生存时间性（temporalité existentiale）这个唯一名副其实的先验活动中重新发现先验统觉的源泉。至于实证主义拯救知性的尝试，以及在这种尝试（无论这种尝试意欲何为）下面真正隐藏的拯救理性的唯心主义尝试，这种对康德阐释的颠转所引发的结果是怎么强调都不为过的。如果说康德哲学果真发现了先验的有限性，那么在理性和知性之间就不存在真正的区别，在无限的形而上学（唯心主义）和有限的形而上学之间不存在第三条道路［拉：tertium non datur］。实证主义阐释之所以貌似对各种康德式问题给出了解决方案不过是因为它并未推出它的那些前提的极端结论。

"康德将纯粹知性称为一种'封闭的统一性'。可是，经过筹划的亲和性整体从何处得到它的整体性？只要它涉及的是一个表象活动本身的整体性，那给出整体的东西自身就必须是一个*表象活动*，这在理念的形成过程中发生。因为纯粹知性是**我思**，它在其本质的根基处就一定具有一种'理念的能力'，即一种理性的特质，因为没有理性，我们就'没有任何具有融贯力的知性使用'。众理念'包含一种确定的完全性'，它们表象'某种整体的形式'并且因此在某种更为源始的意义上给出规则。"① 所以，当海德格尔将对理论理性的真正运用归结为规则的形成，亦即归结为先验想象力时②，对这一归结的说明使他把理性（理念的能力）和知性（概念的能力）看作同一样东西，而且还把新康德主义为了使自身区别于后康德唯心主义而付出的努力看作虚幻徒劳的，因为这种努力是在对逻辑学的新的肯定性致敬的视角下做出的。如果人们像唯心主义者那样拒绝将 219
理论理性归结为先验想象力和有限性的时间性，那么像实证主义者那样用知性和理性的区别，亦即**逻辑学**的正当运用和非法运用的区别，来反对唯心主义者就毫无效果。实证主义者们试图通过区分**理性**的完成了的综合和**知性**的未完成的综合来回避唯心论理性主义的形而上学后果。但是，恰恰由于人们试图在概念中探求其根据的表象的统一性本身应当在亲和性法

① *KM*, S. 144.［中译本参见海德格尔：《康德与形而上学疑难》，144 页。——译者注］

② *KM*, § 29.

则和这些表象的“封闭”系统中来寻找自身的根据，所以上述区分在理性主义内部是没有意义的。如果自然是存在的，也就是说，如果一个由判断所设定的对象系统是存在的——正如对**哥白尼式革命**的理性主义阐释所认为的那样，那么这个自然和这个系统的统一性得到“表象”的可能性只存在于综合统觉当中，因为后者能够使所有对象在绝对整体性当中得到奠基和重新统一。某一对象可不可以违背知性？某一表象可不可以避开表象的法则？如果答案是肯定的，那么对象和表象事实上都不再存在。知性只有通过我的理性才具有先天的可能性，这一点已经通过先验分析的建筑术特征得到了后天的确证。人们只有通过费希特才能理解柯恩。一种未完成的综合的观念在理性主义内部仍然是一种不可能实现的虚假逃离。

实证主义表现了一种徒劳的希望，即不去触碰整体性和形而上学的问题。但是，由于这种希望与自身的表述相冲突，所以它肯定会破灭①。有一种说法是人们满足于客观性和知性。但客观性只有作为自然的系统才具有意义。如果康德哲学的重心像唯心主义之后的实证主义所认为的那样是**先验逻辑**和**我思**，那么唯心主义的形而上学后果就不可避免，黑格尔和泛逻辑主义就是必然的归宿。因此，通过对知识的未完成状态做出悲怆的肯定，实证主义虽然远没有在理性主义的视域中驳倒唯心主义，但事实上却使这一视域本身炸裂开来。实证主义的真理乃是生存论。尽管实证主义希望通
220 过保留**逻辑学**、批判形而上学来驳斥唯心主义，但它事实上却驳斥了**逻辑学**，并且还为确立一种新的形而上学的必然性做出了贡献。因此，实证主义与它认为自己所是的那种东西截然相反。它认为自己表现了从形而上学到科学的过渡，但它真正表现的是从无限的形而上学到时间性的形而上学的过渡。它认为自己用**知性**的未完成的综合取代了**理性**的完成了的综合，但它事实上是在隐晦地尝试用**感性论**取代**逻辑学**。因此，《纯粹理性批判》并不是对整体性的批判（这种批判与内在于一切批判活动的建筑术指向相矛盾），而是意味着要发现一种新的整体性——有限性的整体性（la totalité de la finitude）。

---

① 与哲学的危机联系在一起的科学的危机状态正来源于此（Husserl，*Crise*，p. 136［中译本参见胡塞尔：《欧洲科学的危机与超越论的现象学》，23－24页。——译者注］）。

§20. 生存论阐释和有限性形而上学

因此，既然海德格尔的阐释采取了与绝对唯心主义相反的方式，那么它遇到的双重问题就是：（1）康德哲学是一种有限性形而上学吗？（2）这样一种形而上学的基本取向是什么？康德真的想要成为形而上学家吗？他是否发现了一切试图作为科学出现的未来形而上学的意义和导论？这样一种形而上学的一般主题是什么？对这第二个问题的回答最终导向了第三个问题——正如现象学方法的呼唤已经使人们感受到的那样。作为对**逻各斯**的追问、作为朝向事物本身的回归，现象学方法使**逻辑学**成为可能，并由于这个事实而超越于逻辑问题之上。因此，本小节自然而然地包含了三重阐发，它们分别涉及：

（1）康德的形而上学灵感；

（2）有限性形而上学与生存论；

（3）生存论与现象学。

A）康德的形而上学灵感

"在作为形而上学奠基的《纯粹理性批判》中，所涉及的最初和惟一的东西就是人的纯粹理性"①，这正是关于形而上学的进步的文章——在《纯粹理性批判》的内部主题化阐释将我们从其自身引领向这些结论之前——所指出的问题："康德确确实实将有关形而上学本身的疑难直接地和完整地摆在我们 221
面前。这样，在形而上学的奠基过程中，人的主体性的特别的（*spécifique*）有限性就成了问题。这一有限性绝不可能只是作为有限理性存在一般（être fini raisonnable en général）的一个可能情况被附带地拽入我们的考量。"② 意

---

① *KM*, S. 163.［中译本参见海德格尔：《康德与形而上学疑难》，162 页。——译者注］

② 海德格尔做出的这个区分非常重要。如果在柯恩看来，对自然原则和道德性原则的分析使我们不可避免地要碰到经验与要求的结构，这种结构只是附带地属于人性，而且，也没有必要让它参与到有限性形而上学的建设中来，因为这种结构是一切有限理性的属性。

指接受性直观的感性就属于人的有限性。作为纯粹直观，也就是纯粹感性，它是界定了有限性的超越性之结构的一个必要元素。人的纯粹理性必然是感性的纯粹理性①。这种纯粹理性自身应当是感性的，而且它并不需
222 要通过和身体相连才变成感性的。恰恰相反，作为有限理性存在的人之所以能够在先验的亦即形而上学的意义上拥有身体完全是因为如其所是的超

柯恩在他对康德著名的“一般”（德：überhaupt）所做的阐释（*Kants Begrundung der Ethik*，S. 159）中涉及了圣贤性和道德性的区分。他由此回应了叔本华，后者讽刺了道德法则对理性存在一般的有效性。“道德法则对理性存在一般的有效性的主张包括如下两个方面：从一方面说，伦理实在性的概念不应从所谓的人的本质及其历史的经验当中得出……这是一种完全不同的交往，一种本性上与感性自然存在（这种自然存在被称为人还是动物无关紧要）的共同体截然不同的共同体，它为道德法则奠定了基础，而伦理实在性的概念正是在道德法则中实现的。但从另一方面说，对一种伦理实在性的特殊本性的阐明恰恰应当导向针对人性的应用，从而导向人的概念的升华（sublimation du concept d'homme）”（*ibid.*，S. 160）。而且，柯恩还通过对道德性之道德意义的沉思对这两个方向做出了评论：“道德实在性不应从人类学当中派生出来，这么做是因为对于人性来说是必然（nécessaire）的东西不能从我们有关那对人类来说是可能（possible）的东西，也就是到目前为止在人的历史中是现实（réel）的东西的表象那里抽象出来。”从理论的层面上说，“先验的”和“心理学的”这一区分同样是为了排除专属于我们的感官的人性的反对并使知识的普遍有效性从它那里摆脱出来。“我们感官的粗糙性根本没有达到一般可能经验的形式，因此，对于实在性来说，它不仅抽象自特殊的感觉，而且还抽象自感官能力一般（capacité organique de sentir en général）”（Cohen，*KTE*，S. 491）。柯恩的阐释将人提升到了理性：它涉及一种真正的理性教育，康德主义因而为启蒙（德：Aufklärung）提供了真理。海德格尔的阐释则将理性“感性化”并使理性下降，但不是下降到人类学而是下降到有限性的存在论。这样一来，康德哲学就表现为对启蒙（德：Aufklärung）的根本批判，表现为对一种将人转化为理性存在一般的发展的理念的批判。

① 通过反驳叔本华针对康德提出的反对意见（这种反对意见认为康德从没有对直观和概念做出过清晰的区分），柯恩坚定地反对这样一种构想：直观并不需要思维的机能。“人们在空间和时间中看到了被直接给予的对象。正因为如此，它们被恰当地称为感性的形式，目的是把它们和范畴区分开来。这是因为，范畴在与对象的关系中不包含任何直观的谓词，而只包含纯粹理性的概念，因此它们与感性的条件完全无关……如果对象应当被构成的话，范畴可以通过这样的方式与对象发生关系，或者更确切地说，它们应当与对象发生关系。对象只有通过范畴才能被思为对象”（*KTE*，S. 361－362）。所以，对康德“感性概念”这一表达的评论使柯恩走向了一种阐释，其与海德格尔认为应当从这一表达那里引出的阐释截然相反。“感性概念，”柯恩说道，“指的就是图型化了的概念”（*KTE*，S. 383）。现在，如果人们

越性本身先天地是感性的①。因此，康德在其中区分了源始直观和纯粹理性的大量文本都足以指出：一方面，批判是一种纯粹理性的形而上学，因为它是先验的，也正因为如此，它给自己提出了澄清可能性条件和客观性一般的视域的任务；另一方面，这种形而上学是在自身中包含着有限性的纯粹理性的形而上学，它不是从某个外部存在那里获得的有限性，而是应当在一种确定的意义上自己把它生产出来。与此相反，如果像实证主义和唯心主义那样认为逻辑的永恒真理是与知性和自律的统觉相关，那么这就是将一种完全外在的有限性——身体的有限性——“附带地”赋予人。 223
因此，“康德在他的形而上学中到底是讨论了特别的人的理性的有限性还是认为这种有限性不过是理性存在一般之有限性的可能情况之一”这个问题就通向了身体的意义问题。如果灵魂是无限的**逻各斯**的流溢、是本身

回想起先验想象力对于实证主义阐释来说是站在先验统觉和作为杂多综合的范畴一边，而不是站在这种杂多本身和直观一边，那么人们就可以推出如下结论：一种感性的纯粹理性的观念对于这种阐释来说是没有意义的。只有当体系的意义发生转移时，只有当生存论使其成为时间性和感性的表达，并因而颠转了康德哲学和构成了先前种种阐释的视域的形而上学的形象时，感性的纯粹理性的观念才会获得意义。如果理性的人类特征只是作为有限之物的理性的一个特殊实例，那么图型论就仍然是一种理性主义理论，而且阐释也应当将想象力和先验知觉联系起来。与之相反，如果康德提出的是专门的人类有限性问题，那么纯粹理性就是在其根源（source）上而不是在其运用的“限制”上是感性的，而且先验想象力也在感性本身那里发现了自身的起源（origine）。因此，从某种意义上说，生存论重新发现了叔本华的形而上学洞见。叔本华在讨论作为表象的世界时批评了康德的直观和概念之分，而且，通过对这一问题的经验论表述，他最终主张要在直观中发现一切概念性认识的根源：“概念和直观表象虽有根本的区别，但前者对后者又有一种必然的关系；没有这种关系，概念就什么也不是了。从而这种关系就构成概念的全部本质和实在。”（Schopenhauer，*Le monde comme volonté et comme représentation*，trad. A. Burdeau，I，p. 43）［中译本参见叔本华：《作为意志和表象的世界》，石冲白译，杨一之校，北京：商务印书馆，2004，76 页。——译者注］因此，从作为表象的世界的视角来看，人们可以说纯粹理性是感性的；而且，我们也不能凭借认识来摆脱时间和空间。所以，生存论阐释通过批评实证主义而重新发现了叔本华式悲观主义的认识论灵感。但是，生存论阐释是在康德哲学的核心处重新发现这种灵感的，而叔本华却认为只有在反对《纯粹理性批判》的区分的前提下才可以发展这种灵感。

① *KM*，S. 164.［中译本参见海德格尔：《康德与形而上学疑难》，163 页。——译者注］

不受任何内在界限限制的东西（人在这种情况下便取代了神，形而上学则终结于神学），那么身体就是不是有限性的原因呢？或者，与此相反，灵魂与身体的联系是否只能在一种源始有限性的原初基础上（后者明确实现了哲学相对于神学的自主）才能够出现？

B）有限性形而上学与生存论

因此，对康德哲学的阐释必然会把我们引向与有限性问题相关的形而上学问题。而且，在这种相关关系中，下述悖论的理由将会更加深刻地呈现出来：实证主义不过是一种伪装了的唯心主义。对新康德主义阐释的批判预设了事实和事实性的对立①。实证主义把哲学变成了科学的侍女并且先天地禁止了向无条件的东西的上升，而真正的形而上学永远在表达和复兴这种无条件的东西的启发。尽管如此，通过把实证主义和我们之前暂时称为无限的形而上学的思想归为一类来说明这种无力（impuissance）难道不是件矛盾的事情吗？因为这样一来，我们难道不是既在说“实证主义是一种不自知的形而上学”又在说“实证主义是一切形而上学的否定”吗？只有当这种不自知的形而上学的确是一种形而上学的否定时，也就是说，只有当实证主义虽不承认，但事实上却接受了其假设的绝对唯心主义是一种形而上学的反面（即使实证主义断言自己表现了绝对唯心主义的真理）时，上述矛盾才会消失。不过事实恰恰就是如此。由于将有限性排斥到了一个理性之外的世界当中，**绝对的**唯心主义先天地阻止了从人的理性出发来理解这种有限性。后康德主义的所有困难——**知识学**的第二原则、**自然哲学**中的启示、**精神哲学**中的否定性——事实上全都涉及从绝对
224 到有限的过渡，从神的理性到人的理性、纯粹感性理性的过渡。由于有限性从一开始就被设定为外在于纯粹理性的附带的东西或特殊情况，所以只可能用纯粹的外在性或身体的介入来解释它。这便是后康德主义中作为概念之外在存在的自然的意义。但是，一旦让身体来解释理性的有限性，同时将有限性设定为身外之物的理性就不再有能力追求形而上学的无条件的东西。堕落和启示因而被召唤来协助这种虚弱无力的阐释。因为哲学不

① 参见本书 211 页。

是从有限性出发来解释身体，而是从身体出发来解释有限性，所以它就让位于神学，而《纯粹理性批判》则让位于堕落与原罪的教条。因此，一切无限的形而上学严格说来都是自相矛盾的。无限的形而上学无疑通过将宗教理性化褪去了宗教的意义。但是，由于使理性服从于启示，它同样褪去了形而上学的意义。因此，无论这个命题看上去有多么背谬，但形而上学只能是有限性的形而上学，而且唯有有限性可以走向无条件的东西。

让实证主义使哲学从属于科学、让唯心主义使形而上学从属于神学的是同一种错误。“形而上学奠基的基源是人的纯粹理性，由此，理性的人性特征，也就是说，理性的有限性就在根本上成为奠基之疑难索问的核心。”① 当哲学将有限性置于理性之外时，当它只是附带地关注它那本质上的人性特征时，它实际上仍然与宗教直观联系在一起，它无法攻占它得以确立的领土，它无法兑现它最根本的诺言：发现无条件的东西。因为它想要拯救理性，所以它使理性失落在神那里。这样一来，如果康德哲学想要表现为形而上学自主的第一次胜利，它就必须内化理性的有限性，“思维本身”就必须“已经是有限性的标志”②。因此，对理性进行批判和将理性界定为感性的人的理性就是一回事。因此，对康德的生存论阐释通过从神的理性过渡到人的理性而发现了形而上学。**神之死**（mort de Dieu）及结果**人之死**（mort de l'Homme）* 便是康德哲学得以展开的视域，对 225

① *KM*, S. 19. [中译本参见海德格尔：《康德与形而上学疑难》，17 页。——译者注]

② *KM*, S. 22. [中译本参见海德格尔：《康德与形而上学疑难》，21 页。——译者注]

* 虽然“人之死”的表述因福柯（Michel Foucault）的《词与物》（*Les mots et les choses*, Paris, Gallimard, 1966）而广为人知，但福柯对这一表述的使用以及他对康德哲学的理解全都受到本书的影响。朱塞佩·比安科（Giuseppe Bianco）在一篇题为《伊波利特、维耶曼与福柯的生成“福柯”》（Jean Hyppolite, Jules Vuillemin et le devenir “foucauldien” de Foucault）的未发表论文中介绍了本书对福柯思想产生的影响。关于这一问题，亦参见 Bernard Waldenfels, «Division ou dispersion de la raison? Un débat entre Habermas et Foucault », *Les Études philosophiques*, No. 4 1986, p. 480; Daniel Giovannangeli, *Figures de la facticité. Réflexions phénoménologiques*, Bern, Peter Lang, 2010, p. 82。——译者注

新的理性的批判、对有限思维的批判从其可能性原则上要求神学和哲学的分离，也就是概念和直观的统一。

但由此一来，“整体性”这个曾经被我们用来以论战的方式批判知性和理性相分离的观念，这个被实证主义用来使自己脱离绝对唯心主义的观念，就应当在新的人的有限理性内部重获新的意义。不仅如此，它还要寻找到自身的意义。事实上，在无限理性的宇宙中并不真的存在整体性：理性在自身之外找到了自然，而且，为了设定自己相对于自己而言的外在性，它不得不依赖启示的强力介入。虽然理性想要采纳真理自身的视角，但它恰恰失去了整体性的观念。虽然理性想要当主人，但它却变成了奴隶。“对有限性的最内在本质的必要分析，这乃是形而上学奠基活动的要求，但这一分析自身在根本上一定总是有限的，而且绝不可能成为绝对的。但由此就只会推出：对有限性的每次重新思考，都不可能通过对立立场的相互争执和居间调和去获得成功，因为它们的目标还在于最终要赢获暗中锁定的、本身为真的关于有限性的绝对知识。”① 因此，一旦人的理性之有限性得到了确立，那么康德哲学的新颖之处、这种哲学向我们呈现出来的真正的形而上学创造的主旨就是阻止从单子到单子论的过渡、从有限理性向无限理性的过渡。实证主义康德阐释对有限性的同情和对未完成的综合的肯定——从神学视角的内部看来——明确地表达了这种过渡。这种实证主义相信自己通过放弃整体性的观念而在一个神的理性的宇宙中拯救了我们意识的有限性。不过，这样一来，未完成状态所表现的不是有限性的胜利，而是对形而上学的放弃。与此相反，通过放弃神的理性的观念，通过禁止我们出于自我审判的缘故而把自己置于自身之外、置于绝对的实在中，通过许诺处身于有限性之中，我们最终发现了整体性的先验领地。

226 有限性和整体性如何在形而上学筹划中完成了统一？在我们看来，实现这种统一的东西构成了有限性的悖论，它就是超越性。眼下，我们只需要知道形而上学问题，也就是整体性和无条件性的问题，是从有限性之中

① *KM*, S. 226–227. [中译本参见海德格尔：《康德与形而上学疑难》，227页。——译者注]

诞生的。如果“源始的存在论阐释不仅要求一种与现象相适配的得到保障的诠释学处境，它还必须明确地落实：它是否已把作为课题的存在者的整体带入了先行具有之中”①，那么我们恰恰在作为一个有限存在存在（être un être fini）的可能性当中发现了形而上学的起源，发现了源始性和整体性的统一。人的理性并不仅仅因为提出了形而上学问题而是有限的。恰恰应当反过来说，人的理性因为是有限的才会提出形而上学问题②。作为向死存在的存在论可能性，时间性构成了康德阐释的视域。“因此，有限性并不只是简单地附加在纯粹的人类理性之上的东西，相反，理性的有限性就是‘使有终结’（德：Verendlichung），即为了‘能够—有所终结的—存在’（pouvoir-être-fini）而‘操劳’”③。死亡的恢复、本真生存之整体性在畏之中的发生，它们最终就是理解康德、理解形而上学之起源的必要条件。正是因为切断了与神圣永恒性的关系，我们才可以被说成是绵延的和有死的，我们才能够在同一种行动中重新把握我们在有限性筹划中的整体性和我们在那必然来源于这种筹划的疑难中的源始性，我们才能够摆脱实证主义和唯心主义的种种偏见（它们积累这些偏见是为了遮蔽康德哲学的本质，并将对其人性特征的发现转变为神的理性的拯救）。“在通往基础存在论的这一目标（对作为源始先验结构的时间性的发现）的道路上，也就是说，为了同时明确凸显出人的有限性，就必然要对良知、罪责和**死亡**进行生存论上的解释。”④

C）生存论与现象学（胡塞尔与海德格尔）

正如我们在对两个问题——对逻辑进行根本追问的现象学问题和康

---

① Heidegger, *Sein und Zeit*, S. 232. ［中译本参见海德格尔：《存在与时间》，陈嘉映、王庆节译，北京：三联书店，1999，267-268 页。——译者注］

② *KM*, S. 207. ［中译本参见海德格尔：《康德与形而上学疑难》，207 页。——译者注］

③ *KM*, S. 207. ［中译本参见海德格尔：《康德与形而上学疑难》，206 页。——译者注］

④ *KM*, S. 232. ［中译本参见海德格尔：《康德与形而上学疑难》，232 页。——译者注］

227 德哲学的生存论阐释问题——加以比较时已经透露的那样，包含在生存论阐释视域当中的有限性的形而上学并未使现象学和生存论之间的种种关系得到隐含的展开。〈首先，〉按照现象学创立者的界定，真正的现象学问题即凭借**先验逻辑**描述纯粹经验世界。它到底发生了怎样的变化，以至于到了否认这一**先验逻辑**概念具有任何意义的地步，并且走向了建构有限性形而上学的方案？其次，当经典现象学谴责康德没能超越判断问题时，生存论是如何证明：康德实际上不仅提出了判断问题，而且还凭借先验想象力的理论勾勒了这个问题的解决方案——那些倾向于建构**先验逻辑**的偏见不允许这种解决方案向经典现象学靠近？所以，从现象学向生存论的过渡问题与康德主义的重新阐释问题是平行的。而且，它们甚至已经浑然不分。

首先，现象学已经提出了判断及其构成性根据的问题，这无疑是它最重要的荣誉头衔。在从事物对直观的本真所与（donnée authentique de la chose à l'intuition）的明见性中向事物本身的回归的意义正在于此。“判断归约为具有最终意义的最终判断，对应着一种真理的归约：从较高层阶真理向最低层阶真理的归约，此真理直接相关于事物和事物领域，或者因为此基底在此发挥着主导作用，此真理相关于在对象领域内的个别对象——个别对象因此自身未包含判断句法，而且，在其可经验的事实存在中，是前于一切判断行为的。”① 通过归约性原则，逻辑学的确成为被追问的对象，而且，一切判断都需要有一种“事态”来作为自身可能性的先验基础。只有被给予本质直观和纯粹经验的事态［德：Sachverhalt］的在先存在才会为内在于判断的各种可理解关系做出辩护和打下基础。我们的确在新的先验逻辑当中重新发现了这种与经验的关系，后者被新康德主义阐释视为康德式分析的中心。“归约性原则保证了物理的东西（le physique）
228 永远不会被忽视。”② 意识的生命和对纯粹经验世界的经验为各种逻辑关系奠定了基础。尽管如此，如果我们遵守这个标准，那么从新康德主义到

---

① Husserl, *Formale und transzendantale Logik*, §83, S. 181［中译本参见胡塞尔：《形式逻辑和先验逻辑》，175 页。——译者注］; *Erfahrung und Urteil*, §4–§5, S. 11–20［中译本参见胡塞尔：《经验与判断》，邓晓芒、张廷国译，北京：三联书店，1999，33–42 页。——译者注］ et *passim*。

② Cavaillès, *Sur la logique et la théorie de la science*, p. 54.

先验现象学的进步就在于将**逻辑学**的问题“主题化”。不过，即使对**逻辑学**的主题化追问在形而上学的层面上否定了对理性的哲学批判，它本身难道没有隐含这样一种批判吗？将逻辑学追问置于先验领域之中这个事实本身难道没有在暗示“真理不再在通常的意义上是真理自身”①？事实上，在一种**我思**［拉：Cogito］哲学②的内部，如下两个方面似乎是不可调和的：一个方面是向作为本源的经验的回归和必然从这种回归那里产生出来的对不同意义和真理类型的质料层级的揭示（这些不同意义和真理类型在其中的每一个层级上都通过参照某一类型的源始经验而构成了特殊的判断构造［contexture des jugements］样式），另一个方面是绝对形式存在论（这种存在论完全吸收和奠基了这些纷繁不同的纯粹经验层次）的观念。现象学的悲剧恰恰就在于它所发现的先验主体性于其中运动着的那个圆圈：虽然对**逻辑学**和形式存在论提出了质疑，但却仍然令人绝望地继续抱住它们不放。“对于现象学而言，这样一种对（普遍的形式存在论和各种不同的质料存在论之间的）层面的认定（identification de plan）极难被承认。因为在现象学中，研究的推动力和各种客观性的根据恰恰就是与一种创造性的主体性的关系。如果这种主体性本身是被赋予规范的东西，那么就还需要一种新的先验研究来把它的各种规范和一种更高的主体性联系在一起，因为只有意识才拥有为自己设定自己（se poser pour-soi）的权威，任何内容都做不到这一点。如果**先验逻辑**果真为逻辑学奠定了基础，那么就不存在一种绝对逻辑学（亦即一种支配着绝对的主体权威性的逻辑学）。如果存在着一种绝对逻辑学，那么它只能从自身当中获得权威性，它就不是先验逻辑了。”③ 229

---

① Husserl, *Formale und transzendantale Logik*, §102, S. 238, cit. par Cavaillès, *op. cit.*, p. 63.

② 事实上，胡塞尔的现象学，以及一定程度上的舍勒的现象学，往往会不经意地、不完全地转向一种新的概念和理性的构想，也就是辩证的构想。而付出的代价就是要成为一种在形而上学的层面上主张对先验自我进行研究的“意识哲学”（Cavaillès, *op. cit.*, p. 77−78）。但如果只是停留在先验主体主义的视角下，海德格尔的结论就具有了充分的正当性：应当放弃把理性作为先验基础，而用时间性取而代之。

③ Cavaillès, *op. cit.*, p. 65.

正是由于**先验逻辑**在现象学的视角下是一个站不住脚的概念、一个荒谬的东西（德：Unding），所以，尽管它没能把自己的结论一推到底，但它还是超越了新康德主义提出先验问题的方式。事实上，现象学不是在原则或概念中，而是在直观和纯粹经验中发现了知识的源泉。最后，就它只承认**先验感性论**是提出真理问题的部门而言，它发现了将现象学的方法论发现导向有限性的生存形而上学的内在辩证法。胡塞尔的悲剧就在于，他是在一种莱布尼茨式的普遍数学［拉：mathesis universalis］的氛围中发现了康德的直观问题①。因此，从现象学到生存论的过渡同时展现出了一种向康德的回归："为了充分领悟《纯粹理性批判》，必须斩钉截铁地说：认识原本就是直观。"② 正是由于现象学方法对自己的工具抱有一种不确定态度，这种向康德的回归也就成为一种必然。由此产生了一个与康德**先验逻辑**观念有关的重要结论。当新康德主义只是在思维与直观的关系中看到了一种纯然否定性的条件时，认识与直观的同一则要求我们从中看到一种完全积极的根本条件。"因此，判断表还不是范畴的起源，而只是发现所有知性概念的指引线索。在判断表里，应该有着对完全的纯粹概念整体
230 的指向，但这还不是对作为范畴的纯粹概念的全部本质的澄清。"③ 因此，像新康德主义阐释那样到逻辑学判断表中去寻找范畴的先验起源的路径

---

① 这就解释了胡塞尔为什么会在对实证主义（实证主义被认为是对哲学的放弃）的批判中悖论性地重新发现专属于无限形而上学的那些主题（如前所见，这种无限形而上学的隐而不显的幸存恰恰构成了实证主义形而上学的视域）："历史地来看，当代的实证主义科学概念是一种残留的概念……神的问题显然包含绝对的理性的问题，它是世间一切理性的，即世界的意义的目的论源泉。当然，不朽的问题如同自由的问题一样，也是理性的问题。所有这些形而上学问题，广义地理解，通常称作特殊的哲学问题，都超出了作为由纯粹事实构成的大全的世界。它们正是作为瞄准理性之理念的问题而超出事实的世界的。所有这些问题都占有比事实问题更高的地位，后者即使在问题次序上也处于它们之下。实证主义可以说是将哲学的头颅砍去了。"（*Crise*，p. 133）［中译本参见胡塞尔：《欧洲科学的危机与超越论的现象学》，21–22 页。——译者注］

② *KM*，S. 20.［中译本参见海德格尔：《康德与形而上学疑难》，18 页。——译者注］

③ *KM*，S. 52.［中译本参见海德格尔：《康德与形而上学疑难》，52 页。——译者注］

已经被放弃。尽管如此，这绝不是为了到原则那里去发现先验起源，因为原则本身的意义只能来自它们与纯粹直观的肯定性关系。范畴的先验起源只能到这种关系当中去寻找①。如果思维具有存在论的意义，那么能够决定这种意义的就只有直观。和新康德主义一样，生存论宣称对先验大厦做一种要素层面的阐释是不可能的。但是，当新康德主义依靠内强量原则和思维的全能性行动时，生存论则将思维消解在直观当中、消解在从本质上说是有限的和有死的思维当中、消解在畏当中。“越是极端地寻求与隔离有限认识的要素，这样的隔离就越发地变得不可能，而纯粹思维对直观的依存也越发地变得扑朔迷离。”② 所以，向康德和**先验感性论**的回归最终同时意味着现象学直观的深化和有限性形而上学的发现。本质直观［德：Wesenschau］的真理绝不是由**纯粹理性**所把握的本质的逻辑宇宙，而是被 231
设定为时间性之视域的被直观的生存世界。康德著作标题中的“批判”一词必须严格从字面上来理解。现象学事业的意义是通过回到康德才被发现的：逻辑理性完全被丢弃。位置应当留给奠基于有限性形而上学之上的

① Kant,《致约翰·亨利希·蒂夫特隆克的信》，1797 年 12 月 11 日：“在逻辑上把一个概念归属于一个更高的概念，依据的是同一性规则。在这里，较低的概念必须被看作是与较高的概念同质的。相反，先验地即通过一个中间概念，也就是说，通过内感官表象的组合（德：Zusammengesetzen）概念把一个经验概念归属于纯粹知性概念，这是属于一个范畴的，在内容方面，其中包含某种异质的东西。如果这是直接发生的，那么，它就是违背逻辑的；但是，只要就内感官的表象依据时间条件，先天地按照一个普遍的法则描述了一种组合的东西而言，一个经验的概念通过一个中间概念，即内感官表象的组合概念包含在纯粹知性概念之下，它就是可能的。一种组合的东西与一个一般组合（每个范畴都是这种东西）的概念是同质的，它以一个图型的名义，使人们有可能把现象按照其（复合的）综合统一归属于纯粹知性判断。”［中译本参见康德：《康德书信百封》，235 页。——译者注］因此，在康德看来，组合或先验综合表现了一个悖论式的难题，因为对它们来说，关键就在于把经验概念包含在纯粹概念（范畴）之下，而这两类概念的异质性（这种异质性构成了先验综合的前逻辑、前反思与——一言以蔽之——现象学特征）可以得到弥合的条件就是：时间性本身（内感官提供出来的诸表象的组合）必须给出居间的图型。这种居间的图型便是时间的视域性，它将一切现象和一切经验概念的存在本身构成对举物［德：Dawider］。

② *KM*, S. 52.［中译本参见海德格尔：《康德与形而上学疑难》，52 页。——译者注］

认识论①!

* * *

这样一来，我们就可以在不牵扯任何悖论的情况下做出如下判断：因为现象学只有通过重新阐释康德哲学才会有意义，所以它无论如何不能是对康德哲学原则的驳斥。或者毋宁说，现象学完全是因为没有把它已经发现的归约性原则导向其自身的结论才呈现出这样一种状态。那么，现象学经常对康德哲学提出的指责——例如在道德学说领域——事实上是什么呢？由于没能理解纯粹经验的现象学意义，从而没能区分经验性经验（expérience empirique）和价值经验（expérience des valeurs），康德哲学只是确立了一种形式的道德学说的原则，而没有意识到一种质料的价值伦理学的原则（《实践理性批判》的头两条定理正是出于反对经验论的目的而褫夺了经验性经验的一切伦理结构和伦理意义；然而，康德哲学恰恰是出于一些经验论偏见才错误地将价值经验和经验性经验混为一谈）②。因此，回归直观、本质直观（德：Wesensschau）和价值直观（德：Wertesschau）就必然意味着抛弃康德的理论、抛弃康德的理论自认为有资格在其面前摆放道德性学说的那种所谓的两难困境：要么是经验性的无政府状态，要么是**逻各斯**的形式主义。

这一批判的内在困难会在人们尝试明确两种意义时显现出来：一种是这种自命理性的形式主义的意义，另一种是看似具有经验性的舍勒的质料主义的意义。事实上，舍勒对康德的指控就是后者重新转向了一种无限**逻各斯**的形而上学，而且，为了寻找历史证据来支持这种指控，他甚至以费希特的泛逻各斯主义为依据考察了康德哲学原则的后果。不过，这不是完全使形式主义转向了它的反面吗？康德在《实践理性批判》的开头断言：
232 一种不同于经验性经验的经验先天地是不可能的。人们是否能够从这一断言那里合乎逻辑地得出如下结论：康德从**逻各斯**那里推导出了道德经验甚至一切经验一般？这难道不是将先验唯心论和质料唯心论混为一谈？而

① *KM*, S. 218-219. [中译本参见海德格尔：《康德与形而上学疑难》，218-220 页。——译者注]

② Max Scheler, *Der Formalismus in der Ethik und die materiale Wertethik*.

且，除去词汇上的不确定性，先验唯心论难道不是恰恰站在了有限性形而上学一边，而质料唯心论则表现了一种无限的形而上学？道德和认识论的形式主义根本不打算重新转向整个**哥白尼式革命**都在试图摧毁的无限**逻各斯**。与此相反，它把这种**逻各斯**的生产性丢给了绝对唯心论。而且，当它区分出存在论的层次和存在者的层次时，它肯定了有限性和道德视域之构成与有限时间性之间的必然关系，对于尊重的分析已经证明了这一点①。因此，自命理性的康德哲学实际上完全是理性主义的反面。通过将**道德自我**的所有源始"经验"归约为有限性在先验直观活动中的构成，它对归约性原则进行了字面意义上的应用。康德哲学并非像舍勒肤浅地认为的那样是将直观消解在了**逻各斯**当中。与此相反，它是将直观归约为有限性的维度。正因为如此，它清空了直观的内容。它通过尊重发现了畏。

与此相反，质料的价值伦理学所做的无非是通过牺牲现象学的有限性来重新确立一种理智直观的优先性。舍勒无疑意识到了将旧的道德理性奠基于纯粹经验和质料的价值构成之中的必要性。但是，这些价值非但没有和生存的本质有限性、没有和时间性联系在一起，而且事实上还重新确立了旧逻辑学和它们被认为要反抗的旧质料唯心论的视角。事实上，这一先天的价值表（table apriorique des valeurs）无非就是一种将自己伪装起来向无限形而上学的回归，就是乞灵于构成性的理想原则和创造世界的**逻各斯**。舍勒对于"形式主义是一种逻辑主义"的论证就遭到了颠覆：正是伦理的质料主义重新确立了无限，而且，作为价值评估活动（德：Werten）的价值直观只是一种将自己伪装起来的理智直观，也就是永恒理性［拉：Ratio］的另一种表达。"之所以错失（良知）所呼之中的某种'肯定'内容，是因为期待一种当下用得上的指示，它提供出那些可用的、可计算的而又可靠的'行动可能性'。这种期待根系在知性操劳活动 233
的解释视野上，在这里，此在的生存活动被纳入一种可调整的经营整体的观念之下。部分地也因为未经明言地基于这种期待，人们针对'唯'形

① *KM*, S. 149 sq. ［中译本参见海德格尔：《康德与形而上学疑难》，147 页及以下页。——译者注］参见后文 278 页。

式的价值伦理学而要求一种质料的价值伦理学。良知当然使这类期待大失所望。良知之所以不给出这类‘实践性的’指示，只因为良知向生存、向最本己的能自己存在唤起此在。良知若像所期待的那样提供可以简明一义地结算的公理，那么，良知就恰恰对生存否定掉了去行动的可能性”①。声称“质料的价值伦理学是抽象的、是妨碍我们行动的”就是在谴责它混淆了存在者层次上的异化的操劳的对象和生存的自由，就是在谴责它从生存论分析退回到了法权分析，就是在谴责它到一种与认识活动中的判断表等价的先天表那里去寻找道德活动的原则，就是在谴责它从直观退回到判断、从现象学退回到实证主义。这同时就是把现象学最初明确要获得的发现完全归于康德哲学，因为现象学向形式存在论和先天价值表的倒退妨碍了它真正去发现有限性和人的生存。

§20（续） 现象学与生存论之区分的试金石：死亡意义问题

现象学很快意识到了那存在于自身内部的矛盾，亦即**绝对逻辑**和**先验逻辑**、实证主义残余和基本批判事业的矛盾。正是为了消除这种矛盾，它区分了本质还原（réduction eïdétique）和先验还原。事实上，本质还原的方法在科学、真理的最终根据这一主题上未置一词：它虽然带给了我们事实先天（对事实先天的本性进行说明也许就是质料现象学的成就），但却未从权利上〈亦即从原则上〉对其进行评判。只有先验还原使我们摆脱
234 了柏拉图式实在论和《纯粹理性批判》第二版的实证主义预设，因为它考察了这些先天之物的根据以及它们的构成性意图。正如康德在提出作为严密科学（science exacte）的哲学的问题时已经感受到的那样②，“在其作为哲学的意义中隐含着一种在奠定基础时所特有的彻底主义，一种向绝

---

① *S. u. Z.*, S. 294. [中译本参见海德格尔：《存在与时间》，336 页。——译者注]

② E. Husserl, Nachwort zu meinen Ideen zu einer reinen Phänomenologie und phänomenologischen Philosophie, *Jahrbuch für Philosophie und phänomenologischen Forschung*, XI, 1930, S. 568. [中译本参见胡塞尔：《纯粹现象学通论》，357 页。——译者注]

对无前提性的还原，一种基本方法，通过这一切，进行开创工作的哲学家使自己确实获得了一种绝对基础，即在一切通常意义上‘当然的’前提中的、具有绝对明证性的前提”①。唯有在从第一种还原过渡到第二种还原时，实在论（即便是先天的实在论）或柏拉图式唯心论（它和实在论是一回事）才会被避免。换言之，哥白尼式革命，亦即在神的假设之外对真理的先验奠基、人类知识的绝对自主，才会成功。“在此我须毫不迟疑地明确宣称，”胡塞尔在《后记》中明确指出，“我一如既往地坚持认为任何一种形式的流行的哲学实在论在原则上都是谬误，我也同样认为每一种与实在论论证对立的，受到后者‘驳斥’的唯心论也是谬误。”② 事实上，这段引文所针对的康德式唯心论和实在论共享了实证主义的无须遭到质疑的伪明见性偏见和科学偏见。这些偏见认为，哲学分析应当以科学为出发点，但哲学实际上应以绝对的方式对它们进行奠基。

康德式唯心论保留了世界论题（thèse du monde）并且仍然停留在自然态度当中：经由康德的假象（德：Schein）和显象（德：Erscheinung）的著名区分得到表达的自然知识的明见性本身得到了肯定，存在着一种**先验逻辑**无须对其进行追问的**绝对逻辑**。康德哲学中残留的自然预设始终妨碍它上升到真正的哲学任务、上升到构成的问题。如果人们想要对此做出证明，我们可以参考一下先验幻相的“自然”发生这个晦涩的问题。一方面，由于先验**我思**［拉：Cogito］提供了有关对象的先天知识，因此，以先验**我思**［拉：Cogito］的名义对哥白尼式行动所做的界定既隐含着一种可能对象的规定，又隐含着一种对于这种构成性活动会在其中误入歧途 235
的滥用——如果构成性活动意欲在经验界限之外进行立法活动的话——的否定。如果“由于期望或许会有一些概念，它们能够先天地与对象发生关系，不是纯粹的或者感性的直观，而仅仅是纯思维的行动，因而是既无经验性起源也无感性论起源的概念，所以我们预先为自己形成了一门纯

① Husserl, *ibid.*, S. 569.［中译本参见胡塞尔：《纯粹现象学通论》，358 页。——译者注］

② ID., *ibid.*, S. 560.［中译本参见胡塞尔：《纯粹现象学通论》，351 页。——译者注］

粹知性和理性知识之科学的理念，用来完全先天地思维对象”，如果存在“这样一门规定这样一些知识的起源、范围和客观有效性的科学，就会必须叫做**先验逻辑**”①，那么，从先验的视角来看，下述情况是如何可能的：在赋予这些思维活动以规定性力量（pouvoir）的同时，却没有赋予它确立其知识的界限、范围和有效性的权能（puissance）？作为建立一种具有融贯性的**哥白尼式革命**理论的必要条件，**先验自我**的自我渗透（auto-pénétration）隐含着“规定和否定必然联系在一起”的观点。因此，对可能经验的界限亦即**时空**感性条件的设定，不能外在地添加到范畴所是的“思维活动”之上，而且它只能来源于后者。但另一方面，怎样才能解释这样一种存在，即：使思维看不到其活动界限的“作为自然倾向的形而上学”②？既然**先验分析论**从原则上说无法在**先验感性论**的限制性条件缺席的情况下被构想，那么它又是如何催生出——并且是以一种必然的和发自本性的方式催生出——那些本身被定性为“先验的”的**辩证法**的幻相？这种矛盾之所以产生，无疑是因为康德仍没有抛弃世界论题和自然态度。就此而言，他的唯心论最终无法站在根本批判普遍唯心论的立场上。“现象学并非一种目的只在于回答历史上的唯心主义问题的理论，它是一门以自身为根据的、绝对独立的，甚至唯一绝对独立的科学。只有这样，在彻
236 底进行之后它就会导致‘构成性理论’和问题，它包括一切我们能遇到的可能对象——以及具有其全部对象范畴的全体给予的现实世界，以及一切‘观念’世界——并将它们都理解作先验的相关项。但是结论是：先验现象学唯心主义并不是一种哲学的特殊设定、一种诸理论中的理论，倒不如说，作为具体科学的先验现象学，即使无一字谈及唯心主义，其本身仍然是作为一门科学而言的普遍唯心主义来构成的。”③

这些区分的必要性就在于，它们能够消除围绕在现象学（其被构想

---

① Kant, *Critique de la Raison pure*, p. 80. ［中译本参见康德：《纯粹理性批判》（第2版），73页。——译者注］

② ID., *ibid.*, p. 44. ［中译本参见康德：《纯粹理性批判》（第2版），16页。——译者注］

③ Husserl, *ibid.* ［中译本参见胡塞尔：《纯粹现象学通论》，352页。——译者注］

为本质科学、明见性科学、心理学）诸概念周围的混乱。康德在他的**先验方法论**中试图将迂回的证明和明示的证明区分开来，他把迂回的证明留给科学（其中“客观的东西具有支配性地位”①，它因而不对自身的基础进行辩护），把明示的证明留给哲学。同样，胡塞尔的出发点是区分本质描述的先天和数学科学的先天：“后者是‘演绎的’科学，即在其科学理论的方式中间接的演绎知识比一切演绎以之为基础的直接的公理知识起着远为重要的作用。无穷多的演绎程序在此都来自少数一些公理。但对于先验领域我们却有着无限多的、在一切演绎之先的知识，这种知识的间接性（德：Mittelbarkeiten）(意向性蕴含的间接性）与演绎毫无关系，此外这类知识作为一种彻底直观的知识也避免了任何一种方法构造的符号表达系统。”② 但这样一来，不就等于是用充分的精确性来界定哲学科学，而不是把明见性当作一个特殊对象赋予它？先验知识的无限性已经使哲学先天地丧失了几何学精神所特有的明见性，而且绝对根据的科学无法像**我思**［拉：Cogito］拥有它的观念那样试图拥有这种明见性。因此，现象学方法的宗旨不能是使康德有关数学和**感性论**的“观念性世界”与物理学 237
和分析论的“对象范畴”的反思进入到本质明见性的光明之中。如果说康德式唯心主义还不是普遍唯心主义，如果说它仍然保留了自然态度，这并不是因为它的反思不是一种明见性，而是因为它的对象仍然与数学和物理学的明见性内在地联系在一起（尽管数学和物理学拥有本质的明见性，但这种明见性仍然是迂回的）。将现象学和笛卡儿的《沉思》联系在一起的明见性的激情（pathos d'évidence）不应让我们忽视这一点：明见性在这里指的是对一种作为严格的基础科学的哲学的共同追求，而不是诉诸一种不容讨论的、平静的观看的朴素性。比如说，解决某个哲学含混之处的问题是关键所在吗？“问题的解决显得非常简单：回到事物本身。从直接直观那里得出的新概念应当与那些仍然具有疑难性的行为的真正本质相适应！

① Kant, *op. cit.*, p. 535. ［中译本参见康德：《纯粹理性批判》（第2版），505页。——译者注］

② Husserl, *op. cit.*, S. 553. ［中译本参见胡塞尔：《纯粹现象学通论》，345页。——译者注］

我们反而认为应当在问题的明确彻底化中考察对某一含混之处的哲学解释的意义……明见性绝非现象学研究的最终理由［拉：ultima ratio］……事物本身并不是已经作为完成了的在场（présences achevées）被给予的，事物本身之所是只应当被理解为主题的面向（visée thématique）。”① 现象学使我们深入到了先验领域的无限性当中，一个显而易见的事实是：它没有让我们以软弱的、资产阶级的方式去占有平庸性和安全性，因为后者被留给了二等的并且因此缺乏严格性的“科学”（无论它从表面上看来是什么样子），而是使我们明白了哲学是普遍的质疑，是一种同时意味着一切明见性都被动摇、被质疑、被批判的最终明见性。“先验主体的主体性在存在论上的不可穿透性是构成性现象学的一个核心问题。要做的并不是试图摆脱这种疑难状态，而是让这种疑难状态展现出它的全部力度。”②

就此而言，从现象学的视角看来，本质还原并非自足这一点毋庸置疑。同样毋庸置疑的是，如果没有将自身扩展至先验还原，本质还原就会
238 失去自身的意义。康德错过了本质还原，而且他所持有的那种遭到了舍勒合理批判的狭隘直观使他无法看到，哲学分析中并非只是包含着概念手段，因为只有数学才具有通过概念建构来以迂回的方式运作的优先性，而且它也并非《纯粹理性批判》中的第三条可能道路，这些都是事实。但最重要的是要明白，康德之所以错过本质直观的原因在于他错过了先验还原。忘记胡塞尔式批判的这一不可或缺的组成部分就意味着陷入到心理主义当中，就意味着（例如和布伦塔诺一道）相信：对各种“对于……的意识”进行分类并且断言一切意识都是“对于……的意识”就足以对康德哲学做出修正③。这实际上是退回到了比康德式问题或者至少是比历史上的康德哲学所包含的先验预感更低的水平上。即使心理学是“意向性的”，它也根本没有提出先验问题，因为它并没有完成必要的还原。“这类本质上全新的因素在先验方向的现象学中立即影响了描述心理学，现在

① Eügen Fink, Vergegenwärtigung und Bild, Beiträge zur Phänomenologie der Unwirklichkeit, *Jahrbuch*..., XI, 1930, S. 241.

② ID., *ibid.*, S. 246.

③ Husserl, *op. cit.*, S. 564.［中译本参见胡塞尔：《纯粹现象学通论》，354页。——译者注］

并已完全改变了这种心理学的整个面貌，包括其全部方法和具体目标。这类新因素是这样一种观点，它对作为一种意向性自足领域的意识领域的具体描述（它只是这样具体地被给予的）具有一种完全不同于自然描述的意义，因此不同于严格标准的描述性自然科学的意义。”① 哲学是没有样板的，它是自由的大地。康德无疑没有察觉到这一点，但布伦塔诺也不是约书亚（Josué）。

因此，进行先验还原的哲学家同时克服了（实证主义的）本质偏见、明见性偏见和心理主义偏见。心理学主体性正是由于这个原因失去了自身那被构成的素朴（自然的且仅仅是或然的）特征②。出于这个事实，自然态度发生了彻底的变形③。关键并不在于用一种本真的反思来取代非本真 239
的自发性，用正常的来取代病理的，用原始的来取代文明的④。这样一种对先验悬置的阐释不仅忽视了作为绝对先验基础之构成和严格科学的哲学方法的特殊性，而且还使构成性的主体性滑向了被构成者的宇宙、滑向了“明见性”和偏见（即便这些偏见被构想为先天的东西!）的宇宙。就这一方面而言，生存论所提出的反对“是由于误解产生的，而且归根结蒂由于人们把我的现象学归结到一个将其意义压制殆尽的平面上。或者换言之，由于人们不能理解‘现象学还原’原则上的新颖性，从而不理解从在世主体性（人）向‘先验主体性’的提升；人们仍然滞留于一种或者是经验主义的或者是先验的人类学中，而按照我的学说，后者尚未获得专门哲学的基础。而且这也意味着人们把陷入‘先验人类学主义’

---

① Husserl, *op. cit.*, S. 565. ［中译本参见胡塞尔：《纯粹现象学通论》，355页。——译者注］

② “如果我们现在进行这种先验现象学还原，进行自然的和内在心理学的态度的转变，通过这种转变以产生先验的态度，那么心理学主体正好失去了素朴经验世界中被认为是真实的东西，失去了一个实存于时空自然中的身体之心灵的存在意义。因为包含着身体和心灵的自然，作为一切素朴的为我存在者的一般世界，都由于现象学悬置而失去了其存在效力。”（ID., *ibid.*, S. 555）［中译本参见胡塞尔：《纯粹现象学通论》，347页。——译者注］

③ Husserl, *op. cit.*, S. 550［中译本参见胡塞尔：《纯粹现象学通论》，343页。——译者注］；Fink, *op. cit.*, S. 248.

④ Fink, *ibid.*

或‘心理主义’就当成了哲学”①。

生存论不断地混淆在世主体性（subjectivité mondaine）和先验主体性正表现了两种还原的差异。对于现象学家来说，重要的不是在世主体性所服从的本质变更，而是在世主体性从定义上说所脱离的先验还原。如果人们把心理学主体性与先验主体性混为一谈，那么作为在世主体性的心理学主体性就会导向唯我论：事实上，怎样才能使一个在世界内的存在（être dans le monde）——即使它是在世存在（être au monde）——成为构成这个世界的主体②？这里涉及的正是真理问题。这就是说，自然态度所涉及的一般论点应当在最普遍的意义上来理解：“自然态度乃是本质性态度，
240 亦即属于人的本性、构成了人之存在本身的态度，是作为世界整体之中的存在者的人的有态度的存在（être-en-attitude）或世界化了的主体性的态度：它是以各种样式在世界之内和之中的人的自然存在。”③ 因此，先验还原就触及了人的一切能动性和被动性所预设的在世存在。先验还原是一种暴力活动，它将实在对象或观念对象（其中包括我［moi］）是否存在的问题悬置起来，目的是将它们“还原”为先验主体性的经验所针对的对象，“亦即根据它们所针对的东西的意向性意义，换言之，存在者层次上的对象变成了意向相关项”④。生存论本身无疑也从存在者的层次过渡到了存在论的层次，但这种过渡恰恰是“意象化”的反面，因为它所达到的不是源始的构成性主体性而是世界性的**我**，不是一切存在者的先验**我思**［拉：Cogito］而是唯我论的主体。从生存论视角看来不同于存在者层次的存在论层次从现象学视角看来与存在者层次并没有什么区别，或者毋宁说，生存论只不过像康德哲学能够区分外感官和内感官、**空间**和**时间**那样

① Husserl, *op. cit.*, S. 551. ［中译本参见胡塞尔：《纯粹现象学通论》，343页。——译者注］

② ID., *ibid.*, *passim*. 关于生存论，芬克谈到了“一种存在者整体的糟糕的主观化、一种将世界归约为‘人’这个在世存在者的还原的怪异性。从先验陈述落回到世界—存在者层次上的概念性（la conceptualité modaine-ontique）是现象学的持续损失”（*op. cit.*, S. 250）。

③ Fink, *op. cit.*, S. 248.

④ ID., *ibid.*, S. 249.

区分了存在者的层次和存在论的层次。这些只是被构成的被动性而不是至上的源始性。不过，如前所见，对于现象学还原来说，从“世界的”（其中包括“生存的”）到“先验的”这种唯一具有重要性的过渡如果不是对自然态度中始终隐含着和预设着的世界论题的彻底质疑又能是什么呢？我们在自然态度中“遗忘”了世界经验的基本特征，也就是**自我我思**之主体性的先验特征。我们总是把自己把握为已然在世，但不去从根本上追问我们所是的这种存在。因此，心理学——以及生存论——就被界定为不自知的哲学。“被胡塞尔命名为自然态度的一般论题并且应当在现象学还原中将之扬弃（德：aufheben）的正是这种继续着并且继续潜伏着的世界之存在的预设。现象学态度或先验态度在对一般世界论题的一贯的、彻底的加括号活动中得到了体现。世界这个被朴素地视为存在者并被绝对地设定了的存在者转化成了‘世界现象’，现在，它的存在本身是一个属于现象内容的元 241 素”①。**自我我思**重新谈论着它的“遗忘”——哲学比苏格拉底或克尔凯郭尔所设想的更为本真地是一种回忆。

我回忆起了我之所是——这就是现象学的根本问题。也就是说，在心理学和现象学之间既存在差异又存在本质上的统一性。生存论误解了这种统一性和差异性，误解了心理学在现象学中的扬弃（德：Aufhebung），因为它通过一种名副其实的概念欺瞒将心理学摆在了现象学的位置上，这样一来，本质还原就篡夺了原则上只属于先验还原的权力②。这样一来，它

---

① Fink, *op. cit.*, S. 249.

② “只有当这种需要十分准确和深入说明的（哲学）动机变为一种活生生的和无法抗拒的洞见时，人们才能明了，最初显得特别的细微意义转变，从一种纯内在心理学向先验现象学的转变，决定着一种哲学的存在和不存在；这种哲学以其彻底的科学性认识到，为了从最终自我证明中取得依据，它要求什么特殊意义，要求什么基础方法。正是由这样一种自我证明可以理解心理主义的最深的、根本固有的意义中的错误——作为先验心理主义的，作为破坏哲学之纯粹意义的错误，这种错误企图使哲学建立于人类学或心理学、人的或人类心灵生命的实证科学之上。如果在我们的研究之后被当作先天科学的纯粹内在心理学仍被建立起来的话，这种错误就还未得到纠正。于是它就仍然是一种实证科学，并只能成为实证的或独断论的科学，但绝不能为哲学奠定基础。”（Husserl, *op. cit.*, S. 557–558）［中译本参见胡塞尔：《纯粹现象学通论》，349 页。——译者注］

所产出的东西不过就是一种“现象学心理学”。但这种心理学实际上恰恰是先验现象学的反面，因为它并不追问在一般自然态度论题中呈现出来的在世存在的隐含根据和隐蔽构成。而且，有多个问题在这里相互勾连起来。如果心理学和现象学的差异仅仅在于前者遗忘了构成之回忆，那么这种深入到自然存在之中的内在性的收获就不能在两个学科之间确立内容上的差异。还原没有给思想添加任何东西。它满足于变换符号。它使所思维的思想过渡到了行思维的思想。显象（德：Erscheinung）变成了现象（Phänomen）。现象学家在这种行动中“从作为在连续实行的现象学态度中呈现着的纯粹现象（德：Phänomenen）继续向前并看见一个无限的、自行封闭的、绝对独立的存在者领域展现出来：纯粹主体或先验主体领
242 域。在其中一切先前按自然态度可理解的世界事件都是经由相应的纯粹的或先验的现象被表现的，正是世界事件本身存在于其中的先验现象具有了存在和可能被证实的价值”①。知识的价值并不能先天地包含在它的存在之中。这便是现象学是心理学之扬弃（德：Aufhebung）的理由。正因为知识的价值隐含着它的构成的问题，正因为它能够被说成是存在的扬弃（德：Aufhebung），所以胡塞尔批判海德格尔的在世存在无法“以哲学的方式”解决根据问题——在世存在的经验——无论是日常的还是本真的——以恒常的方式隐含着对这些问题的遗忘。

但是，如果回忆是扬弃（德：Aufhebung）的唯一形式，那么，鉴于心理学和现象学在内容上是相同的②，必然在它们之间确立的“平行关系”③ 或“对应关系”④ 又是由什么组成的呢？进行还原活动的**我**就是各

---

① Husserl, *op. cit.*, S. 555-556. [中译本参见胡塞尔：《纯粹现象学通论》，348 页。——译者注]

② ID., *ibid.*, S. 556 [中译本参见胡塞尔：《纯粹现象学通论》，348 页。——译者注]；*Formale und transczendentale Logik*, §99.

③ ID., *ibid.*, S. 556. [中译本参见胡塞尔：《纯粹现象学通论》，348 页。——译者注]

④ “然而当整套理论内容在自然态度中被当作心理学，当成一种与发生的世界相关的实证科学时，它就是一种非哲学的科学，而在先验态度中的，因此也就是被理解作先验现象学的相同的内容，就是一种哲学科学。”（ID., *ibid.*, S. 556-557）[中译本参见胡塞尔：《纯粹现象学通论》，348 页。——译者注]

种心理事件在其中产生与继起的那个**我**。**先验自我**与内感官之间既不存在号数上的区别也不存在质料上的区别①。但这样一来，在世存在在自然态度中所表现的有限性本身应当重新出现在先验主体性之中。这样的有限性已经带有还原的痕迹，也就是说，它以源始的方式得到了奠基和构成。“实际上在这里存在着主要的理解困难，因为人们必定感觉到最不合理的要求是，这样一种从单纯态度转变中产生的细微意义改变将具有一种巨大的、对一切哲学均有决定性作用的意义。这种细微意义的全部独特意义只是通过这样一种哲学思考的彻底自我理解才能显示出来，即有关他在哲学名义下实际所想望的东西是什么和他在什么程度上应当想望一种本质上 243
不同于实证科学的东西，因此也就是对不同于通过经验显现的世界的东西进行理论掌握。当自我理解实际上被彻底和连续地实行后就产生了一种必然的动机，这种动机促使**哲学思考的自我**反思这个主体本身，它在其一切现实的和可能的自然世界经验中最终是这样一个**自我**，它经验着和接着以某种方式行动着，并有时进行科学认知，因而它肯定成为在此世界中经验、思考、行动的这个人的**自我**的每一自然的自我认识的前提。”② 先验主体性绝没有排除掉**心理自我**的问题，而且只有它能够设定真正形式的**心理自我**。按照胡塞尔的说法，这就是现象学必须为心理学做出的“服务”。我们觉察到了先验扬弃（德：Aufhebung）的意义：哲学态度既没有取消自然态度，也没有将自然态度置于根据、绝对存在、知识有效性的层面上。曾经作为一个事实存在的有限性通过还原成为发生（genèse）。通过给世界内存在画上括号，我可以构想它在自然态度中的隐含的、隐蔽的构成。“在这种世界还原中，真正至关重要的环节就是：只有从之前已经存在着的自然生命的朴素性，因而也就是从历史出发，作为自然态度之扬弃（德：Aufhebung）的现象学还原才被或是能够被确立起来。换言之，就是现象学还原在如下情境下跃回到了行构成的绝对生命之中：它已经构

① Husserl，*ibid.*，S. 556. ［中译本参见胡塞尔：《纯粹现象学通论》，348页。——译者注］Fink，*op. cit.*，S. 250：“在现象学还原的作用下可以被我们通达的意识生命直接就是自我封闭的我的生命，它就是行还原者自身的先验主体性。”

② ID.，*op. cit.*，S. 557. ［中译本参见胡塞尔：《纯粹现象学通论》，349页。——译者注］

成了一个有限的世界，而且它本身也完成了世界化。”①

自然态度的存在本身以及它在回忆的形式下被哲学态度的必然接续表明还原需要一种情境，但这种情境并不来自有限性的人类学事实。这是因为，为了归属于哲学上不可置疑的东西（indubitable philosophique），人类学事实应当被“意向相关项化”和还原。“还原成了我在绝对起源中的道路。这种向来我属性和行还原者的不可替换、不可改变的事实性决定了它的先验自我说明的广度，而且还渗透进了可被主题化的现象的选择和分
244 类当中。”② 先验主体性的生命恰恰就是这种与至上的科学活动、与**我思**［拉：Cogito］的构成活动联系在一起的有限性。通过还原，我们在疑难的形式下走向了我们是并且意欲是的事物自身（chose en soi）。后者在显象（德：Erscheinung）的自然论题中以或然的方式将自己委托给心理学，但它在现象学考察中则作为现象（德：Phänomen）显现出来。为了不完成还原，康德不得不把自由意识变成作为其认识理由［拉：ratio cognoscendi］的法则意识的存在理由［拉：ratio essendi］。出于这个事实，他被导向了形式主义，他从**自我我思**那里剥夺了反思的光照。而且，他从先验领域的无限性那里错误地得出了它具有本体的（nouménal）特征的结论：他将一切现象都归约为显象（德：Erscheinung）。但与此同时，具体的现象学使我们清楚地意识到了康德式形式主义——当它对**先验自我**和内感官的关系进行规定时——所缺少的东西。还原表明**心理学自我**应当被奠基在先验生命之中：这便是现象学带给心理学的光照。“现象学家的先验自我阐释在世界情境中乃是自然态度下的一个事件，它本身最终需要一种构成性的说明。就此而言，现象学为其世界—客观知识的特征奠定了基础。”③ 自然态度并非从外部添加到哲学态度之上。但是，哲学家应当解释清楚心理学作为自然态度缘何是可能的和必要的。内感觉的各种特征应当出自先验**我思**［拉：Cogito］的构成活动本身。

这是否意味着生存论和现象学的争论使现象学通向了这种被动综合、

① Fink, *op. cit.*, S. 251−252.

② ID., *ibid.*, S. 252.

③ ID., *ibid.*, S. 252.

被动自我的自我构成（auto-constitution）的概念？而且，意欲将批判思想体系化的康德主义者们已经走向了这个概念。柯恩已经断言范畴在时空中引发其自身可应用性界限的必要性。尽管如此，由于他把注意力完全投向了物理学和数学的“实证主义”问题，所以他没能发展出自己思想的全部结果。就此而言，康德主义自然想要在康德著作中梳理出一些线索，这些线索能够导向对这种被动综合的规定，从而最终将“对象的先天知识的可能性”和“经验的可能性”这两种先验定义重新结合起来。这一从 245
纯粹自我到时间形式的过渡难道没有出现在康德《遗著》（*Opus posthumum*）之类的作品当中吗？我们无须在此处理这个问题。我们唯一关心的就是弄清楚被动综合的概念是否与康德体系的架构兼容，或者说，被动综合的概念是否引入了某种从根本上彻底改造了康德体系的崭新的东西？首先，毫无疑问的是，只有被动综合才能在赋予哥白尼式革命以意义的同时消除康德体系中物自身这个实在论和独断论的残余，也就是黑格尔所批评的康德哲学中的错位。但这样一来，正如费希特已经察觉到的那样，反思系列和直观系列在先验生命中的重合使得我们可以在一种绝对新颖的形式下构想**康德式自我**，后者受到了赋予其具体特征者的影响，也就是还原的扬弃（德：Aufhebung）。

正是在时间这个问题上，我们可以考量一下从康德哲学到现象学所取得的进步。胡塞尔有关沉积的历史的揭示（le dévoilement d’une histoire sédimentée）的分析以及他关于内时间意识的讲座实际上实现了康德的计划：它们表明了被动综合与**先验自我**之有限性的自我构成的运作。它们揭示了明确指出生存论和现象学的差异的可能性。无论是胡塞尔还是海德格尔，他们全都赞同把存在与时间联系在一起的做法，这是毋庸置疑的。但是，胡塞尔是从意向相关项化了的时间出发来构成存在，海德格尔是使时间之存在本身凸显出来。正是由于这个原因，前者走向了作为严格科学的哲学的疑难，后者走向了畏的世界的直观。在前者那里，真理是与历史的沉积联系在一起的，而且被提出的是几何学起源的问题。在后者那里，真理在历史及其相对性之中得到了延伸。海德格尔的优长之处无疑就是提供出了一种清晰的、“正面的”有限性理论，但怀疑论以及肯定与之相伴的心理主义必然是在这种意义上被理解的生存论的结果。保留了扬弃［德：

Aufhebung］这一辩证法观念的胡塞尔含糊地提出了历史和真理之构成的真问题，尽管想要在一种**我思**［拉：Cogito］哲学的框架内解决这个问题
246 是自相矛盾的①。最终，还原在海德格尔那里的缺席意味着他赋予了死亡以构成性的意义，死亡乃是时间、存在和有限性的先行存在。而对于还原之必要性的承认在胡塞尔那里则意味着他不承认死亡是哲学的阿波罗（Musagète），意味着他认为，对于真理在历史沉积中的构成而言，从时间之存在到这一存在的构成、从存在者的层次到存在论的层次的过渡是必要的。但这种过渡不应再像海德格尔所认为的那样被构想为自我对世界的吸收，而是要被构想为由这种自然到被称为劳动的人类世界的转变。

---

① Vuillemin，*L'être et le travail*，chap. I.

第八章　根据生存论阐释考察康德的主要概念

§21. 知性的先验意义（判断、反思、超越性）

A）判断

因此，确立直观和时间在有限性形而上学中的中心意义是一种对**康德式批判**的融贯的阐释所要瞄准的目标：正是它最终说明了经验之可能性的至上先验原则。而且，我们的首要任务就是在判断与概念和直观的关系中重新发现判断与概念的根据："回到康德去"不仅要通过现象学，而且还要超过现象学，对康德的**先验逻辑**的阐释应当帮助我们解决**胡塞尔的形式的-先验的逻辑**所提出的问题，作为直观形式的时间乃是一切本质直观的真理。而且，说明的进路与新康德主义阐释的方向截然相反。不是从直观到原则，而是从原则到直观。生存论的向下的辩证法取代了将实证主义从**感性论**引向**分析论**的向上的辩证法。前者完全是通过对**感性论**的阐释来说明**分析论**的先验意义的，而且它应当同时回应对**逻辑学**提出的疑问。它的这种回应不能单纯像现象学所做的那样追问判断的根据，而且还要追问判断的先验起源，因为正是"我们为什么要形成概念和判断?"这个问题应当最终保证这些概念和判断的真理内容并赋予现象学研究本身以本真的意义。

247 (beside line 1), 248 (beside line 13)

因此，应当作为这种研究的视域统一性存在并同时对康德哲学的"要素"统一性提供保证的正是与直观的内在关系。这是因为，除非威胁到了整个批判大厦，否则这样一种统一性是不会遭到严肃质疑的：这不过是初看上去的表面现象和伪装。如果"要回溯到有限性知识的可能性基源的问题，现在似乎只要停留在其构成成分的简单而又双向的二元性中就够了”①。新康德主义阐释试图在内强量原则的统一性中生发出其肯定性实现条件（范畴）和否定性实现条件（直观）的二元性。同样，生存论阐释也感觉到了这种统一性的必要性，但这是为了在与直观的关系中设定它。这种断言的意义何在？因而什么才是一个判断？概念是什么？为什么人们能够而且应当将它们的先验问题归约为直观的问题？要通过哪些手段？任何对康德哲学的全新阐释都必须对这些问题做出回答。

现象学在朝向存在论的构成性起源的回归中区分出来的三个“层次”——判断、概念和直观——提出了一种三重综合的问题。表现在主词和谓词的联系中的判断的综合是命题的综合（synthèse apophantique）。表现了具有谓述特征的概念的行统一的统一性（unité unificatrice）的概念的综合是谓述的综合（synthèse prédicative）②。最后，将这种统一性和经验的可能性（我们将会看到，后者不是别的，就是直观）联系在一起的综合是符合论的综合（synthèse véritative）。根据一切知识的直观性的基本原则，符合论的综合应当是谓述的综合和命题的综合的真理。“一般说来在构成了有限知识之本质的符合论的综合中，谓述的综合与命题的综合共同组成了综合的结构统一体”③，后者可以在如下回溯的形式中得到表现：“在符合论的综合中有谓述式的综合，而谓述式的综合中则又嵌入了命题
249 式的综合”④。这种还原式回溯有什么意义？概念为什么是判断的真理？与直观的关系为什么是概念的真理？

第一个回答是顺理成章的：一切概念，就它给自己设定了一个一系列谓词都能够与之相关而且还可以把大量个体统摄于自身之下的统一性而

---

① *KM*, S. 32, 33, 61, 110, 129－133.［中译本参见海德格尔：《康德与形而上学疑难》, 32 页。——译者注］

② *KM*, S. 25.［中译本参见海德格尔：《康德与形而上学疑难》, 25 页。——译者注］

③ *KM*, S. 26.［中译本参见海德格尔：《康德与形而上学疑难》, 25 页。——译者注］

④ *KM*, S. 54－55.［中译本参见海德格尔：《康德与形而上学疑难》, 54－55 页。——译者注］

言，已经是一个隐含的判断了。当概念在那些其系统构成了命题的形式中得到表现时，它能够在这个隐含的判断中形式地展开。并不是逻辑语法、对不矛盾律的分析和系统理论通过判断分析得到了一义性的某对象概念（notion univoque d'objet quelconque），而是它们预设了这个概念，亦即行统一的统一性的意向性构成。因此，对命题和判断形式的分析将我们引向了对谓述的综合在概念中完成的统一化过程的描述。判断满足于说明概念和被概念统摄于自身之下的个体的关系，但这种说明却预设了它的原则，也就是造就了对象的稳定性的主词和谓词的统一性的构成。为了运用表象，首先应当“拥有这样的表象”。例如在作为树的椴树、榉树、杉树的表象中，特殊的被直观的东西是着眼于那对多个事物有效的东西而被规定为相同的东西的。这种多向有效性（validité plurale）当然刻画着作为概念的表象的特征，但它却尚未达到这种表象的源始本质。这是因为，这种多向有效性本身，作为衍生的特征，是建立在如下事实的基础上的：在概念中被表象的东西正是多个对象在其中达成一致的那个“一”。概念性表象的宗旨就是使“多”在“一”之中达成一致。因此，这个“一”的统一性应当在概念性表象中先行得到考察，而且还应当被放到一切有关多元性的规定性陈述前面。对“多”应当在其中达成一致的“一”的先行考察是概念之形成的基本活动。康德将这种活动命名为“反思”①。因此，唯一能够使命题的综合问题成为可能的谓述的综合问题就是反思如何构成了对象的统一性。

B）反思

不过，只要我们没有提出下述问题，我们就还没有弄清楚上面这个问 250
题的意义：我们为什么要进行反思？概念化的意义（而不仅仅是它的本性）是什么？正是由于没有提出这个起源问题，胡塞尔的现象学只能重新发现**笛卡儿式沉思**而完全无法到达康德。事实上，从判断到概念的过渡和在意向性**我思**［拉：Cogito］之中寻找对象的统一性正是《观念》和

---

① *KM*, S. 47 et 49.［中译本参见海德格尔：《康德与形而上学疑难》，47—48页。——译者注］

《形式逻辑和先验逻辑》的真正运动。人们会说，存在着一种判断的先验基础，而且这一基础就在向事物本身的回归之中、就在对“事态”（德：Sachverhalt）的朴素直观之中。归约性原则——在某种判断的形式化程度上——使事态成为可能，而且，它的明见性、“自身被给予性”（德：Selbstgegebenheit）单纯地隐含着向行统一的主体的回归、向意向性意识之综合的回归。这样一来，通向先验主体性的道路无疑就被开辟了出来，因为谓述性综合的统一性是一种观看（vision），它只能先于它所统一的诸项。“统一性不是那诸要素在一起相互冲突的产物，它自身应当是源初的和具有合一性的，这一点在统一性被赋予‘综合’这一名称中自己昭示了出来”①。对知识诸要素之统一性的发现的全部意义就在于为了奠定对象之统一性的基础而诉诸主观的先验统一活动。但是，一旦最终到达了概念、到达了现象学所说的“本质”和以综合的方式构成了它的统一性的反思，我们难道没有被引向更远的地方吗？或者毋宁说，我们是否真的可以谈论一种本质直观、Wesenschau？胡塞尔身陷其中的圆圈②难道不应当在这里揭示出源始的、根本的先验问题的缺席吗？为了解决概念的问题，胡塞尔难道没有通过诉诸形式的普遍存在论的观念而重新确立了判断的优先性吗？一旦证明了归约性原则的价值和普遍性，也就是彻底回到“事态”、回到真正的质料直观的必然性，这种观念本身难道没有隐含着矛盾吗？本质直观的观念难道不是形式存在论和归约性原则之间的难以维
251 持的妥协吗？它难道没有重新唤起笛卡儿主义的想望，即构建一种哲学在其中提供了原则的普遍数学［拉：mathesis universalis］？它难道没有把存在者的层次和存在论的层次、**我思**［拉：Cogito］的反思和为其奠基的基础的构成混为一谈，没有做出把构成前者属性的东西（亦即直观性特征）赋予后者的矛盾活动吗？当现象学重新确立了“自足的**先验逻辑**”的虚幻观念并且从笛卡儿那里借来了明见性的标准时，它的所作所为无非是表现了这种混淆以及退回到唯心主义的纯粹理性。这样一种立场所欠缺的正

① *KM*, S. 54.［中译本参见海德格尔：《康德与形而上学疑难》，54 页。——译者注］

② 参见后文。

是对人的思维、思维本身和有限性标志的关注。先天纯粹概念之可能性的康德式问题意味着回归有限性，但无论是笛卡儿式的明见性还是笛卡儿式明见性在其中得以复活的意向性明见性都无法实现这种回归。而且，胡塞尔也没有能力提出这个问题，因为他在本质直观（德：Wesenschau）——亦即理智直观——这个矛盾观念中将概念和纯粹直观混为一谈。

“有这样的［纯粹］概念吗？这样的概念已经预备在人的知性中了吗？直观具有给予性，而知性在这里恰恰要依靠给予性直观，它仅仅是一种空洞的连接功能而已。如果这样，知性应当如何才能给出内容？如果知性像现在所发生的那样，恰恰是与所有的直观完全隔绝开来，那么，如此这般被给予出来、表象出来的东西，又怎么能够在知性中被发现呢？如果知性自为地就是源泉，不仅仅是每个概念自身形式的源泉，而且也是被规定了的诸概念的内容的源泉，那么，这一源泉就会存在于概念形成本身的基本行为中，存在于反思中”①。经典现象学在这一难题前止步，一如之前的笛卡儿在这一难题前止步。内在于先验逻辑观念的循环由此出现，它在笛卡儿那里表现为以为清楚—明白的标准奠定基础为目标的对神的求助，在胡塞尔那里表现为绝对的主体性和加强于这种主体性之上的规范的矛盾。纯粹概念的起源不再受到怀疑，先验问题也丧失了意义。“只要纯粹知性概念还没有看清其本质，即它的纯粹的直观关联性，那么，作为存 252
在论谓词的观念的起源就还没有被澄清”②。然而，混淆直观和本质、符合论的综合和谓述的综合、无力追问纯粹知性概念的起源对应着无力从“概念一般是如何形成的？”的问题过渡到“概念一般为什么要被形成？”的问题。对后面这个问题的回答也将帮助我们说明应当对前一个问题做出的回答以及回归有限性形而上学的必然性。

我们为什么要形成概念？这种形成活动的必然性有赖于有限意识的本质。“知识原本就是直观，即某种直接表现存在者自身的表象。但是，现

① *KM*，S. 48–49. [中译本参见海德格尔：《康德与形而上学疑难》，49 页。——译者注]

② *KM*，S. 52. [中译本参见海德格尔：《康德与形而上学疑难》，52 页。——译者注]

在如果有限直观是知识的话，那么，它就必须能够使存在者作为公开者，将其是什么以及如何是，在所有时间内让任何人都可以通达。有限的和直观着的本质存在，必须能够分享存在者的当下直观。但是现在，有限直观作为直观，首先并且总是被禁锢在各个被直观出的个别事物那里。如果每个人都可以理解直观出的东西并因此和他人进行沟通，那么，这直观出的东西就仅仅是*被认知了的存在者*。”①

正是沟通实现了从直观到严格意义上的知识的过渡。也正是它通过这种所有人对同一内容的“认定”（reconnaissance）将对象意识的真理赋予了自我意识。这一步骤等同于康德哲学中先天的外在标准的发现：先天的东西就是普遍的东西。不过，添加于它之上的必然性标准已经指向了更为本真的先验意义，也就是说，这一标准涉及对象经验的可能性本身。在生存论阐释当中，**认定**和沟通的普遍性同样只达到了存在论真理之标准的外在方面。“这种其自身服务于直观的、‘普遍性的’表象活动，就使得那在直观中被表象了的东西，以如下的方式，成为更加具有表象性的，即：将众多把握在单一之中，并在这一把握的基础上‘适宜于杂多’”②。沟通和统摄是同一种**活动**。但是，如前所见③，统摄本身属于命题的上层建
253 筑领域，而且，正是出于这个事实，根据归约性原则，它属于真正谓述性的概念形成问题。因此，我们似乎直到现在都困陷在这个循环当中。一方面，我们追寻着概念的起源并且相信已经通过沟通的必然性发现了它。另一方面，这种沟通本身的发生让我们回到了概念的形成活动那里，而且普遍性当中的认定辩证地导向了概念和对象之统一性中的认知（recognition）。然而，这不正是胡塞尔第五个**笛卡儿式沉思**所遇到的循环吗？事实上，人们想要通过将意向对象的统一性奠基于不同意识的照面和“认定”之上来逃脱命题—谓述的循环：物理对象因而被界定为“在观念上和谐的主体经验的观念相关物”。但这个循环正是在更高的

---

① *KM*, S. 24. ［中译本参见海德格尔：《康德与形而上学疑难》，23 页。——译者注］

② *KM*, S. 25. ［中译本参见海德格尔：《康德与形而上学疑难》，24 页。——译者注］

③ 参见前文 249—250 页。

程度上重新出现在了如下问题中："我的**自我**在其本己性内部，如何可能以'陌生经验'的名义恰好构造出一个陌生的自我？——因而伴随着从那富有意义地构造出来的具体的**我**？"① 人们有义务通过使他者的明见性诉诸和谐综合的相关项（corrélat des synthèses concordantes）来对这个问题进行回答。所以，应当构成自我与对象间关系的真理的另一个我［拉：alter ego］本身将这一关系应用到了它的真理原则之上——这是就它本身被构成为对象而言的。普遍性的标准无力确保其自身的根据。如果说沟通认定了对象的真理，这是因为对象的真理已经属于它的统一性，因为意识—对象在反思中的相关关系隐含着一种对其进行奠基的最终源始求助：经验之可能性的先验求助，也就是有限知识的先验求助。

C）超越性

我们为什么要形成概念？沟通的必然性并不足以对这个问题做出回答，或者毋宁说，它只是一种间接的求助，它本身应当得到说明。只有在把普遍性和经验之可能性联系在一起的条件下，判断之综合和概念之统一间的循环才能被消除。"前面所说的诸综合方式，判断功能所具有的形式性的命题综合与概念式反思所具有的谓述综合，都共同归属到有限知识的 254
本质性建构的统一性，而有限知识的本质建构就是直观与思维的符合论的综合"②。因此，应当对概念的形成问题做出回答的是有限性的存在论构成。这样一来，我们就开始隐约看到先验大厦的统一性：并不是对作为对象的对象（objets comme objets）的思维使我们脱离了直观所内含的知识的有限性，它所做的无非是以另一种方式表现了这种有限性：知性作为直观是有限的③，而且它在与直观的内在的、本质的关系中是有限的。现象学的归约性原则因而阐明了概念的形成问题：我们之所以进行概念化活

---

① Husserl, *Méditations cartésiennes*, p. 78. ［中译本参见胡塞尔：《笛卡尔式的沉思》，张廷国译，北京：中国城市出版社，2001，129 页。——译者注］

② *KM*, S. 59.［中译本参见海德格尔：《康德与形而上学疑难》，59 页。——译者注］

③ *KM*, S. 27.［中译本参见海德格尔：《康德与形而上学疑难》，26–27 页。——译者注］

动、沟通我们的直观并使之普遍化是因为我们的有限性是一种超越性，是因为有限的知识构成了它所不是的东西应当向它显现出来的视域，是因为先验活动是它的悖论性的、构成性的标志。因此，在要素的层面上对批判问题所做的阐释就将我们引向了作为*超越性*的有限性的基本问题（概念和直观这两个“来源”应当在有限性之中发现它们的真理）：“倘若人的此在不仅自身没有创造出存在者，而且为了自身能够作为此在生存，甚至还要指靠这一存在者，那么，有限的人的此在如何能够事先在一开始就蹦越（超越）这一存在者？所以，存在论之可能性的问题，就是对先行的存在领会的*超越性*之本质与本质根基进行追问。因此，超越性的问题，亦即那构成*先验的*综合之问题也可以这样来看：我们称之为人的有限存在者，如何一定要依据其内在的本质而存在？难道只有这样，它才能够在根本上对那不是它自身，但又必须从它自身出发才能够将展现其自身的存在者公开出来？”① 对先验问题的说明因而就是对超越性和有限性的说明。

我们怎样才能认识那些并非我们所创造的东西？既然我们不具有理智直观的能力，那么概念怎样才能规定直观？如果说可能的有限知识应当处在迎接现象的状态——因为如果不这样的话人们就没法说明它相对于现
255 象而言是具有接受性的，但又没有创造出现象——因为如果不这样的话现象就不再是现象而且还会把我们重新引向神圣直观，那么这样一种知识如何是可能的？如果说源始的先天综合为一切知识奠定了基础，那么它因何只针对存在者之存在而不针对存在者？这些便是先验哲学的问题。“存在者的开放性（存在者层面上的真理）围绕着存在者之存在建构的开显性（存在论的真理）。但是，存在者层面上的知识绝无可能*自为地*去符合‘于’对象，因为倘若没有存在论的知识，存在者层面上的知识绝不会有某种可能的、它向之去符合的东西。”② 这便是哥白尼式革命的意义。存

---

① *KM*, S. 38.［中译本参见海德格尔：《康德与形而上学疑难》，38－39 页。——译者注］

② *KM*, S. 12.［中译本参见海德格尔：《康德与形而上学疑难》，9 页。——译者注］

在者就其自身而言是静默的：它既不能将自然构成为对象，又不能将我作为人所是的这个特殊存在者构成为主体。因此，为了同时使认识某一个对象的行动和被规定的对象本身在知识中诞生，应当先行赋予作为有限存在者的人以超越自身的有限性、走向与可能对象照面的能力，朝向一般经验可能性做自我超越的能力，以及确立存在者之存在的普遍意义，确立先于一切对存在者的明确而确定的把握、先于一切存在者层次上的真理的存在论真理的能力。经验论和唯心论一道遭到了驳斥，因为这两种观点仍然止步于存在者并且只能通向作为存在者之创造的神圣知识（唯心论）和作为对存在者的感官接受性的人类知识（经验论）的反题。而有限知识的特性就是在构成了客观性的基础和存在论视域的先验活动中为存在者层次上的接受性本身做好了准备。“这一将存在者的存在规定性提供出来，就是某种对此存在者的、先行的自我关涉，而这一自我关涉之纯粹的‘关涉所及……’（综合）首先就形成了那关涉之‘所及’和‘视域’。在此关涉之所及……以及视域中，存在者就在经验性的综合中自身成为可经验的。这一先天综合的可能性须要得到澄清。康德将某种关涉这一综合之本质的探究称为先验的”①。

通过说明概念与直观以及一切判断中的综合和作为直观、概念之统一的真正综合的内在关系，我们已经被引向了作为这种统一的来源的有限性和超越性的观念与康德对先验问题的表述。康德探寻其可能性的先天综合 256
“判断”不是别的，就是同时充当着谓述的综合和命题的综合的根据的符合论的综合。存在论知识之可能性的问题因而成了先天综合判断之本质的问题②。这个形成了康德哲学的中心的一般形而上学问题（而非新康德主义阐释所认为的那种针对科学的有效性的法权追问）正是由此产生的。如果先验哲学是对特殊形而上学（它对存在者的层次进行追问并因此假定了无限直观的存在）的批判，那么，由于它重新回到了有限性，它同

---

① *KM*, S. 14－15. ［中译本参见海德格尔：《康德与形而上学疑难》，11页。——译者注］

② *KM*, S. 13. ［中译本参见海德格尔：《康德与形而上学疑难》，10－11页。——译者注］

时也是一般形而上学的根据，亦即“存在论的内在可能性的开显”①。这样一来，哥白尼式革命的先验意义就充分显现了出来：它确立了有限知识，亦即先验活动的可能性。出于这个事实，它使谓述的综合从属于符合论的综合，使存在者层次上的知识从属于存在论层次上的知识，使特殊形而上学［拉：metaphysica specialis］从属于一般形而上学［拉：metaphysica generalis］，使经验判断从属于先天综合判断。哲学存在论的唯一文本（unique texte）就是有限性。如果把现象学的归约性原则推到极端，我们得到的结论就是：我们的一切知识都是有限的，它们只带给我们现象。它们绝不是可能的“还原”和“悬置”，然后我们可以通过这些“还原”和“悬置”来给知识和知识对象的这种本质上的有限性画上括号，目的是将知识对象引向理智直观中的自我明见性之绝对可渗透性（perméabilité absolue de l'auto-évidence）。我们的一切概念性知识都是言述性的，它自身根本不具有直观的意义，它只有在和感性直观发生关系时才会发现这种意义。因此，生存论是作为现象学的真理出现的，因为归约性原则实际上排除了“还原”和“加括号”活动，因为世界只是以对象和现象的名义而不是以物自身的名义被提供给我们的，因为存在于判断源泉处的直观不是理智直观而是有限的感性直观。

257 因此，正是物自身和现象的对立为海德格尔提供了对胡塞尔进行内在批判的线索。事实上，知识的有限性指的不是别的，就是被有限性构成的先验基础向知识呈现出了对象本身，而先验存在论也不是别的东西，就是对象经验之可能性的构成②。“‘现象’这一名称意味着作为有限知识对象的存在者本身。更确切地说，只有对于有限的知识而言，才在根本上有对象这样的东西。”③ 生存论和新康德主义一样拒绝对物自身的实在论阐释：物自身并不代表一个现象背后的世界，它只是区分了先天地构成了接

① *KM*, S. 11.［中译本参见海德格尔：《康德与形而上学疑难》，8页。——译者注］

② *KM*, S. 112.［中译本参见海德格尔：《康德与形而上学疑难》，111－112页。——译者注］

③ *KM*, S. 28.［中译本参见海德格尔：《康德与形而上学疑难》，27页。——译者注］

受对象的可能性的有限知识和创造了它所认识的对象的无限知识。物自身和现象的对立也只属于存在者的认识理由［拉：ratio cognoscendi］而不属于它的存在理由［拉：ratio essendi］。“现象不是单纯的假象，而是存在者自身。这一存在者复又并非那不同于物自身的某种东西，相反，这种东西正是这一存在者。存在者本身能够成为可见的对象，但这并不意味着存在者自身（亦即作为站出）是可见的。作为物自身与作为现象的存在者的双重特征，就和存在者能够赖以与无限和有限知识相关联的两种方式遥相呼应，这两种方式就是：站出来的存在者与作为对象的同一个存在者。”① 因为站出来（德：Entstand）和对象、站到对面（德：Gegenstand）的二元性是与知识的站出性或有限性相关，不是与存在者本身的结构相关，所以现象的出现就穷尽了它的存在并对它的存在做出了完全的界定②。两者的对立单纯意味着先验知识是存在论层次上的知识而非存在者层次上的知识，它是一般形而上学的问题而非特殊形而上学的问题，它最终关涉的是超越性的有限性。所以，物自身的唯一意义就是一种否定的先验意义：经验之可能性条件就是对象、现象而非物自身的显现。这并不是说物自身存在于现象背后，而现象只是为我们的存在，恰恰是如其所是的、在其自在的存在中的现象的显现给出了对象。事实上，对于无限认识 258
来说，就像绝对唯心论所想象的那样，是思维设定了物自身，它从方方面面深入到物自身当中，物自身当中没有任何东西可以对它形成抵抗，所以理性的东西和实在的东西可以被看作同一的。与此相反，如果现象是以概略的方式把抵抗着我们的存在者交给了我们，这是因为它不是作为站出而是作为对象显现出来的，因为它是与知识的有限性相关，因为我们无疑构成了它在存在论层次上的存在意义。但是，根据这样一种构成，我们不能创造它在存在者层次上的存在者意义。

但这样一来，物自身在新康德主义阐释中所具有的那种自命为实证的

① *KM*, S. 29.［中译本参见海德格尔：《康德与形而上学疑难》，28 页。——译者注］

② “存在者的存在，恰恰是它之所显现。”（Sartre, *L'être et le néant*, p. 12）［中译本参见萨特：《存在与虚无》，陈宣良等译，北京：三联书店，2007，2 页。——译者注］

〈实定的〉意义便一下子被取消了。新康德主义阐释将物自身等同于先验的X：它因而意味着对象诸规定的整体以范导性的方式被设定成这个对象的可能性原则。对象只能通过时间中的范畴图型被认识，但这个被认识的对象是由一个被思维的对象支撑着。是反思引导着知识。不过，新康德主义阐释正是在这个地方混淆了存在者的层次和存在论的层次，并且把特殊形而上学［拉：metaphysica specialis］的特殊结构（形而上学理念）设定成一般形而上学［拉：metaphysica generalis］的原则。所以，它想要使存在之为存在的意义依赖于心理学、宇宙学和理性心理学的理念，后者由于表现了确定的“存在者”而将它们包含在了自己的原则当中。新康德主义由此重新退回到了后康德主义。经由无穷小计算的中介，它使我们看到了对象的发生。但是，如果存在论的层次和存在者的层次得到了清楚的区分，这种情况是根本不会发生的。这样一来，物自身就不再需要使现象完整化或系统化，因为有限知识不能——甚至是范导性地不能——超越现象。与此同时，先验原则让我们看到的不是存在者层次上的对象的发生，而仅仅是先验对象的发生。由于先验对象不再需要与物自身混为一谈，所以它获得了合乎自身本性的位置和存在论层次上的意义。“在现象中直接作为对象站在对面的东西，就是直观给予的东西。但现象本身是单纯的表象而非物自身。在表象中被表象出来的东西，仅仅在某种转过来面向……的接受性中，以及为了某种转过来面向……的接受性而显现自身。但这一表象出来的东西自身必须复又有其对象。确实，为了要形成那个视域，那个在其中存在者能够带有其本己性质出现的视域，它在根本上必须预先提供某种一般说来具有对象化特征的东西。这个所面向者，这个我们在先行
259 转过来面向……时与之相关的所面向者已经不再能在经验直观的意义上被我们直观到了。但这并不是要排除，而是在一种纯粹直观中，将其可领会性的必然性包含在内。这个所面向者，这个我们在先行转过来面向……时与之相关的所面向者，因此就可以被命名为非经验的对象 = X。”① 作为对象之对象性的普遍意义，先验对象那里丝毫不含有存在者层次上的特

① *KM*, S. 115.［中译本参见海德格尔：《康德与形而上学疑难》，116 页。——译者注］

殊化，而看不到存在者和存在之分（亦即它不断诉诸的先验形而上学和有限性的意义）的新康德主义阐释最终把它和物自身看作同一种东西。与此相反，生存论阐释为了将先验对象与物自身区分开来并使它成为至上存在论原则的真正内容而以这种存在者层次上的无规定性为依托。超越性视域即是先验对象。“它仅仅用来作为相关项，也就是说，依照其本质，它乃纯粹的视域。康德将这一 X 称为先验对象，亦即在超越性中并作为其视域通过它而可得一瞥的对举者（德：Dawider）。”①

概念一般的起源问题已经将我们引向了有限性的形而上学和先天综合判断的问题：作为对象性一般之视域的先验对象之构成即是至上先验原则的意义。因此，我们现在正是在和它的关联中重新提出纯粹知性概念（或范畴）及其演绎的问题。纯粹概念是存在论谓词②，它们还关涉着先天知识的本质统一性③。而且，这样一来，归约性原则的普遍性应当已经让我们预感到范畴的演绎既不属于**逻辑学**也不属于**先验感性论**，而是属于两者的统一④，这种统一被设定为纯粹概念与纯粹直观的内在关系：先验对象的意义、思维之有限性的意义、存在论层次和存在者层次的区分的意义正在于此。“如果人们在这一意义上来理解**先验逻辑**的优先性，那么从中可以推出的东西就全然不是贬低，或者甚至完全排除了**先验感性论**的作用。然而，随着目光落到**先验逻辑**之优先地位的理由，这种优先地位却自我扬弃了。无疑，这样并非有利于**先验感性论**，但有利于问题的提出，而这一问题的提出，就把存在论知识及其奠基的本质统一性问题带回到了某种更为源始的地基处。”⑤ 这个地基处到底是什么呢？对于分析而言，使 260

① *KM*, S. 116. [中译本参见海德格尔：《康德与形而上学疑难》，117 页。——译者注]

② *KM*, §12, S. 50–52. [中译本参见海德格尔：《康德与形而上学疑难》，50–53 页。——译者注]

③ *KM*, S. 60. [中译本参见海德格尔：《康德与形而上学疑难》，60 页。——译者注]

④ *KM*, S. 61. [中译本参见海德格尔：《康德与形而上学疑难》，60–61 页。——译者注]

⑤ *KM*, S. 62. [中译本参见海德格尔：《康德与形而上学疑难》，61–62 页。——译者注]

先验对象 = X 大白于天下这件事情为什么代表了一个已经在自身中包含了有限知识的统一性的“更为源始的”出发点？这个出发点如何能够提供给我们范畴演绎的线索？为什么身为“纯粹知性概念”的范畴既不属于知性也不属于谓述的综合，而是属于纯粹知性和纯粹直观的源始统一性，因而也就是属于符合论的综合？

对概念起源的追问把我们带到了存在论问题那里：纯粹概念是如何可能的？不过，如果这样的纯粹概念一般说来是可能的，那么它们就应当构成概念化活动的形式本身：它们活动的宗旨并非对被给予的质料（存在者层次上的东西）进行反思，它们恰恰由于使这种反思成为可能从而对反思活动本身做出了界定而获得了自己的存在论意义：“纯粹概念并不仅仅是通过反思活动产生的。它们不是被反思的概念（concepts réfléchis），而是先天地属于反思之本质结构，这就是说，它们是那些在反思之中并通过反思，并且还为了反思而活动的表象，亦即行反思的概念（concepts réfléchissants）。”① 从被反思的概念到反思概念的过渡是通过对被反思的概念的起源进行追问而成为必然的，它不是别的，就是从存在者的层次到存在论的层次的过渡。先验问题意味着反思要追问它的意义和它的应用范围：这是判断、概念及其最终根据的可能性的现象学问题的真正所在。这同样也是在追问先天综合判断是如何可能的？符合论的综合如何实现了纯粹直观和纯粹概念在可能的有限知识中的本质统一性？以及最后，范畴的演绎是如何实现的？不过，反思的这种本质虽然使我们从经验概念过渡到了纯
261 粹概念，但正是它使现象本身，也就是与我们照面并被我们接受的东西成为可能（而且，正是这些现象把作为站在对面的东西而不是站出来的东西的对象呈现给了知识）。正是对纯粹概念之统一性的参照造就了对象的对象性。“因此，让……作为对象站在对面（德：Gegenstehenlassen）就是原概念，而且，只要概念性的表象活动被归于知性，那么它也是知性的源始活动。”② 事

① *KM*, S. 49. [中译本参见海德格尔：《康德与形而上学疑难》，50 页。——译者注]

② *KM*, S. 68. [中译本参见海德格尔：《康德与形而上学疑难》，68 页。——译者注]

实上，对**“对举”**（德：Dawider）、对象之对象性的经验正是在对象化的照面活动中出现的。范畴之先验意义的主旨就是使这种照面成为可能，就是使某一存在者能够作为现象亦即对象向我显现出来。现象学之先验基础正是在这里被发现的。如果判断是可能的，这种可能性必然与对象性、照面的出现之所——概念——相关。不过，这种出现不是别的，就是超越性，就是人向使他能够与对象、存在者照面的存在之为存在的根本的存在论的敞开。“只有在这种源始的转过来面向……的活动中，有限存在一般才会在它面前构建起一个游戏空间，某物在这个游戏空间中能够与之相符。事先就处在游戏空间中源始地育成它的东西不是别的，就是超越性。这个超越性使一切与存在者的有限关联得以彰显。”① 对象化的照面便是这个先验的 X 的内容，只有这个先验的 X 能够最终规定范畴的演绎。反思性意识的统一性构成了超越性的本质和整体性，亦即对象由之出发向超越性宣布其本质是有限性的那个视域。

但这样一来，知性的源始活动就不再属于知性本身。通过从被反思的概念过渡到反思性概念，我们实际上是从谓述的综合过渡到了符合论的综合，也就是过渡到了概念与直观的统一。康德通过将先验统觉的真理建立在先验想象力的基础上来表达这种过渡。“作为纯粹思维的统一性之表象必然拥有**我思**的特征。纯粹概念作为统一性之意识一般必然是纯粹的自我意识。这种纯粹统一性意识不仅仅是偶获的或者单纯是事实性的，而且它 262
应当是永远可能的。在本质上，它是一个**我能**……让……作为对象站在对面的对象化照面的表象，作为一种能力，就建基在这一统觉之中。这是因为，如果只有涉及到本质上的自由的行为，建立连接才成为可能，那么**我思**只有作为不断自由的**我能**才能与统一性的对举相对而立。”② 生存论和新康德主义一样察觉到了实在于其中让位给可能的先验问题。但是，对于新康德主义来说，这种从心理学到先验哲学的转化伴随着对想象力的抵

---

① *KM*, S. 65. [中译本参见海德格尔：《康德与形而上学疑难》，65 页。——译者注]

② *KM*, S. 73, 76. [中译本参见海德格尔：《康德与形而上学疑难》，73 页。——译者注]

制，因为在它看来想象力恰恰局限于心理学的意象。但对于生存论来说，先验统觉不是生产性的想象力的真理，生产性的想象力反而是先验统觉的真理，因为图型论得以实现的层次不是原则的科学现实性，而只能是想象的可能性。这两种阐释在物自身和先验活动问题上的相关立场更为清楚地呈现了出来。新康德主义认为这两者是一回事，并且以调节者的名义让它们介入到现象的根据当中，因为它先天就拒绝了至上原则的存在论意义，亦即对存在之为存在的整体性进行奠基。而这正是新康德主义看不到存在者层次和存在论层次的区别、看不到康德哲学的形而上学意义的深层理由。由此产生的结果就是，它为了先验统觉和那些单纯不具有形而上学效力的存在者层次上的规则的原则而拒绝作为整体性能力的想象力。特殊形而上学［拉：Metaphysica specialis］之所以能够对知识提供帮助完全是因为知识已经错失了一般形而上学［拉：metaphysica generalis］的存在论意义。与此相反，我们在对现象进行整体化的过程中不再需要让物自身介入进来，因为这种活动已经由先验的 X 提供了保证，但这完全是在存在论的意义上。这种整体性不是别的，就是超越性的视域，这是一般形而上学［拉：metaphysica generalis］的唯一问题。但这样一来就需要一种特殊类型的自我意识来充当原则，因为它不应当在对一个实际上已经完成的现实被经验物的领会中——例如在一条原则中——穷尽自身，而是应当在可能的对象性之整体性中超越自身。因此，这种视域意识、存在论意识恰恰只
263 存在于可能当中，而想象力就是统觉的真理。规则只会从自由中出现。想象力相对于统觉的优先性的意义不是别的，就是从仍然停留在存在者层次上的法权分析过渡到真正的先验存在论分析、过渡到有限性的形而上学①。

因此，先验想象力的出现赋予了先验对象以真正的存在论意义："对象性视域必定事先就被敞开，它因此是可以被理解的。这个视域就其对象的可能性（possibilité objective）而言是对象的可能性条件。"② 所

① *KM*, S. 81.［中译本参见海德格尔：《康德与形而上学疑难》，81 页。——译者注］

② *KM*, S. 112.［中译本参见海德格尔：《康德与形而上学疑难》，112 页。——译者注］

以，超越性应当构成一种整体性、一种视域，这种视域始终是以可能的名义被想象力提供出来的，超越性借助这一视域而出离于自身之外，目的是对象可以被提供给它。超越性自身就是绽出的—视域式的（extatique-horizontale）——这便是对象 = X 的意义①。因此，问题就在于弄清范畴的存在论本质在从统觉到想象力的过渡上是如何通过（1）它们与存在之为存在的整体性（对象性的视域）的关系和（2）有限存在为了与存在者照面而做出的出离于自身之外（绽出）的活动得到规定的。先验的 X 在存在论上的无规定性为这个问题提供了第一种回答。这个 X 是无（néant）②，它在自身中包含着概念与直观的统一性。“只有在某种与……的对象化照面的能力中，只有在唯一能够创造出纯粹对应的让转过来面向……的活动中，接受性的直观才得以完成。我们让其从我们出发来对象化的那个东西是什么？它不能是存在者。但如果它不是存在者，那就是无。只有当与……的对象化照面延伸自己一直到无之中时，表象才能够代替无并在无之中与一个非无，也就是像存在者那样的东西——假设它正好经验地显现自己——照面。这个无完全不是绝对的无［拉：nihil absolutum］。”③ 就其使存在者成为可能而言，先验的 X 是无。这个无因而界定了存在之为存在和一般存在论基础。但是，这个无、这个 X 是如何兑现它的双重承诺的呢：使意识出离于自身之外并将其置于对象之中，然而同时保证这样一种出离的整体性特征？超越性的无如何是绽出的和视域式的？正是在这里，与直观的关系介入了进来，它界定了符合论的综合，而且我们已经看到一切有限知识就在于这种关系。事 264
实上，就在知性使与……的对象化照面成为可能、就在它对作为直观所能提供的一切的对象的显现进行先天的规范整理时，人们会认为

① *KM*, S. 112. ［中译本参见海德格尔：《康德与形而上学疑难》，113 页。——译者注］

② *KM*, S. 114. ［中译本参见海德格尔：《康德与形而上学疑难》，115 页。——译者注］

③ *KM*, S. 67. ［中译本参见海德格尔：《康德与形而上学疑难》，67 页。——译者注］

仆人变成了主人①。不过，一旦人们回忆起这种对象化照面的卓绝的有限意义，这种主仆关系就会发生颠倒，知性和直观的“本质”关系就会出现。因此，在源始的知性活动中，与纯粹直观的关联是通过先验对象和无的同一得到表达的。知性之所以对存在者的显现起着规范整理作用，完全是因为它在自由的想象力当中直接与直观的绽出的整体性、与无发生了关系。“仅当纯粹知性作为知性是纯粹直观的仆人，始能保持其为经验直观的主人。”②

从经验层次到存在论层次的过渡使我们看到的那种在**逻辑学**和**感性论**的关系中的从主人到仆人的错位表现在了存在和无的辩证法当中。正是因为先验对象 = X 是无，所以有限存在的绽出得以完成。“将这种持存着的统一性作为亲和性的规则整体的**自身**（Soi）表象出来，这就是与……的对象化照面的基本特征。在这种转过来面向……的表象性行动中，自我为了自己转过来面向……而在某种程度上出离于自身之外。在这种转过来面向……的行动中、在以这样一种方式发生了异化的自我当中，这个自我（moi）的**我**（Je）就必然公开出来。”③ 所以，**我思**［拉：Cogito］的异化和绽出必然伴随着从实在、现实到可能、无的过渡。生产性的想象力取代了先验统觉，因为自我意识为了成为（存在者层次上的）对象意识就应当先行转化为一种纯粹能力，它应当走向它所不是的存在者，并在直观的纯粹接受性当中界定生产出无的能力。反思应当发生自我异化，而且这种自我异化只能在无中发生、在直观中发生。但就在它通过使自身图型化而确保了绽出的同时，它还为视域性提供了保证。无是各种对象规则的普
265 遍之物（universel），因为超越性是存在论的超越性，没有任何东西可以从它那里逃脱，而且它能够规定任何作为对象的对象的可能性和无论任何现象的可能性，因为它在无的空洞普遍性中只关心存在之为存在的意义。

---

① *KM*，S. 69.［中译本参见海德格尔：《康德与形而上学疑难》，69 页。——译者注］

② *KM*，S. 70.［中译本参见海德格尔：《康德与形而上学疑难》，70 页。——译者注］

③ *KM*，S. 142.［中译本参见海德格尔：《康德与形而上学疑难》，142 页。——译者注］

所以，“在统一性思维中的纯粹知性，作为自发进行着的创造性表象活动，它的明显的真正活动乃是先验想象力的一种纯粹的基本活动”①。

这样，我们就走到了第一种可归约性的终点：判断的命题的综合被归约为概念的谓述的综合，概念的谓述的综合复又被归约为想象力的符合论的综合。这种可归约性界定了知识的有限性，界定了理智直观的缺席，界定了作为对象的有限知识对象的显现。先验的问题因而便是绽出和视域性的问题：反思中的自我意识如何使某对象的整体显现（apparition totale des objets quelconques）成为可能？它如何朝向这个结果超越自身？这个在知性层面上得不到解决的问题使我们过渡到了想象力和可能：先验想象力如何构成了对象＝X？它如何催生出作为现象显现条件的无？既然这种被存在者拴住的知性（一如**黑格尔式主人**被享乐拴住）已经放弃了对存在之为存在和形而上学整体性的把握，那么空出来的位置是如何向直观这个摆脱了一切特殊内容的仆人、死亡的普遍性开放的？真理是什么？

§22. 无的先验意义：先验对象＝X（内感官、想象力、时间性）

A）内感官

“先验想象力将无作为存在者之存在的绽出视域生产出来”这个命题是什么意思？这是一个困难的命题，因为它把未知的东西摆在了哲学原则的位置上②。而这恰恰就是超越性的悖论：它把最不为人知的东西当成了最为真实的东西③！因此，符合论综合到底具有什么样的结构？我们知道，它所统一的“诸要素”之一是谓述的综合。现在它又是把什么和直 266

① *KM*, S. 143.［中译本参见海德格尔：《康德与形而上学疑难》，143页。——译者注］存在者层次上的体系和存在论的整体的差异正由此而来。德国唯心主义的真正“体系”是整体性和想象力的体系（ID., *Holzwege*, S. 93［中译本参见海德格尔：《林中路》，孙周兴译，上海：上海译文出版社，2004，103页。——译者注］）。

② *KM*, S. 34.［中译本参见海德格尔：《康德与形而上学疑难》，33页。——译者注］

③ *KM*, S. 133.［中译本参见海德格尔：《康德与形而上学疑难》，131-132页。——译者注］

观统一在了一起呢？一个重要评论会帮助我们更好地把握这个问题：如此这般的直观已经拥有了它自己的综合——概观（*synopsis*）。它事实上表现了知识的有限性。不过，这种有限性等同于存在论层次和存在者层次的区分。确定直观的先验意义就是提出这样一个问题：直观在存在论知识领域发挥了什么作用？对于这个问题，概观给出了回答："作为有限的东西，纯粹直观的确是接受性的表象。但是，现在应当被直观到的东西，所涉及的是有关存在的知识而不是有关存在者的知识，这东西不能是某种表现出来的现成存在者。相反，那纯粹接受性的表象应当把自己作为可被表象的东西交付出来。因此，纯粹直观必然在某种意义上是创造性的。"① 从存在者层次到存在论层次的过渡就意味着直观，虽然它在涉及存在者层次的时候纯然是接受性的，但在涉及存在论层次的时候，也就是在涉及存在者层次的视域的、绽出的普遍条件的时候，应当被视作纯然创生性的。正是因为直观属于先验条件，所以它给出了一种概观，也就是说，接受性的存在者出离于自身之外并且为了环抱整体性而成为创生性的②。

也正是这种先验意义保证了**时间**相对于**空间**的优先性。时间是现象的普遍条件，它还为**空间**提供了先验的真理。虽然新康德主义阐释也持有相同的观点，但这种优先性只具有一种存在者层次上的因而是矛盾的意义：时间事实上不是被理解为存在论的整体（亦即现象得以从中出现的绽出性视域），而是被理解为限制性的、纯粹否定性的条件。这种否定性条件是思维在变为知识时强制要求的，因此，它为了支撑思维而需要宇宙论理念的无时间的整体性。与此相反，时间现在是超越性的最终根据，因为它环抱着超越性的整体性："所以，**时间**位于**空间**之先。于是，时间作为普遍的纯粹直观，势必要成为**纯粹的**、构成了超越性的知识的主导性的和支
267 撑性的本质要素。"③ 由于混淆了存在者的层次和存在论的层次，新康德

① *KM*, S. 40. [中译本参见海德格尔：《康德与形而上学疑难》，40 页。——译者注]

② *KM*, S. 42. [中译本参见海德格尔：《康德与形而上学疑难》，42 页。——译者注]

③ *KM*, S. 44. [中译本参见海德格尔：《康德与形而上学疑难》，42 页。——译者注]

主义的分析就需要为了确保先验的 X 而在物自身当中超越时间。而生存论分析恰恰是在时间当中发觉了超越性及其对象 = X 的两个本质特征：绽出和视域性。因此，它需要做的不是超越时间，而是深化时间。时间已经在自身当中完成了一种真正的综合——概观，因为它使自我意识异化为对象的存在论意识。而且，正因为如此，时间使它环抱了这一存在论视域的整体。时间是**空间**的真理，因为我们在时间当中把握到了运作中的先验主体性，这就是说，先验主体性为了使对象化照面成为可能而要自己超越自己。"如果一般地说，**空间**和**时间**作为纯粹的直观，两者都属于主体，而且尽管如此，时间之于主体来说还是要比**空间**更为原初，那么唯有在此基础上，作为纯粹直观的时间的普遍性奠基才成为可能。只有当主体的主体性存在于存在者的敞开之中，直接局限于内感官之所与的时间中，才可以在存在论的层次上更具普遍性。时间愈加主体化，主体的去限制就愈加原初和宽广。"①

因此，内感官的体系性意义就在于完成了**哥白尼式革命**，就在于发现了存在论层次是存在者层次的原则，可能是现实的原则。时间恰恰就是空间的真理，因为它是空间在**我思**中的变形，而且，将我们从统觉引向先验想象力的和将我们从**空间**引向**时间**的是同一种哥白尼式运动。但同时，**时间**已不再属于直观本身，它进行着一种创生性的概观活动，它属于想象力的领域。如果说存在论的层次取代了存在者的层次，那么想象力在时间当中就占据了直观的位置："如果我们坚持，**空间**和**时间**的这一想象性特征所涉及的是纯粹直观与纯粹想象，那么，它就根本不是什么闻所未闻的或者怪异的东西。事实上，在想象中被构成的东西并不必然是存在者层次上的假象。"② 因此，直观作为纯粹直观即是想象力，亦即可能③。怎样才能更加准确地说明概观的这种想象性特征呢？正是为了回答这个问题，范 268

① *KM*, S. 45.［中译本参见海德格尔：《康德与形而上学疑难》，46 页。——译者注］

② *KM*, S. 135, 137.［中译本参见海德格尔：《康德与形而上学疑难》，135－136 页。——译者注］

③ *KM*, S. 136.［中译本参见海德格尔：《康德与形而上学疑难》，136 页。——译者注］

畴演绎走上了第二条道路：不再是为了将范畴置于先验想象力之中而从统觉下降到直观，而是为了将作为纯粹直观的时间置于这同一种想象力之中而从直观上升到统觉①。无论是两条演绎道路都抵达了同一种“能力”，还是通过完成了由现实和存在者的层次到存在论的层次的革命而发现了知性中纯粹的东西（范畴）就是想象力，而直观中纯粹的东西（内感官）也是想象力，这都应当让我们明白直观的概观不是一种不同于知性的综合的能力，反倒是它们两者都在想象力当中发现了它们的共同来源。“纯粹的、符合论的或者说存在论的综合，必然会由此引出下面的疑问：源始的、符合论的综合是如何在纯粹概观和（谓述的）行反思的纯粹综合的形式下表现出来的？”② 符合论的或想象的综合如何在自身中构成了谓述综合和概观综合的可能性③？甚至在弄清楚想象力是如何完成纯粹概念和纯粹直观的综合之前，应当首先弄清楚的是想象力如何使它们两者中的每一个都过渡到了“纯粹的”状态，并由此赋予了它们一种先验的意义。我们已经考察了这个和概念有关的问题。那么直观的情况又是如何呢？

康德区分出了两种想象力：一种是满足于再现某个之前已经被直观到的东西的再生性想象力（派生的展现［拉：exhibitio derivata］），另一种是自由地创造出形象（figure）的生产性想象力（源始的展现［拉：exhibitio originaria］）。如果这个被自由地创造出来的形象涉及了存在者本身，那么生产性想象力就与源始直观［拉：intuitus originarius］浑然不分了④。而这正是浪漫派和后康德主义对想象力所做的解释，这种解释使我们在诗歌这第二创世（création seconde）中与神平起平坐。但是，有限知识的视域恰恰使这种解释先天地成为不可能的东西，而且存在论层次和存在者层

---

① *KM*, S. 72. ［中译本参见海德格尔：《康德与形而上学疑难》，72 页。——译者注］

② *KM*, S. 55. ［中译本参见海德格尔：《康德与形而上学疑难》，55 页。——译者注］

③ *KM*, S. 158. ［中译本参见海德格尔：《康德与形而上学疑难》，58 页。——译者注］

④ *KM*, S. 133. ［中译本参见海德格尔：《康德与形而上学疑难》，134 页。——译者注］

次的区分也会排除掉这种解释——即便这种解释是为了说明诗歌形象的诞生——，因为这样一些作为想象物的形象对于我们来说仍然是对象，它们仍然拥有不可穷尽的自身，它们只有在先行被构成的对象化照面的视域 269
之中才可以作为对象和现象显现出来。诗意想象力作为存在者层次上的东西仍然是派生的想象力。它就其自身而言并不真的是诗意的，因为有限知识中唯一的诗歌就是存在论诗歌。先天综合只能与存在之为存在的意义联系在一起，而不能与存在者的站出来联系在一起，因为关键恰恰在于表明存在者只有在对象的名义下才能够显现出来。所以，源始想象力和它所创造的形象只能拥有绽出的和视域性的存在论意义。“在对存在者有所经验之前，想象力就已先天地构成了如此这般的对象性之视域的形象。不过，这种在时间纯粹图像中的形象构成活动并不仅仅先行于这样或那样的存在者经验，而且它先天地就是如此而且始终先行于一切可能经验。想象力通过交付出这种形象而先天地、绝对地、恒常地指向了存在者之外的东西。而且，一般说来，它越是指向存在者之外的东西，它对纯粹图型的预先构成——例如对实体的纯粹图型持存性的预先构成——就越是将常驻的在场这样的东西带入眼帘，而唯有在这常驻的在场的视域中，这样或那样的对象的在场才能够这样现身出来。”① 想象力在有限知识中的绽出的视域性即是其纯粹性的标志。但是，在考察它如何预先构成纯粹图型以前，首先应当阐明的是它与时间之概观的关系。源始的想象力是如何使时间能够以概观的方式被构成的？作为纯粹直观的直观为什么已经是想象性的直观？

当我们在**时间**之中发现了**空间**的真理时，我们就握有了对问题做出回答的要素。事实上，时间之所以是表象的普遍条件，完全是因为它生产出了其存在论异化的整体性并且在其观看的统一性之中聚合了其视域的总体。时间的这种创生性特征和统一性特征将它规定为一个想象的存在。纯粹直观“在这种特殊的意义上是创生性的：它们事先将**空间**与**时间**的形象作为在自身中拥有杂多的整体表象了出来。它们接受了形象，但这种接

① *KM*, S. 124.［中译本参见海德格尔：《康德与形而上学疑难》，125 页。——译者注］

受性就其自身而言恰恰是把自己交付出来的东西的创生性地把自己交付出来的活动。纯粹直观，就其本质而言，就是一种源始的被展现物，也就
270 是说，它们是生产出可被直观的东西的源始的展现［拉：exhibitio originaria］。不过，在这种展现中被发现的乃是纯粹想象力的本质。因此，纯粹直观之所以是源始的直观完全是因为它自身从本质上说就是纯粹的想象力，这种纯粹的想象力从自身当中给出形象（图像），并且是通过创造这些形象的方式来给出它们"①。直观作为纯粹的直观而自我异化。它超越了空间的“这里”，甚至也超越了时间的“现在”，目的是构成所有可能的“现在”，因而也是所有可能的“这里”的普遍形象。这样一来，我们也就明白了为什么时间愈是主观的就愈是无限的（illimité），因为时间不是别的，就是异化的形式。但是，这样一来我们所获得的就是超越性本身的结构。事实上，有限的存在者做好了接受存在者的准备：它构成了存在者之对象化照面的视域。由此，它不是别的，就是想象力。与此同时，这种整体性带着自身的特殊性显现了出来：它在自身当中包含着杂多，而不是像建立在反思统一性基础上的谓述的综合那样不是在自身“之中”而是在自身“以下”包含着杂多。因此，时间的想象性特征是通过其特殊性得到奠基的——将它与反思的想象性特征区分开来的正是这种特殊性。“这个独一的整体恰恰应当事先让它自身从聚合它自身的那些大多不那么显露的多样性的角度，得以被看到。纯粹直观必须通过源始地诞生出来，也就是通过源始地给出统一性来看到统一性。所以，康德这里不说是一种综合，而说概观是有道理的。”② 在纯粹直观中被生产出来的整体性并非反思的普遍性，而且它也不能来源于反思的普遍性：它是在时间的视域性的、绽出性的形象的创造中被发觉的统一性。现在，它是如何在符合论的综合中与纯粹反思概念统一起来的呢？会同时作为综合和概观出现并且规定了概念和直观的纯粹性的想象力是如何对它们进行综合的呢？

---

① *KM*, S. 134. ［中译本参见海德格尔：《康德与形而上学疑难》，134 页。——译者注］

② *KM*, S. 134. ［中译本参见海德格尔：《康德与形而上学疑难》，134－135 页。——译者注］

B）想象力

想象力是如何能够并且应当同时参与到反思与自发性和内感官及其纯粹接受性当中去的呢？它应当在两种意义上做到这一点。人们可以说它在这两种意义上形成了图像。一方面，它构成了视域的直观的可理解性，因为它自由地转过来面向对象的可能性；另一方面，它构成了如此这般的图像，亦即这一视域的形象①。这双重意义表达了想象力的基本活动：超越性生产出自身，纯粹概念感性化自身。"想象力可以被称作是一种在某个特有的双重意义上的**图像化**（德：Bilden）能力。作为直观能力，它就是在创造出图像（德：Bild）、形象这种意义上是想象性的。作为不与可直观的东西的在场联系在一起的能力，它本身完成了亦即创造和图像化了**图像**。这种创造出图像的力量同时是领受的（接受性的）图像化活动和创造的（自发性的）图像化活动。在这个'同时'中有着其结构的本己的本质。然而，如果接受性意味着感性、自发性意味着知性，那么，想象力就以某种特定的方式落入到两者之间。"② 由于先验分析应当重新发现有限知识的本质统一性，所以它只需指出想象力在**图像化**的这种双重意义下如何能够充当概念和直观的中介者并由此将两者重新统一在符合论的综合当中③。这项任务正是康德在论述纯粹知性概念的图型论的段落中所考察的对象④。图型论一章对于阐释而言具有本质性意义，因为它澄清了有限知识的统一性，亦即超越性的本质、存在论的构成的统一性。在自发性和接受性之间的符合论的综合在图型中发现了自身的意义。为什么是这样？"纯粹的感性化必须是对某种东西的接受活动，而这种东西首先只是在接受活动自身中才会成形；另外，纯粹的感性化还是一种形象，但这种 271

---

① *KM*, S. 85. ［中译本参见海德格尔：《康德与形而上学疑难》，85 页。——译者注］

② *KM*, S. 121－122. ［中译本参见海德格尔：《康德与形而上学疑难》，122－123 页。——译者注］

③ *KM*, S. 78－79, 168. ［中译本参见海德格尔：《康德与形而上学疑难》，78－79、167－168 页。——译者注］

④ *KM*, S. 83. ［中译本参见海德格尔：《康德与形而上学疑难》，83 页。——译者注］

形象同样也不会提供出存在者。如果这样的话，纯粹感性的可直观者具有怎样的特征？它具有某种**图像**的特征吗？什么叫**图像**？”①

我们将要在这里重新发现新康德主义阐释的显见路径。尽管如此，新康德主义阐释通过从图像过渡到图型而解除了图型与图像的一切关联，它使图型成为一条原则。而且，事实上，由于遗忘了有限性的先验基础，它无法在时间内部构成绽出性经验的可能性。这样一来，时间只是给图型提供了一个否定性的条件，它单纯是被内强量生产出来的一个表象“元
272 素”。而且内强量是以其应用条件之名进行这种生产的。出于这样一个事实，具有先验本性的想象力归属于**逻辑学**。一旦人们已经构想了超越性的问题，这种情况就变得不复可能。事实上，并非知性提供了想象力的真理，反而是图型论提供了范畴演绎的原则，而且只有图型才能对纯粹概念的形成问题做出回答②。同时，并不是要把内感官还原为真（vrai）的一个否定性条件，它所要指向的东西必然要内含于图型之中。图型既不是作为事物在存在者层次上的具体形象的**图像**，也不是这个事物的映像（德：Abbild）。即便如此，它作为在存在论层次上具有构成性作用的规则仍然保留了一种想象的特征③：由于它必须要进行图像化活动，所以图型可以被命名为图型—像（schème-image）。这是为了指出，当新康德主义阐释切断了图型和如此这般的图像的可能性亦即有限性的积极关系时，它是如何错失了图型的意义。自发性和接受性的统一最终就是在图型—像之中出现的。如此这般的图型性规则绝没有提供出作为统一性的概念的形象。这种统一性在反思当中并没有得到主题性的把握，因为正是反思区分了概念的抽象普遍性和概观之杂多的整体性。规则的功能就是设定一种统一性，但为了看到这种统一性，它必须通过想象的方式与直观发生关系。这种关系就是图型—像关系。“图型—像的形象特征，不仅仅而且首先不是从它

① *KM*，S. 86. ［中译本参见海德格尔：《康德与形而上学疑难》，86 页。——译者注］

② *KM*，S. 104. ［中译本参见海德格尔：《康德与形而上学疑难》，103－104 页。——译者注］

③ *KM*，S. 91. ［中译本参见海德格尔：《康德与形而上学疑难》，91 页。——译者注］

的恰巧可见的图像内容那里得到的；相反，图型—像的形象特征是这样产生的：它从在其规整（régulation）中表象出来的可能的描画中产生出来，在这样的过程中，它仿佛也将规则注入了可能的直观领域之中。"① 概念最终来源于图型，因为图型始终能够在直观中赋予概念以可以概观的方式被看到的统一性。例如，作为图型的数即是在任何瞬间使一个确定数的图像成为可能的方式。所以，纯粹概念只有通过想象力才具有了自身的意义，因为它的统一性只能在直观之中成为可见的东西。而且，反过来说，也正是想象力通过把直观和一个可能的、不再是现实的图像联系在一起而纯化了直观。图型—像由此一来便构成了一切有限知识的来源和它们的本 273
质统一性。

然而，赋予它意义的乃是**时间**。"时间作为纯粹直观在一切经验之先就创造出了一个形象。在如此这般的纯粹直观中给出的纯粹形象（对康德而言，此即现在序列［suite des maintenant］的纯粹的前后相继），必须因此被称为纯粹图像。因为康德自己也在图型论那一章节中说：'感官一般的一切对象的纯粹图像是**时间**。'"② 出于将直观抬升至想象力的层次的先验纯粹化活动得以完成这个事实，接受性与自发性、直观与概念的内在关系被构建了起来。我们发现了存在论知识的来源：这种普遍接受性的创造性准备，而且，正是**时间**的图型—像本身使它成为可能。事实上，这是因为作为纯粹直观的时间是先于一切现在的现实出现的现在之图型生产中的自身异化和整体化活动，因为这同一种时间，作为经验直观，能够在自身当中以对象、现象，而非构建的名义接受这些得到了规定的现在。通过时间得到设定的是先验唯心论和经验实在论的关系，亦即概念和直观的关系。时间是最为典型的图型—像。纯粹直观指向的是作为图型的反思的自发统一性，而这种自发的统一性指向的是作为纯粹图像的被觉知到的概观的统一性。"因此，先验图型论就成了存在论知识的内在可能性的根

① *KM*, S. 93, 95.［中译本参见海德格尔：《康德与形而上学疑难》，94 页。——译者注］

② *KM*, S. 97.［中译本参见海德格尔：《康德与形而上学疑难》，98 页。——译者注］

据。在纯粹思维中表象出来的东西必然在**纯粹的时间的图像**中直观出自身，以这样的方式，先验图型就形成了在纯粹对象化照面中站在对面的东西。作为一种先天的给出，**时间**也从一开始就使得超越性视域有了可接纳给出者的特质。但还不仅仅如此，作为唯一的纯粹普遍的图像，时间还赋予超越性视域以某种先行的轮廓范围。这个单一的和纯粹的存在论视域，是使在它之内给出的存在者，能够具有这样或那样特殊和敞开的，而且是在存在者层面上的视域的可能性的条件。但时间不仅赋予超越性以那事先就一体化的聚合（cohésion），而且，作为纯粹的地地道道的自身给出者，它根本就给出了像某种中止（arrêt）一样的东西。它使得一个有限的存在
274 得以理解那具有对象性的对举者，而这种对象性恰恰属于那‘转过来面向’的超越性的有限性。”①

康德在“反思的普遍性”和“直观的普遍性”之间所做的区分的深刻意义就大白于天下了。作为绽出的视域和异化的整体性，超越性唯有在使有限知识和兼具普遍性与单一性的存在论结构发生关系的条件下才能够使有限知识成为可能。概念的可能性问题必然会把我们引向所有存在者层次的视域的存在论视域。这个源始的视域就是时间。现象学的本质直观（德：Wesenschau）所达到的那种自命的普遍性基础具有形式的普遍性。它可以被赋予一种质料的普遍性，但前提条件必须是将直观转变为反思，这是为了产生出无限知识和理智直观的怪物。胡塞尔的哲学是通过承认明见性在每一个形式化层级上的独立性以及诉诸它们在**我思**［拉：Cogito］中的统一和共同的存在论基础的必然性来表达这一困难的。但这一**我思**［拉：Cogito］本身却又无法给超越性的视域保证封闭和中止，因为人们在它那里只察觉到了一种先验的统觉，也就是反思。为命题的综合打下了基础的谓述的综合的特性就是从自身当中恢复符合论的综合：概念之视域，因为它是一种行反思的无限，它本身复又融入到另一视域当中。只能将自身作为一个整体交付出来的视域才具有普遍性：时间对于康德来说就是无限的被给予的东西。时间虽然是纯粹的，但它仍然是单独的（singulier）。而且，

① *KM*, S. 102. ［中译本参见海德格尔：《康德与形而上学疑难》，102－103页。——译者注］

当康德在直观中发现了一切知识的来源时，他的发现的菁华之处正是这种单独性。现在，“认识即是直观”在**哥白尼式革命**的存在论语言中就意味着：只有当纯粹概念在源始的、单一的、普遍的视域中，在**纯粹时间图像**中被图型化时，它才能够具有使经验成为可能的意义。正因为时间对我们来说是一个单独的封闭整体，所以它使各种区域性存在论及其概念成为可能，使作为对象的对象的显现，以及有限的经验知识的开放视域成为可能。

最后，“我们形成了概念”还意味着我们的理性从本质上说是有限的。我们只有通过将现象向我们表象出来才可以认识现象。换言之，在存 275
在论的层次上转过来面向……的事实，作为构成纯粹概念之本质的东西，所指的不是别的，就是对对举物亦即对象性的包容性的整体视域的知觉。如果我们的知性能向对象呈现出规则，这是因为它只有在一种听任自己被规则调节的接受性中才会将它们呈现出来。存在是由时间构成的，自发性也无非就是作为时间之对举物的现身场所的接受性的构成。“从这种意义上说，纯粹思维不是以一种次要的方式，而是本身就是接受性的，也就是说，它是纯粹直观。因此，这种在结构上具有单一性的接受性的自发性，为了能够作为它所是的东西存在，就必须源自先验想象力。”① 反思性综合本身并不异于概观的直观。或者毋宁说，无论是通过使反思与源始视域发生关系而使反思成为综合的，还是通过将直观构成为统一体来使直观成为概观的，这全都是符合论的综合，亦即纯粹时间图像做到的。自由与必然的基本统一、**图像**的两种意义的基本统一赋予了超越性以生命——即使它满足于以理论的方式认识世界，即使纯粹时间异化仍然是现实的活动。“对象性视域的对象化照面中呈报出来的必然性，只有当它先行依赖于为……而自由的存在（être libre pour...）时，它才有可能是照面的‘势必’。人们在纯粹知性亦即纯粹理论理性的本质中已经找到了那种意味着‘置身于一种将自己交付出来的必然性之下’的自由。”② 理论知性

① *KM*, S. 146-147. ［中译本参见海德格尔：《康德与形而上学疑难》，146页。——译者注］

② *KM*, S. 147.［中译本参见海德格尔：《康德与形而上学疑难》，147页。——译者注］

之所以是自由的，原因并不在于它包含着一切全能的、无限的自发性，而是在于它的宗旨是要在**时间图像**中构成一种纯粹的接受性。

实践理性在尊重当中亦是如此①。和一般存在论知识一样，作为纯粹情感的尊重在实践层面上也暗含着直观和概念在纯粹想象力中的关系。和时间的概观一样，纯粹情感事实上包含着作为我行动的**我自己**（Moi-même en tant que j'agis）的统一性的视像（vision）。在此发挥着反思性规则作用的道德法则并非在自身中包含着对这种自我之可见性的观看；它不
276 是概观，而是综合。它同样也只是从它和情感的关系那里获得了自身的先验起源或演绎。因此，尊重严格说来乃是**实践理性的纯粹图像**，是自由和必然的真正的符合论的综合。"我在对法则的尊重中服从于我自己。我在这种自己对自己的服从中作为我自己存在着……我在这种自己对自己的服从中将我自己升华为规定着自身的自由存在。"② 这种特殊的综合奠定了尊严、人格、道德感之责任的基础。尊重即是自身情感的真正存在论构成和一切行动规定的可能性条件，一如时间即是一切存在者的对象化照面的存在论构成。康德的深刻之处就在于，他使作为实践理性规则的法则成为可能的方式是：在与尊重的概观的关联中将其感性化。而且，不管是实践的谓述的综合（道德法则）还是理论的谓述的综合（规则），两者全都包含着情感和时间的**纯粹图像**。这样一来，当舍勒想要发现价值直观时，他由于没能区分存在论的层次和存在者的层次而将概念和直观混为一谈（正是在这种与胡塞尔的本质直观平行的价值直观中，进行着构成活动的"质料"视域得以被构成。而这些视域本身复又是道德义务和判断的可能性——这种可能性被理解为真正的道德性判断的对象［形式伦理学理论］——所依赖的基础③）。事实上，纯粹情感只是一种图型—像，因为它不提供任何存在者层面上的行动与自我的规定，而仅仅规定了封闭的直观性视域，亦即所有特殊规定在其中出现的**道德自我**（Soi moral）。舍勒

① *KM*，§30，S. 148－152.［中译本参见海德格尔：《康德与形而上学疑难》，147－151页。——译者注］

② *KM*，S. 151.［中译本参见海德格尔：《康德与形而上学疑难》，150页。——译者注］

③ Scheler，*Der Formalismus in der Ethik und die materiale Wertethik*.

本人已经认识到其构想的困难之处，而且也预感到了如下混乱：当他在“先天价值表”的观念中要求一种整体性视域时，这一视域就会与每一层次所特有的明见性类型（愉悦、生命、美、圣贤）发生冲突，一如区域性存在论的独立性在**理论现象学**中与普遍归约性原则相抵触。舍勒的质料的价值伦理学的观念重新激活了无限的形而上学和理智直观的观念，因为他乞灵于现象学由以做出其根本发现（有限性）的那个循环。他一方面断言一切判断都需要有一种直观作为自己的原则，另一方面又意欲通过将这些直观系统规范化来对其进行整理，这种规范化要么是在理论的层面上诉诸形式存在论①，要么是在实践的层面上诉诸形式法则和先天价值表②。 277

舍勒的后期哲学实际上已经想要摆脱这个循环。他认为价值的先验根据问题，亦即对其视域的发现的问题旨在描述人在世界中的境况。这样一来，哲学人类学就取代了理智直观。但是，这一新构想的不确定性③证明它并没有实现自己的目标。正如对时间和尊重的先验分析已经表明的那样，只有通过对作为有限性之整体性的超越性做出说明，人的存在才能作为统一体显现出来。我们所是的东西只有在时间的**纯粹图像**中才向我们显现出来，而且，不是人类学奠定了有限性形而上学的基础，反而是形而上学的奠基工作要在人的有限性问题中得到奠基，以至于这种有限性现在成了唯一的问题④。人类学仍然停留在存在者的层次上，它仍然是派生性的。因此，它要在生存论分析中得到奠基⑤。事实上，价值之所以和概念一样能够作为开放的研究视域出现，完全是因为它们是以尊重这一单一绽

---

① 参见本书228页。

② Scheler, *ibid*.

③ *KM*, §37, S. 199－204.［中译本参见海德格尔：《康德与形而上学疑难》，198－203页］海德格尔在此谈到的是Sheler, *Die Stellung des Menschen im Kosomos*, 1928。

④ *KM*, S. 208.［中译本参见海德格尔：《康德与形而上学疑难》，208页。——译者注］

⑤ *KM*, S. 225.［中译本参见海德格尔：《康德与形而上学疑难》，225页。——译者注］

出视域为参照的，正是这个视域使它们成为可能。它们本身就属于反思，而且应当为了使行动成为可能而在纯粹的感性尊重中使自己图型化。只有通过在存在论的层次上规定作为应当存在（devoir être）的应然存在（devoir-être）亦即尊重的存在，价值的存在和人的存在才能得到澄清。比人更为源始的是人之中的生存的有限性①。所以，实践理性在尊重中的视域之规定与理论理性在时间中的视域之规定完全是平行的。“康德将尊重标明为道德情感和我的生存之情感，如果要透彻地领会康德在这里的意思”，纯粹情感亦即存在论情感（它使一切存在者层次上的情感成为可能，也就是说，它使一切价值统觉成为可能，一如时间使一切对于已被规定的存在者的统觉成为可能）“应当在这种存在论的和形而上学的意义上
278 被理解。现在甚至无须再多做任何事情，就可以看清，尊重的这一本质性结构在自身中让先验想象力的源始构想展露了出来”②。

尊重闭合了实践性视域，一如时间闭合了理论性视域。当新康德主义阐释以将人“提升”到他的道德归宿为由拒绝将法则“感性化”时，这种道德提升就此被托付给了感性，因为后者在想象力当中得到了纯化。我们再一次意识到，新康德主义是一种不自知的绝对唯心主义、一种潜在的无限形而上学：它事实上将自身观看（vue de soi）、将概观赋予了反思、法则，而且还陷入了费希特或舍勒的那种存在者层次上的悖论，或者，它拒绝了我的生存之情感（sentiment de mon existence）的可能性，从而取消了一切经验规定亦即向意识的显现的可能性。价值的世界（法则）没有将它的统一性主题化：它需要尊重及其图型，目的是最终能够达到自我意识和它那有限的道德区分。“听命的、直接的对……的奉献就是纯粹的接受性，但法则之自由的自身向前给出则是纯粹的自发性，这两者在自身中原初性地成一。而且，唯有从先验想象力而来的**实践理性**的这一源泉，才可以重新让我们理解到，在怎样的程度上，法则在尊重中——就像行动着

① *KM*, S. 219–220. ［中译本参见海德格尔：《康德与形而上学疑难》，219 页。——译者注］

② *KM*, S. 152. ［中译本参见海德格尔：《康德与形而上学疑难》，152 页。——译者注］

的**自我**一样——不是被对象式地把握住的。但是，作为**应当**与**行动**，它们却恰恰以一种更为源初的、非对象性的和非主题性的方式得到公开，并且构成为非反思的、行动着的自身存在（être-soi）。”① 后康德主义赋予了自我意识一种能力，即以存在论的和主题性的方式在自我情感中设定自身。它通过这种方式由想象力推出了实践理性。而生存论则对这种关系做出了截然相反的阐释。想象力所规定的不是存在者层次上的自我情感，而是存在论层次上的自我情感，也就是自我的作为行动着的存在的存在。现象学的归约性原则同样也被应用到了实践理性上面：反思相对于存在而言是次要的。它并非像柯恩所认为的那样构成了认识的存在自身和先验对象。只有从不同于物自身的先验对象亦即纯粹源始直观［拉：intuitus originarius］的视角出发，它才得到了规定。无论是在尊重中——亦即在纯粹直观中——的理论视角下还是在实践视角下，综合全都得以完成。这种完成、这种“中止”正是我们要通过重拾如下问题进行考察的东西：时间如何成为先验的 X 或超越性之视域整体的真正构成者？ 279

C）时间性

先验想象力和时间之间的关系问题②应当使我们有能力看到源始时间——而不仅仅是依赖于源始时间的派生时间，亦即现在的序列（suite des maintenant）——的来源。为了使先验问题能够得到讨论，作为图像的时间在此应当让位于作为图型—像的时间。“纯粹的想象之所以叫‘纯粹的’，就是因为它从自身出发来构成它构成的东西，这种纯粹的想象作为本身与时间相关的东西，必然首先构成时间。作为纯粹直观的时间，说的既不只是在纯粹直观活动中所直观到的东西，也不只是缺少了对象的直观活动。时间作为纯粹直观一下子就成了它直观到的东西的、构成着的直观活动。这样就第一次给出了时间的全

① *KM*, S. 152.［中译本参见海德格尔：《康德与形而上学疑难》，151 页。——译者注］

② *KM*, S. 165-167.［中译本参见海德格尔：《康德与形而上学疑难》，164-166 页。——译者注］

部概念。”① 我们就此不再提出凡常的时间问题：凡常的时间概念只能让这样一种分析犯错，其只是处在要素层次上，因而没能完成从直观到想象力的过渡，亦即没有把时间问题和先验对象 = X 的发生问题结合在一起。这个对象是先验的无，任何存在者层次上的东西都无法对它进行描述，因为它是一切存在者的显现条件。尽管如此，这种无并非绝对的无［拉：nihil absolutum］。那它是什么呢？为了得到这个问题的答案，我们要做的只是：通过把符合论的综合（其乃是想象力的产物）和这种综合表现于其中的两种关系（纯粹直观的概观和反思的谓述性综合）明确地和存在论时间性联系起来以重新审视它们②。

“经验直观涉及在现在中的当前存在者，但纯粹领会的综合则面对现
280 在即当前本身，这样一来，这种直观着的涉及……活动（intuition qui s'ouvre à ...）就在本身中构成它所涉及的东西。作为纯粹领会的综合，它作为呈现着的当前一般，就对时间具有构成性作用。因此，纯粹领会的综合本身就具有时间特性。”③ 因此，在领会的纯粹概观中，存在论的当前，作为纯粹图像亦即凡常的当前的图型—像，是由先验想象力构成的。作为想象中的再生，纯粹综合本身复又交付给了我们先前本身（autrefois lui-même）。这一先前本身由于是纯粹的，所以并非先前的存在者，而是过去（passé）④。“就这种综合模式看来，纯粹想象力对于时间起着构成性的作用。它可以被称为纯粹记忆（mémoire pure），这并不是因为它返回到了某种过去的存在者，或者回到了作为以前经验过的东西的存在者，而只是因为它完全展开了可能的返回过去记忆的视域，并且因此把这种之后构成出来。”最后，纯粹认知综合构成了未来本身。无论这一断言看上去有多

---

① *KM*, S. 167. ［中译本参见海德格尔：《康德与形而上学疑难》，166 页。——译者注］

② *KM*, S. 170-171. ［中译本参见海德格尔：《康德与形而上学疑难》，168-169 页。——译者注］

③ *KM*, S. 172. ［中译本参见海德格尔：《康德与形而上学疑难》，170 页。——译者注］

④ *KM*, S. 173. ［中译本参见海德格尔：《康德与形而上学疑难》，173 页。——译者注］

么背谬①，是概念中的认知使另外两种综合，也就是使当前构成为当前和使过去构成为过去，成为可能。事实上，“因为存在者的某种统一（综合）活动，鉴于其自一性（德：Selbigkeit），早已经前导性地为这两种综合奠定了基础。康德正确地将这种朝向自一的东西的综合，即将存在者保持为某种自一的东西称为概念中的综合；因为概念就是统一的表象，而那统一作为自一的东西适合于众多……这就表明，在对概念形成的经验性起源进行特征描画时，作为第三种综合浮现出来的东西恰恰是第一位的，也就是说，它是引导着先前已经标画过的两种综合的首要的综合”②。反思是概念统一性的来源，也正因为如此，它是回忆和经验知觉的可能性根据。但是，考虑到纯粹的、先验的存在论知识，这一根据指的是什么呢？这个问题之所以重要是因为对它的回答提供了范畴演绎的真正线索。另一方面，由于这条线索包括了（处在概念与直观的内在关系中的）图型论，281 所以理性与时间的关系就显得更为必要了。有限知识的根据何在？先天综合判断、符合论的综合是如何可能的？我们现在看到了这个问题是如何以及为何与作为超越性视域的先验对象 = X 的发现问题合二为一。

“正如纯粹的再生活动构成了重新—提供—出来（acte-de-présenter-de-nouveau）的可能性一样，纯粹认知活动必然相应地提供像认定活动（identification）那样的东西的可能性。但是，如果这种纯粹的综合在进行认知，那这同时也就是说，它不是在侦查一个它能够将之作为同一个东西保持在面前的存在者，而是说，它在侦查可持驻性之一般的视域。它的侦查活动作为纯粹的侦查活动就是这种预先的粘连活动（pré-fixation），即未来的源始构成活动。这就表明，综合的第三种模式在本质上也就是一种对时间起到构成作用的模式。”③ 我们之所以形成概念的原因在于：将存在者认定为存在者的可能性要求预先形成与这种可能性相对应的存在论

① *KM*, S. 175. ［中译本参见海德格尔：《康德与形而上学疑难》，174 页。——译者注］

② *KM*, S. 177. ［中译本参见海德格尔：《康德与形而上学疑难》，176 页。——译者注］

③ *KM*, S. 178. ［中译本参见海德格尔：《康德与形而上学疑难》，177 页。——译者注］

结构，亦即未来。我们同时也就明白了康德为什么会赋予先验逻辑以表面上的优先性。关键不在于在时间中取消范畴的图型论，或是将时间归结为知识的否定性条件，而是在于发现时间的根本绽出。相对于过去和当前而言，这种绽出具有存在论上的优先性①。因此，关键还在于构成这种完全的存在论自我异化。根据哥白尼式革命的原则，这种异化应当使存在者的对象化照面成为可能。我们最终触及了真正的先验基础：时间性，它是存在之为存在的来源。现象学本身②试图通过对诸如此类的事情加以考虑来构成时间的本质：通过意向性变化，“当前 A”由于时间进程而被推到过去，为的是变成在“A1”形式下被领会的东西。然后，由于一段新的时间流逝，它又变成了在“A2”“A3”等形式下被领会的东西。但这样一来，现象学就会碰到一个无法解决的问题：如何通过某个单一回忆（souvenir unique）的无穷出现来绝对地认定这个回忆。因此，它也就遇到了
282 一个循环，其类似于那种从客观性走向普遍性、又从普遍性走向客观性的循环。因为，为了获得从“A”到“A1”“A2”……的过渡，人们恰恰要被给予时间；但另一方面，这一时间进程不是别的，就是从现在到越来越远去的过去的滑行。不过，我们知道这种循环得以产生的原因：胡塞尔既将存在者的层次和存在论的层次混为一谈，又试图用将整体时间视域当作原则包含在自身之中的东西来建构整体时间视域。当他试图找到回忆的起源时，他给出的东西是回忆，而当前的情况也是如此。但他所遇到的问题难道不是认定的问题吗？为了使回忆成为可能，为了使知觉成为可能，作为认定基础的**自我**应当已然在它与未来的本质关系中得到设定。胡塞尔由于将优先性赋予了过去而无法到达时间的先验意义，亦即时间的构成性意义。这种优先性——其被赋予那种从存在者的视角看来更接近直观而不是想象力的东西——可以通过现象学在面对其真正发现时的退缩得到解释。通过把只具有反思性的概念表达为直观，现象学无法把握范畴那种从本源上说是时间性的意义：它构成了未来。判断问题中的错误已然是时间问题

---

① *KM*, S. 178. ［中译本参见海德格尔：《康德与形而上学疑难》，177 页。——译者注］

② Husserl, *Vorlesungen zur Phänomenologie des inneren Zeitbewusztseins*.

中错误的原因。

因此，先验想象力使概念形成的意义大白于天下。正如有关尊重的分析可以使我们预感到的那样，自我的同一性正是在先验想象力之中被构成的①。最终，超越性的意义在自身刺激（auto-affection）那里得到了明晰的呈现。“作为纯粹的自身刺激，时间不是某种涉及现成性**自身**的有作用的刺激。反之，作为纯粹的自身刺激，它构成了自身所涉及的这种东西的本质。但只要时间隶属于有限主体的本质，即能够进行交道的自身，那么，时间作为纯粹的自身刺激就构成了主体性的本质结构。有限的存在，唯有从这一自身出发才可能是其必须所是，即依存于领受。”② 有限的主体性、超越性便是先验对象 = X 的最终根源。纯粹概念正是在它那里并通过它与纯粹直观发生关系的。理性的有限性正是在它那里如此构成自身的。我们现在就直面着那不可知的东西，它被康德当作隐匿的统一性赋予了符合论的综合。当康德将直观和认识等同起来时，他所瞄准的是生存。就作为自身刺激的内感官在体系中的重要性而 283
言，生存，作为一般形而上学［拉：metaphysica generalis］的真正对象，是人们必须面对的③。基础存在论向《纯粹理性批判》提出了如下问题：时间怎样才能成为本源的亦即视域的和绽出的时间？作为存在论层次上的自身刺激，时间如何构成了一切派生时间的闭合视域（horizon fermé）——而存在者层次上的开放视域（horizons ontiques ouverts）正是以此闭合视域为根源的？但是，由于康德认为可以将存在论奠基于心理学之上，所以他并没有走向这样一种形而上学。他逃避了使主体的主体性从存在者层次上的人类学规定那里去蔽的任务④。但是，其初

① *KM*，S. 179.［中译本参见海德格尔：《康德与形而上学疑难》，177－178。——译者注］

② *KM*，S. 181.［中译本参见海德格尔：《康德与形而上学疑难》，180 页。——译者注］

③ *KM*，S. 190.［中译本参见海德格尔：《康德与形而上学疑难》，193 页。——译者注］

④ *KM*，S. 205.［中译本参见海德格尔：《康德与形而上学疑难》，204 页。——译者注］

始方案（它乃是形而上学能够并且应当被“重演”的出发点）的意义仍然是明确的：本源时间这一绽出的整体性（这便是主体的主体性之所在）即是向死存在。正是畏向我们揭示了未来之为未来的存在论意义。正是它使有限认识的纯粹综合、时间、概念的形成以及判断的形式成为可能。正是它最终赋予了作为存在之为存在的说明的先验对象＝X或无以意义。

§23. 生存论阐释中的概念错位

A）海德格尔在《存在与时间》中对康德的批判

这样一来，海德格尔对康德哲学的阐释就同时表现为继承和批判。如果我们考察《存在与时间》中的一些与康德相关的文本，其中，海德格尔似乎更多是拒斥而非采纳康德哲学，我们就可以一方面更好地理解生存论的双重面向，另一方面更好地理解它所遭遇的不可克服的困难。海德格尔在《存在与时间》中批评《纯粹理性批判》全然误解了存在论，因而只是停留在一种“存在者”哲学的层次上，并由此只能以传统的方式提问。面对这种错误，生存论提出了唯一可能的存在论（后来，这正是在《康德与形而上学问题》中呈现出来的新的生存论阐释所要承担的角色）。所以，我们就可以准确地把握存在论应当获得的意义，以及人们期待存在
284 论能够提出的任务——即使不是解决方案。最后，我们能够对生存论的这一方案做出评判。

生存论分析给我们指明了主体性的绝对特征。主体性不是任何事物的谓词，这样一来，我们就直接避开了那个使我们从相对转移到绝对、从人转移到神的循环——后者同时存在于费希特式形而上学和马堡学派自命的实证主义之中。“对**自身**的生存论结构的阐释从此在的日常自身解释获得‘自然而然’的出发点。在‘说我’之时此在以涉及‘自己本身’的方式说出自己。这不一定要付诸音声。这一存在者以‘我’意指它本身。这一语词的内容被当作绝对简单的。这内容向来意指：我，别无它哉。作为这样一件简单的东西，‘我’也不是它物的规定，‘我自身’不是谓词，而是绝对‘主体’。在说我之际说出和说起的东

西始终作为同一个贯彻始终的东西而被遇到。例如，康德就把‘单纯性’、‘实体性’和‘人格性’这些性质当作其‘纯粹理性的谬误推理’这一学说的基础，而这些性质源自某种真实的先于现象学的经验。问题仍旧在于：人们在存在者的层次上如此这般经验到的东西，是否应当在人们所说的范畴的帮助下获得存在论层次上的解释?”① 如果康德通过利用范畴（其运用只在存在者经验的范围内有意义）来拒绝使**我思**的内容成为绝对的东西是有道理的，那么，他由此得出“绝对在**我**之外”的结论难道不是错误的吗？这样一来，他难道没有将这个**存在论层次上的我**还原为一个在原则上隐含着它的现成存在（德：Vorhandenes）吗？因此，康德式“错位”，以及这种“错位”在费希特和柯恩阐释中的重现，全都与真正存在论问题的缺席有关，全都与对**生存之自我**这一真正的绝对—有限（其不受任何可能的概念错位影响）的无视有关。而且，即便是使用“主体”这个人们能够拿来尝试刻画生存特征的词也会带来如下危险：背叛生存、将存在论层次上的东西转变成存在者层次上的东西，并重新引发概念的歧义、限定者和被限定者的混淆。“在康德的分析中有两重积极的东西：一方面，他看到从存在者层次上把‘我’引回到一种实体是不可能的；另一方面，他坚持‘我’即是‘我思’。然而他又把这个‘我’把捉为主体，因而是在一种从存在论上来 285
说不当的意义上把捉这个‘我’的。因为主体这一存在论概念所描述的不是‘我’之为自身的自身性（*Selbstheit*），而是一种总已现成的事物的自一性与持存性。从存在论上把‘我’规定为主体，这等于说：把我设为总已现成的事物。‘我’的存在被领会为思维之物［拉：res cogitans］的实在性”②。事实上，康德哲学通过主体这个概念又回到了笛卡儿主义那里。柯恩已经在费希特式自我意识形而上学当中重新发现了这种心理主义倾向，结果就是他竭力将天赋和先天仔细地区分开来，然后将形

① Heidegger, *Sein und Zeit*, S. 318 ［中译本参见海德格尔：《存在与时间》，362－363 页。——译者注］

② *S. u. Z.*, S. 320.［中译本参见海德格尔：《存在与时间》，364－365 页。——译者注］

而上学的和先验的仔细地区分开来。尽管如此，他为了主张范畴的能动性而必然会走向的先验意识本身还是受到了心理主义的污染，这是因为，先验意识对应着存在者层次上的对象，但真正的生存主体性绝不是对象——自然（nature）——的相关项，而是作为存在者之存在的界定者和包含者的世界（monde）的存在论层次上的普遍构成者（constituant ontologique universel）。

因此，宣称“康德意欲完成的就是对自然之本质的把捉”和宣称“康德事实上将**我思**［拉：Cogito］心理学化了”是一回事。作为用广延之物［拉：res extensa］来界定宇宙的笛卡儿式理性主义的继承者，康德将世界这个哲学问题丢在一边，而满足于提出有关自然的科学问题①；这样做的结果就是，**我思**自然而然要被界定为这一存在者层次上的对象的相关主体。如果“先天综合判断是如何可能的?”这一先验问题的终点是自然之可能性的构成，那么对**我思**的界定就必然是心理主义的，而且**先验自我**无非是笛卡儿式**我思**［拉：Cogito］的延续。“然而，就算康德已经放弃了孤立主体和内部经验在存在者层次上的优先地位，可是在存在论上，笛卡儿的立场仍然如故。姑且承认康德的证明及其一般基础的合理性，他所证明的也无非是：变易的存在者和持久的存在者的必然的共同现成存在。然而，这两种现成的东西这样比肩并列还根本不等于说：主体和对象共同现成存在。就算这点也得到了证明，存在论上
286 起决定作用的东西仍然始终隐而未露，那就是‘主体’的亦即此在的基本建构：在世界之中存在。*在存在者层次上及存在论上，物理的东西和心理的东西的共同现成存在都完全不同于在世现象*”②。这里，海德格尔重拾了舍勒的批判。舍勒指责康德通过将人与世界的关系归结为主体与对象的关系，甚至将后面这种关系归结为内部与外部的关系而使第一种关系心理学化③。海德格尔提醒人们注意：行为不同于机能，前者并不是心

---

① *S. u. Z.*, S. 101. ［中译本参见海德格尔：《存在与时间》，118 页。——译者注］

② *S. u. Z.*, S. 204. ［中译本参见海德格尔：《存在与时间》，235-236 页。——译者注］

③ Scheler, *Der Formalismus in der Ethik und die materiale Wertethik*.

理的东西①，而且，他有关方法论的论述旨在将生存论分析与人类学、心理学、生物学这些必然牵扯到（1）内部经验与外部经验的关系问题和（2）主体与客体的关系问题的科学区分开来。就连康德式主体所从事的活动也只是在遮蔽真正的主体性问题，这是因为，从现象学的层面上说，世界的意向性结果（corollaire intentionnel du monde）、真正的**存在论自我**一方和心理学主体、空间化身体一方会在康德式主体当中发生混淆。但“既非空间在主体之中，亦非世界在空间之中”②。

因此，正是康德及其后继者的自然主义（他们对存在论和在世界中存在的现象学明见性的无视）妨碍了他们对主体性意义的确切把捉，因为前者以心理主义的方式将主体性歪曲成一种特殊的实体性，即一个与客体相对的主体的存在者层次上的实体性。只有在世界中存在（其始终在存在论的层次上居于首位）的内部，自然的分离（disjonctions）——**精神**（Psychè）本身也仍然是一个自然的存在者——才有其意义：正是对这一真理的遗忘最终导致了康德哲学的种种错位。“康德不能在存在论上使‘我思’这一真切的现象开端发扬光大，而终必落回到‘主体’亦即实体，原因何在？‘我’不仅是‘我思’，而且是‘我思某某’。不过康德自己不是一再强调这个‘我’始终同其表象相联系，而没有这些表象‘我’就一无所是吗？对康德来说，这些表象却是由‘我’所‘伴随’的‘经验事物’，是由‘我’‘依附’于其上的现象。但康德从无一处 287
指出过这种附着和‘伴随’的方式。不过这种存在方式其实被领会为‘我’与其表象持驻地共同现成存在。康德虽然避免了把‘我’与思割断，他却还不曾把‘我思’本身的全部本质内容设定为‘我思某某’，尤其他还不曾看到若把‘我思某某’当作自身的基本规定性，在存在论上还须把什么‘设为前提’。因为连‘我思某某’这一开端在存在论

① *S. u. Z.*，S. 48. ［中译本参见海德格尔：《存在与时间》，56 页。——译者注］海德格尔在驳斥心理主义的过程中不断提到舍勒，§10，S. 45—50［中译本参见海德格尔：《存在与时间》，53—59 页。——译者注］。

② *S. u. Z.*，S. 111. ［中译本参见海德格尔：《存在与时间》，129 页。——译者注］海德格尔同样也对康德的“定向活动”概念进行了反驳，S. 109—110［中译本参见海德格尔：《存在与时间》，126—127 页。——译者注］。

上也还是有待规定的，因为‘某某’还未得到规定。如果这‘某某’被领会为世内存在者，那么其中未曾明言地也就把世界设为前提了，而恰恰是世界这一现象参与规定着‘我’的存在建构——若‘我思某某’这样的事情能够存在的话。说我意指的存在者就是‘我’作为‘我存在于一世界中’向来所是者。康德没看到世界现象，于是势所当然地把‘表象’同‘我思’的先天内涵划得泾渭分明。但这样一来，‘我’又被推回到一个绝缘的主体，以在存在论上全无规定的方式伴随着种种表象。”① 因此，隐藏在**康德式我思**之中的笛卡儿式心理主义的结果就是把“康德对唯心论的反驳”变成了言语上的空想，而且，被所有这样的哲学所隐含的成问题的唯心论的声望事实上被重新确立起来：它们认为可以借用主体和客体的主观主义、心理主义对立来探讨基本的存在论问题。

自然主义、心理主义和唯我论是结伴同行的。但是，正如我们已经在新康德主义阐释中看到的那样，它们那显见的共同根源就是逻辑主义。“康德不无道理地用‘我思’这一表达来把捉‘我’的现象内容；如果还注意把‘实践的人’也包括到‘智性’中来，也可以把‘我’的现象内容作为‘我行’来加以把捉。在康德的意义上，我们必须把说“我”把捉为说‘我思’。康德尝试把‘我’的现象内容确定为思维之物［拉：res cogitans］，于是，当他把这个我称为‘逻辑主体’时，那不等于说，‘我’根本是一个只靠逻辑方式获得的概念。倒不如说‘我’是逻辑行为的主体，是维系的主体。‘我思’等于说：我维系。一切维系都是‘我维系’。在一切联系与关系中总有‘我’作为根据——υποκείμενον。因而，主
288 体是‘意识本身’，它不是表象倒是表象的形式。这要说的是：**我思**不是被表象的东西，而是表象活动之为表象活动的形式结构，诸如被表象的东西之类唯通过这种形式结构才成为可能的。表象形式所意指的既非一种框架亦非一种普遍概念，而是那种作为理念［希：ειδος］的东西，它使一切被表象的东西和表象活动本身成为它们所是的东西。被领会为表象形式的

① *S. u. Z.*, S. 321.［中译本参见海德格尔：《存在与时间》，365－366页。——译者注］

‘我’等于说它是‘逻辑主体’”①。康德哲学中那种成问题的唯心主义的理由在这里清楚地显现了出来：逻辑主体侵占了生存主体性的位置，因为“自然”侵占了“世界”的位置。所以，绝对有限性就滑向了有条件的东西的分离（disjonctions），而且，为了借助神圣假设的中介来把人们在逻辑主体那里达到的有条件的东西和人们在主体性一般那里默默地寻找的无条件的东西重新结合在一起，必然会出现一种错位。人们止步于作为构成自然的手段（例如将自然构成为广延之物［拉：res extensa］）的谓述性综合，但却没有认识到这种综合和这种自然只有通过一种源始的符合论的综合才是可能的，后者构成了世界之世界性本身和存在者之存在本身。因为康德只到达了显象（德：Erscheinungen），所以他错失了现象（德：Phänomen）②。自然遮蔽了世界，一如概念遮蔽了直观。康德哲学所欠缺的正是时间性、存在和有限性的意义。

B）错位

根据逻辑主义所积累的那些偏见：心理主义、自然主义、唯我论，康德哲学所达到的只是一种异化的、衍生的时间概念，也就是存在者层次上的心理学主体的时间。而且，康德哲学在其任何一个展开环节上都没能提出构成性的存在论时间的问题。“康德存在论教条地继承了笛卡儿的立场，虽然他在某些本质方面多少有所推进。另一重因素在于：尽管康德已经把时间现象划归到主体方面，但他对时间的分析仍然以流传下来的对时间的凡常领会为准，这使得康德终究不能把‘先验的时间规定’这一现象就其自身的结构与功能清理出来。由于传统的这种双重作用，时间和**我** 289
思之间的决定性联系就仍然隐藏在一团晦暗之中，这种联系根本就没有形成为问题”③。因此，康德式的时间归属于非本真的生存，归属于在

① *S. u. Z.*, S. 319.［中译本参见海德格尔：《存在与时间》，364 页。——译者注］

② *S. u. Z.*, §7, B, S. 28–31.［中译本参见海德格尔：《存在与时间》，33–37 页。——译者注］

③ *S. u. Z.*, S. 24.［中译本参见海德格尔：《存在与时间》，28 页。——译者注］

“物”的外观下被把握，甚至自己把自己当成“物”的生存的存在。这样一来的结果就是：**我思**归属于一种“**先验逻辑**”，这种摆脱了时间的先验逻辑重又恢复了无限形而上学的全部优先性，而且它完全是着眼于存在者层次上的特征来把握时间的。它所理解的时间使一种“自然”成为可能，而且，用新康德主义阐释使用的术语来说，它所充当的是存在者之规定的否定性条件。与神学逻辑学对等的就是将时间驱逐到世界以外的有条件的自然存在者那里。“一个‘纯我’的观念和一种‘一般意识’的观念远不包含‘现实的’主观性的先天性；所以这些观念跳过了此在的事实性与存在建构的诸种存在论性质，或这些观念根本不曾看见它们……主张‘永恒真理’，把此在的基于现象的‘理想性’同一个理想化的绝对主体混为一谈，这些都是哲学问题内的长久以来仍未彻底肃清的基督教神学残余。”①

我们现在看清了海德格尔和生存论的立场从《存在与时间》到《康德与形而上学问题》发生了怎样的变化。在《存在与时间》中，康德被看作笛卡儿与一般无限形而上学的同路人，因为无限形而上学不是将**我思**［拉：Cogito］与时间性的自我构成运动联系在一起，而是将它和神圣存在联系在一起；在《康德与形而上学问题》中，康德不但超越了胡塞尔，而且还凭借他的**我思**理论成为时间性与有限性的哲学的来源——虽然他没能实现基础存在论的计划。海德格尔本人实际上是从一种心理主义、逻辑主义的新康德主义阐释过渡到了一种有限性存在论的生存论阐释，而这种过渡得以实现的时机就是他不再把范畴演绎和判断表联系在一起，而是把它和时间性的符合论的综合联系在一起。然而，当他用有限的本真主体性取代无限的逻辑主体（不过，就其相关项“自然”这个事实而言，这个主体始终是相对的）时——出于这个事实，有限的本真主体性是绝对
290 的，因为它指的是在世界中存在——，他难道没有经过必要的修改［拉：mutatis mutandis］而重新发现那种费希特式的**有限自我一般**无法摆脱的错位吗？发生与事实性的冲突难道没有就此被转换为实际生存状态与生存论

① *S. u. Z.*, S. 230. ［中译本参见海德格尔：《存在与时间》，264 页。——译者注］

哲学的冲突吗？凡常反思与哲学反思的冲突难道没有被转换为非本真生存与本真生存的冲突吗？最后，**有限自我一般**与**绝对**的冲突难道没有被转换为时间性与形式存在论的冲突吗？这些就是我们接下来将要考察的问题。

首先，只有从**有限自我一般**的观点出发，生存论分析才是可以进行的。它正是在此意义上向我们断言，它无法对有限单子的特殊视角（points de vue particuliers des monades finies）做出补偿，因为这种补偿在极端状况下会为了一种外在于所有特殊观点的单子论视角（point de vue monadologique）而取消有限性①。这甚至就是**自我**异化为**主体**、存在论层次异化为存在者层次的原则。生存哲学不停地防止我们受其侵害的也正是这样一种异化（例如，利特［Theodor Litt］的辩证现象学的错位就表现了这种异化）。但另一方面，哲学也不能满足于这些不同的观点告诉我们的东西：它试图无一遗漏地分析这些观点所揭示的那种一般追问结构。“此在总是从它的生存来领会自己本身：总是从它本身的可能性——是它自身或不是它自身——来领会自己本身。此在或者自己挑选了这些可能性，或者陷入了这些可能性，或者本来就已经在这些可能性中成长起来了。只有此在以抓紧或者耽误的方式自己决定着生存。生存问题总是只有通过生存活动本身才能弄清楚。以这种方式进行的对生存活动本身的领会我们称为生存上的（existentielle）领会。生存问题是此在的一种存在者层次上的‘事务’。为此并不需要对生存的存在论结构做理论的透视。追问生存的存在论结构，目的是要解析什么东西组建生存。我们把这些结构的联系叫作生存论建构（existentialité）。对生存论建构的分析所具有的不是生存上的领会的性质，而是生存论上的（existentiale）领会的性质。”② 还需要补充的是：“对此在做生存论上的分析的任务，就其可能性与必要性来看，已在此在的存在者层次上的建构中先行描绘出来了。”所以，这只是更为 291

① *KM*, S. 226-227［中译本参见海德格尔：《康德与形而上学问题》，227页。——译者注］；参见前文 § 19。

② *S. u. Z.*, S. 12.［中译本参见海德格尔：《存在与时间》，15 页。——译者注］

清楚地展现了困难所在："发生"无疑只会在有限性的视角下产生，而且，除非这个命题没有任何意义，否则，它指明了这一视角——因为它从定义上说是有限的——始终保持着特殊者的身份。尽管如此，有一点还需要补充：从这种存在者层次上的领会出发可以得出一种存在论领会。存在论领会绝不是从存在者层次上的领会那里以一般化的方式抽象出来的，毋宁说，它揭示了存在者层次上的领会的各种结构性关联。但是，这样一来，为**自我**的存在者层次上的经验的真理（亦即这样或那样的结构或结构关联并不只是一些特殊的心理印象，而是真正属于世界的意向性构成）提供了保证的，难道不就是它们对生存论分析所揭示的存在论总体的归属吗？一方面，实际生存活动无非是先行勾勒出了生存论的层次，但后者并没有沿着前者画出的虚线前进。克尔凯郭尔的哲学便属于这种情况："在19世纪，克尔凯郭尔就把生存问题作为一个实际生存活动的问题明确加以掌握并予以透彻地思考。但他对生存论问题的提法却十分生疏，乃至从存在论角度看来，他还完全处在黑格尔的以及黑格尔眼中的古代哲学的影响之下。所以，除了论畏这一概念的那篇论文之外，读他的'教诲'文章倒比读他的理论文章能从哲学上获得更多的收益。"①

因此，发生的独立性是完全存在的：实际生存的层次先行于生存论的层次。就其本性而言，对于生存的经验完全不需要人们能够获得的有关生存的知识，以至于有关生存的知识可能是捏造的，而对于生存的经验却是本真的。不过，如果人们对这种本真性进行追问，答案会是什么呢？决定了实际生存活动的这一特征的不是生存论又能是什么？是什么造成了这样的情况：畏、操心、沉沦……根本不是意识的心理态度而是真正的实际生存经验？答案只能是这样一个事实：它们投入到了对人及其可能性的全局性领会当中，而且，只有生存论建构的眼睛才能看到这种投入。可以举《世界观的心理学》（*Psychologie des intuitions du monde*）的例子，雅斯贝尔斯在书中"提出了'人是什么？'的问题并且从其所根本能是的方面来
292 加以规定。由此，'边缘处境'的基本的生存论存在论意义得到了澄照。

① *S. u. Z.*, S. 235, n. 1. ［中译本参见海德格尔：《存在与时间》，271页脚注1。——译者注］

如果人们仅仅把《世界观的心理学》当作‘世界观类型’的参考书加以‘使用’的话，那就全然误解了这本书的哲学倾向”①。因此，当雅斯贝尔斯谈到勇敢时，他所关心的不是作为一个已经被给予的对象的相关项的主观“体验”，而是一种真正具有构成性的、与世界相关的实际生存经验。而证实了这一点的恰恰就是勇敢属于在世存在的现象学先天结构。生存论决定了实际生存活动，而且，如果实际生存活动在克尔凯郭尔那里并非被生存论之光照亮，这是因为后者仍然缺席，或者至少是因为，它的真理意义完全是伴随着当代生存论、伴随着海德格尔的著作显现出来的。这样一来，“实际生存活动先行勾勒了生存论层次”这个发生命题就被颠转了，因为实际生存的层次得以被构成的条件恰恰就是它在生存论层次那里得到了先行勾勒。发生要乞灵于事实性。**有限自我一般**需要一种先行于它存在并对它做出评判的非发生（non-genèse）作为其原则。

人们已经在这种错位中看到了两种反思系列之冲突的起源，因为生存论层次就是哲学反思，而实际生存层次就是凡常反思。生存论开始对凡常反思的优先性做出肯定，它在后者那里看到了哲学反思的“先—结构”。“领会，作为此在的展开状态，一向涉及在世的整体。在对世界的每一个领会中，生存都一道得到领会，反过来说也是一样。其次，一切解释都活动在前已指出的‘先’—结构中。对领会有所助益的任何解释无不已经对有待解释的东西有所领会……然而，在这一循环中看到恶性［拉：vitiosum］，找寻避免它的门径，或即使只把它当作无可避免的不完善性‘接受’下来，这些都是对领会的彻头彻尾的误解。问题不在于拿领会和解释去比照一种认识理想；认识理想本身只是领会的一种变体，这种变体误以为它的正当任务就是在现成事物的本质上的不可领会性中把握现成事物。不要先认错了进行解释所需要的本质条件，这样才能够满足解释所必需的基本条件。决定性的事情不是从循环中脱身，而是依照正确的方式进 293
入这个循环。领会的循环（德：Zirkel）不是一个由任意的认识方式活动于其间的圆圈（德：Kreis），这个用语表达的乃是此在本身的生存论上的

---

① *S. u. Z.*，S. 301—302，n. 1.［中译本参见海德格尔：《存在与时间》，343页脚注2。——译者注］

‘先’—结构。把这个循环降低为一种恶性循环是不行的，即使降低为一种可以容忍的恶性循环也不行。在这一循环中包藏着最具源始的认识的一种积极的可能性。当然，这种可能性只有在如下情况下才能得到真实的掌握，那就是：解释领会到它的首要的、不断的和最终的任务始终是不让向来就有的先行具有、先行视见与先行掌握以偶发奇想和流俗之见的方式出现，它的任务始终是从事情本身出来清理先行具有、先行视见与先行掌握，从而保障课题的科学性。因为就领会的生存论意义来说，领会就是此在本身的能在，所以，历史学认识的存在论前提在原则上超越于最精密的科学的严格性观念。数学并不比历史学更严格，只不过就数学至关紧要的生存论基础的范围而言，数学比较狭窄罢了。领会中的‘循环’属于意义结构。意义现象根植于此在的生存论结构，根植于有所解释的领会。”① 因此，历史学解释依据其本源性而是循环的。几何图形被几何学家所认识：前者只为后者存在。与此相反，此在完全是通过本源反思（其从根本上赋予此在以自为）生存的。虽然主体和客体的对立无疑对自然和存在者领域有效，但它不能被应用于主体性的存在之上。由于领会恰好界定了主体性本己的能在，所以主体性先行于一切分离隐含着这种生存直观的绝对性，隐含着这种本源领会，其在生存论阐释中发挥的作用和理智直观在费希特哲学中发挥的作用是一样的。海德格尔的必要循环即是费希特式发生与自为的关系，即是哥白尼式革命的完成。

然而，困难恰恰产生自这种“先”—结构的本质。这是因为，如果领会属于此在的可能性，那么对于自身的盲目、使自身异化为非本真存在
294 同样也属于此在的可能性。换言之，虽然实际生存活动之自为的凡常反思必然拥有一种自身领会，但这种领会由于停留在存在者的层次上而可能背叛**自我**的本质、将其视为对象性。从**源始自我**的这种模糊性那里产生了生存论谬误的可能性，亦即无限形而上学的可能性、**逻各斯**取代**生存**的可能性、衍生的东西取代源始的东西的可能性、**自然**取代**历史**的可能性。人们无疑会断言，对于日常状态和异化的分析只会向这种日常状态和这种异化

---

① *S. u. Z.*，S. 152－153. ［中译本参见海德格尔：《存在与时间》，178－179 页。——译者注］

的实际生存经验借取元素。“我们在提出时间性之前曾对此在存在建构的本质结构进行阐释，而其目标则是引向时间性的解释。对操劳的时间性的分析则已显示，此在存在建构的本质结构本身在生存论上必得被回收到时间性之中。在最初着手时，分析工作不曾选择此在的某种确定的、特具一格的生存可能性作为课题，而是依循生存活动的不触目的平均方式制订方向。我们曾把此在首先与通常处身其中的那一存在方式称为日常状态。”① 不过，如果人们打算忠实于生存论循环与“先”—结构的观念（这一观念根本不能通过一种研究的中立状态得到界定），那么只觉察到这种日常状态的人仅仅会指出存在于无限时间性中的异化，以及从向死存在到日常操心的过渡。在这种状态下，**有限自我一般**不停地从一个用具转移到另一个用具、从一个对象转移到另一个对象，而这种“消遣”状态遮蔽了真正重要的问题，也就是存在之整体的问题、有限性的问题、生存的问题。供研究用的中立的生存论素材是不存在的，因为没有实际生存层次上的中立性被给出：作为一种针对“物”的态度，中立性仍然是这种未被选择的选择的样式（un mode de ce choix non choisi），亦即非本真性。但重要的是，这种日常生存不能从自身那里获得一道光，一道将它引向其现象学本质之丰富性的光。为了摆脱消遣状态加诸人身上的无限的遮蔽，本真的生存应当介入进来。这正是一切护教行为的困难的源泉：说着赌徒和放荡之人的语言，为的是将他们引向宗教，因为他们并不必然对自身状态感到惋惜。“因为日常状态这个名称所意指的其实无非是时间性，而正是时间性使此在的存在成为可能，所以，只有在对一般存在的意义及种种可能的 295
衍变的原则性讨论的框架内才能充分地从概念上界说日常状态。”② 日常状态只有在哲学澄明性看来才是这样。凡常反思的自为在衍生反思的自在中发现了自身的真理，一如实际生存活动在生存论那里发现了自身的真理。错位完成了。

---

① *S. u. Z.*, S. 370. [中译本参见海德格尔：《存在与时间》，419 页。——译者注]

② *S. u. Z.*, S. 371–372. [中译本参见海德格尔：《存在与时间》，421 页。——译者注]

所以，当我们恰恰在这种“基督教神学残余”（海德格尔为这种残余存在于传统哲学当中而感到遗憾）中发现它的起源时，这并不值得惊讶。生存论的方案实际上是什么呢？确立一种有限性哲学，并由此拒绝传统哲学通过永恒真理和非时间的逻各斯的途径在神之中发现的那种支撑（appui）。时间即是存在的根源。但这一发现的结果应当是表明存在在时间中的发生！海德格尔对胡塞尔现象学的批评恰恰是指责后者在归约性原则和**先验逻辑**亦即形式存在论的理念间摇摆不定。但是，同样的批评现在不也同样可以拿来指责海德格尔吗？此在那生存论上的有限性难道没有试图将一种难以维持的妥协（一方是对时间性的肯定，另一方是形式生存论）引入哲学之中吗？实际上，当海德格尔宣称“此在并不因为是历史性的所以才是时间性的，恰恰相反，此在因为是时间性的所以才是历史性的”时，他想要表达的不正是“真理向时间和有限性的普遍归约在这一归约的永恒植根［enracinement éterel］中发现了自身的终结”吗？现实演进中的历史不再是真理的根源，反倒是历史有其自身的根源：此在的永恒的先天构成、到时。尽管海德格尔的有限性形而上学的原则是拒斥神的，但他还是以上述迂回的方式拯救了神。当向时间的归约持久地被时间向永恒到时的相反归约（réduction contraire du temps à la temporalisation éternelle）所补偿时，一种新的形式存在论就产生了。传统哲学赋予科学真理的永恒性无疑被收回了，但这是为了更好地将它给予生存论的哲学真理。从存在者层次向存在论层次的错位无非表现了从人向神的错位。生存论宣告了一种本质的历史（histoire des essences），但这是为了异化于生存的永恒性
296 （éternité de l'existence）之中。而胡塞尔后期现象学的运动则要深刻得多：它最终发觉了时间在本质当中（例如在几何学的创造当中）所发挥的构成性作用，并同样在其中预感到了一种生存的运动，亦即这种人和此在凭借自身实现的自我创造。如果没有它们，一切有限性形而上学就仍旧只是停留在概念之错位的层次上，停留在**有限**和**绝对**、存在者层次和存在论层次、生存的和生存论的、经验和形式主义间的不确定性的层次上①。

---

① Vuillemin, *L'être et le travail*, p. 11. 关于这一点，亦参见 Mario M. Rossi, *Lavoratore nell'Universo*, Edizioni Leonardo, Roma, 1947, p. 101-102，其评注如下：

概念错位汇总表

297

	形而上学（哥白尼式中心的错位：从唯心论到实在论）		方法（观点的错位：从自为到自在）		神学（从人到神的错位：从有限到无限）	
费希特	发生	事实性	（源始的）凡常反思	（衍生的）哲学反思	有限自我一般	绝对自我
柯恩	先验发生	实证科学的事实性	认识	思维	原则（内强量）	物自身
海德格尔	生存上的	生存论上的	非本真的	本真的	（有限的）历史性	（永恒的）时间性

“康德的历史位置始终被描述为处在17世纪的科学主义和18世纪的唯心主义之间。这样一来，认为认识论是康德哲学的根本取向似乎是合乎逻辑的。尽管如此，各种各样的怀疑仍然可能产生。在中途被打断的胡塞尔晚年著作也许已经对康德做出了崭新的阐释，其着眼点是心灵世界和物质世界的区分，因而也就是着眼于认识问题。但在胡塞尔之前，他那向生存论方向偏移的学派已经和海德格尔一道对康德进行了存在论的阐释。但在我看来，这种阐释是错误的，因为它选择的那条道路过于蜿蜒曲折。简而言之，生存论宣称：康德对认识进行了批判，认识是人（此在）的本质，因此批判哲学便是一种对人的解释，而且，由于人是存在的优先实例（生存形而上学乃是基础存在论），理性批判使存在得到了澄明。正如我已经在前文中指出的那样，这样做的结果就是：人们最终重又肯定了认识的优先地位——之所以对人进行研究是因为他（依据自我意识）是一个自身透明的存在。但这样一来，从这种对于存在的部分的、潜在的澄明到存在论知识、从认识论的存在论向纯粹存在论的过渡问题便会被提出来。而且，海德格尔的分析止步于此在，其结论是一个从未出版的《存在与时间》的第二部分要对之做出回答的问题，这样的事实会引发严肃的质疑。”归根到底，罗西注意到的是，哥白尼式革命在海德格尔那里和在费希特、柯恩那里一样是一项不可能的任务，而且，那种依然将人和神的超越性联系在一起的偏见仍然没有得到克服。

结　论
先验哲学的圆圈
和哲学历史学的方法

§24. 作为“常青哲学”的永恒阐释*

历史的倒退平息了人的争论。对康德的阐释者们来说也是如此。无论他们是从理念的**辩证论**出发，还是从原则的**分析论**出发，还是从直观的**感性论**出发，也无论对他们之间的对立的意识有多么敏锐（因为每一种阐释从原则上说都是针对之前的阐释确立起来的），透过这些不同的语言，我们最终发现的是相同的思想，是同一个不断被重复的无法克服的困难，它导致康德和康德后继者们建造的那些宏伟的哲学大厦最终全都轰然倒塌。出发点是有限，但能够倚靠的只有无限：如果不考虑历史的辩证法，那么在这种错位中得到概括的正是先验哲学的历史，亦即 18 世纪末以来的西方哲学的历史。 299

如果把这一时期的哲学史和它之前时期的哲学史做一对比，这种矛盾就可以得到更好的理解。有人认为，我们在笛卡儿哲学中同样可以观察到从**我思**［拉：Cogito］到神的存在的错位。这种看法很可能是正确的。尽管如此，笛卡儿把这种错位当成了一个主题——而我们正是在这里察觉到了古典哲学和现代哲学的差异，并且同时察觉到了康德的天才创造。笛卡儿试图证明无限相对于有限的优先性，而且，存在论证明想要表达的与其说是一种错位，不如说是一种过渡。这里，戴着面具的哲学家并不是隐秘地前进。古典的人只有在神圣之光的照耀下才具有意义。的确，这种光芒自文艺复兴以来就不会再灼烧造物、使造物消亡，而是满足于将它们照亮。哲学人本主义也不能再在宗教人本主义缺席的情况下得到理解。人获得自由的条件只能是在一个神圣的宇宙中存在，而不能是反对神圣的宇宙。 300

中世纪哲学虽然没有将造物摧毁于神之中，但也只是将造物选为神恩的个体性（l'individualité de la grâce）。古典哲学运动则将人和谐地引向神，而且这一理念化运动的中心就是从普遍性的角度得到领会的人。从文艺复兴到法国大革命、从费奇诺（Marcile Ficin）——特别是他之前的库萨的尼古拉（Nicolas de Cuse）——到康德，西方哲学的对象便是对这种

---

* 本小节译文由曹伟嘉博士提供，特此致谢。——译者注

理念化的沉思，便是对这种运动（正是由于这种运动，属人的、有限的**我思**［拉：Cogito］在自身当中重新发现了无限。而无限则通过赋予它肯定性来超越它）的沉思，便是**我思**［拉：Cogito］的命运和它自身的和谐。所以，古典宇宙的自由是浸润在神的存在当中的自由。

现在，为了评判和理解文艺复兴，我们开始要掌握必要的倒退。我们开始深刻地体会到使我们把库萨的尼古拉当作文艺复兴哲学的开端的理由①。对这个时代的思想和艺术来说，描述从时间到永恒的过渡是至关重要的。但是，这种过渡最初是以时间本身为基础的。通过向古代的回归，**欲爱**（Érôs）取代了**圣爱**（Agapè），**救赎**充当了**创造**的原则，**圣子**导向了**圣父**。如果将那些重复了中世纪或在现代的悲剧中延续了神圣凝视（regard divinateur）的例外（这些例外也只有在古典主义所构成的一般思想视域中才能获得自身的意义）搁置在一边，那么哲学在文艺复兴时期实际上开创了一种基督教人本主义。被称为文艺复兴的这场对话是在基督教的两个环节之间确立起来的。

将古典艺术和现代艺术、古典思想和现代思想区分开来的反而是过渡变成了错位。出于一个显而易见的悖论，自浪漫主义以来的艺术史就是逐
301 渐发现了一座新的“想象的博物馆”。在这座博物馆当中，倒退的、原始的艺术驱逐了或至少倾向于驱逐文艺复兴艺术。但与此同时，一般而言，在这座博物馆当中，无神论去除了这些重新出现的形式的神圣特征——神圣形式存在于一个去神圣化了的宇宙之中（Formes sacrées dans un univers désacralisé）！斯特拉文斯基（Strawinsky）在此与毕加索（Picasso）汇合。

然而，其开端被我们锁定在**哥白尼式革命**的现代哲学所描绘的正是无神世界中的神学思想典型的错位。费希特、柯恩、海德格尔——这是迈向真正的哲学“倒退”之发现的三个步骤，是迈向基督教的拜占庭和古罗马的非宗教的相遇的三个步骤。同一种有限和无限的冲突不断重复着。每

---

① Ernst Cassirer, *Individuum und Kosmos in der Philosophie der Renaissance*, Leipzig-Berlin, 1927), 7: “Jede Betrachtung, die auf die Erfassung der Philosophie der Renaissance als einer *systematischen* Einheit gerichtet ist, muss von der Lehre des Nikolaus Cusanus ihren Ausgangspunkt nehmen.”［任何考察，只要其主旨在于将文艺复兴哲学把握为系统的统一体，就必须把库萨的尼古拉的学说当作出发点。］

一次，哲学家都以一种与古典思想截然不同的方式从相对出发，为的只是更好地将相对奠基在绝对之中。绝对起初被消除只是为了最终使人们感受到一种不可思议的神秘化：一切发生在有限性之中的事情——其中包括对绝对的否定——都只是表现了无限的隐藏路径。他们唯一的不同之处就是随着阐释步骤的推进，对神的否定不断被放大，对**全能者**（Pantocrator）的报复越来越暴力和充满讽刺意味。在康德本人那里，虽然我们可以和黑格尔一道认为他的公设要成为公设乃是以出现矛盾为代价，但他还是认可这些公设的。尽管道德自我意识的实在性与它联系在了一起，但包含在纯粹意向中的畏还没有以这样的方式出现。在费希特那里，神只不过是内在于自由的发生，事实性的实在论只是更为专横地出现在了锁闭的商业国之中*。内强量原则试图在我们面前完成过渡，但隐蔽的错位将知识引向了思维。最后，在海德格尔那里，原始的（barbares）倒退主题在这种有限性的畏中炸裂——它只有通过隐蔽的神［拉：Deus absconditus］的讽刺才是一种畏。**哥白尼式革命**最终在此表明了它的真正意义，而且还在它那嘲讽的王冠（couronne de dérision）上刻上了君王的头衔。在此，我们看到了 19 世纪的西方哲学是如何出于如下目的摆脱了古典的“过渡”以及这种“过渡”对人在神之中的肯定性理念化：它只是为了令人绝望地重新发现拜占庭的否定神学——神圣者戴着摆脱了神圣者的被造物的面具吞噬了造物。奴役被命名为自由，死亡获得了胜利。不再是古典式解放的到来，而是重新回到正统性和奴隶制。不是命运（destin），而是被重新发现的宿命（fatalité）。

古典时代的哲学表现为神学的补充。现代哲学相信自己消除了宗教，302
但它实际上想要成为宗教的替代者。这是因为，如果现代哲学发现了有限性，那么它同时也揭示了这种有限性的永恒本质。所有事物都在时间中绵延，唯有哲学上升到了永恒。而且，为了支撑起脆弱的世界大厦，哲学家取代了神。由此，我们理解了为什么——这一假设事实上就是**哥白尼式革命**的结果——尽管康德和康德的阐释者们全都在某种形式下预感到了真

* 费希特：《锁闭的商业国》，见梁志学主编：《费希特著作选集》卷四，1—122 页。——译者注

正的时间问题，但他们却没有摆脱常青哲学［拉：philosophia perennis］的假设。费希特、柯恩和海德格尔试图在康德哲学中寻找的即便不是这种内容，至少也是康德哲学已经为其提供了范例的这种永恒的哲学方法。他们争先恐后地向我们重复说康德已经发现了有限性——尽管如此，这种说法成立的条件是要把康德本人从这种有限性那里排除出去，因为康德本人是永恒的思维的康德（le Kant éternel de la pensée）。所以，形式主义本身重拾了无限，而现代存在论最初是要尝试使思维摆脱无限的束缚。神不再存在，但宣称神不存在的哲学却代表着新的神圣性。神圣者的缺席通过神圣的宗教仪式得到宣告。而且，作为启示的虚无的畏仍然占据着启示的位置。因此，离开了那些既受到死亡宗教中的**大祭司**影响且本身又是大祭司的后继者的哲学家，**哥白尼式革命**是无法被构想的。

当历史阐释试图重新发现常青哲学［拉：philosophia perennis］的意义时，当哲学——即使是宣布了无神论和有限性的哲学——只有借助启示才能被构想时，概念的错位就在哲学历史学的矛盾中发现了自身的起源。生存论"倒退"无疑宣告了一种无内容的启示，但无内容的启示仍然是一种启示。在圣马可的蓝色幽影中，拜占庭的信教者们仿佛凝视着古典镶嵌画里的荣光、丁托列托的那些明亮躯体。此时，圣马可的复活，这一为着我们的愉悦和绝望而将信教者们从神圣之颓丧中解放出来的复活，突然让我们想起他们的圣物也正是我们的圣物，为了理解他们，我们曾一度放弃**和解**（Réconciliation），走向**崩颓**（Écrasement）①。

§25. 现代哲学与对本源时间的哥白尼式拒绝

303 从康德哲学中衍生出来的各种哲学的引导性主题，亦即**自我**的双重化——首先是**绝对自我**与对立于**非我**的**自我**的对立，然后是**我思**与内感官的对立，最后是此在与主体的对立——因而最终得到了说明。这是因为，**哥白尼式革命**虽然把世界献给了有限性和时间，但这完全是为了使

① Vuillemin, *La signification de l'humanisme athée chez Feuerbach et l'idée de nature*, Deucalion, 4, *Le diurne et le nocturne*, Être et penser, Neuchâtel, 1953, p. 17–46.

哲学躲避到本身是非时间的时间之创造性永恒中去。因此，在康德哲学阐释中发生的概念之错位的历史直截了当地表明了现代哲学使本源时间之思——亦即人性的历史——的注意力发生转移，从而使其迷失在派生的时间之中的不同样式：要么是和费希特一道在理念的层面上构想它，要么是和柯恩一道在原则的层面上构想它，要么是和海德格尔一道在直观的层面上构想它。所有这些反思全都试图让我们在康德哲学及其对包含在**哥白尼式革命**之中的本源性方案的三重背离中看到时间的三重意义。

对于一种像费希特那样从**纯粹理性的辩证论**出发的阐释来说，时间所能做的只是测量必然在**应当存在**和**存在**、理论要求和实践现实、理智直观和现实自我意识之间得到确立的距离。因此，时间表现了从**绝对**到**相对**的下降。如果说时间最初指的是一种努力，也就是有限为了在其有限发生中构成追求的神圣无限（l'infini divin de l'aspiration）所付出的努力，那么，这种视角反而很快转化成与之对立的存在的实在论视角。从存在的实在论视角看来，似乎只有神恩的下降运动才能使这种努力摆脱自为的幻相，并赋予道德自我意识以现实性。这种错位在康德哲学中表现为含糊的理智时间、皈依的道德时间概念——属人的、有限的前后相继的表面现象在此必然会迎来这样的命运：在神圣的不动性中遭到消除。

对于一种像柯恩那样从**纯粹理性的分析论**出发的阐释来说，时间是作为思维与认识、本体与现象、整体与部分的差距出现的。它在柯恩哲学中仍然标志着神圣向实证的下降。柯恩一开始肯定了时间是现象的可能性条件，因为现象只有在内感官之中并通过内感官才能获得先验的地位。但 304
是，由于发生只能接受它预先创造出来的东西，所以内强量原则告诉我们：时间虽然作为条件发挥着约束作用，但它无法从事规定活动；而作为唯一的全部规定来源（source pleinière de détermination），范畴——当它成为一条肯定性的知识原则时——使时间在“否定性条件”和限制的名义下现身。这样一来，时间就表现了提升到整全知识的不可能性：它在知识的层面上重新扮演了它之前在道德层面上扮演过的角色。它标志着一个差距（écart）。而整全的神圣思维（其乃是部分的人类认识的必然的但又不被知晓的根据），作为平和的、全能的占有者，是不知道这个差距的。

到此为止，时间无非就是各种错位的形象（figure）。但是，当我们过渡到海德格尔那种以直观为出发点的阐释时，一切似乎都改变了。事实上，对于**先验感性论**来说，时间看上去难道没有先天地排除掉一切错位吗？因为时间不再测量绝对和现实间的成问题的差距，而是界定了此在所是的这种绝对—有限的本己结构。向死存在难道没有描画出这种作为源始存在论视域之构成场所的绝对整体性吗？然而，形式主义的优先性颠覆了这一表面现象，因为这种源始的时间性空有时间性之名而无时间性之实：它事实上是在一种设定了生存的永恒行动中构成了绽出性视域，而各种时间事件将在这一视域中得到安置。源始时间性是形式，各种时间事件则是质料。这种**时间**是与它所穿过的那些对象漠不相关的，是与历史漠不相关的！但是，隐含的空洞接受容器的图像难道不是已经隐含着对空间的参照了吗？这种源始时间是什么呢？——其完全是通过使畏弥散于各处，通过生产出对象的无、因而同样生产出历史的无来构成历史经验之可能性。而且，这种教给我们怎么使历史无化的源始时间、这种与各种事件漠不相关的源始时间，它难道不还是一种永恒吗？真正的生存性时间难道不是来自生存论不再抱有期待的地方吗？难道不是来自时间性与历史的汇合、主体性生存与集体生成（devenir collectif）的汇合？在这里，被神圣化了的个体的命运融入到了人性当中，而且他察觉到他可以从中汲取自身的存在。我们难道没有再次发现这种界定了一切哥白尼式企图的错位，这种从绝对到相对、从生存论上的到实际生存状态上的错位？

如果费希特式错位表明了康德哲学中理智时间和道德生活一般的困
305 难以及圣洁性与义务的差异问题，那么柯恩哲学中的错位则使人们察觉到了隐含在康德物理学和批判性知识观当中的矛盾。一种整全性的思想使时间消失，因此时间仅仅与它的必然相关项亦即这种知识的有限性联系在一起。要么是由外部对象带来的刺激原则，要么是从思维到知识的过渡由以实现的自我刺激的结果——这便是在**感性论**和**分析论**之间被撕扯的物理时间，它要么使**哥白尼式革命**背叛自身的前提，要么使它与自身达成和解，但代价是滑向一种绝对唯心论。不过，康德哲学中物理时间的这种含混性在生存论阐释中的心理时间那里得到了证实。事实上，内感官难道不同时是诸现象的前后相继（从中产生了自我）和**我思**的自我设定活动？要么是**我思**［拉：Cogito］的永恒活动被收紧到自身当中，要么是它在一种无法重新找到任何陌生的所与的环境中实现放松和异化。

人们会注意到，在这时间之先验建构的三重环节中，本源时间性每一次都因派生时间之故而被悄悄略过。从道德时间中诞生了存在和应然存在的差距，时间事实上并不是从在此被等同于理智直观的**我思**之内在性那里喷涌而出的。它仅仅表现了从理智直观到感性直观的过渡。因此，如果说康德在一些涉及历史哲学的文本中接近了一种源始时间观，那么先验辩证论及其阐释最终达到的时间仍然是一种派生的、次等的时间，也就是说，它仍然外在于**我思**这个先验发生的真正推动力的纯粹性。这样一来，道德时间就根本不是存在的来源，因为它处于存在之中，而且这种来源只能到理智直观（其从定义上说不具有时间性）当中去寻找。同样地，如果人们是以内强量原则来界定**我思**，那么时间便不再是行构成者而是所构成者；它概括了否定性条件的系统，但唯有范畴才能完成肯定性的规定活动。最后，如果说生存论将先验统觉和到时（temporalisation）等同起来，这只是就后者使哲学家从存在者层次上的异化那里脱身而出并进入生存论构成的存在论永恒之中而言的。至于人的经验的历史则依然作为异化的、被构成的存在而被放逐到**我思**之外，成为一个有待被思维的对象。

哥白尼式革命从未在任何环节上达到真正的有限性的时间，因为它从 306
未在任何环节上将**我思**与时间同一。由于它没能实现这种同一，所以接下来的问题就是：这种失败难道不是必然隐含在**哥白尼式革命**的倾向当中吗？本源时间的本质能够向这样一种哲学显现出来吗，其从如此被理解的**我思**出发来展开它的结构？或者，这个出发点难道不会使人们反而得到一种时间，其在道德性、自然和自我的秩序内派生自义务、知识和生存？**我思**［拉：Cogito］在现代哲学中是否就是作为催生了一切错位的神圣残余出现的？最后，这个**我思**［拉：Cogito］真有其历史吗？

在**哥白尼式革命**中是地球围绕着太阳转动。所以，康德式**我思**［拉：Cogito］更接近神而不是人，更接近永恒而不是时间。但是，科学的每一次进步都会宣告的这种对于人神同形论的胜利难道不正是使哲学家的目光偏离有限性和自我认识的胜利吗？如果哲学的重大问题像康德及其后继者已经预感到的那样是历史，那么我们是否需要一种新的“倒退”？而且回到康德去没有使我们停留在途中吗？因为时间应当成为本源的、构成性的时间，因为我们既不能通过从**我思**［拉：Cogito］出发，也不能在道德性、自然、生存当中发现这种时间。这样一来，我们也许应当严肃地退回到哥白尼之前；这样一来，哲学需要的或许不是一场**哥白尼式革命**，而是一场**托勒密式革命**！这样一来，各种错位或许就会终止，而且哲学家不再需要用信仰来替代知识，因为他事实上已经开始用人的世界中的人的劳动取代了神的宇宙中的人的**我思**［拉：Cogito］。*

---

* 附亨利希（Dieter Henrich）为本书撰写的书评（载 *Philosophische Rundschau*, Bd. 2，Nr. 3/4［1954/55，S. 234－235］）：

"本书作者为自己指派了一项有趣的任务：把那些具有系统性着眼点的重要康德哲学阐释（费希特、柯恩、海德格尔）放到它们的内在语境中进行阐明。按照作者的理解（我们无法在此对其做出更为详细的说明），《纯粹理性批判》不是一个封闭的统一体，而是给出了一些不同的出发点。从这些出发点开始，《纯粹理性批判》的思想内容可以得到更为彻底的理解。因此，按照作者的阐述，三位著名哲学家的阐释就是对这些出发点的前后相继的修正。费希特在先验辩证论那里找到了他的出发点，柯恩在分析论、海德格尔在感性论那里找到了各自的出发点。这个顺序不是随意的，而是反映了一种必然性。从原则上说，这种必然性存在于哥白尼式革命当中：如果传统是着眼于人与无限存在的关系来设定人的存在，那么在自我意识之结构中下降到哲学之奠基那里就意味着与这种传统决裂。这样一来，有限性就具有了原则的地位。但是，这种下降只获得了表面上的成功。被思为'我'的有限性总是反复不断地从被认为已经得到克服的绝对的形态那里生发出来。因此，任何一种康德哲学阐释都可以通过批评之前的阐释缺乏彻底性而获得自身的起源。于是，作者的历史研究也在这个结论中找到了自身的实际动机。作者抱有如下信念：如果从康德的基础出发，任何对于有限实在性（他和马克思一道将其规定为人之自我创造的具体的—时间性的历史［die konkret-zeitliche Geschichte der Selbsterzeugung des Menschen］）的承认从原则上说都是不可能的。这也同样适用于康德最后的遗产、适用于海德格尔：虽然海德格尔使时间性成为此在的内在本质，并因此具有了相对于他的先行者而言的优越性，但他这样一来恰好是把从有限到无限的错位推向了顶点。这是因为，他的时间性和现实的历史时间只在名称上是相同的〈都被称为'时间'〉。时间性实际上是生存的永恒结构，它因而成为人对神的依赖（这种依赖据说在康德主义中得到了克服）的最终形式。

作为一部来自法国的文献，本研究明显要将现代的时间主题和由马克思奠定了基础的要求结合在一起。就此而言，它是值得关注的。它的出发点是对黑格尔在《精神现象学》中对'道德世界观'的错位的批判的阐明，它知道自己在方法论手段上依赖于这种批判。但在我们看来，它遇到了这样一种危险（任何诸如此类的、为了截然不同的目的对黑格尔式手段的接受都会引发这种危险）：它利用了这种图式，却并未在其帮助下进入到被探讨的思想努力的事实必然性（sachliche Notwendigkeit der behandelten Denkbemühungen）之中。作者对形式阐释（Formalismen）的使用非常得心应手，而这也往往成功地帮助人们从颇具启发性的视角来看待被探讨的理论。尽管如此，它最多也只是停留在半截真理的外在性之中，我们在这篇书评开头引用的‘将康德的三大遗产分派给《纯粹理性批判》的三大主要部分’已经表明了这一点。所以，当〈作者宣称〉海德格尔哲学中的生存结构——由于它不是单纯存在者层次上的—历史性的结构——恰恰包含着一种向绝对者之神学的倒退时，评论者无法设想一种一般而言的非神学的哲学（untheologische Philosophie）会是什么样子。作者明显要把作为劳动之自身异化的历史辩证法和先验哲学对立起来。但仍须追问的是：他自己如何为这一论点设想一个理论性—概念性的基础（根据这样一个基础，他可以把黑格尔以及哲学实证主义也归入康德的遗产当中）？在这部著作中，在开始对康德主义进行阐释以前，这一阐释就已经被决定了。而决定它的就是一个以形式的方式被建构起来的结果。”——译者注

译后记

出版于 1954 年的《康德的遗产与哥白尼式革命：费希特、柯恩、海德格尔》是法国著名哲学家、法兰西学院教授朱尔·维耶曼（Jules Vuillemin，1920—2001）早期的一部代表性著作。维耶曼的研究工作对 20 世纪后半期的法国学院哲学产生了极为深刻的影响，但他的名字对于中国读者来说无疑是陌生的。维耶曼从 20 世纪 50 年代开始直到其生命的最后一直不懈地研究、阐释和发展康德哲学。他对于康德哲学的深刻而独到的阐释使他成为当代康德哲学研究的权威之一。为此，在他 1990 年从法兰西学院退休之际，美国康德研究专家布里坦（G. G. Brittan Jr.）专门编辑出版了一部向他致敬的论文集。这部论文集收录的第一篇文章是维耶曼撰写的自述，接下来，我们就基于这篇自述对这位重要哲学家的生平做一简单介绍。

维耶曼 1920 年 2 月 15 日出生在法国东部杜省（Doubs）的皮埃尔方丹-莱瓦朗（Pierrefontaine-les-Varans）。其父在一战后重新并入法国版图的洛林担任公务员，先是在梅斯（Metz），然后是在萨兰堡（Chateau-Salins）。当时的萨兰堡是一个既舒适又繁荣的小镇，维耶曼的童年正是在这里度过的。维耶曼在梅斯的耶稣会学院完成了中等教育，并于 1936 年夏天获得中学毕业文凭。1937 年，他开始在巴黎的路易大帝中学进行预科学习，并于 1939 年顺利考入巴黎高师。

在维耶曼进入高师学习几周之后，英法正式对德宣战。按照维耶曼的回忆，虽然“这种状况似乎不太有利于学习哲学……但是，这些［由战争引发的］事件非但没有破坏哲学反思必需的学院背景，而且还赋予了它一种在和平时期缺乏的严肃性和紧迫性”①。在四年的高师学习期间，维耶曼在导师居赞（François Cuzin）的引领下接触到了康德哲学，并且还在索邦大学选修了巴舍拉尔（Gaston Bachelard）、布雷耶（Émile Bréhier）、古耶（Henri Gouhier）和卡瓦耶（Jean Cavaillès）开设的课程。

1943年，维耶曼以总分第一的成绩通过了教师资格考试，之后便在离自己家乡不远的贝桑松（Besançon）担任中学教师。1945年二战结束之后，维耶曼重新回到巴黎。他在国家科学研究中心（Centre National de la Recherche Scientifique）获得了一个为期五年的半薪职位，并且同时开始撰写博士论文。关于他这一时期的研究，维耶曼回忆道：“我给自己布置了一项任务，也就是弄清如下问题：在绝对从理性主义的基础那里被移除后，理性主义到底还剩下什么？康德哲学阐释的历史表明，阐释者们始终关注着这个问题。当时的法国哲学界主要分为存在主义和马克思主义两大阵营……我在我的博士论文中尝试对这些教条做批判性的考察，目的是从中提取出所有值得有限理性讨论的内容。”②

1950年，前往索邦大学任教的梅洛-庞蒂推荐维耶曼作为他在里昂大学的继任者，但并没有成功。在经历了短暂的中学教师生涯后，法国教育部任命维耶曼为克莱蒙费朗大学的教授，但条件是他必须住在当地。为了获得这个教职，维耶曼搬到了克莱蒙费朗，并一直在那里工作生活到1962年。

在克莱蒙费朗大学任教期间，维耶曼开始对哲学研究的方法进行探索，并且尝试到笛卡儿和康德那里去寻找启示。在这个过程中，他注意到：如果不回到启发了笛卡儿和康德的科学或者他们所创立的科学，理解他们的思想从根本上说是不可能的。正是为了能够在这个视角下理解这些哲学家，维耶曼在法国数学家萨米埃尔（Pierre Samuel）的帮助和指导下完善了自己对数学知识的掌握。同时，他还和法国当时最为重要的几位哲学史研究大家建立了学术联系和友谊，其中最为著名的就是法兰西学院教

---

① “Ma vie en bref”, in *Causality, Method, and Modality: Essays in Honor of Jules Vuillemin*, G. G. Brittan, Jr., ed., Dordrecht: Kluwer Academic Publishers, 1991, pp. 1–2.

② Ibid., pp. 2–3.

授盖鲁（Martial Gueroult）。作为哲学史家，盖鲁非常看重刻画着各种哲学体系的特征的建筑术和证明方法。以他为中心，维耶曼和德雷弗斯（Ginette Dreyfus）、戈尔德施密特（Victor Goldschmidt）、吉耶尔米（Louis Guillermit）形成了一个学派，并且一起合作开展研究工作。此外，之前没有受到过任何逻辑学训练的维耶曼开始通过阅读罗素的著作来学习逻辑学。也正是通过对罗素的阅读，他发现了对其日后的哲学研究产生了重要影响的英美分析哲学。

1962 年，盖鲁推荐维耶曼继承突然去世的梅洛-庞蒂在法兰西学院的讲席。在他的支持下，维耶曼成功当选法兰西学院教授，并从克莱蒙费朗重新回到巴黎。但维耶曼最初在巴黎的授课活动进行得并不顺利：由于当时分析哲学在法国几乎不为人知，他讲解罗素哲学的课程只有两个听众。尽管如此，他并没有放弃分析哲学，特别是后者所使用的逻辑分析方法。关于他在 20 世纪 60 年代至 70 年代的研究工作，维耶曼做出了如下总结："我继续把我当时刚刚发现其优长之处的逻辑分析应用于如下主题：亚里士多德和圣安瑟尔谟的神学，从罗素、怀特海到卡尔纳普、古德曼的感性世界之构成学说。"① 维耶曼绝不是一般意义上的分析哲学家。关于他和英美分析哲学家的差异，维耶曼写道："在我看来，我和大多数英美分析哲学家有着显著的差异。有些分析哲学家由于执着于给哲学家的言说挑语法错误而全然忘记了科学语言的存在。而且，即便是那些将'理性重构'的方法应用于哲学文本之上的分析哲学家也往往只是在强加一些他们自己的原则。我坚决抵制这种施暴于哲学史的行为。我相信科学之所是，而不是科学之应是。而且，对哲学传统的无视显然是无知、放肆的表现。"②

当然，维耶曼的工作并不仅仅局限于通过逻辑分析方法进行经典的哲学史研究，作为哲学家，他最为关注的问题是哲学体系的可能性以及如何在当代科学的基础上建构一种完备的哲学体系。关于其工作的这个核心层

---

①② "Ma vie en bref", in *Causality, Method, and Modality: Essays in Honor of Jules Vuillemin*, G. G. Brittan, Jr., ed., Dordrecht: Kluwer Academic Publishers, 1991, p. 4.

面（维耶曼从20世纪80年代开始直到其逝世，主要就在从事这一层面的研究），维耶曼做出了如下说明：“在我看来，从一开始就有必要通过对可能的哲学体系类型进行理性分类（rational classification）来赋予哲学传统以秩序。在完成了这项工作以后，我们就有必要追问：当代科学——尤其是量子力学——是倾向于选择某一既定类型的哲学体系，还是在传统分类之外给哲学提出了新的概念、新的原则？我现在的工作就是对这个问题进行回答。”①

我们通过维耶曼本人的这段自述不难发现：自然科学知识和逻辑分析在他的研究工作中扮演了极为重要的角色。关于这种研究风格，译者的老师钱捷教授（钱捷教授可能不是唯一与维耶曼本人有过直接交往的中国学者，但他无疑是与维耶曼学术交往程度最深的中国学者）曾在他为维耶曼撰写的纪念文章中做出精准的论述：“人们知道他［维耶曼］是一个紧密地将哲学与科学联系在一起的哲学家。这种倾向与其风格的关系在［2010年］1月19日的《世界报》上杜瓦特（R. P. Droit）的文章中得到了很好的概括：‘在这样一个时代，很多哲学家都会因为他们的浅薄和对于诸科学领域的无知而受到指责，他却成为一种使从科学的方法和结果中汲取养分但又是自主地发展的概念活动的理想变成现实的——又是孤傲冷峻的——典范。’这是一条艰难的道路。这不仅因为它对于跋涉者的古典功底和现代科学知识有着双重的要求，更在于它因此而成为一条‘冷僻’的路径，需要一种独立支持的胆魄与毅力才能沿着它行进。……这样一种哲学也许不合当下西方哲学的时髦。它不能成为文化传媒的热点，只能在纯粹的学院中保有它的正统与高贵。……我曾经有很长的一段时间不能明白如何对维耶曼先生的哲学归属下判断。他批评海德格尔，有一次甚至对我说，‘哲学界的坏风气海德格尔是始作俑者’。虽然他早期的著作应属于存在主义范畴，但从五十年代中期，他就决然地离开了这条路线。晚年的他也向我表示过他不是一个分析哲学家。虽然他对罗素、卡尔纳普等人的思想有着深刻的理解，并与蒯因和斯特劳森相熟。有一天，我

① “Ma vie en bref”, in *Causality, Method, and Modality: Essays in Honor of Jules Vuillemin*, G. G. Brittan, Jr., ed., Dordrecht: Kluwer Academic Publishers, 1991, p. 4.

忽然悟道：他是一位少有的真正秉承了西方古典哲学的伟大传统的当代哲学家。”①

为了让读者对维耶曼的研究领域、关心的哲学问题有一个大致的了解，译者将其最为重要的哲学著作列举如下：

1.《命运的意义》（*Le sens du destin*, avec L. Guillermit, Neuchatel, Éd. La Baconière, 1948）；

2.《论死亡的意义》（*Essai sur la signification de la mort*, Paris, P. U. F., 1948）；

3.《存在与劳动——心理学与社会学的辩证条件》（*L'être et le travail. Les conditions dialectiques de la psychologie et de la sociologie*, Paris, P. U. F., 1949）；

4.《康德的遗产与哥白尼式革命：费希特、柯恩、海德格尔》（*L'héritage kantien et la révolution copernicienne. Fichte, Cohen, Heidegger*, Paris, P. U. F., 1954）；

5.《康德的物理学与形而上学》（*Physique et métaphysique kantiennes*, Paris, P. U. F., 1955; 1987）；

6.《笛卡儿的数学与形而上学》（*Mathématiques et métaphysiques chez Descartes*, Paris, P. U. F., 1960; 1987）；

7.《代数哲学》（*La philosophie de l'algèbre*, Paris, P. U. F., 1962）；

8.《从逻辑学到神学：关于亚里士多德的五个研究》（*De la logique à la théologie. Cinq études sur Aristote*, Paris, Flammarion, 1967; 2008）；

9.《罗素前期哲学讲义》（*Leçon sur la première philosophie de Russell*, Paris, A. Colin, 1968）；

10.《安瑟尔谟的神与理性的幻相》（*Le Dieu d'Anselme et les apparences de la raison*, Paris, Aubier, 1971）；

11.《感性世界的逻辑——关于当代抽象理论的研究》（*La logique du monde sensible. Étude sur les théories contemporaines de l'abstraction*, Paris,

---

① 《此情可待成追忆——缅怀我的导师和朋友维耶曼先生》，见《自我与他者——比较视野中的中西文化》，合肥：安徽文艺出版社，2013，293-299页。

Flammarion, 1971);

12.《必然性还是偶然性——狄奥多罗斯疑难与哲学体系》(*Nécessité ou contingence. L'aporie de Diodore et les systèmes philosophiques*, Paris, Les Éditions de Minuit, 1984);

13.《哲学体系是什么?》(*What are Philosophical Systems?*, Cambridge, Cambridge University Press, 1986);

14.《康德的直觉主义》(*L'intuitionnisme kantien*, Paris, Vrin, 1994)。

* * *

在对维耶曼的生平、哲学思考风格和研究领域有了基本的了解之后,我们现在要将目光转向其深入阐发康德哲学与康德主义传统的第一部著作——《康德的遗产与哥白尼式革命:费希特、柯恩、海德格尔》。我们应当如何来理解这本书的主旨?

维耶曼的生平简述中有这样一段话:"我给自己布置了一项任务,也就是弄清如下问题:在绝对从理性主义的基础那里被移除后,理性主义到底还剩下什么?康德哲学阐释的历史表明,阐释者们始终关注着这个问题。"这段话实际上就是维耶曼本人对《康德的遗产与哥白尼式革命:费希特、柯恩、海德格尔》的主旨的概括。

此外,深受维耶曼著作影响的法国哲学家德勒兹(Gilles Deleuze)也曾对本书的主旨做出概括:"'18 世纪末发生了一次颠转'是个众所周知的论题。这次颠转一般被称为'康德式颠转'或'哥白尼式革命',因为康德宣称:正如哥白尼在自然科学领域掀起了一场革命,他也要在哲学领域掀起一场革命。既然如此,那么康德式革命或新的哥白尼式革命的主旨是什么?维耶曼曾撰写过一部精彩绝伦的现代哲学史著作,名字叫作《康德的遗产与哥白尼式革命:费希特、柯恩、海德格尔》。维耶曼在书中阐述了康德哲学历经各种新康德主义形态所带来的根本的哲学革命。用一句话来概括这本书就是:有限性通过康德哲学成为构成性的有限性或奠基性的有限性。"①

如果将维耶曼的概括和德勒兹的概括做一综合,我们可以对本书的主

---

① 1986 年 3 月 4 日"福柯"课程讲义。

旨总结如下：康德通过其先验哲学掀起的哥白尼式革命标志着哲学史发展的有限性转向。作为理性主义的一种进化形态（亦即通过引入经验论元素而剔除了独断论元素的理性主义），康德哲学不再站在绝对亦即神的立场上宣告知识都源自理智的概念运作，而是站在有限的人的立场上宣告知识源自感性形式和知性形式的综合。以此为出发点，康德之后的康德主义哲学家们（后康德主义者、新康德主义者、现象学家）根据不同的思路对先验哲学的有限性论题继续加以深化。

如果我们暂且不管康德之后的哲学发展，而只是把注意力集中在掀起了哥白尼式革命的康德哲学本身，那么我们应当如何来理解它所蕴含的有限性转向？为了回答这个问题，我们还是要从康德本人关于“哥白尼式革命”的论述开始。

众所周知，“哥白尼式革命”这个表达源自康德在《纯粹理性批判》第二版序言中的如下论述：“哥白尼在假定全部星体围绕观测者旋转时，对天体运动的解释已无法顺利进行下去了，于是他试着让观测者自己旋转，反倒让星体停留在静止之中，看看这样是否有可能取得更好的成绩。现在，在形而上学中，当涉及对象的直观时，我们也能够以类似的方法来试验一下。如果直观必须依照对象的性状，那么我就看不出，我们如何能先天地对对象有所认识；但如果对象（作为感官的客体）必须依照我们直观能力的性状，那么我倒是完全可以想象这种可能性。但由于要使直观成为知识我就不能老是停留于它们之上，而必须把它们作为表象与某个作为对象的东西相关联，并通过那些表象来规定这个对象，所以我可能要么假定，我用来做出这种规定的那些概念也是依照该对象的，这样一来，我如何能先天地对它知道些什么这样的问题就使我又陷入了同一个困境；要么，我就假定诸对象，或者这是一样的，诸对象（作为被给予的对象）唯一在其中得到认识的经验，是依照这些概念的，这样我马上就看到了一条更为简易的出路，因为经验本身就是知性所要求的一种认识方式，知性的规则必须是在对象被给予我之前就先天地在我心中作为前提了，这个规则被表达在先天的概念中，所以一切经验对象都必然依照这些概念且必须与它们相一致。”

按照我们熟悉的一种通常表述，哥白尼式革命的内容被概括为：不再是主体围绕客体旋转，而是客体围绕主体旋转。但如果回到康德的上述文本，我们不难发现一个值得注意的事实：康德在讨论哥白尼式颠转时并没有直接谈论认识主体和认识客体的关系的颠倒，而是更为具体地着眼于认识主体的两种认识能力及其各自的形式：感性及其直观与知性及其概念。也就是说，康德在此实际上侧面强调了进行直观活动的感性和通过概念思维的知性是两种发挥着不同作用的异质性能力，而这实际上就是所谓有限性转向的基本内容。

既然康德哲学实现了这样一种转向，那么被它所扭转的那个哲学传统又是什么？答案就是 17 世纪理性主义哲学所代表的无限主义传统。无限主义传统的基础论题：在神的无限知性与人的有限知性之间只存在程度上的差异，不存在本性上的差异，换言之，神的无限知性与人的有限知性是连续的。如果要理解这一论题的含义，我们必须首先弄清楚神的无限知性都有什么样的基本特征。而想要弄清楚无限知性的特征，一个方便的出发点就是康德对于人的感性和知性这两种有限认识能力的基本特征的刻画。

根据康德的描述，感性具有如下双重特征：一方面，感性在进行直观活动时是在不经过任何中介的情况下直接与所直观的对象发生关系；另一方面，感性的直观活动只能指向先行存在的外部事物并受其制约。因此，感性同时具有直接性这一肯定性特征和接受性或被动性这一否定性特征。相应地，知性具有如下双重特征。一方面，知性在进行认识活动时必须经过感性直观活动的中介才可以与被认识的对象发生关系；另一方面，知性同样也可以在没有任何外部对象被给予的情况下自发地进行概念性思维活动。因此，知性同时具有间接性这一否定性特征和自发性或主动性这一肯定性特征。而神的无限知性就是同时具备了人的感性的直接性和有限知性的自发性这两个肯定性特征的绝对完备的认识能力，也就是说，神的认识活动亦即理智直观不仅直接和被直观的对象发生关系，而且被直观的对象本身就是由它基于自身的自发性特征创造出来的。

那么无限知性为什么必须自己创造出自己的认识对象？为这个问题提供答案的就是中世纪经院哲学所构想的神的创世理论，亦即“从虚无中创造”（creatio ex nihilo）的理论。不同于柏拉图在《蒂迈欧》中描述的德穆革的创世活动，经院哲学框架中的神的创世活动不依赖任何外在于神的质料，因为任何外在于神、并非出自神的事物都会构成对神的限制，从而影响了后者的绝对无限性。只要将这种“从虚无中创造”的理论放在理智认识的层面上来理解，我们就很容易明白神的无限知性为什么必须创造出自己的思考对象：神必然要通过自身所拥有的无限知性从虚无中创造性地直观出自己的思考对象，否则其无限性就会遭到损害或限制。

在对无限知性的本性有了基本的把握之后，我们就可以对“神的无限知性与人的有限知性是连续的”这个论题进行解释。既然神的无限知性是完全不受制于感性的纯粹创造性的认识能力、神的知识是绝不包含任何感觉元素的纯粹概念性的知识，神的无限知性与人的有限知性又是连续的，那么人的有限知性从原则上说也是不受感性制约的、人的有限知识从原则上说也是纯粹概念性的知识。但如果是这样的话，通常被我们认定为感性的那种认识能力以及充斥着我们的日常生活的感觉经验又该做何解释？为了回答这个问题，站在无限主义立场上的哲学家们引入了“原则”和“事实”的区分：有限的存在者人虽然在事实的层面上拥有感性和感觉，但其认识能力在原则的层面上就是知性、其知识在原则的层面上就是概念性知识。从根本上说，人的感性无非就是次等的、含混的知性，感觉无非就是次等的、模糊的概念。也正是出于这个原因，“天赋观念”学说在 17 世纪理性主义哲学中扮演着极为重要的角色。

基于上面的讨论，我们就可以理解康德的哥白尼式革命为何是一种有限性转向：不同于站在神的无限立场上将人的感性与感觉还原为知性与概念的 17 世纪理性主义哲学家，康德强调感性和知性是两种具有异质本性的人类认识能力，它们拥有完全平等的地位（至少是形式上的平等），对于外部事物的接受性成为人类自身的构成性维度，哲学由此从神的无限性立场过渡到人的有限性立场。但问题又来了：康德为什么要完成这样一种有限性转向？

对于这个问题，有人试图在纯粹理论的层面上做出回答。根据这种回答，康德式有限性转向的根本动机来自康德在数学基础问题上对持无限主义立场的哲学家——特别是莱布尼茨以及德国的莱布尼茨主义传统——的反驳。莱布尼茨的充足理由原则隐含着一个基本论题：一切知识亦即真命题都是分析命题。基于这一论题，构成数学知识系统的所有数学命题当然也是分析命题，也就是说，所有数学命题都是主词概念内容的展开，都是通过对主词进行内容分析得到的。从康德的视角来看，有些数学命题毫无疑问是分析命题，例如直线的定义“直线是其上均匀放置着点的线”就是通过对主词概念“直线”的内容进行展开得到的分析命题。但是，另外一些数学问题是无论如何都不能通过概念分析得到的，例如同样和直线有关的“直线是两点间最短的距离”这个命题。既然如此，我们应当如何理解后面这个命题呢？在康德看来，“直线是两点间最短的距离”实际上是我们在心灵中构造出与直线概念对应的图形所遵循的规则。那么我们的心灵是在哪里构造出这样的图形？康德的著名回答是：在纯粹空间直观当中，而纯粹空间直观是属于感性的领域的。因此，我们必须承认存在着与知性截然不同的感性和与概念截然不同的直观。

不过，尽管这种理论层面上的回答表明了感性和知性之分、直观和概念之分的必要性，但它显然无法应对如下问题的挑战：与知性有着本性差异的感性为何必须是一种“非真理的认识能力”，亦即我们无法通过其获得真理的认识能力？因为按照康德的设想，通过进行直观活动的感性能力被给予我们的不是事物自身，而是有待被知性形式规定的现象。康德为什么非要对感性直观的权能做出这样的限制？为了对这个问题做出回答，我们可以在实践的层面上做出一种简单的思想史假设，而且是一种围绕着感性和知性的关系旋转的思想史假设，其将从古希腊思想到康德哲学的历史划分为四个环节。

第一个环节是古希腊思想的环节，或者更确切地说，是在巴门尼德哲学激发下产生的柏拉图主义环节。虽然柏拉图从巴门尼德的强立场上有所后退，但从大体上说，柏拉图断定知性是真理的能力，其把握的是作为真实存在的理念世界，感性是非真理的能力，其把握的是非真实的生成流变的经验世界。

第二个环节是基督教思想的环节。虽然尼采的“基督教是民众的柏拉图主义”这一说法广为人知，但基督教思想与柏拉图主义有一个非常明显的区别，就是前者充分肯定了后者所否定的感性世界的实在性。也就是说，基督教思想虽然在信仰的价值序列中贬低感性世界（亦即德国哲学家洛维特［Karl Löwith］所说的基督教对古希腊人所理解的神圣的自然世界的“第一次世俗化”），但并不因此就认为这个世界是虚假的。当然，造成这一现象的理由也非常简单：如果仍然像柏拉图主义所要求的那样否定由感性所把握的感官经验世界的实在性，这就意味着神的创世活动本身遭到了否定，而这显然是基督教思想绝对无法接受的。这样一来，由于必须肯定感官经验世界的真实性，把握感官经验世界或将这个世界给予我们的感性也一并得到了肯定，它因而也成为一种真理的能力。因此，在基督教思想的框架中，我们看到的情况就是：知性是真理的能力，其一方面可以思维纯粹形式的智性存在领域（这一领域兼具“真”与“善”的维度），另一方面可以和另一种真理能力亦即感性一道认识质料性的、运动的感官经验世界。

第三个环节是近代科学革命的环节。自然科学在现代早期的突飞猛进对基督教传统造成了巨大的冲击，神的隐退带来了智性存在领域的消散，感官经验世界成为唯一真实的世界（就此而言，传说中拉普拉斯［Pierre-Simon Laplace］对拿破仑做出的如下著名回答具有非同寻常的典型意义：“神？陛下，我并不需要这个假设［Dieu ? Sire, je n'ai pas eu besoin de cette hypothèse］”）。尽管如此，这个自然世界并未因此重获古希腊人赋予它的那种神性，而是由于失去了与作为超越者的神的关联而丧失了自己作为神创物而残存的零星神性，因此也就成了彻底无生命的机械世界。不仅如此，和自然世界一样与神失去联系的人也成为纯粹的物理存在或物质存在，人的存在目的或生存意义在无意义的机械世界中陷入了危机。

正是在这样的背景下，我们来到了第四个即最后一个环节：康德哲学的环节或哥白尼式革命的环节。在第三个环节中，既然感官经验世界成为唯一真实的世界，这就意味着——和在基督教思想框架中的情况一样——将这个世界给予我们的感性，以及对支配这个世界的物理法则进行揭示的知性都是真理的能力。而康德则回到了一种类似柏拉图主义的立场：感性是一种非真理的能力，它无法将如其所是的真实世界给予我们，而只能将与我们处于相关关系当中的现象世界，亦即近代科学革命揭示的作为机械物理世界的感官经验世界给予我们。相应地，受自身间接性特征制约的知性也只能认识这个感性所给予的世界。但必须注意的是，在康德与柏拉图主义之间实际上存在着一个非常重要的差异：在柏拉图主义的框架中，是感官经验世界的非真实性导致将这个世界给予我们的感性是一种非真理的能力，就此而言，感性实际上也可以被理解为特定意义上的真理的能力（亦即将感官经验世界的虚假性如实向我们呈现出来的能力）；而在康德哲学的框架中，是感性自身的“扭曲真实”（亦即赋予时空规定）的特性导致通过它被给予我们的现象不同于事物自身的本来面目（当然，我们并不能从全然否定的意义上来理解感性的这种特性。事实上，它恰恰是有限性主体构成经验世界的起点和基础）。但无论怎样，感官经验世界的非真实性，或者更确切地说，非唯一性由此得到了确定，而这正是康德解决意义危机问题的手段：由机械法则支配的自然世界、感官经验世界——作为通过感性这种非真理的能力给予我们的世界——并不是世界本身或唯一的世界，所以我们人类自身的必然性存在——作为自然世界当中的存在者，亦即经验自我——也不是我们的本真存在。我们的本真存在是本体世界、物自身世界中的自由存在、道德存在，亦即本体自我。而这实际上就是康德在《纯粹理性批判》第二版序言中的著名论断“我不得不悬置知识，以便给信仰腾出位置”的意义所在（就此而言，虽然康德在论述过程中是从感性直观的有限性［区别于神的理智直观的无限性］推出了它所把握的感官经验世界的非实在性［亦即不具有由神创造的物自身的世界的实在性］，但从意图的视角看来，康德是为了否定感官经验世界的实在性才否定了将这个世界给予我们的感性直观的真理性）。

在实践的层面上，哥白尼式革命的中心论题就是：虽然现象自我和自然世界中的其他存在者一样都受必然性法则的支配，但本体自我却在道德王国中享有超越了一切经验必然性的自由。尽管如此，我们不免会产生这样的疑问：的确，人在理性道德王国中的本体存在使人成为截然不同于自然存在的自由存在，人的不可褫夺的超越性尊严由此得到了保障。但是，即使是按照康德的理论哲学框架，我之为人与自然世界亦即现象世界的关系也并不仅仅是所包含者与行包含者的关系。事实上，只有现象自我才单纯停留在这种关系当中，而现象自我作为其在时间中的映像的纯粹统觉或先验自我则超越了经验的自然世界，而且还通过自身的概念规定活动扮演着后者的立法者的角色，也就是说，“为自然立法”的先验自我已经使人摆脱了经验—自然必然性的桎梏，从而获得了一种超越性的自由（不是所规定者，而是行规定者）。既然如此，康德为什么认定自己有必要在作为自然立法者的先验自我之外再设定一个自由王国的本体自我呢？这实际上就涉及康德的有限性转向亦即哥白尼式革命在面对时间性—历史性经验世界时的暧昧态度，而且，也正是这种暧昧态度使得哥白尼式革命不可避免地陷入到“错位”当中。

事实上，我们可以将康德的本体自我（noumenale Selbst）——先验自我（transzendentale Selbst）——经验—现象自我（empirisch-phänomenale Selbst）的三重结构视为新柏拉图主义的不可分有者（τὸ ἀμέθεκτον）——所分有者（τὸ μετεχόμενον）——行分有者（τὸ μετέχον）的三段式的一种演化形态，只是康德关注的焦点不再是“一”与“存在”的关系，而是“非经验”与“经验”的关系：本体自我是与经验无关的非经验；先验自我是与经验相关、规定经验的非经验；现象自我则处身于经验世界之中。由此不难看出，尽管康德的哥白尼式革命的确抬高了感性与经验的地位、的确揭示了时空自身所具有的无限性，因而的确肯定了人之有限性的构成性地位或奠基性地位，但他从根本上说还是无法抵抗神学—形而上学传统的诱惑，换言之，他依旧认为与时间性—历史性的经验世界完全隔绝的神性的永恒世界才具有根本的重要性（也就是说，本性上异于经验，但同时又必然作用于经验的先验存在仍然不够“纯粹”），才是人的有限性存在的最终意义来源。正是针对哥白尼式革命的这种必然导致错位的本性，维耶曼在书中写道：“如果现代哲学发现了有限性，那么它同时也揭示了这种有限性的永恒本质。所有事物都在时间中绵延，唯有哲学上升到了永恒。而且，为了支撑起脆弱的世界大厦，哲学家取代了神。”

以上就是译者基于维耶曼的思路对本书并未直接讨论但同时又构成了理解本书必要的哲学史背景的康德式有限性转向（哥白尼式革命）及其内含的错位所做的简单阐述。而维耶曼本人则在《康德的遗产与哥白尼式革命：费希特、柯恩、海德格尔》中完成了三项工作：第一，细致阐述了费希特的后康德唯心主义、柯恩的新康德实证主义、海德格尔的生存论现象学各自对康德哲学所做的改造（它们的共同目的是建构出一种完备的先验哲学：有限性形而上学）；第二，深刻揭示了这三种康德主义方案全都没有摆脱康德的哥白尼式革命的“负面遗产”这个事实

（它们的共同特征是最终全都从有限滑向无限、从时间滑向永恒、从人性滑向神性，亦即陷入错位当中）；第三，简要提示了走出哥白尼式革命之困境的线索：发起一场与哥白尼式革命相反的托勒密式革命（否定围绕“人—神”这个太阳旋转的双重世界，肯定人——作为劳动着的有限存在者——的唯一的历史性经验世界。关于这一论点，维耶曼在他的博士论文《存在与劳动——心理学与社会学的辩证条件》中对其进行了深入的阐发）。当然，并非所有人都会同意维耶曼对康德主义传统所做的评判，例如我们熟悉的德国古典哲学研究大家亨利希（Dieter Henrich）就为本书撰写了一篇带有浓重批判色彩的书评。译者翻译了这篇书评，并将其作为一个译者注放在中译本正文的最后，希望能够给读者提供一个不同的思考角度。

* * *

最后，需要特别说明的是，本书的出版得到了方方面面的支持，译者在此衷心感谢促成本书翻译工作的余玥博士和蒋明磊先生，感谢帮助我解决了翻译上的难题的温玉伟博士和曹伟嘉博士，感谢在本书编辑出版过程中付出了大量辛劳的杨宗元、吴冰华和张杰三位编辑。

安 靖

2020 年 7 月

德国古典哲学研究译丛

主编　李秋零

康德的遗产与哥白尼式革命：费希特、柯恩、海德格尔
［法］朱尔·维耶曼（Jules Vuillemin）/著　安靖/译

自身关系
［德］迪特尔·亨利希（Dieter Henrich）/著　郑辟瑞/译

德国观念论的终结
［德］瓦尔特·舒尔茨（Walter Schulz）/著　韩隽/译

形而上学与政治：亚里士多德与黑格尔研究
［德］约阿希姆·里特尔（Joachim Ritter）/著　贺念/译

黑格尔《逻辑学》的开端
［英］斯蒂芬·霍尔盖特（Stephen Houlgate）/著　刘一/译

主体性与自由：从康德到黑格尔以来的观念论考察
［德］克劳斯·杜辛（Klaus Düsing）/著　李红霞/译

理性的界限：关于德国观念论目标及其动因的研究
［德］罗尔夫-彼得·霍斯特曼（Rolf-Peter Horstmann ）/著　谢晓川/译

德国哲学 1760—1860：观念论的遗产
［美］特里·平卡德（Terry Pinkard）/著　侯振武/译

康德的实践理性批判——一种自由哲学
［德］奥特弗里德·赫费（Otfried Höffe）/著　袁辉/译

康德的道德宗教
［美］艾伦·W. 伍德（Allen W. Wood）/著　李科政/译

图书在版编目（CIP）数据

康德的遗产与哥白尼式革命：费希特、柯恩、海德格尔/（法）朱尔·维耶曼著；安靖译. —北京：中国人民大学出版社，2020. 10
（德国古典哲学研究译丛/李秋零主编）
ISBN 978-7-300-28670-9

Ⅰ. ①康… Ⅱ. ①朱…②安… Ⅲ. ①德国古典哲学-研究 Ⅳ. ①B516. 3

中国版本图书馆 CIP 数据核字（2020）第 196375 号

德国古典哲学研究译丛
主编 李秋零
康德的遗产与哥白尼式革命：费希特、柯恩、海德格尔
［法］朱尔·维耶曼（Jules Vuillemin） 著
安靖 译
KANT DE YICHAN YU COPERNICUS SHI GEMING：FICHTE、COHEN、HEIDEGGER

出版发行	中国人民大学出版社		
社　　址	北京中关村大街 31 号	**邮政编码**	100080
电　　话	010－62511242（总编室）		010－62511770（质管部）
	010－82501766（邮购部）		010－62514148（门市部）
	010－62511173（发行公司）		010－62515275（盗版举报）
网　　址	http://www.crup.com.cn		
经　　销	新华书店		
印　　刷	北京联兴盛业印刷股份有限公司		
开　　本	720 mm×1000 mm　1/16	**版　　次**	2020 年 10 月第 1 版
印　　张	21 插页 2	**印　　次**	2025 年 5 月第 2 次印刷
字　　数	319 000	**定　　价**	88.00 元